제2판

아동 건강교육

– 개정 누리과정과 제4차 표준보육과정에 기초한 건강 · 영양 · 안전 –

김연주 • 김현지 • 유현숙

창지사

머리말

영유아가 안전하고 쾌적한 환경에서 건강하게 성장할 수 있도록 하여야 한다는 보육이념은 아무리 강조하여도 지나치지 않는다. 영유아의 건강과 영양 그리고 안전에 관한 광범위하고 풍부한 구체적인 정보들을 통해 영유아 보육 · 교육 현장과 가정의 연계로 이루어져 영유아에게 안전한 환경을 제공하는 실천적 능력이 필요하다.

본 교재는 『제4차 표준보육과정』과 『2019 개정 누리과정』에 따른 영유아의 발달 특성, 건강 · 영양 안전교육의 이해를 통해 영유아로 하여금 건강한 생활습관을 형성하도록 돕기 위해 알아야 할 청결과 위생, 치아관리, 배변, 휴식과 수면 등 영유아의 건강한 생활과 관련된 내용, 영유아에게 흔한 질병과 감염성 질환에 대한 기본지식 및 아픈 영유아 관리, 정신건강에 대한 내용이 포함되어 있으며, 영유아의 안전교육의 개념과 안전생활을 위한 실제편을 포함하였다.

『2019 개정 누리과정』에 따라 보육 · 교육 현장에서 유아가 경험해야 할 영역별 활동을 예시함으로 보육교사 · 유치원교사들이 기존의 지침이나 지시적이며 주입식 교육에서 벗어나 유아가 주도적으로 탐색하고 방향을 찾아갈 수 있도록 안내자, 조력자 역할을 하는 데 도움을 줄 것이다.

특히, 평생 건강의 기초가 되는 영유아기 몸과 마음이 중요함을 강조하였으며, 영유아 중심과 놀이 중심, 공통성과 다양성, 전인적 발달과 행복, 자율성과 창의성 신장을 함께 추구하고자 하는 『제4차 표준보육과정』, 『2019 개정 누리과정』에 부합하도록 편성하였다.

한 권의 책이 완성되기까지 저자들은 보육 · 교육 현장과 가정의 연계로 영유아가 건강하고 안전하게 생활할 수 있도록 예비교사가 반드시 익혀야 할 내용을 균형 있게 다루고자 노력했다. 부족한 부분은 지속적으로 내용을 보완해 나갈 것이며, 이 책의 출판을 위해 함께 협력해 주신 창지사의 사장님, 편집 실장님과 편집부 직원들에게 마음을 담아 깊은 감사를 드린다.

2022년 1월

저자 일동

목 차

■ 머리말 • 2

CHAPTER 1 영유아 건강·영양교육의 이론적 기초 9

1. 영유아 건강 · 영양교육의 이해 • 10
   1) 영유아 건강 · 영양교육의 개념 / 10
   2) 영유아 건강 · 영양교육의 의의 / 13
2. 영유아발달과 건강 · 영양 • 14
   1) 영아발달과 건강 · 영양 / 15
   2) 유아발달과 건강 · 영양 / 24
3. 국가 수준의 영유아 건강 · 영양교육 • 28
   1) 만 0~1세 표준보육과정의 건강 · 영양교육 / 29
   2) 만 2세 표준보육과정의 건강 · 영양교육 / 32
   3) 만 3~5세 개정 누리과정의 건강 · 영양교육 / 36

CHAPTER 2 영유아 건강생활 39

1. 건강한 생활습관 • 40
   1) 청결과 위생 / 40
   2) 치아관리 / 46
   3) 배변 / 53
   4) 휴식과 수면 / 60

2. 질병 예방 및 관리 • 67
1) 영유아에게 흔한 질병 / 67
2) 감염성 질환 / 77
3) 아픈 영유아의 관리 / 86
3. 정신건강 • 99
1) 정신건강의 의미 / 99
2) 영유아기 정서발달과 정신건강 / 100
3) 영유아기 정신건강 문제 / 104
4) 정신건강 증진방안 / 108

CHAPTER 3 영유아 영양생활 111
1. 영양 • 112
1) 영양소 / 112
2) 영양권장량 / 122
2. 영유아 영양관리 및 식생활지도 • 124
1) 영아기 영양관리 / 124
2) 유아기 영양관리 / 139
3) 영유아 식사예절 / 153

CHAPTER 4 영유아 건강·영양활동 161
1. 영유아 건강 · 영양활동의 계획 • 162
2. 영유아 건강 · 영양활동의 운영 • 164
1) 일상생활에서의 건강 · 영양활동 / 164
2) 연간계획에 의한 건강 · 영양활동 / 170
3. 영유아 건강 · 영양활동의 평가 • 172
1) 영유아 평가 / 172
2) 놀이 평가 / 178
3) 기관 평가 / 181
4. 영유아 건강 · 영양활동의 실제 • 184

CHAPTER 5 영유아 안전교육의 이론적 기초 223

1. 영유아 안전교육의 이해 • 224
   1) 영유아 안전교육의 개념 / 224
   2) 영유아 안전교육의 의의 / 226
2. 영유아 발달과 안전 • 229
   1) 영아발달과 안전 / 229
   2) 유아발달과 안전 / 234
3. 국가 수준의 영유아 안전교육 • 237
   1) 만 0~1세 표준보육과정의 안전교육 / 237
   2) 만 2세 표준보육과정의 안전교육 / 239
   3) 만 3~5세 개정 누리과정의 안전교육 / 242

CHAPTER 6 영유아 안전 생활 245

1. 일상생활 놀이 안전 • 246
   1) 안전이란 / 246
   2) 안전사고 통계 / 246
2. 영유아 보육 · 교육기관에서의 안전 • 248
   1) 영유아 보육 · 교육기관 실내 환경 및 안전 / 248
   2) 영유아 보육 · 교육기관 실외 환경 및 안전 / 263
   3) 일과 중 안전 / 270
3. 미디어안전 • 274
   1) TV 안전 / 274
   2) 컴퓨터 및 인터넷 안전 / 274
   3) 스마트 폰 / 278
4. 교통안전 • 281
   1) 영유아 교통사고의 원인 / 281
   2) 교통안전교육의 중요성 / 283
5. 안전사고, 화재안전, 재난안전, 대인안전 • 288
   1) 안전사고 / 288
   2) 화재안전 / 303
   3) 재난안전 / 307

4) 대인안전 / 335
5) 유괴 및 실종 / 341

CHAPTER 7 영유아 안전활동 347

1. 영유아 안전활동의 계획 • 348
2. 영유아 안전활동의 운영 • 350
1) 일상생활에서의 안전활동 / 351
2) 연간계획에 의한 안전활동 / 351
3. 영유아 안전활동의 평가 • 357
1) 영유아 평가 / 358
2) 놀이 평가 / 363
3) 기관 평가 / 364
4. 영유아 안전활동의 실제 • 369

■ 참고문헌 • 411
■ 저자소개 • 416

chapter 01

영유아 건강 · 영양교육의 이론적 기초

1. 영유아 건강 · 영양교육의 이해
2. 영유아발달과 건강 · 영양
3. 국가 수준의 영유아 건강 · 영양교육

영유아기에 이루어지는 건강 · 영양교육은 건강한 삶을 이루는 필수적인 수단이며 토대가 된다. 영유아의 건강한 발달과 균형 잡힌 영양을 지원하는 환경과 교육은 어떤 교육적 노력보다 우선되어야 한다. 영유아기 건강 · 영양교육의 중요성과 발달과정 그리고 국가 수준의 영유아 건강 · 영양교육의 목표와 내용을 통해 건강 · 영양교육의 이론적 기초를 마련한다.

1. 영유아 건강 · 영양교육의 이해

영유아의 '건강한 출발(Healthy Start in Life)'을 보장하기 위하여 영유아의 건강 · 영양교육에 대한 바른 이해가 필요하다. 건강한 생활과 태도 형성을 위한 영유아 건강 · 영양교육의 개념과 의의를 살펴보면 다음과 같다.

1) 영유아 건강 · 영양교육의 개념

일반적으로 건강이란 신체적으로 질병이 없고 영양이 좋은 상태를 의미한다. 존 로크(J. Locke)가 "건강한 신체는 건강한 정신에서 비롯된다."라고 주장한 이래로 건강이란 '신체적(physical), 정신적(mental), 사회적(social)으로 안전하고 양호한 상태(well-being)'로 정의내리고 있다(World Health Organization, 1969). 즉, 건강은 단순히 질병이 없거나 허약하지 않은 신체상태뿐만 아니라 정신적 · 사회적인 측면을 포함하는 포괄적인 의미에서의 바람직한 안녕상태를 의미한다.

미국의 보건사회복지부(2010)는 '건강한 인간(Healthy People)' 플랜을 통해 영유아의 건강한 성장을 위하여 국가와 사회가 함께 개선해야 할 지표를 [그림 1-1]과 같이 제시하고 있다. 영유아 건강 여부를 확인할 수 있는 지표로 신체활동과 체력, 부상 여부, 면역력, 구강위생, 건강한 모자관계, 의료체계, 폭력 및 학대경험, 정신건강, 약물남용, 영양이 선정되었다. 이는 영유아의 건강은 성장과 신체

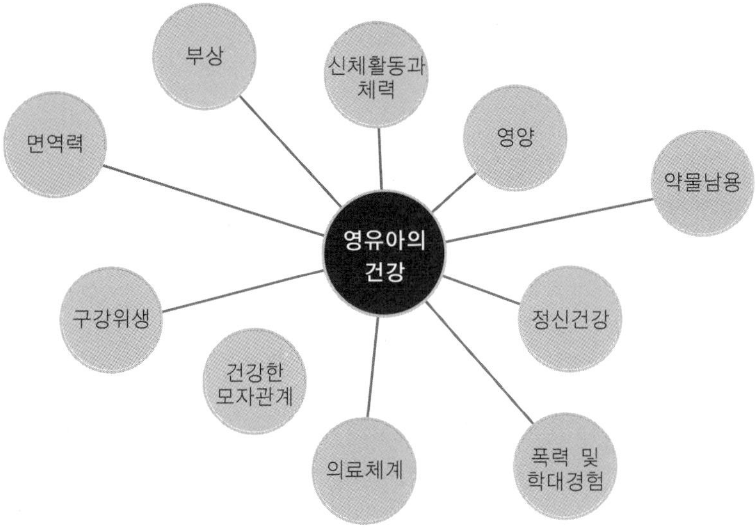

[그림 1-1] 영유아 건강지표

활동에 필요한 체력, 영양, 위생, 면역력과 더불어 모자관계, 정신건강, 폭력 및 학대경험과 같은 정신적 · 사회적 측면도 중요하다는 것을 나타낸다. 건강이란 개인이 모든 차원에서 편안한 상태를 유지하기 위해 자신의 내적 · 외적 환경 변화에 적응하여 사회적인 역할과 임무를 효과적으로 수행할 수 있는 최적의 상태라고 할 수 있다. 따라서 '건강하다'는 것은 곧 '전인적 성장과 발달이 이루어지고 있음'을 뜻한다고 할 수 있다. 이러한 개념에 기초하여 건강한 영유아의 특징을 제시하면 <표 1-1>과 같다(Marotz, Cross & Rush, 2005).

영유아 건강은 영유아의 성장 · 발육이 저해되지 않고 순조롭게 진행되는 상태로서 단순히 질병에 감염되지 않았거나 허약하지 않다는 것만을 의미하는 것이 아니라 신체적 · 정신적 · 사회적으로 문제가 없는 상태를 의미한다(김일옥, 김경애, 김영애, 김종석, 김호년, 손현숙, 2013). 또한 영유아 건강과 가장 밀접한 관련이 있으면서 영유아의 성장과 발달에 중요한 영향을 미치는 요소는 영양이다. 영양 상태가 양호한 영유아는 체중과 신장이 적절할 뿐만 아니라 활발하고 민첩하며 탐색활동을 왕성하게 한다. 따라서 일반적으로 영유아를 대상으로 건강교육을 실시할 때 영양에 관한 교육도 함께 실시할 필요가 있다(이명희, 정은정, 황혜신, 김정현, 성미영, 권기남, 2013).

〈표 1-1〉 건강한 영유아의 특징

신체적 특징	사회적 특징	활동 특징
• 민첩함 • 활동적인 놀이를 즐김 • 안정되어 보임 • 근육이 탄탄함 • 키와 체중이 꾸준히 증가 • 피로를 쉽게 느끼지 않음 • 고른 호흡 • 다리와 등이 곧음 • 치아가 고르고 깨끗하며 충치가 없음 • 입술과 잇몸이 분홍색이며 탄력이 있음 • 피부가 맑고 눈이 빛남 • 자세가 바름 • 대근육 조절이 발달됨 • 소근육 조절이 발달됨 • 눈과 손의 협응이 잘됨	• 열정적임 • 주변 환경에 대한 호기심 • 다양한 활동에 참여함 • 쾌활하고 친절함 • 자신감 • 책임 공유 • 또래와 협력하고 놀이함 • 타인의 물건을 소중히 함 • 타인의 감정 이해 • 새로운 상황에 적응 • 친구를 좋아함 • 협동놀이에 참여함 • 생각과 감정을 자연스럽게 표현 • 어려움에 직면하고, 빠르게 회복 • 자기조절을 잘함	• 집중 • 과제 완수 • 주의집중력 • 쉽게 좌절하지 않고 활동을 지속함 • 독립적으로 활동함 • 학습에 호기심을 보임 • 독창적, 창의적, 상상력 풍부 • 책임감 • 지시와 교수에 신속하고 적절하게 반응 • 공동 작업을 책임 있게 수행 • 새로운 도전 수용 • 높은 적응력

영유아 건강 · 영양교육은 영유아로 하여금 병에 걸리지 않도록 주의하고 즐거운 마음으로 생활하며, 신체와 주변을 청결히 유지하고 적절한 수면과 휴식을 취하며 바른 식습관을 가질 수 있도록 교육하는 것을 의미한다(보건복지부, 교육과학기술부, 2013b). 영유아 건강 및 영양교육은 영유아의 건강을 증진시키는 데 필요한 지식, 태도, 행동의 발달을 통하여 영유아의 삶의 질을 유지, 향상시키는 것이다(Seefeldt & Barbouy, 1997). 즉, 영유아가 자신의 건강과 영양에 영향을 미치는 요인이 무엇인지를 인식하고 이에 대해 긍정적인 의사결정을 내리며, 자신의 건강과 영양을 스스로 책임질 수 있는 능력을 함양하는 것이다.

영유아기 건강 · 영양교육은 영유아의 현재 건강과 미래의 성장 가능성도 포함하여야 한다(문혁준 외, 2013). 이러한 인식에 기초하여 영유아 건강 · 영양교육은 첫째, 몸과 주변을 깨끗이 하여 일상생활에서 질병을 예방할 수 있는 습관을 기르도록 한다. 둘째, 영양과 건강의 관계를 인식시키고 건강한 식습관을 가질 수 있도록 식생활 교육이 이루어져야 한다. 셋째, 건강한 생활습관을 형성하는 데 필요한 규칙적인 수면과 휴식, 배변습관을 가지고 즐겁게 생활하는 태도를 형성하도록 한다. 넷째, 질병의 위험을 알고 일상생활에서 이를 예방할 수 있도록 한다. 마지막으로 영유아에게 안전하고 쾌적한 환경을 제공해 주어 즐겁게 일상생활을 할 수 있도록 지원하는 내용을 포함해야 한다.

2) 영유아 건강 · 영양교육의 의의

영유아기는 신체 성장이 활발하고 기본생활습관이나 행동양식이 형성되는 시기이다. 영유아는 자신의 잠재력을 최대한 발휘하며 성장할 권리가 있고, 사회와 가정은 건강하게 자라도록 지킬 의무와 책임이 있다. 그러나 영유아는 면역계 발달이 불완전하고 자신의 건강문제를 확인하고 능동적으로 대처하는 능력이 결여되어 있기 때문에 질병과 각종 사고의 위험에 노출되기 쉽다. 더욱이 영양상태가 양호하지 못할 경우에는 영유아의 신체적 성장을 지체시킬 뿐만 아니라 신경체계 발달에도 손상을 주므로 지적 능력에도 문제를 가져올 수 있다.

영유아기 건강 · 영양교육의 중요성을 발달의 기본성격인 기초성, 적기성, 누적성, 불가역성 측면에서 살펴보면 다음과 같다(임미혜 · 채혜선, 2011; 정효정 외, 2010).

첫째, 영유아기 건강과 영양은 기초성을 가진다. 영유아기는 일생의 기초가 형성되는 시기다. 특히, 출생에서 만 3세까지는 성장과 발육이 왕성한 시기이며, 만 4~5세는 인지적 · 정서적 발달과 함께 대 · 소근육활동이 급격히 증가하는 시기이다. 이 시기에는 일생 동안의 성장과 발달의 기초가 형성되기 때문에 영유아기의 건강과 영양은 평생 발달의 기초로서 매우 중요하다(채영란 외, 2011).

둘째, 영유아기 건강과 영양은 적기성을 가진다. 영유아기는 신체적 · 정서적 ·

사회적 건강발달과 밀접한 청각발달, 시각발달, 언어발달, 애착발달 및 성역할 발달의 결정적 시기로 알려져 있다. 결정적 시기 동안 내외적인 환경적 경험에 의해 획득된 특성은 전 생애에 걸쳐 영향을 미치기 때문에 영유아기는 건강한 성장과 발달의 적기이다.

셋째, 영유아기 건강과 영양은 누적성을 가진다. 사회적 건강과 관련하여 영아기 어머니와의 관계에서 수유과정 동안 불신감이 형성되면 청소년기 및 성인기 사회적 관계에 부정적 영향을 미치는 것으로 알려져 있다. 초기 결핍된 환경 경험이 성장과정 동안 누적적으로 영향을 미치는 것으로서 발달의 누적성이라 할 수 있다. 발달과정에서 어떤 결손이 생기면 다음 시기의 발달에 좋지 못한 장애가 일어날 수 있음을 의미하는 발달의 누적적 성향을 고려해 볼 때, 영유아기의 바람직하지 않은 건강 · 영양습관은 생애 전체에 부정적 영향을 미칠 수 있다.

넷째, 영유아기 건강과 영양은 불가역성을 가진다. 발달의 최적기를 놓치면 다음 시기에 이를 보완하거나 교정하기 힘들기 때문이다. 영유아는 스스로 건강문제를 확인하고 능동적으로 대처하거나 자신의 생활습관이나 환경을 변화시켜서 건강 수준을 향상시키는 행동을 할 수 없다. 따라서 건강과 영양교육을 통하여 영유아들이 건강에 대한 기본 정보를 이해하고, 이를 실천할 수 있는 능력을 기르도록 해야 한다.

2. 영유아발달과 건강 · 영양

영유아의 성장과 발달은 유전적 요인과 환경적 요인의 상호작용에 의해 개인차를 보이나, 발달 단계별 특징을 지니고 있다. 영유아 보육 · 교육기관인 어린이집 표준보육과정에서 만 0~2세를 영아, 누리과정에서 만 3~5세를 유아로 구분하였는데 이를 기초하여 영유아의 건강 및 영양과 관련된 영유아 발달 특성을 살펴보면 다음과 같다.

1) 영아발달과 건강 · 영양

영아기는 출생 후 가장 빠른 성장이 이루어지며, 독립적인 이동 능력과 의사표현 능력을 습득하는 시기이다. 성장과 발달이 빠른 만큼 발달의 기초가 되는 건강 및 영양의 문제가 중요한 시기이기도 하다.

(1) 신체 성장

영아기의 체중은 성장의 지표이며, 영양상태를 반영한다. 우리나라 영아의 평균 출생 체중은 남아가 3.4kg, 여아가 3.3kg으로 남아가 여아보다 약간 더 무겁다. 생후 3~4일 동안 출생 시 체중의 약 5~10%의 감소를 보이는데 이를 신생아의 생리적 체중 감소라고 한다. 생리적 체중 감소는 태변의 배설, 피부와 폐로부터의 수분 손실 등으로 인하여 발생하며, 이는 일시적 현상으로 10~14일이 경과하면 출생 시의 정상 체중으로 회복된다. 건강한 영아의 체중은 빠르게 증가하여 생후 3개월이면 남아 6.81kg, 여아 6.32kg으로 출생 시의 2배가 되고, 1년 뒤에는 약 3배로 급증한다.

출생 시 신장은 약 50cm이며, 출생 후 3개월까지는 매달 4~5cm 정도 자라고 이후에는 2~3cm씩 자라서 생후 12개월이면 출생 시 1.5배인 75cm 정도가 된다. 출생 후 2년째가 되면 성장 속도가 감소하여 평균 신장이 약 12~13cm 정도 커져 약 85cm가 된다. 출생 후 영아의 체중과 신장의 증가는 유전적 요인과 함께 환경 및 영양상태의 영향을 받는다.

영아기 동안 신체의 다른 부분에 비해 가장 빠른 속도로 발달하는 기관은 대뇌이다. 두위의 측정은 뇌 발달을 간접적으로 알아볼 수 있는 방법이다. 출생 시 두위는 약 34cm이고 1년간 약 12cm가 증가하며 출생 시에 비하여 1.5~2배가량 커진다. 첫 1년 동안 영아의 두뇌는 성인 두뇌 무게의 66%까지 성장하게 되는데 이 시기를 두뇌 성장 급등기라고 한다. 머리둘레는 만 2세가 되면 남아 48.4cm, 여아 47.7cm로서 만 1세 때보다 2cm 정도 증가하며, 속도는 감소한다. 출생 시 가슴둘레는 약 22cm로 머리둘레보다 1cm가량 작은데, 만 1세 무렵 거의 같아지고 이후

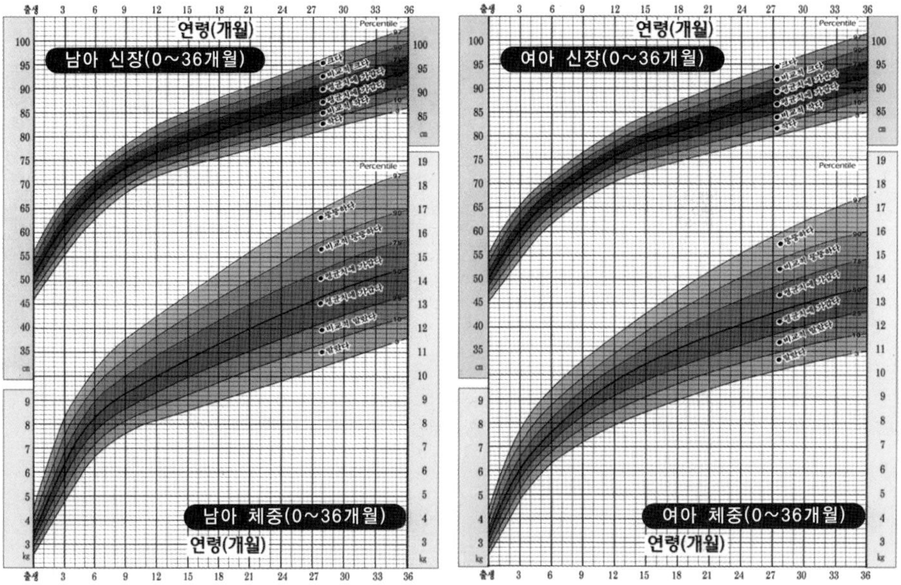

[그림 1-2] 영아 성장곡선

출처: 보건복지부, 질병관리본부(2007).

머리둘레보다 커지게 된다. 영아의 두개골은 골 형성이 완성되지 않은 몇 부분의 연골들로 이루어져 출생 시 좁은 산도를 빠져나오는 데 용이하다. 이 연골이 완전히 봉합되지 않은 빈 부분을 천문이라 한다. 두개골 뒷부분에 있는 5mm 크기 삼각형 모양의 소천문은 생후 6~8주 정도에 닫히고, 두개골 앞부분에 있는 2.5cm 크기 마름모 모양의 대천문은 대개 16~18개월 정도면 닫힌다.

출생 시 신장의 1/4을 차지했던 머리 비율은 점차 변화하여 만 2세 무렵에는 1/5이 되며, 다리의 상대적인 길이가 점차 길어지고 신체 중력의 중심도 아래로 내려가 보다 균형 잡힌 자세로 변화한다. 태내기 말기부터 증가하기 시작한 체지방은 출생 이후에도 계속 증가하여 생후 9개월 무렵 정점에 이르러 통통한 모습이 되는데, 이러한 체지방의 증가는 영아의 체온을 일정하게 유지시키는 기능을 한다.

출생 시 영아는 성인이 가지고 있는 근육섬유 수를 다 가지고 태어나지만 조직의 길이, 너비, 두께는 성인기까지 계속 성장한다. 영아는 처음 1년 동안 신체의 수의근이 온전히 조정되지 않아서 신체활동에 빨리 피곤을 느끼기도 하지만 회복도 빠르다. 근육도 골격과 마찬가지로 신체의 부위나 성별에 따라 차이를 나타낸다. 즉, 머리와 목 부분의 근육이 다리 부분의 근육보다, 대근육이 소근육보다 더 빨리 발달하며, 영아기 근육 및 골격의 발달은 여아가 남아보다 일찍 발달하고, 근육조직이 적고 가벼우며, 지방이 많은 대신 수분은 적다. 만 2세 무렵에는 근육이 더욱 발달하고 뇌 발달과 연합하여 자발적 운동이 증가한다. 영아기에 형성된 지방조직이 근조직으로 대치되고 화골현상도 활발하게 진행되어 뼈가 단단해진다.

출생 후 몇 개월 동안 심한 근시 현상을 보이지만 첫돌 무렵의 시력은 성인 수준에 도달한다. 12개월이 되면 양안시가 완전히 발달되는데 계속 사시가 나타나면 사시가 있는 쪽의 눈의 시력발달이 저해되어 나타나는 억제성 약시를 예방하기 위해 전문적인 안과 검진을 받아야 한다. 또한, 영아는 색채를 구별할 줄 알고, 형태를 지각할 줄 알며, 깊이에 대한 인식이 계속 발달된다. 하지만 운동조절 기능이 부족하고 머리가 무겁기 때문에 추락의 위험이 있다. 청각, 후각, 미각, 촉각도 계속 발달되고, 협응이 이루어져 다른 경험과 연관되기 시작한다. 물건을 만져보기, 맛보기, 냄새 맡기를 자신이 만족할 때까지 반복한다. 소리가 나는지를 알아보기 위해 흔들어 보고, 던져보고, 두드려 보기도 한다. 음식의 냄새나 맛, 모양 때문에 특정 음식을 너무 좋아하거나 기피하는 편식이 나타나는 것은 감각기능이 증진되었음을 의미하는 것이기도 하다.

(2) 운동발달

운동 기능의 발달은 근육과 골격, 그리고 신경계의 성숙에 달려 있다. 운동발달 중 기기, 걷기, 뛰기, 달리기와 같은 움직임은 대근육운동이 요구되는 것이고, 손으로 물체를 쥐거나 붙잡고 조작하는 정교한 운동기술은 소근육운동을 필요로 한다. 또한, 운동능력은 머리에서 다리로, 몸통에서 몸의 말단으로, 전체적인 동작에서 세부적인 동작으로 발달한다.

대근육운동 기능은 보통 생후 6주부터 3개월 사이에 반사행동이 점차 사라지면서 목과 어깨 근육의 조절능력이 증진된다. 생후 3주면 90%의 아기들이 엎드린 자세에서 턱이 보일 정도로 머리를 들 수 있고, 2개월 무렵에는 표면에서 45도 정도 들어 올릴 수 있다. 3개월 무렵에는 목을 가누고, 5개월이 되면 눈과 손의 협응이 가능해져 물건을 정확히 잡을 수 있다. 등을 대고 누운 자세에서 옆으로 뒤집는 것은 4개월이면 가능하고, 7개월이면 혼자서 앉을 수 있으며, 배를 바닥에 대고 팔다리를 이용해 이동할 수 있다. 10개월에는 손과 무릎으로 길 수 있다. 평균 15개월 무렵 첫걸음을 걷기 시작하며, 18개월이면 가끔 달리기도 하고 안전하게 멈출 수도 있다.

만 2세가 되면 균형을 잡기 위해 보폭을 크게 하여 걷고 넘어지지 않고 잘 달릴 수 있으며 층계를 오르내릴 수 있고, 30개월에는 의자에서 뛰어내릴 수 있다. 만 2세 후반에는 한 발로 설 수 있고, 발끝으로 걸으며, 두 발을 교대로 층계를 오를 수 있다. 영아 스스로 다른 사람에게 접근함으로써 더 많은 사회적 상호작용을 경험하게 된다. 이러한 일련의 행동은 영아의 지적 발달과 사회적 발달을 촉진시킨다.

소근육운동 능력도 대근육운동 기능과 함께 급속히 발달된다. 신생아기의 쥐기 반사가 점차 의도적으로 물건을 잡는 동작으로 발달한다. 생후 4개월에는 물건을 쥐여 주면 쳐다보거나 입으로 가져간다. 생후 6개월에는 바깥쪽으로 접근하여 손바닥을 이용해 물건을 잡는다. 생후 7개월에는 물건을 이 손에서 다른 손으로 옮길 수 있고 맞부딪쳐 소리를 낸다. 생후 9개월에는 엄지와 검지손가락으로 물건을 잡는다. 생후 12개월이면 수저와 컵을 사용하여 음식물을 먹을 수 있지만 대부분 흘리게 된다. 영아의 소근육운동 발달에 대한 연구들(정효정 외, 2010; 조복희, 2008)을 정리하면 <표 1-2>와 같다.

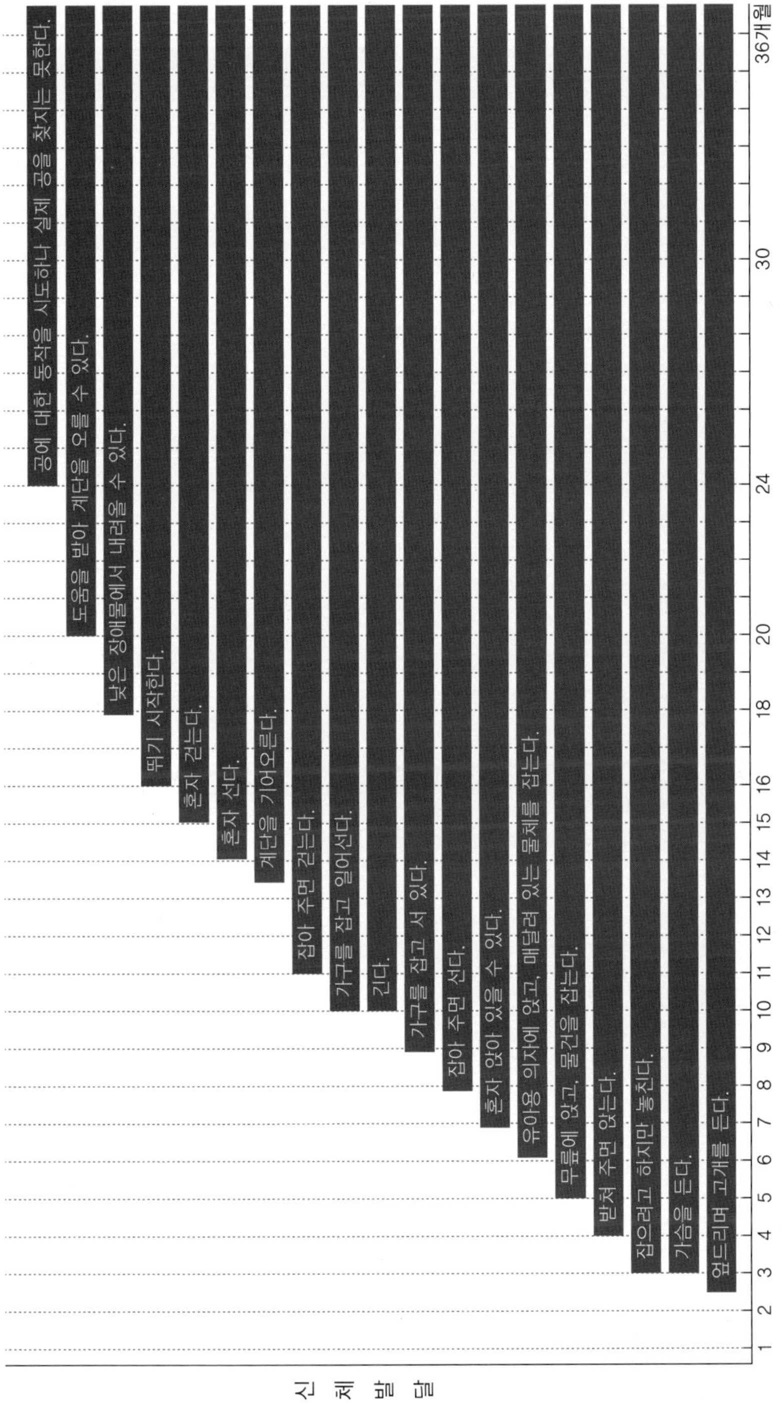

[그림 1-3] 영아의 대근육운동 발달

〈표 1-2〉 영아의 소근육운동 발달

시기	내용
2~3개월	• 생후 1개월에는 주먹을 쥐고 있으나 3개월까지는 손을 펴게 된다. • 원시적 반사 형태에서 수의적인 행동으로 점진적으로 발달한다. • 손 전체를 이용하여 물체를 잡는다. • 매달려 있는 물체에 잠시 손이 닿을 수 있다.
4~5개월	• 물체에 손을 뻗어 집는다. • 물체를 입안에 넣는다. • 손 전체를 이용하여 물체를 잡는다. • 손과 발을 활발하게 움직이며 논다.
6개월	• 손으로 조작하는 기술이 발달한다. • 우유병을 잡기도 하고, 발을 쥐고 입으로 가져가기도 하며, 과자를 스스로 잡고 먹기도 한다.
7개월	• 물체를 한 손에서 다른 손으로 옮긴다. • 양손으로 물건을 쥐기도 한다. • 물체를 안전하게 잡고 두드린다.
8~9개월	• 엄지와 검지손가락으로 잡는다. • 의지대로 물체를 놓을 수 있다. • 오른손잡이와 왼손잡이가 드러난다.
10~12개월	• 정확하게 손가락으로 잡는다. • 작은 물체를 용기에 집어넣고 꺼낼 수 있다. • 크레용을 잡고 그릴 수 있다. • 책을 여러 페이지 넘길 수 있다.
만 1세	• 수저와 컵을 사용하여 혼자서 음식물을 먹을 수 있지만 대부분 흘린다. • 양말이나 모자를 혼자서 벗는다. • 컵을 입에 대고 물을 마실 수 있다. • 공을 던질 수 있다.
만 2세	• 책장을 한 장씩 넘길 수 있다. • 수직선과 원을 그릴 수 있다. • 블록을 6~7층 쌓을 수 있다. • 숟가락으로 식사할 수 있다. • 공을 손으로 잡을 수 있다.

(3) 영양 및 섭식발달

신생아는 코로 냄새를 맡아 엄마의 젖을 찾고 빨 수 있다. 근원반사(rooting reflex)가 있어 입 주위에 자극을 주면 그 자극물을 향해 고개와 입을 돌리며, 빨기반사(sucking reflex)와 연하반사(swallowing reflex)가 있어 입에 닿는 것을 빨고, 삼키는 것이 가능하다. 또한, 혀가 상하로 움직이고, 혀 밀어내기 반사(tongue extrusion reflex)가 있어 혀 위에 있는 음식을 내뱉는다.

생후 4~6개월까지는 모유, 조제유, 혹은 혼합수유를 한다. 6개월 무렵이 되면 타인의 도움으로 앉을 수 있게 되고, 유치가 나기 시작하며, 턱이 위아래로 움직이는 형태의 씹는(munching) 패턴이 시작되고, 으깬 부드러운 음식을 혀 뒤로 움직여 삼키는 것이 가능해지기 때문에 반고형식을 줄 수 있다. 이유식을 시작하는 시기에는 개인적인 차이가 있으나 보통 생후 4~6개월이 지나면서 시작하는 것이 좋다. 영아는 3개월 이전에는 전분을 소화시키지 못하며 입자가 큰 단백질을 그대로 흡수하여 알레르기를 일으킬 수도 있다. 또한, 너무 늦어지면 영아가 늦도록 엄마 젖이나 우유병에 매달리게 되고, 성장발육이 늦어지며, 생후 6개월 정도가 되면 체내에 저장해 두었던 철을 다 사용하게 되므로 빈혈이나 신경증 등이 나타날 수 있다. 조제유를 먹이는 영아의 경우 하루 동안 섭취하는 우유가 1,000cc를 넘고 이전에 비하여 쉽게 배고픔을 가질 때를 이유식을 공급해야 하는 시기로 잡는다(보건복지부, 2013a).

생후 7~9개월 무렵에는 혀의 움직임도 좀 더 정교해져 턱의 움직임과 상관없이 혀가 독립적으로 움직일 수 있게 되는데, 이 시기는 힘을 들이거나 노력을 해서 씹는 운동을 시작해야 하는 결정적 시기이기도 하다(이명희 외, 2013). 이 단계에는 체에 거른 퓌레나 으깬 형태의 부드러운 음식이 적당하다. 음식의 단단한 정도는 아기의 잇몸으로 으깰 수 있을 정도면 된다. 또한, 원하는 물건을 손으로 집어 입으로 가져가는 것이 가능하므로 손가락으로 집어 먹는 음식을 제공할 수 있다.

생후 10~12개월에는 혀를 돌려 씹는(rotary chewing) 것이 가능해지고, 입안에서 혀를 양옆으로 움직일 수 있어 음식의 이동이 가능하며, 턱과 혀를 이용하여 성인이 씹는 방식과 같이 씹을 수 있다. 식사시간에 숟가락을 입으로 가져가지만 혼자 먹기는 어렵다. 아직 섭식기술이 완전하지 않아 기도 폐쇄나 이물 흡입으로 인한 위험이 높으므로 완전히 익힌 채소나 잘 갈아서 완전히 익힌 고기가 적절하다.

만 1세가 되면 대부분 음식을 손으로 잡고, 손가락으로 먹는 일이 흔해지고 쉬워지며, 1년 6개월쯤 되면 숟가락으로 음식을 뜨지만 자주 음식을 떨어뜨린다. 그러나 만 2세에 가까워지면 손을 자연스럽게 움직일 수 있어 숟가락의 음식이 입속으로 성공적으로 들어가게 된다. 영아가 15~18개월 무렵이 되면 대부분 이유식이 완료되고 식성도 뚜렷해진다. 씹는 능력에도 개인차가 생기기 때문에 아무 음식이나 잘 먹는 영아가 있는가 하면, 부드러운 음식만 좋아하는 영아도 있다. 18개월 무렵에는 영양요구량이 더 감소되어 생리적 식욕감퇴 현상이 초래되기도 한다. 영아기는 감각능력의 발달과 자기중심적인 발달 성향 때문에 까다로운 식성을 갖게 되며 편식이 흔히 나타난다. 만 1세아의 식사는 영아식에서 일반식으로 이행되어 가는 과정에 있다. 성인의 식사보다 양념이 적고 부드러우며 균형 있는 영양을 유지하도록 한다(김일옥 외, 2013).

대부분의 만 2세 영아는 내용물을 흘리지 않고 컵을 사용하거나 숟가락을 다룰 수 있지만, 그릇 속의 음식을 숟가락으로 옮길 때 손으로 옮기는 경향이 있다. 만 2세에는 영양가에 대한 고려보다는 식사습관이 바르게 형성되도록 한다. 영아의 식습관 발달에 따른 행동 특성은 <표 1-3>과 같다(여성부, 2002; 보건복지부, 2013a).

〈표 1-3〉 영아의 식습관 발달에 따른 행동특성

월령	행동 특성
6개월	• 하루 3~4회의 우유를 먹으며, 한 차례에 8~10분 정도 소요된다. • 반유동식이나 단단한 음식을 조금씩 먹게 된다. • 숟가락이 보이면 입 모양을 바꾸고 입술로 숟가락을 덮는다.
9개월	• 하루 세 차례의 이유식과 낮잠 뒤 두 차례의 우유를 먹는 것이 일반적이다. • 우유를 빠는 힘이 세지고 쭉쭉 들이키기 때문에 먹는 속도도 빨라져서 3~4분밖에 걸리지 않는다. • 고형식도 잘 씹어 먹고 숟가락을 내밀면 입을 벌리고 아랫입술을 끌어당겨 음식을 받아들인다. • 그릇에 입을 대고 물 같은 것을 마시게 하면 계속해서 한두 모금 마시지만 그릇을 떼면 입 밖으로 흘린다.
11개월	• 식사가 순조롭게 진행되지 못할 때가 많다. 식사를 하는 동안 이리저리 몸을 움직여 놀잇감을 갖고 놀기 때문이다. • 우유 먹는 횟수는 영아에 따라 다르지만 하루에 한 차례가 적당하다. • 컵에 손을 대고 안에 담겨 있는 것을 마시기 위해 머리를 젖히기 시작한다. 하지만 제대로 마시지 못해 흘리는 일이 잦다. • 좋아하는 음식과 싫어하는 음식을 나타내기 시작한다.
1년~1년 6개월	• 우유병을 이용하는 횟수가 줄어들고 컵을 입에 대고 마신다. • 그릇에 담겨 있는 음식을 보면 숟가락을 사용하려 하는데 음식물 속에 숟가락을 넣지만 떠올리는 동작은 어렵다. 손으로 집어 입속에 넣곤 한다. • 물이나 국 등은 서툴지만 혼자서 양손에 쥐고 마실 수 있다. • 서툴지만 도움을 받으려 하지 않고 처음부터 끝까지 혼자서 먹으려 한다.
1년 6개월~1년 9개월	• 먹는 방법이 능숙해지는데 턱과 혀를 사용해서 음식을 잘게 씹을 수 있다. • 얼굴을 움직여 입속의 음식을 먹기 쉽게 조절하며, 삼킬 수 없는 것은 입에서 뱉을 수 있다. • 숟가락을 한 손에 쥐고 다른 손으로 음식을 숟가락 위에 올려놓거나 팔꿈치를 사용하여 입으로 가져가는 등 숟가락 사용법이 점차 능숙해진다. • 양손으로 컵을 사용하지만 접시는 자주 놓친다. • 먹으면서 흘리는 것도 이 무렵의 특징이다. • 호기심이 발달하여 식사 중 이동이 잦기 때문에 식사시간이 길어진다.
1년 9개월~2년	• 식욕이 왕성해지면서 먹고 마시는 것을 적극적으로 탐하기 시작한다. • 음식에 대해 좋고 싫음을 분명히 밝힌다. 맛이나 혀의 감촉뿐 아니라 눈에 보이는 음식의 형태에 대해서 좋고 싫음도 나타낸다. • 항상 사용하는 숟가락이나 컵 등을 요구한다. • 식사 중 음식이나 도구를 사용하여 놀고 장난하는 일이 생긴다.

2) 유아발달과 건강 · 영양

건강한 신체발달과 균형 잡힌 영양은 유아의 운동기능을 원만히 해 주고 자신감을 길러줄 뿐 아니라 사회관계에도 영향을 미친다. 유아가 건강한 신체를 갖도록 영양섭취에 주의를 기울이며 건강한 생활습관을 형성하도록 도와주어야 한다.

(1) 신체 성장

유아는 매년 평균 5~7cm 정도 키가 자라며, 체중은 2~3kg 정도 증가한다. 만 3세 유아의 평균 몸무게는 14.6kg으로 출생 시 몸무게의 4배 정도이다. 만 4세는 16.7kg이며, 만 5세는 18.7kg이다. 키의 성장도 연간 6.75~7.5cm의 증가를 보여 안정된 상태를 유지하며, 일반적으로 몸통보다 다리 길이가 더 빨리 성장한다. 만 3세 된 유아의 평균 키는 95cm, 만 4세 때는 103cm이며, 만 5세 때는 110cm이다. 출생 시의 키와 성인이 되었을 때의 키는 상관관계가 거의 없으나 유아기 때 키와

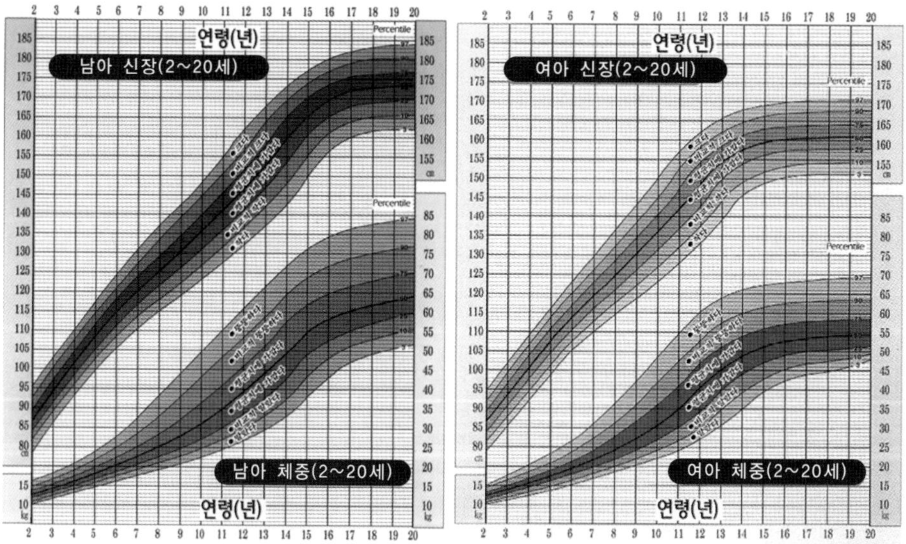

[그림 1-4] 소아 및 청소년 성장곡선 지표

출처: 보건복지부, 질병관리본부(2007).

의 상관관계가 0.7정도를 나타냄으로써 유아기의 키는 이후 성인이 되었을 때의 키를 예측할 수 있는 지표가 된다(조복희, 2008).

유아기에는 아기처럼 보이는 지방이 많은 통통한 살이 빠지고 팔다리가 급속히 성장하면서 머리 비율이 낮아져서 신체 비율은 어른과 흡사해진다. 신체의 균형 상태도 한층 더 발달되어 만 3세 이전에 볼 수 있었던 쭈그리고 앉는 자세, 볼록한 배 모양이 더 이상 나타나지 않는다. 유아는 몸매가 약간 마른 편이나 단단하고 민첩하고 균형이 잡혀 있다. 옷차림이나 머리 모양을 제외하면 성별에 따른 신체적 특성의 차이는 거의 없다. 두뇌의 발달은 영아기보다는 급속하지 않으나 여전히 빨라 만 3세 무렵이면 성인 크기의 75%까지 성장을 보이며, 만 5세 무렵이면 성인의 90%까지 커진다. 대부분의 신체기관은 성숙되어 있고 안정되며 어느 정도의 스트레스나 변화에 대해서도 적응할 수 있다. 림프조직이 성장하여 저항력이 증가되며, 혈압과 맥박이 거의 성인 수준에 도달한다.

(2) 운동발달

영아기를 지나 유아기를 거치면서 운동발달은 신체적 성장과 함께 뚜렷한 변화를 나타낸다. 유아기는 신체적 자세나 운동의 기본이 잡히는 시기로서 운동발달상 매우 중요한 시기이다. 유아기에 성취해야 할 대근육운동 능력은 달리기와 도약하기, 균형 잡기, 기어오르기, 던지기, 그리고 자전거 타기 등이 있다. 걷기, 달리기, 기어오르기 및 뛰기와 같이 영아기에 습득한 운동능력은 더욱 정교화된다(김일옥 외, 2013). 만 3세에는 걷고, 뛰고, 발로 차기를 할 수 있으며, 두 발 모아 20cm 정도 점프하기, 발 교대로 계단 오르기, 한 발로 균형 잡기, 큰 공 잡기, 능숙하게 세발자전거 타기 등을 있다. 소근육도 발달하여 엄지손가락과 집게손가락으로 물건 집기, 가위로 선을 따라 오리기, 큰 구슬 꿰기, 블록 탑 쌓기 등을 할 수 있으나, 정교한 눈과 손의 협응을 요구하는 활동에 대해서는 쉽게 피로감을 느낀다. 만 3세 유아는 흘리지 않고 음식을 먹을 수 있으며 스스로 옷과 신발을 입고 벗을 수 있다.

만 4세에는 대근육운동 능력이 더욱 향상되어 한 발로 뛰거나, 5초 이상 한 발로 서 있을 수 있으며, 양발을 교대로 계단을 내려갈 수 있다. 쉽게 구조물을 오르고, 평균대 위를 균형 잡으며 걸어갈 수 있다. 소근육운동 능력도 발달하여 가위질이 더욱 정교해지고 점토로 어떤 형상을 만들면서 즐거워한다. 조작기능이 발달하여 작은 못 박기나 작은 구슬 꿰기가 가능하고, 다른 용기에 물을 흘리지 않고 따를 수 있다. 도움을 받지 않고 옷을 입고 벗는 것이 가능하며, 양치질과 머리 빗기 등이 가능하다.

만 5세에는 대근육과 소근육의 발달이 더욱 정교화되고, 두발자전거를 탈 수 있으며 줄넘기를 할 수도 있다. 공을 튀길 수 있으며 잡을 수 있게 된다. 또한, 조작 능력이 발달하여 10~15개 조각의 퍼즐을 맞출 수 있고, 신발 끈 매기, 지퍼 올리기, 단추 잠그기 등이 가능하다. 만 5세 유아의 75% 정도가 젓가락을 사용할 수 있다(한국아동학회, 한솔교육문화연구소, 2002). 유아기 운동발달에 대한 연구들(정효정 외, 2010; 조복희, 2008)을 정리하면 <표 1-4>와 같다.

〈표 1-4〉 유아기 운동발달

연령	내용
만 3세	• 신체의 움직임이 더욱 안정되고 유연해져서 능숙하게 속도를 조절하여 걷거나 뛸 수 있다. • 두 발 모아 점프하기, 발을 번갈아 가며 계단 오르기, 한 발로 균형 잡기, 세발자전거 타기 등을 능숙하게 한다. • 숟가락 사용이 능숙해지고 젓가락을 서툴게 잡기 시작한다. • 소근육 조절능력이 발달하여 그림 그리기, 쌓기 놀이가 비교적 능숙해진다. • 양손을 사용한 신체적 기술이 증진되어 단추 끼우기, 가위질이 가능해진다.
만 4세	• 신체적 균형 유지가 가능해지며 대근육이 발달해 빠르게 뛰기, 균형 유지하기, 한 발로 뛰기, 한 발로 균형 잡고 서기, 발을 바꾸면서 계단 내려오기가 가능하다. • 신체관리 기술이 능숙하게 발달하며, 신발 끈 묶기를 제외하고 거의 혼자서 옷을 입고 벗는다. • 소근육 조절능력이 정교해져 작은 물체도 잘 다루고 가위질도 정교해진다.
만 5세	• 두발자전거를 타고, 줄넘기를 할 수 있다. • 공을 튀길 수 있으며 잡을 수 있다. • 10~15개의 퍼즐을 맞출 수 있다. • 신발 끈 매기, 지퍼 올리기, 단추 잠그기가 가능하다. • 젓가락 사용이 가능하다.

(3) 영양 및 섭식발달

유아기는 성장과 발달이 빠르게 진행되고 운동량이 많기 때문에 단위체중당 영양소와 에너지의 필요량이 높다. 하루 평균 1,800kcal의 에너지와 25~30g의 단백질이 필요하기 때문에 적당한 양의 다양한 음식이 필요하다. 공급원은 육류, 생선류, 가금류, 달걀, 콩 등의 단백질, 밥, 빵 등의 탄수화물, 과일이나 채소, 우유 등이 영양학적으로 균형 있게 제공되어야 한다. 적절한 영양과 건강을 유지하기 위하여 균형 잡힌 식사와 수분 섭취의 중요성이 강조된다.

만 3세 유아는 컵으로 마시는 것과 숟가락 사용이 발달되어 혼자서 음식을 먹을 수 있다. 만 4세에는 손가락 근육이 발달하여 식품의 껍질을 벗기고 자르거나 으깰 수 있으며, 만 5세가 되면 손과 손가락의 움직임이 더욱 정교해져서 숟가락뿐만 아니라 나이프와 젓가락도 사용할 수 있다. 유아기에는 특정 채소를 제외한 대

[그림 1-5] 식사모형: 식품구성자전거(Feed balance wheels)

출처: 보건복지부, 한국영양학회(2015). 한국인 영양섭취 기준, 한국영양학회.

부분의 식품을 먹지만 만 4세 정도가 되면 싫어하는 음식과 좋아하는 음식을 구분하여 자신의 식사에 대해 간섭하는 것을 싫어하고, 먹기 싫은 음식은 거부하기도 한다. 유아의 정서적 특성과 섭식행동 및 식사기술 발달은 <표 1-5>와 같다.

〈표 1-5〉 유아의 정서적 특성과 섭식행동 및 식사기술 발달

연령	정서적 특성	섭식행동	식사기술 발달
만 3세	• 모든 일에 동참하고 싶어함("me too" age) • 요구하기보다는 선택하게 하면 잘 따름 • 여전히 공유하려 하지 않음 • 자기 방식대로 하려는 태도가 다소 완강함	• 특정 채소를 제외한 대부분의 식품을 먹음 • 배고프지 않을 때는 식사를 게을리함 • 식사에 대해서 간섭을 함	• 숟가락을 더 잘 사용할 수 있음 • 손바닥 근육이 발달함 • 혼자서 음식을 먹을 수 있음 • 우유나 주스를 혼자서 그릇에 따를 수 있음
만 4세	• 공유를 잘함 • 어른의 칭찬과 관심을 요구함 • 요구의 한계를 이해함 • 대부분의 경우 규칙을 따름 • 여전히 자기 방식에 완강함	• 먹으면서 말하기를 좋아함 • 싫어하는 음식과 좋아하는 음식을 구분함 • 먹기 싫으면 울면서까지 거부함	• 숟가락을 모두 사용할 수 있음 • 손가락의 미세근육이 발달함 • 식탁을 닦거나 차리는 일을 도울 수 있음
만 5세	• 가족의 일상사에 도움을 주고 협조적임 • 여전히 자기 방식에 완강함 • 부모, 집, 가족에 집착함	• 친숙한 음식을 좋아함 • 가족들이 싫어하는 음식을 자기가 싫어하는 음식으로 생각함	• 손과 손가락의 움직임이 정교해짐

3. 국가 수준의 영유아 건강 · 영양교육

국가 수준에서 영유아가 경험해야 할 태도와 가치, 지식과 기술을 제시하는 것은 표준보육과정과 누리과정이다. 표준보육과정은 보육의 질적 기회 균등을 보장하기 위해 2006년 표준보육과정령이 공포되고, 2007년 표준보육과정의 구체적 보육내용 및 교사지침이 고시된 이후 국가 수준의 입법화된 보육과정으로 보육의 질적 수준을 높이는 데 크게 기여하였다. 2013년 제3차 어린이집 표준보육과정이 고

시되었고 어린이집 표준보육과정은 만 0~1세 보육과정, 만 2세 보육과정, 만 3~5세 누리과정으로 구성되어 있다.

누리과정은 유아가 놀이를 통해 심신의 건강과 조화로운 발달을 이루고 바른 인성과 민주시민의 기초를 형성하는 것을 목적으로 유치원 교육과정과 어린이집 표준보육과정을 통합한 공통과정이다(보건복지부, 중앙육아정책연구소, 2019). 2011년 유치원 교육과정과 어린이집 표준보육과정을 통합한 공통과정으로 만 5세 누리과정이 공포된 후 2012년에 만 3~5세로 확대되어 고시되었으며, 2013년부터는 만 3~5세 유아를 대상으로 적용되기 시작하였다. 2019년 누리과정이 개정되었으며, 교육과정 5개 영역(신체운동 · 건강, 의사소통, 사회관계, 예술경험, 자연탐구)은 유지하되 만 3~5세 5개 영역의 교육과정 세부내용을 연령별로 통합하고 유아가 경험해야 할 내용으로 간략화하였다. 또한 영아의 놀권리와 균형적 발달을 고려하여 2020년 제4차 어린이집 표준보육과정이 변경되었다.

본 절에서는 만 0~2세 영아의 건강 · 영양교육은 어린이집 표준보육과정 중 기본생활영역(보건복지부, 2013b, 2020)을 중심으로, 만 3~5세 유아의 건강 · 영양교육은 개정 누리과정 신체운동 · 건강영역(교육부, 보건복지부, 2019)을 중심으로 살펴본다.

1) 만 0~1세 표준보육과정의 건강 · 영양교육

만 0~1세 영아를 위한 표준보육과정의 기본생활영역 목표는 '건강하고 안전한 일상생활을 경험한다'이다. 이에 따른 하위목표 중 건강 · 영양과 관련된 목표는 다음과 같다.

건강한 편안한 일상생활을 경험한다.

만 0~1세 표준보육과정의 기본생활영역 중 건강 · 영양과 관련된 내용은 '건강하게 생활하기'이며, '건강하게 생활하기'는 영아가 신체의 청결과 위생, 즐거운 식사, 편안한 수면, 휴식과 배변경험 등을 통해 건강한 일상을 경험하는 내용이다. '건강하게 생활하기'내용범주에서 건강 · 영양 관련 세부내용(보건복지부, 2013b, 보건복지부, 2020)을 살펴보면 <표 1-6>과 같다.

〈표 1-6〉 만 0~1세 표준보육과정의 기본생활영역에 포함된 건강 · 영양교육 내용

내용범주	내용
건강하게 생활하기	– 도움을 받아 몸을 깨끗이 한다. – 음식을 즐겁게 먹는다. – 하루 일과를 편안하게 경험한다. – 배변 의사를 표현한다.

(1) 도움을 받아 몸을 깨끗이 한다.

'도움을 받아 몸을 깨끗이 한다'는 영아가 몸을 깨끗이 할 때의 기분 좋음을 경험하며 위생과 청결에 대한 기본적인 감각을 기르는 것으로 교사의 도움을 받아 손과 몸을 씻고 이를 닦는 경험을 하는 내용이다. 교사는 영아에게 청결하고 위생적인 생활습관이 들도록 몸과 손, 그리고 이를 닦도록 돕는다. 신체활동과 대사활동으로 인해 피부를 통하여 노폐물이 활발하게 배출되는 영아에게 자주 목욕을 해주고, 흡수성이 좋은 의복으로 갈아입혀 청결상태를 유지하도록 한다는 것이다. 그리고 수유, 식사 전후, 놀이가 끝났을 때, 그리고 배변 후에 교사가 다정한 태도로 얼굴이나 손을 씻어 주거나 영아 스스로 씻도록 도와주는 것을 의미한다. 영아는 치아가 완전히 나지 않아 구강위생에 소홀해질 수 있다. 구강위생을 소홀히 함으로써 각종 호흡기 질환과 소화기 질환에 노출될 수 있으므로 수유를 한 뒤에는 반드시 양치를 해준다. 영아의 구강 점막에 붙어 있는 우유나 토물 찌꺼기를 떼어내기 위해서는 온수를 적신 거즈에 아기용 구강세정제를 묻혀 손가락 사이에 끼어 넣고 잇몸, 혀, 구강 점막을 깨끗이 닦아준다.

(2) 음식을 즐겁게 먹는다.

'음식을 즐겁게 먹는다'는 영아가 먹는 것에 대한 즐거움을 알고, 수유-이유식-고형식 등 다양한 음식을 섭취하는 과정을 즐겁게 경험하는 내용이다. 어릴 때부터 건강한 몸으로 성장하도록 다양한 음식의 맛과 향, 질감을 경험하게 하여 먹는 일이 인생의 즐거운 경험 중의 중요한 한 부분으로 인식되도록 함으로써 영아가 올바른 식습관과 식사예절을 익히도록 지도해야 한다. 함께 식사하는 것은 음식을 먹는 것 외에도 대인관계의 기초적인 기술을 배울 수 있다는 점에서 중요한 의미가 있다. 식사량을 조절하지 못하는 영아에게는 처음 음식을 줄 때 양을 약간 적게 제공하고 영아가 원하면 더 주도록 한다. 또 영아가 음식을 거절하면 강요하지 않는다. 억지로 먹이면 음식섭취에 심각한 문제가 생길 수 있다. 영아가 식사시간을 즐거운 시간으로 인식할 수 있도록 통제는 가급적 적게 하되 다른 사람의 식사를 방해하지 않도록 지도한다. 올바른 식습관은 영양가 있는 먹음직스런 음식을 주고, 편안한 분위기에서 식사시간을 넉넉히 주며, 바람직한 식사예절을 지도해 줌으로써 장려할 수 있다.

(3) 하루 일과를 편안하게 경험한다.

'하루 일과를 편안하게 경험한다'는 영아가 어린이집에서의 수면, 휴식, 놀이 등의 일과를 건강하고 편안하게 경함하는 내용이다. 교사는 이러한 일상생활이 규칙적이고 안정감있게 습관이 형성될 수 있도록 지도한다. 대사활동이 왕성하고 활동량이 많은 영아들에게 수면과 휴식은 중요하다. 수면시간이 부족한 영아는 집중력 부족, 성격 이상, 성장발달 저하 그리고 질병 발생 등의 문제가 생길 수 있기 때문에 안정된 숙면을 취할 수 있도록 환경을 만들어 주어야 한다. 낮잠을 자는 동안 영아들은 손가락을 빨 수도 있고 이불이나 옷자락을 빨기도 한다. 이러한 습관이 영아에게 안락감을 준다는 사실을 이해하고 이러한 습관을 교정하기 위하여 훈계하기에는 적절한 때가 아니라 영아들의 개별적인 특징과 상황을 존중해야 하며, 영아 각자가 안정적으로 휴식을 취할 수 있도록 환경을 제공하고 심리적으로 편안한 분위기를 만들어준다. 보육환경은 영아들의 놀이를 이끌어낼 수 있는 동적인 것과 정적인 것이 어우러진 공간이어야 하며, 교사는 영아에게 부드러운 말씨와 표정으로 다가가 안심하고 즐겁게 놀이를 할 수 있는 분위기를 조성한다.

[그림 1-6] 만 0~1세 '건강하게 생활하기' 내용

(4) 배변 의사를 표현한다.

'배변의사를 표현한다'는 영아가 대소변의 마려움을 인식하고 배변의사를 나타낼 수 있도록 하여 배변훈련을 준비하는 내용이다. 영아의 배설하고자 하는 욕구 표현에 교사가 주의를 기울이고, 배뇨 간격을 파악하여 영아가 즐거운 분위기에서 배변 의사를 표현하도록 지도한다. 생후 15~18개월 무렵부터 배설 패턴이 안정되므로, 영아의 배변 예상시간에 맞추어 화장실에 갈 시간이 되었다는 것을 알리고, 정해진 장소에서 배변하도록 지도한다. 영아가 변기에 배변하게 되면 칭찬을 해주어 배변습관을 들이도록 한다.

2) 만 2세 표준보육과정의 건강 · 영양교육

만 2세 영아를 위한 표준보육과정 기본생활영역의 목표는 '건강하고 안전한 생활습관의 기초를 형성한다'이다. 이에 따른 하위목표 중 건강 · 영양과 관련된 목표는 다음과 같다.

건강한 생활습관의 기초를 형성한다.

만 2세 표준보육과정의 기본생활영역 중 건강 · 영양과 관련된 내용은 '건강하게 생활하기'이며, '건강하게 생활하기'는 영아가 신체의 청결과 위생, 급간식, 배변습관의 형성, 즐거운 하루 일과 등을 통해 건강한 생활습관의 기초를 형성하는 내용이다. '건강하게 생활하기' 내용범주에서 건강 · 영양 관련 세부내용(보건복지부, 2013b, 보건복지부, 2020)을 살펴보면 <표 1-7>과 같다.

〈표 1-7〉 만 2세 표준보육과정의 기본생활영역에 포함된 건강 · 영양교육 내용

내용범주	내용
건강하게 생활하기	– 자신의 몸을 깨끗이 해본다. – 음식에 관심을 가지고 즐겁게 먹는다. – 하루 일과를 즐겁게 경험한다. – 건강한 배변습관을 갖는다.

(1) 자신의 몸을 깨끗이 해본다.

'자신의 몸을 깨끗이 해 본다'는 영아가 스스로 손과 몸 씻기 및 이닦기 등을 시도하고 경험하며, 위생적이고 청결한 생활습관의 기초를 형성하는 내용이다. 교사는 영아가 청결을 유지하기 위해 스스로 손과 몸을 씻으려고 시도해보도록 돕는다. 손이 더러워지면 혼자 씻어 보게 한다. 식사 전후, 놀이가 끝났을 때, 배변 후에, 애완동물을 만지거나 먹이를 준 후 손을 씻도록 하며 청결한 습관을 들이도록 지도한다. 손 씻기는 병의 감염을 막고 건강을 유지하기 위한 일차적인 활동이다. 매일의 일과 속에서 손 씻는 방법, 손을 씻어야 되는 때를 영아에게 알려주고 지속적으로 반복시켜 올바른 습관을 들일 수 있도록 한다. 젖병을 늦게까지 사용하는 영아는 앞니에 충치가 잘 생길 수 있으므로 이 닦기에 더 유의해야 한다. 이 닦기는 칫솔을 입안에 넣어서 겨우 닦는 동작을 할 수 있을 정도에 지나지 않지만, 스스로 양치질을 하도록 격려하고 뒷마무리는 교사가 도와주도록 한다. 이러한

시도는 이 닦기에 대한 관심을 높이고, 청결한 습관을 기르는 데 효과가 있다.

(2) 음식에 관심을 가지고 즐겁게 먹는다.

'음식에 관심을 가지고 즐겁게 먹는다'는 영아가 위생적인 환경에서 다른 사람과 더불어 다양한 음식을 즐기며, 건강한 식사습관의 기초를 형성하는 내용이다. 만 2세아는 가족과 동일한 음식으로 식사를 하기는 하지만 아직 균형 있는 영양 섭취의 필요성을 잘 이해하지 못하고 자기중심적인 경향이 식생활에서 나타난다. 함께 식사를 하면서 자연스럽게 음식을 골고루 먹기, 그릇과 수저를 바르게 사용하기, 꼭꼭 씹어 먹기, 먹으면서 돌아다니지 않고 바른 자세로 먹기, 먹는 양 조절하기 등을 익히도록 한다. 또 불결한 음식을 구별할 수 있도록 하고 입에 넣었던 음식, 컵, 식기 등을 다른 사람과 함께 쓰지 않도록 지도한다. 식사를 마친 후 사용한 식기는 스스로 갖다 놓도록 지도한다. 아울러 식사에 대한 감사한 마음을 가지고 즐거운 분위기에서 스스로 식사하려는 마음을 가지도록 하며, 싫어하는 음식이라도 조금씩 먹을 수 있도록 한다. 영아가 식사시간을 즐거운 시간으로 인식할 수 있도록 통제는 되도록 적게 하되 다른 사람의 식사를 방해하지 않도록 지도한다.

(3) 하루 일과를 즐겁게 경험한다.

'하루 일과를 즐겁게 경험한다'는 영아가 놀이, 휴식(수면), 식사 등 어린이집의 규칙적인 일과 속에서 즐겁게 생활하고, 일과 중 옷을 입고 신발을 신는 등의 자조기술을 시도하며 자율감을 경험하는 내용이다. 교사는 영아가 건강을 유지하기 위해서 신체적 건강뿐만 아니라 정신적 건강을 유지할 수 있게 지도한다. 영아의 정신적 · 육체적 건강을 위해 우선적으로 건강한 환경을 마련해 주고 자주 영아를 관찰하여 영아의 심신 건강 상태를 파악한다. 이 시기의 영아는 다른 사람에 대한 관심이 높아지므로, 영아가 교사나 또래와 즐겁게 놀이에 참여할 수 있도록 배려해 주어야 한다. 교사는 영아의 관심과 흥미에 맞는 놀잇감과 환경을 제공해 주고, 영아의 개별적인 놀이에 참여할 뿐만 아니라, 또래와의 놀이에도 적극 참여하게 한다.

(4) 건강한 배변 습관을 갖는다.

'건강한 배변 습관을 갖는다'는 영아가 배변과 관련된 신체 조절능력 발달을 바탕으로 즐겁게 배변훈련을 시도하고 경험해보도록 함으로써 건강하고 자율적인 배변습관을 형성하는 내용이다. 만 2세 영아는 배변훈련이 되었음에도 시행착오를 경험하는 시기이다. 영아가 성공했을 때 칭찬해 주고 실패했을 때는 꾸짖지 말고 격려해 주어 영아의 스트레스를 최소화한다. 배설훈련은 영아의 척수신경이 충분히 발달하고 항문과 요도의 조임근의 긴장력을 조절하는 능력이 생겼을 때 성공할 수 있다. 배설훈련은 영아에게는 매우 힘든 과제라는 점을 이해하고 건강한 배설습관을 갖도록 지도하며, 화장실에서 용변을 보면서 편안함을 느낄 수 있도록 배려하고 격려한다. 배설 후에는 항상 손을 씻도록 지도한다.

[그림 1-7] 만 2세 '건강하게 생활하기' 내용

3) 만 3~5세 개정 누리과정의 건강 · 영양교육

만 3~5세 유아를 위한 개정 누리과정 중 신체운동 · 건강영역의 목표는 '자신의 소중함을 알고 건강하고 안전한 생활습관을 기른다'이다. 이에 따른 하위목표 중 건강 · 영양과 관련된 목표는 다음과 같다.

건강한 생활습관을 기른다.

만 3~5세 개정 누리과정의 신체운동 · 건강영역 중 건강 · 영양과 관련된 내용은 '건강하게 생활하기'이며, '건강하게 생활하기'는 청결, 영양, 질병 예방, 휴식을 통한 신체건강뿐 아니라 정신건강을 유지하고 건강한 생활습관을 형성하는 데 중점을 둔다. '건강하게 생활하기' 내용범주에서 건강 · 영양 관련 세부내용(교육부, 보건복지부, 2019, 교육과학기술부, 2013a) 을 살펴보면 <표 1-8>과 같다.

〈표 1-8〉 만 3~5세 개정 누리과정의 신체운동 · 건강영역에 포함된 건강 · 영양교육 내용

내용범주	내용
건강하게 생활하기	자신의 몸과 주변을 깨끗이 한다.
	몸에 좋은 음식에 관심을 가지고 바른 태도로 즐겁게 먹는다.
	하루 일과에서 적당한 휴식을 취한다.
	질병을 예방하는 방법을 알고 실천한다.

(1) 자신의 몸과 주변을 깨끗이 한다.

'자신의 몸과 주변을 깨끗이 한다'는 유아가 손을 씻고, 이를 닦는 등 몸을 깨끗이 하는 적절한 방법을 알고 실천하며 자기 주변을 깨끗하게 정리 정돈하는 내용이다. 유아가 질병을 예방하기 위한 기초로써 자신의 손과 몸을 깨끗이 하는 방법을 알고 실천하며, 나아가 유아가 생활하는 주변을 깨끗이 하는 습관을 기르도록 한다.

손과 치아의 청결은 건강 유지의 기본이 되므로 유아가 생활 속에서 항상 손

과 몸, 이를 청결히 유지하도록 지도한다. 유아들은 자신의 개인장이나 영유아 보육 · 교육기관을 비롯하여 유아가 이용하는 공간 등을 깨끗이 해야 하므로 생활 속에서 정리정돈의 경험을 반복 실천하게 함으로써 청결습관을 갖도록 돕는다.

(2) 몸에 좋은 음식에 관심을 가지고 바른 태도로 즐겁게 먹는다.

'몸에 좋은 음식에 관심을 가지고 바른 태도로 즐겁게 먹는다'는 유아가 몸을 건강하게 하는 음식에 관심을 가지고, 음식을 소중히 여기며, 제자리에 앉아서 골고루 즐겁게 먹는 내용이다. 유아가 건강을 유지하기 위해 음식을 골고루 적당량 먹고, 몸에 좋은 음식에 관심을 갖고 구별할 수 있게 하며, 유아가 바른 식사예절과 태도를 알고 실천할 수 있게 돕는다.

유아는 질감이나 특유한 향이 있는 식품을 거부하는 경향이 있으므로 유아가 거부하는 식품을 조리방법에 변화를 주어 제공하며, 유아가 몸에 좋은 음식을 충분히 섭취했을 때와 그렇지 못했을 때 우리 몸에 어떤 일이 생길 수 있는지를 알아 몸에 좋은 음식을 스스로 선택할 수 있게 한다. 유아가 식품의 생산과 공급, 조리과정에 참여하는 많은 사람의 노고를 이해함으로써 음식의 소중함을 알고 실천할 수 있게 돕는다.

(3) 하루 일과에서 적당한 휴식을 취한다.

'하루 일과에서 적당한 휴식을 취한다'는 유아가 몸이 아프거나, 피곤하거나, 몸을 많이 움직여서 쉬고 싶을 때, 적절한 휴식을 취하는 내용이다. 유아가 건강한 생활습관을 형성하는 데 필요한 규칙적인 수면과 휴식시간을 가져 즐겁게 생활하는 태도를 형성하도록 돕는다.

매일 일정하게 휴식하는 시간을 정하되 하루 일과의 특성, 날씨 등을 고려하고, 낮잠을 자지 않으려는 유아는 조용히 책을 보거나 음악을 들으면서 휴식을 취하게 함으로써 생활에서 휴식의 중요성을 알고 실천하게 한다.

(4) 질병을 예방하는 방법을 알고 실천한다

'질병을 예방하는 방법을 알고 실천한다'는 유아가 질병의 위험으로부터 건강을 유지할 수 있는 다양한 생활방식(몸을 청결히 하기, 날씨와 상황에 알맞게 옷 입기, 찬 음식 적당한 양 먹기, 정해진 시간에 자고 일어나기 등)에 대한 내용이다. 감염병에 대한 면역력이 약한 유아가 질병의 위험을 알고 주의하며, 날씨와 상황에 맞게 옷을 조절하여 입게 함으로써 체온을 조절하고 건강을 유지할 수 있도록 돕는다.

교사는 정기적으로 건강검진과 예방접종의 중요성을 설명하고 유아가 일상생활 속에서 질병을 예방할 수 있도록 돕는다. 유아들에게 날씨나 기온에 맞게 옷을 입고 벗는 일은 일정한 체온을 유지하기에 매우 중요하다. 특히, 사계절의 기후 변화가 뚜렷한 우리나라에서는 환절기에 기온 변화가 심하여 옷차림이 적절하지 못하면 감기에 걸리기 쉽다. 유아들이 때와 장소에 알맞은 옷차림에 대해 알아보고 상황과 장소에 맞는 옷을 선별하여 입을 수 있도록 돕는다.

[그림 1-8] 만 3~5세 '건강하게 생활하기' 내용

chapter

02

영유아 건강생활

1. 건강한 생활습관
2. 질병 예방 및 관리
3. 정신건강

본 장에서는 영유아기 건강교육에서 다루어야 할 내용을 크게 신체적 건강과 심리·사회적 건강으로 나누어 살펴보고 영유아기에 이루어져야 할 생활습관 지도에 대해 알아본다. 그와 더불어 영유아기에 걸리기 쉬운 질병과 관리방법에 대해 소개한다.

1. 건강한 생활습관

영유아기는 성인의 도움을 받아 생활하던 영아가 점차 자신의 신체를 인식하고 조절할 수 있게 되면서 기본생활습관의 기초를 형성하는 시기이다. 이때 형성되는 기본생활습관은 영유아의 성장과 발달에 영향을 미칠 뿐 아니라 이후 삶 전반의 건강과 발달에 지속적인 영향을 미치므로 영유아가 건강한 기본생활습관을 형성할 수 있도록 가정과 영유아 보육·교육기관에서 적극적으로 지도해야 한다. 따라서 청결과 위생, 치아관리, 배변, 휴식과 수면의 측면에서 영유아기 건강한 생활습관 형성의 내용과 필요성, 그리고 올바른 생활습관 형성을 위한 부모와 교사의 역할을 살펴보면 다음과 같다.

1) 청결과 위생

몸과 손을 깨끗이 하기, 손·발톱을 깨끗이 깎기 등 청결하고 위생적인 생활습관은 영유아의 건강에 영향을 미치므로 자신의 몸과 주변 환경을 청결히 할 수 있도록 지도해야 한다. 습관이란 매일의 반복을 통해 습득되므로 어린 시기부터 시작해서 꾸준히 지키는 것이 좋다.

(1) 손 씻기

손은 질병의 주된 감염경로가 되므로 깨끗하게 하는 것은 건강한 생활의 필수

요소이다. 손을 자주 씻는 것은 각종 전염성 질환 예방에 도움을 줄 수 있다. 영아 시기부터 언제 손을 씻어야 하고, 왜 씻어야 하는지, 어떻게 씻어야 하는지 등을 지속적으로 지도해야 한다. 또한, 일과 안에서 교사도 영유아와 함께 자주 손을 씻어 위생적으로 보살피고, 청결한 생활습관의 모범을 보여 줌으로써 영유아들의 청결한 생활습관을 형성하도록 해야 한다.

❶ 영유아 보육·교육기관에서 교사가 손을 씻어야 하는 경우

- 영유아에게 음식을 먹이기 전과 후
- 음식을 다루거나 먹고 마실 때
- 실외 활동 후, 변기 사용 후, 기저귀를 갈아주거나 영유아의 변기 사용을 도운 후
- 투약하기 전과 후, 상처 소독하기 전과 후
- 애완동물을 만진 후
- 쓰레기통을 만지거나 비운 후
- 신체 분비물을 만진 후
- 손이 더러워진 경우

❷ 영유아 보육·교육기관에서 영유아가 손을 씻어야 하는 경우

- 공동으로 사용하는 놀잇감을 가지고 활동한 후
- 실외놀이를 통해 영유아의 손은 먼지와 세균에 오염되기 쉽다. 따라서 실외놀이 후
- 화장실 사용 후
- 식사와 간식 전, 후
- 손이 더러워졌을 때
- 애완동물을 만진 후
- 신체 분비물을 만진 후

손을 깨끗이 씻기 위해서는 손 씻는 정확한 방법을 알고 있어야 한다. 정확한 손 씻는 방법을 다양한 활동으로 지도한 후 그 방법을 상기할 수 있도록 활동에 쓰였던 그림이나 사진 등을 세면대 위에 부착하거나 화장실 입구에 게시한다.

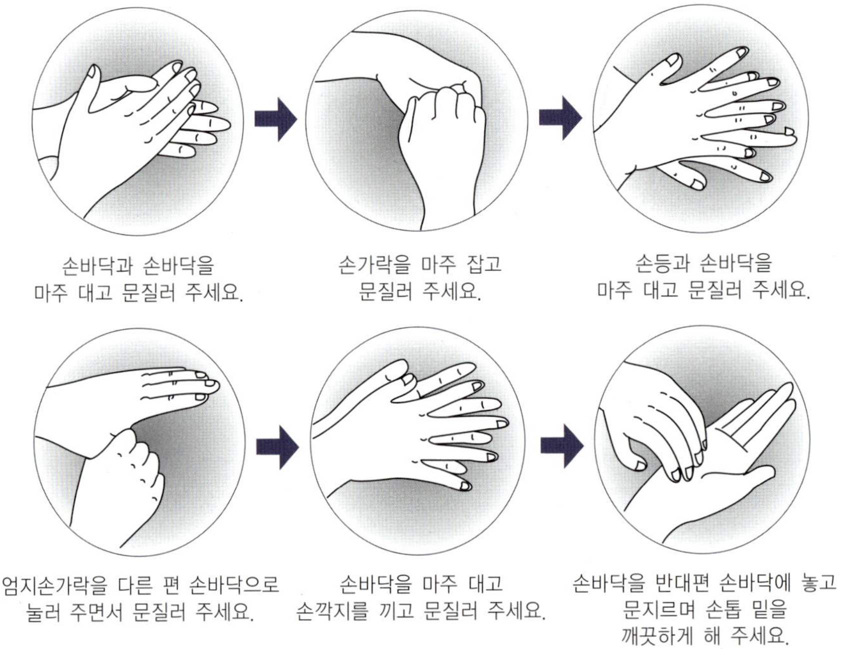

[그림 2-1] 올바른 손 씻기 6단계

TIP 연령에 따른 손 씻기 지도방법

- 만 0~2세에는 교사가 영아의 손발을 씻겨 주지만 만 2세가 지나면서부터는 서서히 유아 스스로 씻을 수 있도록 한다.
- 만 1세 무렵에는 교사가 잡고 세면대에서 손을 씻겨 준다.
- 만 2세 무렵에는 교사가 "손 씻자."라고 말하면 혼자서 손을 씻을 수 있게 된다. 영아 스스로 손 씻기를 할 수 있도록 준비해 주고 옆에서 격려해 준다.
- 만 3세 이후에는 손을 왜 씻어야 하는지 이유를 설명하면 이해하고 혼자서도 깨끗하게 잘 씻는다.

(2) 옷 입기

영유아의 의복은 체온 조절과 신진대사 결과 피부로 배출되는 노폐물과 땀을 흡수하여 쾌적한 상태로 만들어 주는 역할을 한다. 신생아는 체온 조절의 어려움이 있어 보온에 유의해야 하나 신진대사가 활발하고 땀을 많이 흘리므로 옷을 약간 얇게 입혀야 한다. 6개월 무렵이 되면 영아는 어느 정도 체온 조절력이 발달하지만 체중에 비해 체표면적이 넓어 갑작스러운 기온 변화에 취약하므로 보온성과 흡습성이 높은 소재의 옷을 입어야 한다. 기어 다니기 시작할 때는 무릎을 보호하기 위해 긴 바지가, 걷기 시작하면 바닥이 부드러운 신발이나 양말, 털신 등이 필요하다. 영아는 모자, 신발, 양말, 장갑 등을 잡아당겨 벗는 것을 시작으로 옷 입기 발달이 이루어진다. 영아기 옷 입기 발달 단계에 따른 행동 특성을 살펴보면 〈표 2-1〉과 같다.

〈표 2-1〉 옷 입기 발달 단계에 따른 행동 특성

월령	행동 특성
9개월	• 모자 쓰는 것을 싫어하고 자기 손으로 벗겨 낸다.
11개월	• 옷을 입힐 때 스스로 소매에 팔을 끼우려 하거나 발을 집어넣기 때문에 이전보다 손쉽게 입힐 수 있다. • 옷에 달려 있는 단추에 호기심을 품고 만지며 논다. • 모자를 쓰면 외출할 예정이라는 사실을 알게 되고, 스스로 모자 벗는 것을 재미있어 한다. • 신발이나 신발 끈을 갖고 노는 데에 흥미를 나타내기 때문에 스스로 할 수 있도록 시간 여유를 갖고 외출을 준비한다.
1년~1년 6개월	• 놀잇감을 만지작거리거나 다른 데 관심을 갖느라 옷을 갈아입히는 데 시간이 더 걸린다. • 옷, 모자, 팬티, 신발 등에 흥미를 보이며, 끌고 다니거나 손에 쥔 채 걸어 다니기도 한다.
1년 6개월~2년	• 벙어리장갑이나 신발, 모자 등을 혼자서 벗는 것이 가능해지면서 옷 갈아입기를 즐기게 된다. • 옷, 특히 간단한 티셔츠 등을 혼자서 벗을 수 있다. • 가정에서는 옷을 벗고 알몸으로 뛰어다니기를 좋아하기 때문에 그것을 제지하는데 어려울 때가 있으며, 쫓아가면 더 멀리 도망하며 즐거워한다.

출처: 여성부(2002). 영아보육모형의 내용 재구성함

만 3~4세 유아는 어떤 것을 입느냐에 따라 다를 수 있으나, 단추 끼우기와 같은 어려운 것을 제외하면 스스로 옷을 입을 수 있다. 유아기의 아이들은 밝은 색상과 그림을 좋아하며, 서로 어울리지 않는 옷을 선택할 수도 있다. 그러나 유아는 다른 활동처럼 유자신의 옷을 선택하는 경험이 필요하다.

❶ 의복 선택

의복은 우리 몸을 외부 환경으로부터 보호하고, 체온을 유지하는 등의 역할을 한다. 우리 몸은 일정한 체온을 유지해야 건강하게 기능할 수 있는데 날씨와 기후 변화 등으로 체온 유지가 힘든 경우에는 적절한 옷을 선택함으로써 체온을 조절해야 한다. 또한, 옷은 외부의 먼지, 세균 등으로부터 신체를 보호하고 땀, 피지 등의 분비물을 흡수하여 피부의 청결을 유지해 준다. 때문에 영유아의 건강한 생활을 위해서는 영유아의 발달에 적합한 의복을 선택하고 청결하게 관리하는 것이 필요하다. 영유아기에 적합한 옷은 입고 벗기에 쉬워야 하고, 땀을 잘 흡수하고 보온성이 좋아야 하며, 영유아의 신체적 성장에 따라 영유아의 요구와 흥미에 맞아 좋아하는 옷이어야 하므로 부모에게 영유아가 등원 시 불편해하거나 거추장스러운 옷을 입고 오지 않도록 안내해야 한다.

유아기의 옷은 활동성을 고려하여 겉옷은 더러움이 쉽게 제거될 수 있는 소재를 선택하고, 속옷은 흡습성이 뛰어난 소재를 선택한다. 신체활동을 원활히 할 수 있게 돕는 디자인을 선택하고 의복의 크기는 여유가 있게 선택하여 활동 시에 불편함이 없도록 한다. 또한, 계절과 날씨에 맞는 적절한 두께의 옷을 입히고, 입고 벗기 편한 옷을 선택하여 유아 스스로 옷을 입고 벗는 습관을 기를 수 있도록 한다.

❷ 의생활지도

의생활지도의 목적은 영유아 스스로 의복을 다룰 수 있게 함으로써 건강을 유지하고 자율성을 기르는 데 있다. 의복에는 신발, 옷, 속옷, 외투, 양말, 장갑 등이 포함된다. 의생활지도는 가정과 영유아 보육 · 교육기관 모두에서 이루어지며, 영유아는 스스로 옷을 입고 벗는 것을 학습하고 날씨와 상황에 적절한 옷차림이 무엇인지를 알게 됨으로써 건강한 생활을 위한 습관을 형성할 수 있다.

영유아 보육 · 교육기관에서는 일과 속에서 자연스럽게 의생활 관리가 이루어진다. 등 · 하원 시, 실외놀이를 나가거나 놀이 후 들어올 때, 수영, 요리활동 등 특정 활동에 필요한 옷을 입을 때, 화장실에 갈 때 등의 상황에서 의생활 관리가 이루어질 수 있다. 옷을 입고 벗는 것과 자신의 옷을 관리하는 것, 신발을 신고 벗는 것, 상황에 적절한 옷차림을 하는 것 등이 관리내용에 포함된다.

영유아 의생활 관리 방법을 요약하면 다음과 같다.

- 여러 단계로 나누어 한 단계씩 한다. 예를 들어, "양말을 말아 보자.", "발가락을 양말 안에 넣자.", "양말을 잡아당겨 올리자.", "발뒤꿈치 위로 올리자."와 같은 순서로 진행한다. 연령이 어릴수록 단계를 세분화하여 지도한다.
- 영유아가 스스로 해낼 수 있는 방법을 제시하고 스스로 할 수 있는 것은 혼자 하도록 격려한다. 그와 더불어 단계마다 주의 깊은 관찰을 통해 도움이 필요한 상황을 파악하고 개별 영유아마다 적절한 도움을 제공하고, 조언이나 시범을 보인다.
- 연습의 기회를 많이 제공한다. 단추, 허리띠 채우기, 끈 매기 등은 많은 연습이 필요한 과제다. 따라서 평소에 충분히 연습할 수 있도록 자유선택활동 시 조작영역에 신발 끈 매기, 끼우기 등의 교구를 제공하거나 역할놀이영역에서 인형 옷 입히기 등을 해 볼 수 있도록 한다.
- 영유아가 거추장스러운 옷으로 놀이 활동을 불편해하지 않도록 부모에게 안내하는 것도 필요하다.

2) 치아관리

(1) 치아관리의 중요성

치아에는 유치와 영구치가 있으며, 유치가 나타나는 시기와 순서는 규칙적이며 예측이 가능하다. 맨 처음에 나는 이는 아래 앞니로 6개월쯤에 나며, 이어서 윗 앞니가 나게 된다. 영아기 동안 20개의 유치가 나오게 된다. 유치가 형성되는 시기는 여아가 남아보다 1개월 정도 빠른 편이다(채영란 외, 2011). 유치는 크기가 작고 조직이 연하며, 뿌리도 작고 얕아서 처음 유치가 나면 이에 붙은 작은 음식조각들을 떼어내기 위하여 바로 구강위생지도를 해야 한다.

유치는 성장발육 및 건강에 관련이 있을 뿐 아니라 영구치의 기본이 되어 평생의 치아 건강을 좌우하므로 치아건강을 위해서는 어릴 때부터 철저한 관리가 요구된다. 영유아에게 있어서 치아 관리의 중요성은 다음 네 가지로 요약된다(정미라 외, 2012).

첫째, 유치는 성장과 발육에 필요한 영양분을 섭취하는 소화의 첫 단계이다. 손상된 치아를 지닌 영유아는 음식물을 씹는 데 고통을 느끼게 되어 연한 음식만을 찾게 되므로 편식이 발생하여 균형 있는 식생활이 어려워진다.

둘째, 유치는 영구치의 정상적 성장을 위한 길 안내자이다. 유치가 일찍 손상되거나 빠져 버리면 옆에 있는 치아가 쓰러지거나 위치가 변하게 되어 영구치의 자리가 막히거나 들쑥날쑥하게 된다.

셋째, 치아는 발음을 배우는 데 중요한 역할을 한다. 유치를 일찍 상실하면 불확실하게 발음하는 습관이 생기게 되고 이는 종종 어른이 될 때까지 지속된다.

넷째, 유치는 어린 시절 성격 형성에 중요한 영향을 끼친다. 유치의 결함은 얼굴 모양에 나쁜 영향을 줄 뿐 아니라, 손상된 치아를 방치해 두면 다른 아이들의 놀림을 받게 되어 사회성에 부정적 영향을 초래할 수 있다.

따라서 부모와 교사는 치아관리의 중요성을 정확히 인식하고 영유아가 올바른 치아관리 습관을 형성할 수 있도록 지도해야 한다. 이때 형성된 치아관리 습관은 일생 동안 건강한 치아를 유지하는 데 큰 영향을 미치기 때문이다. 이를 위해 영유아에게 치아의 중요성을 인식시키고 치아관리를 위한 올바른 이 닦기 방법을 지도하고, 건강한 치아 유지를 위해 규칙적인 검진을 받을 수 있도록 해야 한다.

(2) 이 닦기

❶ 영아기(만 0~2세)

영아는 치아가 완전히 나지 않았기 때문에 자칫 구강위생에 소홀히 할 수 있다. 영아기 때 구강위생을 청결히 하지 않으면 각종 호흡기 질환과 소화기 질환에 노출될 수 있으므로 수유 후 음식을 먹인 후에는 반드시 구강위생을 청결하게 해 주어야 한다(보건복지부, 2013c).

- 영아의 경우 혼자 이를 닦을 수 없기 때문에 부모나 교사가 해 주어야 하는데, 수유 또는 이유 후에 가제 손수건을 끓였다가 식힌 물에 살짝 적셔 손가락에 말아서 잇몸, 볼 안쪽, 입천장, 혓바닥을 부드럽게 닦아 우유 찌꺼기를 제거해 준다.
- 칫솔을 사용한 양치질은 첫 번째 어금니가 난 후(만 1~2세 사이)부터 시작하는 것이 좋다. 이때는 부드러운 영아용 칫솔을 사용하여 닦아 주도록 한다.
- 뱉는 능력이 부족하여 치약을 삼킬 우려가 있기 때문에 치약은 사용하지 않는 것이 좋다. 스스로 해 보고 싶어 한다면 처음에는 부모나 교사가 함께 칫솔질을 하면서 올바른 방법을 가르쳐 주고 점차 스스로 닦아 볼 수 있도록 한다. 하지만 아직은 영아가 제대로 닦을 수 없으므로 마무리 칫솔질은 부모나 교사가 해 주어야 한다.

❷ 걸음마기(만 2세)

이 시기 영아는 칫솔질에 흥미를 보이고 스스로 해 보고자 하므로 이러한 행동들을 격려해 주고 영아 스스로 칫솔질을 하도록 유도한다. 영아용 칫솔과 연령에 맞는 치약을 사용하여 식사 후에는 반드시 이를 닦도록 지도하고 가정과도 연계하여 이를 닦도록 지도한다(보건복지부, 2013c). 영아가 좋아하는 색의 작고 부드러운 칫솔을 준비하여 영아의 손이 닿기 쉬운 곳에 보관하는 것도 이 닦기 습관을 형성하는 데 좋은 방법이 될 수 있다. 영아에게 이 닦는 방법을 시범적으로 보여 주고 이 닦기의 중요성을 설명하며 스스로 이 닦기를 할 수 있도록 지도한다. 처음 이 닦기를 시작할 때는 성인이 이를 닦은 후에 모든 곳이 깨끗하게 닦였는지 확인한 후 닦이지 않은 부분은 성인이 닦아 주도록 한다.

❸ 유아기(만 3~5세)

유아기는 젖니가 완전히 난 상태이다. 충치 발생 소요시간이 6개월 정도이므로 유아기 동안 6개월마다 정기적인 치과검진을 받도록 권장한다. 유아기 말에는 젖니가 빠지고 영구치가 나기 시작한다. 이때 유치의 상태가 영구치에 그대로 영향을 주기 때문에 충치 예방과 양치질하는 습관을 길러 주어야 한다.

만 3~5세 유아는 자신의 치아에 큰 흥미를 보이고 자랑스러워하므로 아이 스스로 이를 닦을 수 있는 기회를 주도록 한다. 유아의 칫솔을 보관할 장소를 마련하여 칫솔 관리를 지도하고 식사 후나 취침 전에 반드시 양치질을 하도록 한다. 약 만 3세 무렵부터는 치약을 삼키지 않을 수 있기 때문에 불소 함유 치약을 사용할 수 있다. 그러나 아직은 뱉는 능력이 어른보다 미숙하므로 소량만 사용하도록 한다. 칫솔질이 아직 미숙하더라도 이 시기는 이 닦기 습관을 형성하는 시기이므로 쉽게 칫솔질의 요령을 설명해 주고 매일 규칙적으로 이를 닦을 수 있도록 지도해야 한다. 잇몸에서 치아 방향으로 칫솔질을 하도록 하며 식사 후에는 이 닦는 습관을 길러 주도록 한다. 적절한 이 닦기 방법은 다음과 같다.

- 칫솔을 위아래로 돌려 닦는 회전법을 사용하여 전체적으로 닦아 준다.
- 윗니는 위에서 아래로, 아랫니는 아래에서 돌려 칫솔의 탄력을 이용하여 털어 내듯 닦는다.

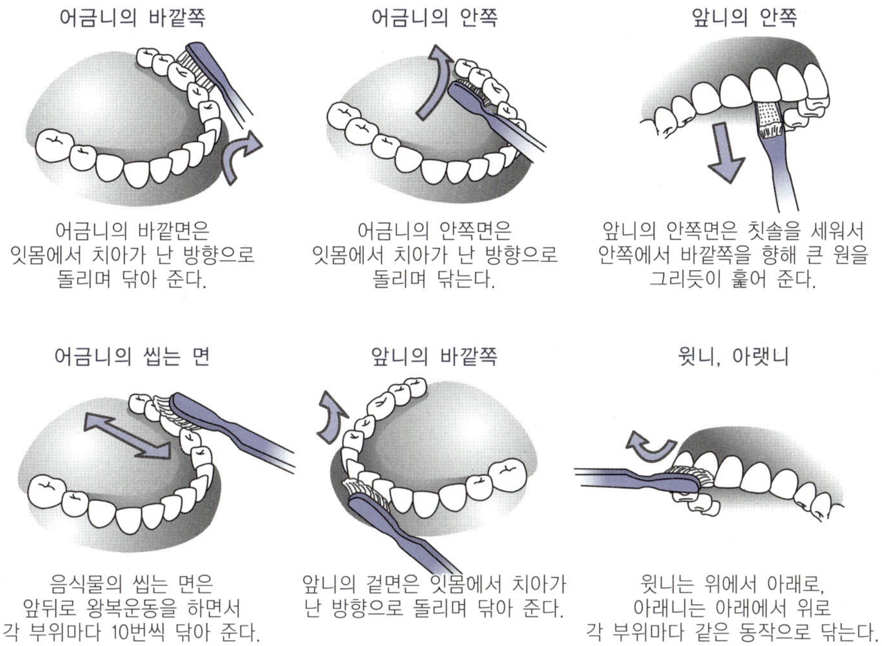

[그림 2-2] 올바른 이 닦기 방법

출처: 충치예방연구회 홈페이지(http://www.dentia.org/main.html).

칫솔 관리방법

- 칫솔은 소독기 등을 사용하여 청결하게 관리한다. 소독기를 사용하지 않는 경우 깨끗이 씻어서 통풍이 잘 되는 곳에서 건조시킨다.
- 칫솔의 교환 시기는 보통 3개월마다 교환해야 하며, 칫솔모가 누워서 원래보다 넓어지거나 솔이 닳았을 때는 즉시 교환해 주어야 한다.

출처: 보건복지부(2013c).

(3) 치아관리

❶ 건강한 치아를 위한 식생활

영유아의 식생활은 영유아들의 구강건강에 큰 영향을 미치기 때문에 올바른 식습관 형성과 더불어 치아건강에 도움이 되는 적절한 음식을 섭취하도록 해야 한다. 특히, 영유아는 충치를 유발하기 쉬운 식품을 선호하기 때문에 관심을 가지고 적극적으로 관리해야 한다.

- 치아는 산에 녹는 성질을 가지고 있기 때문에 높은 산성을 띠는 음료수 섭취를 자제하도록 한다. 또한, 음식물을 섭취하게 되면 치아에 남게 되는 당분에 의해 충치가 생길 수 있기 때문에 당분이 많이 함유된 식사와 간식은 가능한 한 제한하고 먹은 다음에는 곧바로 이를 닦도록 지도해야 한다.
- 음식을 먹는 시간도 치아 건강에 영향을 주는데, 주식이든 간식이든 음식을 자주 먹는 것은 치아에 음식이 붙어 있는 시간을 많아지게 하여 충치를 유발하는 원인이 된다. 따라서 정해진 시간에만 음식을 먹도록 지도해야 한다.
- 치아에 좋은 음식은 칼슘이 많이 함유된 우유, 멸치만 떠올리기 쉬우나 칼슘뿐 아니라 단단하면서도 섬유질이 풍부한 음식을 타액이 충분히 나올 때까지 씹어 먹는 습관도 잇몸을 튼튼하게 하고 치아건강을 유지하는 데 중요하다.

❷ 치아건강에 영향을 미치는 요인

- **우유병 치아부식**: 영아를 달래는 도구로서 우유병을 자주 사용하는 것은 바람직하지 않다. 낮잠시간이나 밤에 우유병을 물고 자게 할 경우 치아에 심각한 해를 줄 수 있다. 오랫동안 우유가 치아에 고여 있어서 부식이 일어나기 때문이다. 가장 손상되기 쉬운 치아는 위 앞니이며 물고 있는 시간이 길어지면 다른 치아도 영향을 받을 수 있다. 따라서 우유병을 물고 있지 않도록 하며 만일 영아가 우유병을 물고 잠이 든 경우에는 치아 표면에 남은 찌꺼기를 닦아 주어야 한다.
- **손가락 빨기**: 대부분의 영아는 생후 1년쯤 손가락 빨기를 시작하고 만 3~4세 무렵에는 저절로 이 습관이 사라진다. 만약, 만 4세 이후에도 이 습관이 계속된다면 이후 치아건강에 영향을 미치게 된다. 지속적으로 손가락을 빨게 되면 위 앞니가 앞으로 튀어나오게 되고 아래 앞니는 안으로 기울어져 위아래 이 사이의 공간이 넓어지거나 간격이 생기는 등의 부정교합이 생기게 된다(문혁준 외, 2013).

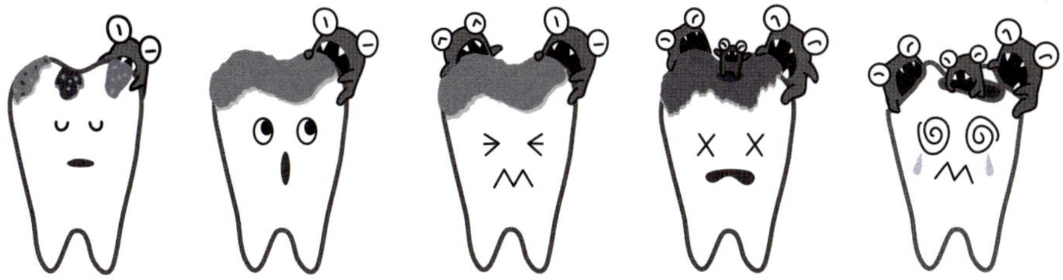

[그림 2-3] 충치는 왜 생길까요?

출처: 충치예방연구회 홈페이지(http://www.dentia.org/main.html).

❸ 치아검진

유치가 모두 난 후(만 2~3세 무렵)부터는 1년에 두 번 정도 정기적으로 치과검진을 받도록 하는 것이 좋다. 정기적인 치과검진을 통해 영유아의 현재 치아상태를 파악하고 치아 이상을 조기에 발견하고 치료하여 더 큰 손실이 발생하지 않도록 한다.

영유아의 첫 번째 치과 방문은 치료를 요하는 상태가 아닐 때 즐거운 경험으로 이루어져야 한다. 이가 아플 때 치과를 처음 가게 되면 치과와 치과의사에 대한 부정적 인식과 두려움을 갖게 된다. 따라서 치과와 관련된 경험을 할 수 있도록 다양한 활동을 제공하거나 치과와 관련된 책을 읽어 주는 등 영유아가 치과에 대해 긍정적인 인식을 할 수 있도록 해야 한다. 특히, 영유아 보육 · 교육기관에서는 영유아가 치아관리에 대한 중요성을 인식하고, 긍정적인 인식을 형성할 수 있도록 여러 활동을 제공하고 가정과 연계하여 영유아의 치아관리가 올바르게 이루어질 수 있도록 한다.

TIP

충치는 어른들의 입안에 있는 충치균(뮤탄스)이 영아 입으로 옮겨가서 생기는 감염병이다. 이것을 모자감염이라고 한다. 젖을 먹는 어린 영아 입속에는 충치를 일으키는 세균이 많지 않다. 문제는 엄마를 포함해 양육자의 입속 세균들이 이유 과정이나 입과 입을 통한 뽀뽀 등 여러 경로로 영아 입안에 전달되면서 충치균이 전염되는 것이다. 특히, 생후 19~33개월 사이에 일어나는 모자감염은 커가면서 충치 발생에 큰 영향을 끼친다는 연구결과가 있다. 반대로 이 기간에 조심을 한다면 충치 예방에 아주 좋은 기회이기도 하다. 예방법은 무엇보다 먼저 모자감염의 원인을 차단해 주어야 한다. 이를 위해서는, 1. 이유과정에 어른들과 타액이 섞이지 않도록 하며, 입과 입을 통한 뽀뽀를 하지 않도록 한다. 2. 엄마를 포함하는 양육자들이 평소 칫솔과 구강관리용품(치간칫솔, 치실)을 올바로 사용하는 입속 관리를 통해 세균의 수를 줄여야 한다. 3. 자일리톨을 사용하여 충치균을 줄일 수 있으며, 엄마가 임신 때부터 자일리톨 껌을 정기적으로 씹는 경우 자녀의 충치 발생이 현저하게 감소한다는 신뢰할 만한 연구보고가 있다.

출처: 충치예방연구회 홈페이지(http://www.dentia.org/main.html).

치아 건강을 위한 열 가지 수칙

1. 식사 후와 잠자기 전에 꼭 이를 닦는다(하루 3회 이상).
2. 이를 닦을 때는 올바른 칫솔질 방법으로 깨끗하게 닦는다(식후 3분 이내, 한 번에 3분 이상).
3. 본인에게 맞는 칫솔과 치약을 사용한다.
4. 단 음식을 적게 먹고 과일과 야채를 많이 먹는다.
5. 불소양치를 하여 충치를 예방한다.
6. 6개월마다 정기적으로 구강검사를 받는다.
7. 정기적으로 스케일링을 받는다.
8. 치과에 가서 정기적으로 치아에 불소를 발라 준다.
9. 이쑤시개 사용, 병마개 따기 등 치아에 무리한 힘을 가하지 않는다.
10. 평소 입안을 자주 관찰하는 습관을 가진다.

출처: 치아건강을 위한 열 가지 수칙. 국민건강보험 건강in, 건강정보(2017).

〈표 2-2〉 연령별 이 닦기 지도 예시

연령	지도 예시
만 0세	수유 또는 이유 후에 가제 손수건을 끓였다가 식힌 물에 살짝 적셔 손가락에 말아서 잇몸, 볼 안쪽, 입천장, 혓바닥을 부드럽게 닦아 우유 찌꺼기를 제거해 준다(영아용 구강티슈 사용).
만 1세	치아의 앞 · 뒤 면을 5회 정도 닦아 주고 아직 이가 나오지 않은 부분은 가제 수건을 식힌 물에 살짝 적셔 잇몸과 혀를 닦아 준다(영아용 구강티슈 사용). "(영아와 눈 맞춤을 하며 미소 짓고) ○○가 '아' 하고 입을 벌렸구나. 싹싹싹 닦아 줄게요.", "얼굴도 깨끗이 닦아 보자. 선생님이 도와줄게요."
만 2세	영아에게 이 닦는 방법을 시범적으로 보여 주고 이 닦기의 중요성을 설명하며 스스로 이 닦기를 할 수 있도록 지도한다. "(영아를 보고 미소지으며) 치카치카 치카치카. ○○가 앞니를 혼자서 닦고 있네. 선생님도 같이 해 볼게요."

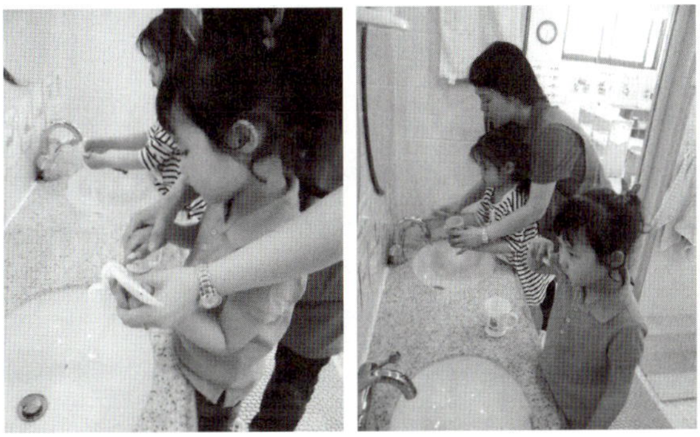

[그림 2-4] 이 닦기 지도

[그림 2-5] 스스로 이 닦기

3) 배변

배설은 인간의 가장 기본적인 생리욕구로서 영아의 바람직한 배변습관은 신체건강은 물론 정신건강에도 중요한 역할을 한다. 검고 끈적끈적한 신생아의 태변은 3~4일이 지나면 노란색의 보통 변으로 변한다. 아기가 모유를 먹느냐, 인공영양을 섭취하느냐에 따라 변의 색깔도 다르다. 모유영양아의 변은 노란색으로 대체적으로 부드럽고 끈적끈적하며 횟수도 하루 3~4회 정도이다. 인공영양아의 변은 엷은 노란색으로 좀 더 단단하며 하루 1~2회의 변을 눈다(조복희, 2008). 아기의 월령이 증가할수록 소변의 양은 증가하고 횟수도 줄어든다. 영아의 신장 기능이 완성되는 만 1세 무렵부터 영아의 배설기능은 비교적 안정되며, 영아의 배설기관 조절능력도 발달된다. 영아의 배설기관 조절능력 발달을 살펴보면 <표 2-3>과 같다.

(1) 배변훈련의 적절한 시기

영아의 배설기관 조절능력에 따라 배변행동에는 개인차가 있으므로 적절한 배변훈련의 시기를 정하여 단계적으로 실시하여야 한다. 양육자는 영아의 배설 양과 횟수, 배설습관의 변화를 주시하고 신체적 · 생리적 건강상태를 관찰하여 건강문제 발생을 예방하고 조기에 발견하여 대처하여야 한다.

〈표 2-3〉 영아의 배설기관 조절 능력 발달

<table>
<tr><th colspan="2">장 조절(배변조절)</th><th colspan="2">방광 조절(배뇨조절)</th></tr>
<tr><td>6개월</td><td>장 움직임의 조절 시작</td><td>15~16개월</td><td>방광 조절 시작</td></tr>
<tr><td>18개월</td><td>장의 움직임을 지각</td><td>18~24개월</td><td>소변을 보고자 하는 신호를 보임</td></tr>
<tr><td>18~24개월</td><td>장의 움직임이 다가온다는 신호를 보임</td><td rowspan="2">2년~2년 6개월</td><td rowspan="2">소변을 보고자 혼자 변기로 감. 흥분, 피로, 병 또는 어떤 활동에 몰두한 탓으로 실수할 때를 제외하고는 낮 동안 배뇨통제 능력이 생김</td></tr>
<tr><td>2년</td><td>흥분, 피로, 병으로 인해 실수하는 경우를 제외하고는 조절능력이 생김</td></tr>
<tr><td>2년~2년 6개월</td><td>대변을 보고자 혼자 변기로 감</td><td>3년~3년 6개월</td><td>이따금 실수하지만 밤에도 통제력이 생김</td></tr>
</table>

출처: 김혜경 외(2002).

신체근육의 발달과 신경의 성숙에 따라 영유아는 대소변을 가릴 수 있다. 그러나 만 4세에도 30~40%가 실수를 하며(서봉연, 이순형, 1983), 대소변 후 유아 스스로 뒤처리를 하는 것은 만 3세 이후 가능한 것으로 나타난다(박은숙 외, 2011). 영유아는 아직 방광 용적이 적어 하루 9~10회 정도 소변을 본다. 보편적으로 3~4세가 되면 깊이 자다가도 소변이 마려우면 깨서 소변을 보거나 아니면 밤새 소변을 누지 않는다. 그러나 만 4~5세 때까지도 잠잘 때 실수를 빈번하게 하는 경우 야뇨증이라 한다. 야뇨증의 원인에는 여러 가지가 있을 수 있으나 크게 신체적 원인과 심리적 원인으로 나누어 볼 수 있다. 신체적 원인으로는 방광 근육의 미성숙, 방광이나 요로의 이상, 척추 이상, 자율신경의 미성숙 등을 들 수 있다. 심리적 원인으로는 낮에 경험한 정서적 불안, 흥분, 질투 등이 야뇨증을 유발할 수 있다(조복희, 2008).

배변훈련은 영유아가 스스로 대소변을 조절하는 기술을 훈련하도록 돕는 것이며, 이는 영유아의 발달에 있어서 여러 측면에서 중요한 의의를 갖는다. 배변훈련을 위해서는 영유아의 신체적인 발달뿐 아니라 인지적 · 심리적 · 사회적인 성숙이 함께 이루어져야 하며, 배변훈련이 영유아에게 긍정적인 과정으로 인식될 수 있도록 하는 것이 무엇보다 중요하다. 배변훈련 과정이 부정적 경험이 아니라 긍정적인 경험이 되기 위해서는 영유아가 준비된 상태에서 스스로 훈련할 수 있는 과정이 되어야 한다. 영유아가 준비되었을 때 배변훈련이 적절하게 이루어진다면 영유아가 자신의 신체를 긍정적으로 인식하고 성취감 · 독립심을 기를 수 있는 기회가 된다. 반면 준비되지 않은 상태에서 지나치게 엄격한 배변훈련이 이루어지면 영유아는 배변훈련에 대해 부정적인 인식을 갖게 되고 실패감과 수치심을 경험하게 된다. 따라서 배변훈련을 시작하는 시기를 결정하는 것은 부모와 교사의 중요한 역할이다.

배변훈련이 준비되었다는 것은 영유아 스스로가 용변의 욕구를 느끼고 판단하며 이를 언어로 표현하고, 용변을 보는 장소가 있음을 알고, 화장실에서는 다른 사람의 도움 없이 옷을 입고 벗을 수 있을 정도의 신체적(근육통제, 신경조직 등) · 심리적 발달과 인지적 발달, 그리고 의사소통능력이 발달되었음을 뜻한다.

영아는 동일한 단계를 밟아서 배변을 가릴 수 있게 되지만 그 시기는 영아에 따라 개인차가 있다. 배변 훈련은 생리적으로 방광과 대장을 조절할 수 있는 나이가 되기 전까지는 사실상 불가능하므로 생리적인 성숙이 이루어지기 전에는 시작하기 어렵다. 배변훈련은 영아 혼자서 설 수 있어야 하고, 자신의 요구를 표현하기 위해 한두 마디 말을 하거나 내적 요구를 알려줄 수 있는 표현을 할 수 있을 때에야 가능하므로 그때까지 그냥 두는 것이 좋다. 배변훈련 시기는 영아가 방광과 항문의 괄약근을 통제할 수 있는 생리적인 능력이 생길 때쯤 대략 18~24개월에 시작하는 것이 좋다(보건복지부, 2013a).

유아들이 배변 실수하는 이유

1. 새로운 생활, 흥분된 사건

예: 입학 후, 전학 후, 기타 긴장되거나 흥분되는 일이 있는 경우

2. 자신의 신체적 요구를 알아차리지 못하는 경우

유아들은 놀이에 열중하면 생리적 요구를 인식하지 못하고 활동 중에 실수하는 경우가 많다. 어느 정도의 간격으로 화장실에 가는지 유아의 일과를 잘 관찰하고, 유아의 특정 행동 등을 관찰하여 잊지 않고 화장실에 갈 수 있도록 지도해야 한다.

3. 퇴행

단순한 퇴행이 원인일 수도 있다. 즉, 날씨가 춥거나 가벼운 질병이 있을 때 나타나는 일시적 퇴행은 특별한 관심을 보이지 않으면 멈춘다. 이 경우 옷을 갈아입게 해 주고 안심시킨다.

4. 정서적 요인

정서적인 불안으로 실수를 할 수 있다. 동생이 생기거나 너무 강압적인 배변학습을 하는 경우 실수를 하게 된다. 이때는 실수가 장기화될 수 있기 때문에 배변학습의 방향을 수정하거나 심리적으로 안정감을 느낄 수 있도록 해 주어야 한다.

5. 신체 이상

신장이나 방광의 감염 등이 원인이 될 수 있다. 정서적인 문제가 없음에도 실수가 계속된다면 의사의 진단을 받을 수 있도록 한다.

출처: 조경자 외(2010).

(2) 배변훈련 준비와 방법

① 영아에게 적합한 변기를 사용한다

영아가 앉았을 때 편안하고, 또 앉은 상태에서 움직여도 쉽게 넘어지지 않을 정도로 튼튼하고 씻어내기 쉬운 것이어야 한다. 남아 변기는 소변이 밖으로 나오지 않도록 앞을 막아주는 것이 필요하다.

② 변기가 무엇인가를 우선 가르친다

영아에게 아기용 변기를 보여 주고 그 용도를 설명해 준다. 배변영역을 보육실의 한 영역에 둘 수도 있다. 다만 놀잇감이 아니라는 것만은 분명하게 설명해 준다. 영아는 인형을 그 위에 앉혀 보기도 하고, 스스로 의자에 앉은 것처럼 걸터앉아 보기도 한다. 이때 기저귀를 벗기려고 애쓸 필요는 없다. 앉아 보는 것만으로도 충분할 수 있다.

③ 기저귀를 빼고 앉히는 시기를 판단한다

영아가 대소변을 보기 전에 변의를 느끼고 있음을 어떤 식으로 표현하는가를 관찰하여 영아가 쳐다보거나 말로 표현할 경우 기저귀를 빼고 변기에 앉혀 볼 수 있다.

④ 대변은 소변보다 가리기가 훨씬 쉽다

대변은 우선 하루에 한두 번밖에 보지 않고, 지나치게 압박을 가하지 않는 한 거의 일정 시간에 보게 되기 때문이다. 영아가 변기를 사용할 준비가 되었다면 변의가 느껴질 때 영아에게 변기에 앉아보라고 권해 본다.

⑤ 아무리 급해도 서두르지 않는다

대변 가리기는 영아가 원할 때만 가능하다. 얼굴이 빨개지면서 금방이라도 변을 볼 것 같아도 싫다고 하면 야단을 쳐가면서까지 변기에 앉히려 해서는 안 된다. 교사가 신경을 쓰며 시키려고 할수록 영아는 변기를 사용하고 싶은 마음이 없어질 수도 있다.

⑥ 지나친 반응은 금물이다

변기에 변을 보면 아낌없이 칭찬을 해주지만 지나친 반응은 영아에게 스트레스로 남을 수 있다. 또 영아가 기저귀에 싸도 야단을 치지 않는다. 변기 사용은 영아가 배우는 과정에 있는 새로운 기술일 뿐이다.

⑦ 영아 스스로 하도록 도와준다

배변훈련 중인 영아는 혼자서 옷 입고 벗기를 좋아한다. 옷 입고 벗기 등을 스스로 할 수 있을 때 영아는 변기 사용에 더욱 적극성을 보이게 된다.

⑧ 일정한 시간에 배변훈련을 해 본다

어느 정도 시기가 되면 영아는 배변시간이 규칙적이 된다. 보통은 아침에 일어나서 낮잠 전후, 식사 전후, 밤에 잠자기 전에 소변을 보게 되므로 그 시간을 활용해 본다.

⑨ 화장실 사용순서를 익히게 한다

영아가 화장실에서 어떻게 옷을 입고 벗으며 대 · 소변을 볼 것인지 그림으로 붙여주어 익숙하게 해 준다.

(3) 배변훈련 시 고려할 점(보건복지부, 2013a)

- 배변훈련을 강제로 시키는 것은 좋지 않다. 변기에 앉아 5분이 지나도 변이 나오지 않으면 영아를 변기에서 내려주고 내리는 순간 배변해 버려도 꾸짖지 말아야 한다. 그러나 배변에 성공했을 때는 반드시 아낌없이 칭찬해 주어야 한다.
- 무엇보다 중요한 것은 영유아가 변기에 앉고 싶어 하지 않을 때 변기에 억지로 앉혀서는 안 된다는 것이다. 실수했을 경우는 꾸짖지 말고 요령 있게 부추겨 주고, 영아가 일어나려고 할 때는 앉아 있게 하려고 애쓸 필요가 없다. 영아들은 자신을 통제할 수 있게 되었을 때 자신의 의지로 대소변을 가릴 수 있기 때문이다.
- 변기에 대해 편안하게 앉을 수 있는 장소라는 친밀감을 느끼게 될 때까지는 대변이나 소변에 관한 말을 입 밖에 내서는 안 된다. 영아가 다음 단계로 넘어갈 준비가 되어 있다는 것이 확실해지면 노는 동안 아랫도리를 벗겨 놓도록 한다. 영아 변기를 가까운 곳에 두고 혼자서 해 보라고 이야기한다. 영아가 거부반응을 보이지 않을 때는 한두 시간마다 상기시키며 혼자 해 보도록 한다.
- 배변을 본 후 변기의 물은 영유아가 화장실에서 나간 뒤 내리는 것이 좋다. 영유아에 대한 배려이며 자칫하면 영유아가 자존심을 상할 수 있기 때문이다.

- 배변훈련에 영아가 싫증을 내거나 거부반응을 보이거나 또는 실수를 하거나 했을 때는 다시 기저귀를 채운다. 보통 21개월이 되면 대변의 느낌을 미리 알리고 24개월이 되면 소변이 마려운 것까지 미리 알릴 수 있다.
- 배변훈련은 부모와 상호 협의하여 가정에서도 연계지도가 이루어지도록 해야 한다.

TIP 영유아가 옷에 실수할 때 부모역할

① 또 오줌 쌌어? 너 이제 형이잖아. 창피하지도 않아? 오줌 마려우면 얼른 화장실 가라고 엄마가 몇 번을 얘기했어? 내가 못살아, 정말!

② 툭하면 오줌 싸는 거 있죠. ㅇㅇ는 안 그러죠? 우리 애만 왜 이러는지 몰라요......

➡ ①, ②번은 놀다가 바지에 실수할 때 다그치고 창피를 주는 엄마의 모습이다.

③ 노느라 화장실 가는 걸 참았구나? 괜찮아, 실수할 수 있어. 다음에는 화장실 다녀와서 다시 놀면 되는 거야. 바지 벗고 있어, 아가 침대에 눕히고 올게.

④ 오줌 닦다가 걸레가 축축해지면 여기에 넣어. 엄마가 다른 걸레 가져올게. (뒤처리를 동참할 수 있도록 한다.)

⑤ 아빠가 저녁에 모델링한다.

➡ ③, ④, ⑤번은 모델링이 될 수 있는 어른이 화장실 함께 들어가서 실수에 당황한 영유아를 침착한 태도로 안심시키고, 다음부터는 놀이시간에 참지 않고 화장실에 가서 처리를 잘 할 수 있도록 격려하는 부모의 모습이다.

참고: 문제아이백서 블로그 영유아 배변훈련 방법(그림 저자).

〈표 2-4〉 연령별 배변지도/화장실 가기 지도 예시

연령	지도 예시
만 0세	교사는 기저귀가 젖었는지 수시로 확인하고 각 영아의 배변행동 리듬을 미리 파악하여 필요한 상황에 맞추어 기저귀를 갈아준다.
만 1세	영아의 비언어적 표현을 민감하게 관찰하여 배변에 대한 의사표현을 할 수 있도록 돕는다. "(영아의 표정이나 자세를 살펴보며) ○○이 응가하고 싶어요? 아기 변기에 앉아볼까요?" 등의 말로 표현해 준다. 변을 본 후에는 "잘했다."라고 말해 준다.
만 2세	영아의 표정이나 행동을 통해 배변의사가 파악되면 화장실로 데려가 단계적으로 변기에 앉히는 연습을 시작한다. 실수할 경우 너그럽게 대해 주어 수치심을 갖지 않도록 한다.
만 3세	변의를 느꼈을 때 스스로 화장실에 가서 배변하도록 하고 뒤처리는 교사가 도와준다.
만 4세	구체적인 화장실 사용절차와 방법(예: 배변 후 물 내리기, 휴지 사용법, 뒤처리방법, 손 씻기 등)에 대한 게시자료를 보고 스스로 실천하여 습관화하도록 격려한다.
만 5세	규칙적인 배변습관의 중요성에 대해 알아보고, 일상생활에서 일정한 시간에 규칙적인 배변을 하며 배변 후 스스로 바르게 처리하도록 격려한다.

4) 휴식과 수면

충분하고 편안한 숙면을 취하는 것은 영유아의 건강을 유지하기 위한 기초 조건이다. 적절한 휴식과 수면은 일상생활이나 활동을 통한 심신의 피로를 회복시키고 몸과 마음을 이완시켜 새로운 활동을 할 수 있게 한다. 불충분한 휴식과 잠은 피로를 유발하게 되고 이는 영유아의 건강 유지에 방해가 될 뿐 아니라 성격 형성에도 영향을 주어 사회적 관계를 방해한다. 피로는 영유아마다 다양한 형태로 표현되는데 까다롭게 굴기, 울음, 주의산만, 과잉반응, 멍함, 무관심, 비활동성, 과잉활동성 등으로 나타난다. 따라서 영유아가 피로를 적절히 회복할 수 있도록 휴식, 수면, 활동을 적절히 분배하여 하루 일과를 운영해야 한다.

(1) 휴식

영유아가 영유아 보육·교육기관에서 하루 종일 생활하다 보면 때때로 가정에서처럼 휴식을 취하거나 혼자서 활동하는 등 조용한 시간을 보내고 싶을 때가 있다. 영유아 보육·교육기관에서는 이러한 영유아의 개별적인 요구를 수용하고,

긴장감을 해소할 수 있도록 가정과 같이 편안하고 안락한 공간을 구성하는 등의 배려를 해 주어야 한다.

이 공간은 영유아들이 언제든지 이용할 수 있으면서도 교사의 시선이 미치는 곳이어야 한다. 영유아는 종종 좁은 구석이나 열린 장 속, 가구 틈새에 비집고 들어가 앉아 있기를 좋아하지만 이러한 곳은 교사의 시선이 미치지 못하여 위험할 수 있다. 따라서 안전을 고려하여 미리 계획된 아늑한 공간을 제공해 주는 것이 필요하다.

(2) 수면

❶ 수면시간

신생아는 하루의 대부분인 16~20시간을 자며, 밤낮의 차이가 별로 없이 일정한 간격으로 깬다. 8주 정도 지나면 밤보다 낮에 깨어 있는 시간이 차츰 많아지며, 4~8개월이 되면 밤잠은 길어지고 낮에는 3~4회의 낮잠을 잔다. 돌 전후에는 잠버릇이 일정해져 오전과 오후 2회 정도의 낮잠을 자며 깨어 있는 시간과 자는 시간이 거의 비슷하게 된다(조복희, 2008). 만 2세는 밤에 평균 9.8시간, 낮잠은 평균 2.2시간으로 총 12시간 자는 것으로 나타났다(서울대 산학협력단, 2009). 영아는 성장할수록 수면시간이 짧아지고 규칙적이 된다.

영아의 수면은 성인의 수면과는 양과 질에서 다르다. 수면에는 눈동자가 빨리 움직이느냐 안 움직이느냐에 따라 REM(Rapid Eye Movement)수면과 비REM 수면으로 나누어지는데 신생아에게는 REM수면이 전체 수면의 반이 되며, 점차 REM수면의 비중이 줄어들어 유아기에 들어서면서 전체 수면의 20% 정도로 성인과 유사해진다.

낮잠은 성장 속도가 빠르고 활동량이 많은 영아에게 에너지를 재충전하여 건강한 생활 리듬을 갖게 하는 데 필수적이다. 영아반 교사는 영아가 낮잠을 통해 충분히 휴식을 취하여 신체적 피로회복은 물론 정서적 안정을 갖고 오후 활동에 적극 참여할 수 있도록 영아의 낮잠 형태와 특성을 이해할 필요가 있다. 영아의 발달 단계별 낮잠 형태와 특성은 <표 2-5>와 같다.

〈표 2-5〉 영아의 발달 단계별 낮잠 형태와 특성

월령	낮잠 형태 및 특성
1~3개월	• 하루에 4~5회 걸쳐 20시간 정도 잔다. • 배가 고프거나 기저귀가 젖었을 때 눈을 뜨고 운다. • 2~3개월로 가면서 점차 수면시간이 줄어든다. • 자기 전에 우는 경우에 자장가를 부르거나 요람을 가볍게 흔들어 주면 울음을 멈추고 잔다.
4~6개월	• 잠자고 있을 때와 깨어 있을 때를 확실하게 구분할 수 있다. • 하루에 세 차례 정도 낮잠을 잔다. • 밤에는 수유한 다음 바로 자고, 12시간 정도 계속 잠을 잔다.
7~8개월	• 이전보다 쉽게 잠들고 깬 다음에 혼자서 기분 좋게 놀기도 한다. • 배가 고프면 자다가도 눈을 뜬다. • 오전에 자는 낮잠이 오후에 자는 낮잠시간보다 길다.
9~10개월	• 낮에는 밝은 곳보다는 어두운 방에서 잠을 잘 잔다. • 잠들면 머리를 옆으로 돌리거나 엄지손가락을 빨거나 몸을 비틀거나 이불을 걷어차곤 한다. • 오전 중에 낮잠 자는 시간이 길고, 이전보다 더 규칙적으로 잔다. • 오후에 자는 낮잠은 깊이 들지 않고 불안정하기 쉽다.
11~12개월	• 낮잠이 하루에 한 번, 오전 11시부터 오후 2시 사이로 일정해지는 경향을 보인다.
1년~1년 6개월	• 자기 전에 잠자리 속에서 재잘거리거나 놀잇감을 갖고 놀거나 이리저리 움직이곤 한다. • 점심식사 후 2~3시간 정도 낮잠을 잔다. 낮잠을 싫어하지 않고 오히려 자발적으로 잔다.
1년 6개월~ 1년 9개월	• 낮잠 자는 시간이 짧아져 1시간 반에서 2시간 정도가 된다. • 잠자리에 들면 곧 꿈에 빠지는 경우가 많다. • 자기 전에 자신이 좋아하는 놀잇감이나 이부자리를 붙잡고 있거나 품고 있지 않으면 잠들지 못하는 경우도 있다.
1년 9개월~2년	• 낮잠을 자기 위해 잠자리에 들면 한참 혼자서 놀이를 하는데 적당히 이불을 덮어주면 잠이 든다.
2년~2년 6개월	• 낮잠을 자는 날과 자지 않는 날이 있다. • 낮잠을 자다가 혼자 깨어나면 꾸물거리면서 좀처럼 일어나려 하지 않는다.
2년 6개월~3년	• 혼자서 낮잠을 자는 영아도 있다. 그런 경우라도 잠자리 안에서 조금 놀고 난 뒤에 잠이 든다. • 대부분 한 시간 정도 낮잠을 잔다. 낮잠은 그날의 활동에 좌우되는 경우가 많다.

출처: 김혜경 외(2002).

〈표 2-6〉 연령별 휴식하기 지도 예시

연령	지도 예시
만 1세	조용한 영역에 쿠션과 깔개를 마련하고 영아의 눈높이에 맞추어 가족, 친구, 좋아하는 동물이나 놀잇감의 사진 등을 붙여 친숙함을 느낄 수 있도록 한다.
만 2세	정해진 낮잠시간에 충분히 쉬고 잘 수 있도록 하며 신체 움직임이 많은 놀이 후에는 휴식을 취하도록 조절해 준다.
만 3세	실외놀이나 동적인 활동을 하고 난 후에는 반드시 휴식을 취하게 한다.
만 4세	휴식의 필요성과 중요성을 알아보고 질병 및 정신적 긴장을 풀기 위해 적절한 휴식을 취하게 한다.
만 5세	피로하다고 느낄 때 어른에게 알리거나 스스로 적절한 장소를 찾아 휴식을 취하도록 한다.

영유아는 발달 특성상 낮잠을 자거나 편안히 쉬면서 새롭게 에너지를 충전하는 휴식의 시간이 반드시 필요하다. 영유아가 피곤해 지면 짜증을 내거나 다투기 쉽고, 활동에 집중하기 어렵다. 또한, 영유아는 졸음이 올 때 넘어지는 등의 안전사고가 나기 쉬우므로 연령에 따라 하루에 한 번 이상 낮잠을 잘 필요가 있다. 영유아 낮잠의 유무, 낮잠 시간과 횟수는 연령에 따라 달라질 뿐 아니라 개인차가 크기 때문에 영유아의 개별적 요구를 반영하는 것이 바람직하다. 교사는 영유아가 편안하게 낮잠을 잘 수 있도록 다음과 같은 점을 고려해야 한다(보건복지부, 2013a).

- 만 4세 이하의 종일반 영유아는 일과에 반드시 낮잠 시간을 마련하여야 한다.
  ※ 낮잠 시간은 일과 중에 실행하며 기록하여 관리한다.
- 교사는 영유아가 편안하게 잠들 수 있는 환경을 만들어 주어야 한다. 즉, 창문과 커튼을 쳐서 자연 채광을 가리고, 조명을 어둡게 하며 편안하고 조용한 음악을 틀거나 그림책을 읽어 줌으로써 영유아들에게 낮잠 시간 또는 휴식 시간임을 알게 한다.
- 낮잠은 영유아의 연령과 개인차에 따라 개별적인 지도를 하도록 한다. 오래 자거나 짧게 여러 번 자는 영유아, 예민하여 조그만 소리에 잠을 깨는 영유아, 잠들기만 하면 어떤 소리에도 방해받지 않고 잘 자는 영유아, 우유병을

빨거나 일정한 베개나 이불, 인형이 있어야 잠을 자는 영유아 등 매우 다양한 습관을 지니고 있으므로 교사는 이러한 개인차를 사전에 파악하여 개별적인 낮잠습관을 배려해야 한다.

- 낮잠에서 일찍 깬 영유아는 한쪽에서 쉬거나 조용히 활동하도록 배려하고, 잠이 깬 영유아를 안아 주며 기분 좋게 일어나도록 기다려 주고 대화한다.
- 영아의 경우, 낮잠 자기 전에 기저귀를 반드시 갈아주면서 영아의 긴장감을 풀어주어 쾌적하게 잘 수 있도록 해 주는 것이 바람직하다.
- 교사는 낮잠을 계획하여 시도하였으나 낮잠을 못 이루는 영유아에게는 휴식을 취하거나 조용한 활동을 할 수 있도록 배려한다.

만 3~5세 유아는 밤에 9.9시간을 자고, 낮잠으로 1.5시간을 자서 총 11.4시간 정도 잔다(서울대 산학협력단, 2009). 수면시간에는 상당한 개인차가 있지만 불충분한 휴식과 부족한 잠은 유아의 피로를 유발하는 주된 원인이며 유아의 성장과 사회적 관계를 해친다. 대부분 만 5세까지도 오후 1회 정도의 낮잠이 필요하지만 하루 일과를 편안하게 보낸 경우는 낮잠을 자지 않으려 할 수 있다. 이 경우에는 낮잠 대신 휴식을 취하도록 유연성 있게 대처한다.

유아기에는 수면에 문제가 생기는 시기이다. 낮 동안 너무 많은 활동과 자극을 받은 유아는 잠에 드는 것을 힘들어하며, 상상이 가져온 불안으로 밤에 깨는 일도 자주 일어난다. 밤에 깨는 유형에는 야경증과 악몽 두 가지가 있다. 야경증은 유아가 침대에서 일어나 앉아 있고 종종 소리를 지르며 상상적인 물건을 응시하는 현상이다. 종종 충분히 깨지 않고 10분 이상 불안한 듯이 보이는 유아는 그 후 이완되어 깊은 수면으로 빠지고 아침에는 야경증을 기억하지 못한다. 만 3세부터 유아들은 꽤 빈번히 야경증을 일으킨다(정효정 외, 2010). 수면장애를 예방하기 위해 잠자리에 들기 전에 일정한 습관이나 의식을 하는 것이 좋다. 잠자리에 들 시간이 되었다는 신호로 목욕을 하거나 책을 읽어 주는 등의 의식적인 행동을 하는 것도 한 방법이다.

❷ 수면환경

충분한 잠은 면역 체계를 향상시키고 감염과 질병의 위험도도 낮춰주므로 영유아가 충분한 숙면을 취할 수 있는 환경을 제공해야 한다. 숙면을 취할 수 있도록 조명이 적당히 어둡고 시끄러운 소리가 들리지 않는 조용한 방에서 재우도록 하며, 잠들 때까지 자장가를 불러 주거나 책을 읽어 주는 등 정서적 안정감을 느낄 수 있도록 한다.

영유아들이 잠을 자다가 깨는 것은 대개 수면 주기가 끊어지거나 뭔가 만족스럽지 못할 때 생기게 되는데, 날씨나 장소의 변화는 영유아의 잠에 예민하게 작용한다. 특히, 불쾌지수가 높아지는 계절인 여름에는 영유아들도 더 많이 울고 잠을 설치게 되므로 편안하게 숙면을 취할 수 있도록 세심한 배려가 필요하다. 실내 온도가 적절한지, 기저귀가 젖어 있지 않은지 살펴보고 잠자기 전에 충분히 먹을 수 있도록 하는 것이 좋다.

만 1세 미만의 영아의 경우 신체조절능력이 미숙하기 때문에 특별히 주의해야 할 점들이 있는데, 질식이나 영아돌연사의 위험이 있기 때문에 잠을 재울 때 엎드려 재우면 안 되며 반드시 등을 바닥에 대고 누워서 자게 해야 한다. 특히, 요나 바닥에 까는 침구는 영아의 코가 파묻힐 정도로 푹신해서는 안 된다. 8개월 미만은 영아가 자는 동안 닿을 수 있는 범위 내에 동물인형이나 푹신한 베개, 두꺼운 이불 등을 두어서도 안 된다.

❸ 수면습관

보통 숙면 후 1시간부터 아이에게 성장 호르몬이 나오는데, 가장 많이 나오는 시간대는 밤 10시부터 오전 2시로 알려져 있다. 따라서 이 시간에 숙면을 취할 수 있는 습관을 길러 주어야 한다. 적절한 수면습관을 형성할 수 있도록 3~4개월 무렵부터는 밤중 수유를 중단하고 밤중에 잠에서 깨면 다시 잠을 이룰 수 있도록 다독거려준다.

만 3세까지는 영유아 보육 · 교육기관 내에서도 하루 일과 중에 영유아의 개별적 신체 리듬을 고려하여 하루에 한두 번 낮잠 시간이 반드시 필요하다. 만 3~5세 유아는 대개 필요한 수면을 밤에 모두 취한다. 그러나 낮잠은 오전 생활의 쌓인 피로를 풀고 활기찬 오후 활동을 위해 꼭 필요하다. 만약, 만 5세 정도의 유아가 집에서 충분히 수면을 취하고 와서 오후 낮잠을 자지 않으려고 할 경우에는 '잠' 대신 '휴식'을 취하도록 하여 잠이 스트레스가 되지 않도록 한다.

보육 · 교육기관의 종일제 프로그램에서는 낮잠을 자게 하는데 낮잠 자는 시간은 유아에 따라 융통성 있게 조절한다. 대체로 만 3세 유아는 점심 식사 후 1~2시간 정도, 만 4~5세 유아는 30분~1시간 정도가 적당하다. 만 4~5세 유아들의 경우 하루 일과 중에 잠깐의 휴식을 취할 수 있도록 책 읽기 등의 정적인 활동을 계획하여 운영할 수도 있다.

잠자는 시간을 행복하게 하기 위한 열 가지 지침

1. 규칙적인 시간에 잠자리에 들게 한다.
2. 수면시간을 결정할 때 보육 · 교육기관에서의 활동 종류와 낮잠의 양을 고려한다.
3. 잠자리에 들 때가 되었음을 영유아가 알 수 있도록 하는 규칙을 설정하여 영유아가 안정감 있게 잠잘 시간을 받아들일 수 있도록 한다(예: 책 읽어 주기, 화장실 다녀오기, '잘 자'라는 인사하기 등).
4. 잠자리에 들기 직전에는 너무 자극적인 활동을 하지 않는다.
5. 잠자는 환경(조명, 어둠 정도 등)은 유아가 선택할 수 있도록 한다. 즉, 불을 켜고 자기를 원한다면 그렇게 하도록 한다.
6. 안정감을 느끼는 영유아들의 개별습관을 허용한다. (예: 담요 끌어안기, 베개 안기 등. 단, 푹신한 재질의 이불이나 인형 등은 영아의 경우는 허용 안 됨)
7. 영유아가 잠들기까지 걸리는 시간이 오래 걸려도 수용한다.
8. 영유아가 긴장을 풀고 느긋해질 때까지 곁에 앉아서 자장가를 불러 준다.
9. 영유아가 잠자리에 들 때 불안감을 줄 수 있는 훈계는 하지 않는다(예: 이불에 오줌 싸면 안 된다 등).
10. 영유아가 잠잘 시간이 되거나 자는 동안에는 가능하면 주변의 소음을 줄인다.

출처: Hildebrand(1985).

2. 질병 예방 및 관리

영유아기는 면역이 약한 시기이기 때문에 다양한 질병에 노출되어 있으며 전염성 질환의 경우 다른 영유아에게 쉽게 전염될 수 있다. 특히, 전염성 질환은 가정에서의 부모의 관리도 중요하지만 영유아 보육 · 교육기관에서의 관리와 예방 또한 중요하다. 따라서 부모와 교사는 영유아의 건강을 유지하기 위해 영유아들에게 흔히 발생하는 질환과 전염성 질환의 조기 징후에 대해 알고 이를 예방, 관리하기 위한 지식과 기술을 지니고 있어야 한다.

1) 영유아에게 흔한 질병

영유아들이 쉽게 걸리는 질병은 호흡기 질환, 소화기 질환, 눈 질환, 피부 질환 등으로 나누어 볼 수 있다. 이러한 질병의 종류와 증상에 대해 알아보고 간호 및 예방방법에 대해 알아본다.

(1) 호흡기 질환

호흡기 질환은 영유아에게 가장 흔한 감염성 질병으로 감기, 후두염, 기관지염, 폐렴, 뇌막염 등이 포함된다. 호흡기 질환은 감염된 분비물, 오염된 손과 균이 묻어 있는 물건을 직접 접촉함으로써 확산된다.

❶ 감기

감기는 영유아에게는 보통의 가벼운 병으로 일 년 동안 7, 8번 정도 경험하며, 흔히 재채기와 열에 의한 콧물, 인후염, 기침, 두통, 근육통 증상을 보인다. 감기는 휴식과 수분 섭취(물, 과일 주스, 수프), 그리고 해열제로 대부분의 감기를 치료하는데 충분하다. 그러나 감기는 때때로 중이염, 기관지염, 후두염, 폐렴과 같은 합병증을 유발할 수 있기 때문에 영유아가 4, 5일 안에 낫지 않으면 의사의 진찰을 받도록 한다. 감기는 대부분 바이러스에 의해 생기기 때문에 특별한 치료법은 없다. 열이 높을 경우 해열제를 먹이는 게 도움이 되지만 해열제 자체가 감기를 근본적으로 치료하는 것은 아니며, 열이 나는 것은 몸의 면역 기능을 높여주거나 병원체의 활동을 감소시키는 일종의 방어 기능을 가지고 있기 때문에 해열제 남용을 피해야 한다. 감기에 걸린 영유아가 활동에 참여할 수 있는 정도면 격리할 필요는 없으나 안정을 취하게 한다.

감기에 대한 대처방법

- 열이 없으면 따뜻하고 편안하게 해 준다.
- 37.5℃ 이상으로 열이 오르고 4~5시간 이내에 열이 내리지 않으면 미지근한 물로 얼굴과 몸을 닦아 주고 얇은 옷을 입혀 체온을 내린다.
- 상체를 높게 해 주어 호흡을 편안하게 해 준다.
- 코는 풀지 않고 그대로 흘리게 한다. 부드러운 수건이나 휴지로 닦아 주며, 바셀린, 글리세린 등을 코와 입 주변에 발라 피부가 허는 것을 보호한다.
- 가습기, 젖은 수건 등을 사용하여 실내 습도를 50~60%로 유지한다.
- 소화가 잘되는 음식을 조금씩 먹도록 하고 보리차나 주스 등을 자주 마시게 하여 수분을 충분히 공급해 준다.
- 고열이 구토나 설사를 동반하면 쉽게 탈수증상이 일어나므로 서둘러서 의사의 치료를 받도록 한다.

❷ 중이염

귀앓이는 처음 3년 동안 빈번히 문제가 되지만, 만 5세 정도가 되면 귀, 코, 목이 발달하고 감염에 대한 내성이 증가하여 감염이 낮아진다. 간접흡연에 노출되거나 집단양육을 받는 영유아들에게 발병률이 더 높다. 감기 및 호흡기 감염, 알레르기, 과도한 귀지, 귀에 들어가는 이물질 등이 귀앓이의 원인이 된다. 특히, 중이염은 중이의 박테리아 감염이 원인으로, 중이에서 분비물이 흐르며, 고통과 발열을 동반하고 심한 경우 만성적인 청력 상실을 초래할 수 있다.

중이염을 예방하기 위해서는 일단 감기에 걸리지 않도록 해야 하고, 예방접종을 철저히 해야 한다. 또한, 감기에 걸린 영유아가 함부로 귀를 만지지 않도록 하고, 영아의 경우 누워서 우유를 먹이지 않도록 한다.

❸ 축농증(부비동염)

축농증은 바이러스가 코 옆의 광대뼈 속의 공간(부비동) 내로 들어가 염증이 생기는 것으로 점막이 붓거나 화농성 콧물, 코막힘 등의 증상이 나타난다. 축농증은 대개 만 2세 이상의 유아들에게서 많이 나타난다. 기침과 콧물이 10일 이상 지속되거나 진하고 누런 콧물이 보일 때, 눈 뒤 혹은 눈 위쪽의 두통을 호소하는 경우 축농증이 생기지 않았는지 살펴보아야 한다.

염증을 가라앉히기 위해 항생제로 치료를 하며, 급성인 경우에는 2주 정도, 만성일 경우 3~6주까지도 지속되는 경우가 있다. 만성인 경우 증상이 좋아졌다가 재발하는 경우가 많기 때문에 인내를 가지고 지속적인 치료가 필요하다.

❹ 편도선염(급성후두염)

바이러스가 기관지로 침투해 염증이 생겨 발생한다. 감기의 합병증으로 많이 발생하며 기관지염, 폐렴 등으로 발전할 수 있기 때문에 적절한 치료가 반드시 필요하다. 편도선염에 걸리게 되면 열이 나고, 식욕부진, 목 주위의 임파선이 붓는 증상이 나타난다. 목소리가 낮아지고 쉰 소리가 나며 영유아의 경우 부어 기도가 폐쇄되어 호흡곤란을 보이거나 침을 삼키지 못하는 경우도 있는데 이 경우 심한 감염을 나타내는 것이기 때문에 빨리 병원에 가서 진료를 받아야 한다. 편도선염 또한 감기의 합병증이기 때문에 감기가 오래가지 않도록 하는 것이 편도선염을 예방하는 방법이다.

❺ 폐렴

폐렴은 호흡기 질환 중 가장 심한 병 가운데 하나이며 입원이 필요한 경우가 많다. 공기 중이나 환자의 가래, 기침 속에 있는 바이러스, 세균 등에 의해 발생하는 질병으로 폐 조직 자체에 염증이 생겨 발생한다. 폐렴은 감기에 걸린 후에 생기며, 저항력이 약해진 영유아들의 기도나 폐에 바이러스가 침투해서 염증을 일으킨다. 초기 증세는 감기와 유사하지만 심해지면 마른기침을 하거나 고열(40℃)이 나면서 호흡이 어려워지는 현상이 나타난다. 그러나 증상만으로는 심한 감기와 잘 구별이 되지 않기 때문에 X레이 검사를 통해 진단해야 하며, 폐렴이라는 진단이 나온 후에는 가래 검사와 혈액검사를 통해 원인을 알아보는 것이 치료에 매우 중요하다.

폐렴은 치료를 하면 잘 낫는 경우가 많지만 균의 저항성이 강해 치료가 잘 되지 않는 경우 합병증이나 2차 감염을 유발하는 경우도 있기 때문에 조기에 적절한 치료를 해야 한다. 일반적으로 감기 예방법을 잘 지키는 것이 가장 중요하며, 평소 기관지가 약한 영유아는 폐렴이 진행되기 전에 빨리 치료해야 한다.

❻ 독감

독감은 인플루엔자 바이러스에 의해 생기는 심한 감기로 12월에서 3월까지 유행한다. 독감은 일반 감기보다 증상이 심하고 합병증이 잘 생긴다. 독감에 걸리면 콧물, 인후통, 기침 등의 증상과 함께 고열과 심한 근육통이 함께 나타난다.

독감은 특정 바이러스에 의해 걸리는 것이기 때문에 백신으로 예방할 수 있으며 6개월 이후부터 백신을 맞을 수 있다. 특히, 천식 등과 같은 만성 질환을 앓고 있는 영유아는 독감에 걸리면 합병증에 걸릴 위험이 높기 때문에 예방이 중요하며 일단 독감에 걸리면 푹 쉬고, 열을 가라앉혀 주고, 통증을 덜어 주어야 한다.

코로나바이러스감염증-19(COVID-19)

코로나바이러스감염증의 주된 전파경로는 감염자의 침방울(비말)에 의한 전파로 사람간에 전파되며, 대부분의 감염은 감염자가 기침, 재채기, 말하기, 노래 등을 할 때 발생한 호흡기 침방울(비말)을 다른 사람이 밀접접촉(주로 2m 이내)하여 발생함. 잠복기는 1~14일 정도 되고, 주요증상 및 징후로는 발열(37.5 ℃이상), 기침, 호흡곤란, 오한, 근육통, 두통, 인후통, 후각 · 미각소실 등이며 그 외에 피로, 식욕감소, 가래, 소화기증상(오심, 구토, 설사 등), 혼돈, 어지러움, 콧물이나 코막힘, 객혈, 흉통, 결막염, 피부 증상 등이 다양하게 나타남. 코로나바이러스감염증은 식약처에서 승인된 코로나19백신으로 예방할 수 있으며, 평상시 올바른 손씻기, 기침예절준수, 씻지않은 손으로 눈, 코, 입 만지지 않기, 주위환경을 자주 소독하고 환기하기 등을 실천해야 함.

〈코로나 바이러스 감염증 예방 및 관리를 위한 영유아보육 · 교육기관의 점검항목〉

1. 등교수업시작 전
   - 영유아간 접촉을 최소화하기 위한 원운영방안 수립 및 교직원 교육

- 방역물품준비 및 교육기관전체 소독완료
- 의심증상자를 위한 별도 공간(일시적 관찰실)확보
- 가정통신 등을 통해 코로나19관련 등교 중지기준 및 출결처리 등 안내

2. 등교수업시작 후
   - 발열확인, 호흡기 의심증상자 등 모니터링 실시
   - 결석 학생에 대한 수업결손 대책 지원

출처 : 질병관리청(http://ncov.mohw.go.kr)

(2) 소화기 질환

영유아에게 주로 발생하는 소화기 질환의 종류는 복통, 맹장염, 변비, 설사, 장염, 식중독 등이 있으며 소화기 질환을 일으키는 병원균은 배설물과 입을 통하여 퍼진다.

❶ 설사

설사는 세균은 물론 감기 바이러스나 새로운 음식, 새로운 환경이 원인이 된다. 영아는 보통 변을 묽게 보는 특징이 있으며 횟수가 많은 영아도 있고 적은 영아도 있으므로 설사를 할 때에는 생리적인 것인지, 질병으로 인한 것인지를 우선 판단해야 한다. 평상시보다 변이 약간 무를 정도일 뿐 행동의 차이가 없고 정서적으로 안정되어 있을 때는 섬유질이 많은 음식을 섭취한 것이 원인인 경우가 대부분으로 걱정할 상태는 아니다. 갑자기 설사를 할 때는 우선 환경이 달라졌는지, 식사를 주는 방법이 부적당하지 않았는지 생각해 본다. 설사로 인한 탈수는 치명적이 될 수 있으므로 설사가 심하면 신속히 진찰을 받도록 한다. 영유아가 설사를 하는 경우 빈도와 양, 특히 색, 농도, 혈액이나 점액의 출현과 체온, 불편한 증상을 관찰 기록한다. 음식 알레르기, 식습관 변화와 같은 비전염성 질환의 결과로 발생한 설사를 제외하고, 24시간 동안 설사증세를 보이는 영유아들, 일주일 이상 지속되는 설사와 식욕의 변화나 체중 감소가 동반되는 경우는 집단양육에서 격리되어야 한다. 영유아의 설사는 탈수를 초래할 수 있기 때문에 구토, 열, 땀을 동반한 설사는 아주 위험하다. 설사와 동시에 토하는지, 축 늘어져 있는지, 입술이 타서 몹시 물

을 마시려 하는지, 열은 없는지, 기분이 좋지 않다든지, 자꾸 보채거나 자주 울음을 터트린다든지, 배설물의 냄새가 고약하다든지, 복통이 있고 변에 피나 점액이 섞여 있든지, 변비와 설사가 되풀이되면 바로 병원을 찾도록 한다. 영유아가 설사를 하면 다음의 조치를 취하도록 한다.

설사에 대한 대처방법

- 설사 상태를 살핀다. 색, 피나 점액이 섞여 있는지, 소화되지 않은 음식이 남아 있는지 확인한다.
- 설사와 소변의 횟수를 점검한다. 만 1세 미만의 경우 6시간 이내에 설사가 멈추지 않으면 즉시 병원에 가야 한다. 영유아 보육 · 교육기관에서는 설사 횟수가 2회 이상이 되면 부모에게 연락한다.
- 열이 있는지 재보고 아파하거나 창백하거나 상기되어 있거나 맥박이 빠른지 등을 점검한다.
- 수분을 섭취하게 하여 탈수를 예방한다. 물이나 보리차 등의 따뜻한 물을 주어야 하며, 분유, 요구르트, 생과일 주스, 설탕이 많이 들어 있는 음료 등은 먹이지 않는다.
- 평소에 먹던 것을 멈추고 소화가 잘될 수 있는 미음이나 죽 등 부드럽고 따뜻한 음식을 먹여야 하며 찬 음식, 자극적인 음식은 주지 않는다.
- 설사를 하는 영유아는 2~3일 동안 원내의 다른 방에서 격리, 휴식하게 하거나 가정에서 지내도록 하며 의사의 진단에 따라 학급에 합류시킨다.
- 영유아 보육 · 교육기관의 위생 상태를 점검한다.
- 2명 이상의 영유아에게서 설사가 발생하면 전문의와 상담한다.

❷ 구토

구토 또한 설사와 마찬가지로 하나의 증상이기 때문에 원인을 파악하고 대처해야 한다. 구토는 뇌 질환, 호흡기 질환, 비뇨기 질환, 알레르기 등과 같은 신체적 질환에 의해 또는 흥분 · 우울 · 긴장 등의 정신적인 이유로 발생한다. 가끔 영아들이 젖을 먹은 뒤 덩어리가 진 것을 다시 토해내는 경우가 있는데 이는 구토와 다르다. 따라서 영유아가 토할 때는 영유아의 기분이 어떠한지, 내용물은 어떠한지, 혹시 머리를 부딪친 다음 토한 것은 아닌지 살펴보고 만약 이상이 발견된다면

서둘러 병원으로 가도록 한다. 구토는 탈수증의 직접적인 원인이 되기 때문에 적절한 조치를 취해야 한다.

구토에 대한 대처방법

- 자리에 눕히고 옷을 느슨하게 하여 편안한 자세로 휴식을 취하게 한다.
- 토사물이 기도나 폐로 흡입되지 않도록 한다.
- 2~3시간 동안 음식물을 먹지 않도록 하고 관찰한다. 수분도 많이 섭취하면 토하거나 설사를 하여 오히려 탈수를 더 악화시킬 수 있으므로 10~15분 간격으로 찬물을 조금씩 자주 먹인다.
- 체온을 잰다.
- 젖은 수건으로 얼굴과 입안을 닦아 준다.
- 상태가 좋아지면 미음이나 수프 같은 유동식부터 먹게 한다.
- 계속 구토하거나 열, 설사를 동반하거나 귀의 통증을 호소할 때는 즉시 의사의 진료를 받도록 한다.
- 구토를 멎게 하는 약은 구토의 원인을 차단하는 것이 아니므로 함부로 사용하지 않도록 한다.

❸ 변비

영유아의 배변은 시간이 반드시 있는 것이 아니다. 하루걸러 한 번씩 변을 보더라도 변이 묽다면 변비라고 말하지 않는다. 변을 배설하고 싶어서 힘을 주었을 때, 변이 굳어서 좀처럼 대변이 나오지 않는 상태가 바로 변비이다. 변비는 식사량이 적거나 식물성 섬유질의 섭취량이 적을 때, 단백질을 많이 먹을 때, 혹은 며칠 동안 변을 보지 않아서 대장에 변이 고여 있게 되어 변에서 물기가 과도하게 흡수되었을 때 변비가 발생한다. 또한, 너무 엄격한 배변 훈련이나 환경의 변화로 인해 변비가 되는 영유아도 있고, 열이 있으면 변비가 되기 쉽다. 변비가 있는 경우 관장을 자주 하면 버릇이 되어 기계적인 자극을 주지 않으면 변을 못 보게 될 수 있다. 따라서 되도록 섬유질이 많은 음식을 섭취하거나 물을 충분히 마시게 하여 자연스럽게 변비가 해결될 수 있도록 해야 한다. 영유아가 너무 고통스러워하거나 배가 가득하게 부풀어 있을 때에는 의사와 상담한다.

관장방법

- 우선 면봉으로 항문 안쪽에 올리브유를 묻힌 다음, 종이 노끈을 항문 속으로 몇 cm 쯤 집어넣어 자극을 준다. 그와 동시에 영유아의 배를 문질러 주면 좋다.

❹ 급성 바이러스성 장염(가성 콜레라)

6~24개월 사이의 영아들에게 잘 발생되는 것으로 매년 10월경에서 초겨울까지 많이 발생하게 된다. 바이러스에 의해 발생하므로 감염력이 강해서 형제나 영유아 보육 · 교육기관에서도 쉽게 감염된다. 감염 초기에는 1~2일 정도 열이 많이 나고, 토를 하다가 물 설사를 한다. 설사하기 전 고열과 구토가 먼저 나타나기 때문에 뇌막염으로 잘못 진단하는 경우가 많다.

바이러스성 질환이기 때문에 특별한 치료법은 없으며, 증상에 따라 의사의 조언을 받아서 적절한 조치를 취해야 한다. 앞에서 살펴보았던 구토와 설사를 할 때 해 주어야 하는 조치를 취하여 탈수를 막도록 한다. 급성 바이러스성 장염이 유행하는 시기에는 환자와의 접촉을 피하고, 손을 자주 씻는 등 일반적인 위생관리에 유의한다.

❺ 식중독

식중독은 세균에 오염된 음식을 먹은 후에 복통, 구토, 설사, 열 같은 증상이 나타나는 것이다. 식중독을 일으키는 세균은 여러 가지가 있는데, 가장 흔한 세균은 포도상 구균이다. 포도상 구균은 음식 속에서 독소를 만들어 내는데 이 독소는 끓이거나 익혀도 파괴되지 않고 음식을 먹은 지 1~6시간 후에 증상이 시작되어 하루 정도 지속된다. 살모넬라균은 잘 익히지 않은 계란, 소독되지 않은 우유가 원인이 되지만 열을 가하면 파괴된다. 식중독은 일시적으로 아무것도 먹이지 않고 장을 쉬게 해 주는 것만으로도 증상이 호전된다. 그러나 구토와 설사가 계속되고 탈수가 생긴다면 수액을 공급해 주어야 한다.

식중독을 예방하려면 날 음식을 요리할 때 음식과 요리도구 관리에 주의해야 한다. 요리를 하기 전에 뜨거운 물로 손과 음식, 요리도구를 깨끗이 씻어야 하고 특히 화장실에 다녀오거나 기저귀를 갈아 준 후에는 손을 깨끗이 씻어야 한다. 또 모든 요리는 완전히 익혀 먹어야 하고 고기는 짧은 시간이라도 상온에 두지 않고 냉동 보관하는 것이 좋으며 조리된 음식도 2시간 이상 실온에 두면 상할 수 있으므로 냉장보관을 해야 한다.

(3) 피부 질환

❶ 아토피성 피부염

아토피성 피부염은 영유아의 피부 질환 가운데 가장 흔하게 발생하며 돌이 지나기 전부터 주로 생긴다. 아토피성 피부염은 체질과 관계가 있으며, 그러한 체질을 지닌 영유아에게 외부로부터 자극이 가해져 알레르기 반응을 일으켜 발병한다. 아토피성 피부염은 나이에 따라 각각 특징이 있으며, 일반적으로 겨울철에 심해지는 경향이 있다.

1~3개월 영아의 아토피성 피부염은 얼굴, 특히 입이나 귀 주변, 머리에 잘 나타난다. 피부에 빨갛게 좁쌀처럼 돋아나거나 물집처럼 되기도 하며, 헐어서 딱지가 앉거나 건조해서 껍질이 벗겨지기도 한다. 만 1~2세 이후의 영유아에게 볼 수 있는 아토피성 피부염은 얼굴, 목, 팔꿈치, 무릎 관절 안쪽에 곧잘 나타나며, 빨갛게 좁쌀처럼 돋아나는 발진이 있는가 하면 두껍게 피부가 굳어지기도 한다. 5~6세를 지난 유아의 아토피성 피부염은 겨드랑이나 대퇴부 등 스치는 부분이나 팔꿈치, 무릎 관절의 안쪽에 흔히 나타나는데 피부가 두껍게 굳어지고 온몸의 피부는 닭살처럼 되며, 특히 잠잘 때 가려워한다.

아토피성 피부염 환자 10명 중 6~7명은 만 2세 정도에 증세가 완전히 없어지지만, 나머지는 계속 남아 만성화되기 때문에 지속적인 치료가 필요하다. 따라서 아토피성 피부염의 치료에서 가장 중요한 원칙은 영유아에 대한 사랑과 정성, 그리고 인내하는 것이다. 아토피 증상을 완화하려면 긁지 않게 해야 한다. 가려움이 너무 심할 경우에는 약을 먹여 가려움을 막거나 손톱을 짧게 해 주거나 면장갑을 끼워 주어 자는 동안에 긁지 않도록 한다. 아토피 증상을 심하게 하는 우유, 밀가루 음식, 땅콩, 생선, 계란 등을 피하고 알레르기를 일으킬 수 있는 환경을 피해 주어야 한다. 특히, 아토피 증상을 가진 영유아는 목욕을 할 때 주의해야 하며, 살균제가 들어 있는 비누, 약용비누는 사용하지 않도록 한다. 목욕을 한 후에는 아토피용 로션, 크림, 오일 등을 발라 주어 피부가 건조해지는 것을 막아야 한다.

❷ 기저귀 발진

기저귀 발진은 피부가 소변의 암모니아, 대변의 유기산과 오랜 시간 접촉할 때 발생되므로 젖은 기저귀를 빨리 교환하고 깨끗하게 씻어 주는 것이 기저귀 발진의 가장 좋은 예방방법이자 치료이다. 기저귀가 닿는 부분을 잘 닦아 주고 공기에 노출되는 기회를 많이 갖도록 해 주며, 특히 여름철에는 낮 동안이라도 기저귀를 벗겨 주도록 한다. 공기가 잘 통하는 기저귀 커버를 사용하고 기저귀를 갈아 채울 때에는 따뜻한 물로 닦아 주거나 목욕을 자주 시키고 비누로 깨끗하게 씻어 준다. 베이비파우더를 지나치게 많이 바르는 것은 오히려 자극이 되어 발진을 악화시킬 수 있다. 기저귀의 세제나 살균 소독제로 인해 발진이 일어나는 일도 있으므로 기저귀를 언제나 깨끗하고 건조하게 유지한다.

❸ 땀띠

땀띠는 여름에 흔히 볼 수 있는 피부병으로 땀구멍이 어떤 원인으로 인해 막혀 땀이 피부 속에 괴어서 생긴다. 땀띠에는 여러 가지 종류가 있으며 영유아의 나이와 상관없이 발병하지만, 특히 영유아에게서 많이 볼 수 있는 것은 빨간 땀띠이다. 머리, 얼굴, 가슴 등 옷과 스치기 쉬운 곳에 나타나는데 날씨가 서늘해지면 사라진다. 그러므로 영유아들이 서늘한 곳에서 놀도록 하고 땀을 잘 빨아들이는 순면 옷을 입도록 한다. 또한, 땀띠는 장기간 동안 지나치게 습기 찬 상태에 있을 때에도 발병하므로 너무 목욕을 자주 하는 것도 좋지 않다. 땀띠는 고온 다습할 경우 생기므로 연고류, 피부 자극제의 사용을 줄이고 살갗을 문지르는 옷은 입히지 않도록 한다.

❹ 전염성 농가진

전염성 농가진은 화농성구균, 즉 포도상 구균과 연쇄상 구균이 피부에 침투하여 생긴다. 주로 여름철에 위생관리의 소홀로 피부가 불결해지거나 곤충에 물리거나 몸이 가려워 긁을 때 균에 감염되기 쉽다. 피부가 빨갛게 되고 맑은 물집이 잡히며 그 물집에 고름이 생긴 후 터져서 마른 딱지로 변하면서 다른 피부 부위로 번지거나 다른 사람에게까지 전염될 수 있다.

전염성 농가진은 특히 더운 여름철에 흔히 볼 수 있으므로 여름에 가려운 피부병이나 외상이 있으면 곧바로 치료해야 한다. 물집이 터지기 시작하면 절대로 만지지 않아야 하며 딱지가 앉았을 때는 따뜻한 물로 가볍게 씻고 소독된 거즈로 누르듯 하여 물기를 제거한다. 긁지 않도록 손톱은 짧게 깎아주며 전염성이 있기 때문에 수건을 따로 쓰게 한다.

(4) 안과 질환

일반적으로 눈병이라고 말하는 유행성 전염 안질환은 눈이 충혈되며 눈곱이 생기는 염증성 질환으로 세균성, 진균성, 바이러스성, 알레르기성, 화학성 등 여러 가지 원인에 의해 생긴다. 여름철에 많이 발생하는 유행성 눈병의 경우는 대부분이 바이러스에 의해 발생하며, 가장 많이 발생하면서 전염성이 강한 대표적인 눈병은 유행성 결막염이다.

일반적인 눈병의 증상은 눈이 충혈되고 눈물이 나며 아프거나 심하게 가렵기도 하다. 또 밝은 광선에서는 견디기 힘들어하며 분비물이 있어 자고 나면 눈썹끼리 달라붙어 있는 경우도 있다. 유행성 눈병은 면역이 특별히 생기지 않으므로 다른 바이러스에 의해 다시 눈병에 걸릴 수 있으며, 손에 의한 접촉으로 전파되기 때문에 다음에 주의하여 눈병을 예방하고 치료한다.

눈병에 대한 대처방법

- 손을 항상 깨끗이 씻고 손으로 눈을 비비지 않도록 지도한다.
- 손으로 눈을 만지지 않도록 하며 손에 부득이 분비물이 묻으면 즉시 비누로 손을 깨끗이 씻도록 한다.
- 가능한 다른 영유아와 접촉을 피하도록 하며 수건, 컵 같은 것은 개인용품을 사용하도록 한다. 부모와 유아에게 의사의 지시에 따라 영유아 보육 · 교육기관의 등원을 보류하도록 안내한다.
- 안대는 이차적인 세균 감염이 생길 수 있으므로 되도록 사용하지 않는다.
- 부기가 심할 때는 냉온 찜질이 증상 완화에 도움이 된다.

2) 감염성 질환

(1) 바이러스 감염

❶ 홍역

홍역은 우리나라에서 제2군 법정 전염병으로 분류되어 있는 질병이다. 홍역바이러스(measles virus)에 의해 전염되며, 특징적인 발진을 동반하는 호흡기 감염 질환이다. 일반적으로 만 1~2세에 많은 감염이 되는데, 열과 전신에 생기는 급성 전염병, 폐렴의 합병증 등 2차 감염이 생기기도 한다. 홍역은 감염력이 매우 높은 질환으로 주로 환자의 코와 입을 통한 분비물에 직접 접촉하거나 드물게는 공기 중의 홍역 바이러스에 의해 감염된다.

다른 방을 쓴다고 하더라도 호흡기 감염이기 때문에 면역력이 없다면 홍역이 전염되는 것을 막는 것은 어렵다.

증상 발열이 계단식으로 올라가서 5~6일에 40.5℃까지 이르게 된다. 증상발현 24시간 내에 기침, 코감기, 결막염이 시작된다. 질병 발병 후 2일째에 구강 점막에 작은, 비전형적인, 중심부에 흰색을 띠는 밝은 붉은색 반점(Bluish-white center bright red-spot)인 코플릭반점(Koplik's spot)이 나타난다. 코플릭반점은 구인두(oropharynx)까지 확대된다. 발진병변이 나타난 뒤 반점은 사라지게 된다. 질병 발병 후 3~5일째 피부 발진이 생긴다. 반형 홍반양 구진이 앞이마와 상부 경부로부터 얼굴, 몸통, 사지로 확산된다. 코플릭반점은 사라지게 된다. 피부 발진이 3일간 지속된 뒤 소실되기 시작하고, 발열은 감소하게 된다. 발진은 노출 후 약 14일 후에 생긴다. 귀와 이마의 머리카락 선으로부터 시작하여 발 쪽으로 퍼져 나간다. 발진이 7일간 지속되며, 발진이 사라지면서 구리 또는 갈색으로 변한다. 탈락반응을 보이면서 사라진다. 호흡기계 합병증으로 중이염, 기관지염, 폐렴 등이 생길 수 있다. 중추신경합병증으로는 매우 드물게 뇌염이 생길 수 있으며, 위장관계 합병증으로 설사와 같은 장염이 생길 수 있다.

간호 일단 홍역이 의심되면 발진이 나타나고 4, 5일까지 격리를 시킨다. 환자가 있는 방은 보온과 환기가 잘 되어야 하며 20도 전후로 쾌적하게 해 준다. 수분의 보급에 유의하고 먹기 좋고 소화가 잘되는 음식을 준다. 발진이 나타나기 시작하여 기침이 멈추는 무렵(10일 정도)부터 목욕, 외출 등을 한다.

예방 예방접종을 시행하여 면역력을 생기게 하는 것이 가장 좋은 예방방법이다. 생후 3개월까지는 엄마로부터 받은 면역이 있기 때문에 감염되는 일이 없으며, 4~6개월 무렵에는 간혹 발병하는 예가 나타나며, 9개월 이후에는 감염의 기회가 있다면 틀림없이 발병한다. 따라서 보통 9개월에 한 번 홍역 백신을 접종하고 15개월에 홍역, 볼거리, 풍진의 혼합 백신을 접종하지만, 주위에 홍역이 돌면 6개월 이후에 홍역 백신을 접종한다.

홍역에 노출된 지 5~6일 안에 Human immune globulin(ISG)를 투여함으로써 예방을 하거나 이환 양상을 변화시킬 수 있다. 노출 후 72시간 안에 생백신을 주사하는 것은 홍역을 예방하는 데 효과적이다.

출처: 질병백과 서울아산병원(www.amc.seoul.kr/asan/healthinfo/main/healthInfoMain.do).

❷ 수두

수두는 환자와의 직접 접촉 또는 공기 전염을 통해 감염된다.

증상 잠복기는 2~3주이고, 면역이 안 된 경우 신생아부터 감염되기도 하지만 흔히 2~6세에 잘 걸린다. 수두에 걸리면 발진이 나타나는 하루 전부터 몸이 나른하거나 가벼운 발열, 두통, 식욕부진 증상이 나타난다. 발진은 몸통에서부터 시작되어 전신에 나타나며, 머리카락이 난 부분, 결막, 입안 등의 점막에도 발진이 나타나지만 손바닥, 발바닥에는 거의 나타나지 않는다. 발진의 초기에는 작고 붉은 반점으로 나타나지만 몇 시간 만에 지름 2~5mm의 물집이 되고 큰 물집은 가운데가 움푹하고 벽이 얇으며 긁으면 바로 터진다.

간호 일단 발병이 되면 의사의 지시에 따르도록 하고 발진을 긁어서 터뜨리지 않도록 손톱을 짧게 깎거나 장갑을 끼게 하고 자주 손을 씻도록 한다. 딱지는 억지로 떼지 말고 저절로 떨어질 때까지 기다리며, 딱지가 떨어지기까지 약 10일 동안 격리시킨다.

❸ 볼거리(유행성 이하선염)

볼거리는 환자의 타액이 공기 중에 살포되어 전염된다.

증상 이른 봄에서 초여름에 걸쳐 많이 걸리며, 12~26일의 잠복기를 갖는다. 타액선이 붓는 1~2일 동안 발열, 두통, 식욕부진, 구토, 근육통 등이 나타난다. 감염된 경우 85% 이상이 바이러스가 이하선을 침범하는 경우까지 이르게 되며 귀를 중심으로 부어오르며 곪는데 이 부위에 통증을 느끼게 된다. 대개 1~3일째에 최고조에 달하며 6~10일 정도 부어 있는 상태가 계속되다가 차차 가라앉는다.

간호 안정을 시키고 자극성이 적고 부드러운 식사와 수분을 조금씩 자주 섭취하도록 한다. 부어오른 부위를 온 · 냉찜질을 한다. 격리한다.

예방 볼거리 백신을 예방접종한다.

❹ 간염

간염은 A형 간염 바이러스, B형 간염 바이러스, 기타 여러 가지 바이러스 균에 의하여 발생하며, 감염된 배설물, 보균자, 감염된 음식물에의 직 · 간접 접촉으로 전염된다.

증상 A형 간염은 주로 2~3세의 영유아에게 많이 나타나는데 발열, 쇠약감, 소화 장애 등 감기와 비슷한 증세가 나타나다가 경우에 따라 황달 증상, 가려움증, 정신적 우울 상태, 식욕부진, 복통 등을 나타내기도 한다. 일반적으로 연령이 낮을수록 가볍게 앓으며 아프다는 것을 의식하지 못하고 지나가는 경우도 있다. 대부분 A형 간염은 완전히 회복되며, 합병증은 드물다. B형 간염은 성인이나 영유아 모두에게 발생되는 질병으로, 특히 영아의 경우 출산 과정이나 모유 수유를 통해 어머니에게서 전염이 되기도 한다.

예방 A형 간염은 비위생적인 환경, 물이나 조개류를 통해 감염되므로 깨끗한 환경을 유지하고 위생적인 생활습관을 기르는 것이 중요하다. B형 간염은 예방접종으로 예방이 가능하다.

❺ 풍진

풍진은 기침이나 재채기 또는 말할 때 튀어나오는 침을 통해 감염되며, 임신부가 풍진을 앓을 때 태반을 통해 전염될 수도 있다.

증상 잠복기는 2~3주일이며 발열(38도 전후)과 발진, 귀 뒤, 목 뒤, 후두부의 임파절이 부어오른다. 특별한 치료법은 없고 안정과 휴식을 취하도록 하는 것이 좋다. 임신 초기에 이 병에 걸리면 태아에게 심각한 영향을 초래할 수 있으므로 발생을 방지하지 않으면 안 된다.

간호 풍진은 특별한 치료법이 없고 안정과 휴식을 필요로 한다.

예방 가임기의 여성은 생백신의 접종을 받아야 한다.

❻ 소아마비

소아마비는 소아마비 바이러스를 가지고 있는 사람의 배설물이나 배변에 직접 접촉을 통하여 입으로 전염된다.

증상 바이러스가 중추신경계에 영향을 미치므로 초기에는 발열, 두통, 인후통, 소화기 장애 및 근육통 등의 증상이 나타난다. 진행되면서 목이 뻣뻣해지며, 심한 근육통이 나타나기도 하고 점차 마비 증상을 보이게 되며, 더욱 진행되면 늑간근육이나 횡경막 등 호흡 근육의 마비가 일어나게 되어 생명이 위험하게 된다.

간호 바이러스에 의한 질병이므로 특별한 치료 방법은 없으며, 입원 치료를 하며 의사의 지시에 따라 증상에 따른 처치를 한다.

예방 2개월, 4개월, 15개월, 5~6세경에 소아마비 백신을 투여함으로써 예방이 가능하다.

❼ 뇌염

뇌염은 세균, 바이러스, 기생충, 백신, 약물, 중금속 등 어떤 물질에 의해 뇌에 염증이 일어난 경우이다. 특히, 일본뇌염일 경우 일본뇌염 바이러스를 보균한 모기가 사람을 물어 그 바이러스가 뇌에 염증을 일으켜 발병한다.

증상 개인에 따라 머리가 조금 아프다든지 미열이 나는 등의 증상을 보이다가 저절로 완쾌되는 경우도 있다. 그러나 38.3℃ 이상의 고열과 함께 목이 아프다고 하거나 소화 장애, 구토, 목이 뻣뻣해지는 증상 등을 보이면 곧바로 응급실로 데리고 가야 한다. 뇌염은 회복되는 경우도 있으나 사망할 수도 있고, 회복된다고 하더라도 뇌 기능 장애를 유발할 수도 있는 무서운 질병이다. 특히, 일본뇌염은 40~70% 정도의 사망률이 보고되고 있는데 다행히 일본뇌염 백신으로 예방이 가능하다.

예방 여름과 초가을에 모기가 가장 왕성하게 활동하는 오후 6시 이후에 바깥에서 놀지 않도록 하거나 모기의 서식처를 없애는 등 영유아가 모기에 물리지 않게 하는 것, 깨끗한 환경을 유지하는 것, 뇌염 예방주사를 맞히는 것 등으로 예방할 수 있다.

(2) 세균 감염

❶ 백일해

백일해는 백일해균이 원인균이며, 환자의 침이나 콧물, 가래, 또는 환자가 가지고 놀던 놀잇감에 묻어 있는 백일해균을 접촉하거나 호흡을 통해 전염된다.

증상 만 5세 이하의 영유아에게서 가장 잘 나타나며, 갓난아기에게도 감염될 수 있다. 잠복기는 7~10일이며 감기 증상이 1~2주 계속되어 콧물, 미열이 나며 조금씩 기침을 한다. 발병 후 2주쯤 지나면 얼굴이 창백해지고 기침을 심하게 하여 잠도 잘 못 자고 밥맛도 떨어져 음식물을 잘 먹지 못하고 기운이 없이 축 늘어진다. 심한 경우 숨을 쉬지 못할 만큼 기침을 한다. 발병 후 4주 정도가 지나면 회복기에 접어드는데 체온이 38℃ 이상으로 계속되는 경우에는 폐렴이나 기관지염 등의 다른 합병증이 있는지를 의심해 보아야 한다.

간호 유동식으로 식사를 준비하며 의사의 처방에 따라 치료를 한다. 안정과 환기에 유의하며, 식사의 양을 줄이고 횟수를 늘린다. 발작이 멈추는 동안 틈틈이 충분한 영양과 수분을 섭취하도록 한다.

예방 2, 4, 6, 15개월, 5~6세경에 DPT 예방주사를 맞아 예방한다.

❷ 디프테리아

디프테리아는 디프테리아균이 원인균이며, 이 병을 앓는 환자의 눈, 코, 목구멍, 피부 등에서 나온 분비물을 통하여 또는 보균자와의 접촉을 통하여 전염된다.

증상 인두디프테리아는 38도의 발열로 시작되어 목이 벌겋게 되고 24시간쯤이면 편도나 목이 회백색의 고름막으로 덮인다. 후두디프테리아는 후두부의 고름막 형성에 의해 생기는 증상으로 목이 쉬고 기침과 호흡 곤란으로 시작된다. 코디프테리아는 젖먹이 아기에게 많이 나타나고 열은 거의 나지 않으며 묽은 고름 같은 콧물에 피가 섞이는 것이 특징이다. 디프테리아가 무서운 이유는 균이 만드는 독소의 작용 때문이며, 발병 후 1~2주쯤 되어 갑자기 심장마비를 일으키기도 한다. 그러므로 디프테리아에 걸리면 일단 심전도검사를 되풀이하여 이상이 발견되면 안정과 관찰이 필요하다.

예방 2, 4, 6, 15개월, 5~6세경에 DPT 예방주사를 맞으면 예방이 가능하다.

❸ 파상풍

파상풍은 파상풍균에 의한 균독소가 원인이다. 못이나 예리한 나뭇조각 등에 찔려 상처를 입었을 때, 불결한 곳에서 출산하였거나 탯줄을 불결한 가위로 잘랐을 때, 화상이나 벌에 쏘인 상처 등을 통하여 걸릴 수 있다.

증상 상처가 난 후 서서히 진행되는데 처음에는 목과 턱의 근육이 경직되거나 차차 심해진다. 신경과민, 두통, 미열, 오한, 전신 통증 등이 나타나며, 병이 진행되면서 경련성 근육 수축이 생긴다.

예방 생후 2, 4, 6, 15개월, 5~6세경에 DPT 예방주사를 맞아 예방할 수 있다.

❹ 장티푸스

장티푸스는 비위생적인 생활, 밀집 생활, 불결한 음식, 오염된 음료수 등에 의해 발생하며, 특히 환자나 보균자의 배설물에 포함된 살모넬라균이 전염원이 되므로 배설물 소독이 중요하다.

증상 어린이의 경우 초기에는 감기와 같은 호흡기 질환의 전형적인 증상을 보인다. 고열이 심하게 나타날 수도 있으며 설사를 하거나 변비가 내내 계속될 수 있으나 영아에게는 설사가 심하여 이질같이 보이는 수도 있다. 장의 염증으로 창자와 복강 내출혈이 있을 수 있고 또 복막염이 될 수도 있다. 연중 어느 시기에도 발병하나 여름과 가을에 많이 발생한다.

간호 안정을 취하도록 하고 적당한 유동식을 제공하여 탈수를 예방한다.

예방 장티푸스는 예방접종이 가능하며, 끓인 물을 먹고 주변 환경을 깨끗이 하는 것으로 예방할 수 있다.

(3) 감염성 질환에 대한 예방접종

특정 질병에 대해 우리 몸이 면역을 가지도록 하는 방법이 예방접종을 하는 것이다. 영유아기에 발병되는 전염성 질환들은 1차 예방접종 및 추가접종으로 어느 정도 예방이 가능하므로 적절한 시기에 필요한 예방접종을 해 주는 것이 중요하다. 예방접종의 일차적인 책임은 물론 부모에게 있으나 영유아 보육 · 교육기관에서 생활하는 시간이 긴 영유아들을 위해 단체 접종을 할 수 있으므로 교사는 예방접종에도 관심을 가져야 한다. 반드시 영유아 보육 · 교육기관에서 단체 접종을 하지 않는 경우라도 전염병이 유행하게 되면 교사는 부모들에게 가정통신문 등을 통하여 필요한 예방접종이나 예방접종 시의 주의 사항 등을 환기시켜 주어야 한다. 사망률이 높은 전염성 질환이나 합병증이 생기기 쉬운 전염성 질환은 예방접종의 대상이 되어 있으며, 그 효과도 확인되고 있다.

우리나라 질병관리본부에서는 예방접종에 대한 각종 정보와 더불어 표준 예방접종 일정표를 제시하고 있으며, 일정표에는 국가예방접종과 기타예방접종으로 나누어 접종 시기가 명시되어 있다. 구체적인 예방접종 일정은 <표 2-7>과 같다.

〈표 2-7〉 우리나라 표준 예방접종 일정표(2019년) 변경

	대상 감염병	백신종류 및 방법	횟수	출생~1개월 이내	1개월	2개월	4개월	6개월	12개월	15개월	18개월	19~23개월	24~35개월	만 4세	만 6세	만 11세	만 12세
국가 예방 접종	결핵	BCG (피내용)	1	1회													
	B형간염	HepB	3	1차	2차			3차									
	디프테리아 파상풍 백일해	DTaP	5			1차	2차	3차		4차				5차			
		Tdap	1													6차	
	폴리오	IPV	4			1차	2차	3차						4차			
	b형헤모필루스 인플루엔자	Hib	4			1차	2차	3차	4차								
	폐렴구균	PCV	4			1차	2차	3차	4차								
		PPSV	–										고위험군에 한하여 접종				
	홍역 유행성이하선염 풍진	MMR	2						1차					2차			
	수두	VAR	1						1회								
	A형간염	HepA	2						1~2차								
	일본뇌염	IJEV	5						1~2차				3차		4차		5차
		LJEV	2														
	사람유두종 바이러스감염증	HPV	2														1~2차
	인플루엔자	IIV	–					매년 접종									
기타 예방 접종	로타바이러스 감염증	RV1	2			1차	2차										
		RV2	3			1차	2차	3차									

* 국가예방접종: 국가에서 권장하는 예방접종(국가는 감염병의 예방 및 관리에 관한 법률을 통해 예방접종 대상감염병과 예방접종의 실시기준 및 방법을 정하고, 이를 근거로 재원을 마련하여 지원하고 있음

** 기타예방접종: 예방접종 대상 감염병 및 지정감염병 이외 감염병으로 민간 의료기관에서 접종 가능한 유료예방접종

출처: 질병관리본부 예방접종도우미 웹사이트(http://nip.cdc.go.kr).

3) 아픈 영유아의 관리

(1) 건강 관찰

교사와 부모는 영유아가 보이는 질병의 신호와 증상을 빠르게 인식할 수 있어야 한다. 이를 위해 영유아들에게 발생하기 쉬운 질환의 증상을 알고 있어야 하며, 빠른 조치를 취하기 위해 일상생활에서 영유아를 주의 깊게 관찰해야 한다.

교사는 매일 아침 영유아를 맞이할 때 영유아의 건강상태를 빠르고 민감하게 점검하는 것으로부터 영유아의 건강관리를 시작해야 한다. 하루 일과동안 교사는 영유아들을 잘 관찰하고 관찰한 내용 중 평소 건강할 때와 다른 점이 있을 때에는 질병 증상 보고서([그림 2-6>] 아픈 영유아의 증상 기록 서식)를 작성하고 부모와 연락하여 병원에 데리고 가거나 귀가 시 부모에게 알려 주도록 해야 한다. 다음과 같은 특성은 질병의 징후를 알아내는 데 중요한 지표가 된다.

- 얼굴 표정과 기분, 행동: 핼쑥, 홍조, 열이 있어 보임, 무관심, 피곤해 보임, 불안정함, 식욕 상실, 보통 때와 다른 기분이나 행동
- 얼굴, 목, 손, 발 등의 상태: 붉거나 창백한 피부색, 땀이 남, 가려워함, 발진, 찰과상, 타박상 등
- 눈: 맑다, 밝다, 붉다, 눈 아래가 어둡다
- 코, 눈, 귀에서 분비물이 나오는지의 여부
- 기침을 하거나 숨을 가쁘게 쉬는지의 여부
- 오한, 열, 목이 아픔, 두통, 현기증, 영유아가 불편이나 아픔을 호소

이상이 발견되면 상태에 따라 즉시 또는 귀가 시 부모에게 구체적으로 알려 준다. 부모에게 알려줄 때에는 "ㅇㅇ가 오늘 아픈 것 같아요."라고 말하기보다는 "ㅇㅇ가 오늘 기침을 자주 하고 누런색 코를 자주 흘렸어요." 또는 "△△가 오늘 몇 시경부터 38.5℃ 정도로 열이 있었어요. 힘이 없고 보통 때처럼 활발하게 놀지 않았어요."와 같이 구체적인 증상을 말해 주어 부모가 영유아의 상태를 잘 알 수 있도록 한다. 다음과 같은 상황일 때는 부모에게 즉시 연락하고 신속하게 전문의

의 진단과 치료를 받도록 해야 한다(Kendricks, Kaufmann, & Messenger, 1988).

- 4개월 이하의 영아가 겨드랑이에서 잰 체온이 37.8℃ 이상이거나 직장 온도가 38.3℃ 이상일 때
- 4개월 이상인 영유아가 체온이 40.6℃ 이상일 때
- 4개월 이하의 영아가 식사 후 1회 이상 심하게 토할 때
- 많이 아픈 것 같거나 빠르게 나빠지고 있는 것으로 보일 때
- 목의 통증을 호소하면서 머리를 흔들거나 만질 때
- 목이 뻣뻣하거나 심하게 두통을 호소할 때
- 처음으로 발작이나 졸도를 할 때
- 평소와 너무 다른 행동을 할 때
- 동공 상태가 이상할 때
- 외상 없이 피를 흘리거나 진홍색 발진이나 상처가 있을 때
- 두드러기, 발진이 빠르게 나타나거나 이유 없이 멍이 나타날 때
- 숨을 너무 빠르게 쉬거나 호흡 곤란으로 인해 놀거나 이야기하거나 울지도 못하고 음료를 마실 수 없을 때
- 위통이 심하여 몸을 구부리고 있거나 소리치며 울 때
- 변이 검거나 피가 섞여 나올 때
- 8시간 이상 소변을 보지 않으면서 입과 혀가 건조해 보일 때
- 딱딱한 것에 부딪친 후에 계속해서 코에서 분비물이 나올 때

(2) 아픈 영유아에 대한 대처

영유아 보육 · 교육기관에서 장시간 생활하는 영유아들은 아프거나 다치는 경우가 간혹 발생할 수 있다. 영유아가 아픈 경우에는 일상적인 활동에 활발하게 참여하지 못하게 되는데, 이때 영유아 보육 · 교육기관에서는 영유아를 양호실이나 조용한 곳에 격리시켜 보호하면서 안정을 취할 수 있도록 돌보아 주어야 한다(부록 1 참고). 영유아가 아프다는 것을 인식한 후 취해야 할 일반적 단계는 다음과 같다

(조경자 외, 2010).

① 안정을 취하게 한다

② 영유아를 관찰하고 증상을 기록한다

영유아의 증세가 가벼우면 휴식을 취하도록 하고 상황을 지켜본다. 교사 또는 양호 담당자는 증상을 관찰, 기록한다. 기록은 [그림 2-6] '아픈 영유아의 증상 기록 서식'을 참고하여 가능한 한 구체적으로 한다.

③ 부모에게 알리고 심하면 비상시 연락처에 연락한다

교사는 영유아 보육 · 교육기관에서 세운 절차에 따라 보고한다. 부모, 기관장, 의사가 보고 대상자이다. 보고 내용은 가능한 구체적이어야 한다. 부모와 연락이 되지 않을 때를 대비하여 비상시 연락 가능한 연락처를 미리 알아 놓아야 한다.

④ 영유아 보육 · 교육기관에서 영유아를 돌볼 수 있을지의 여부를 결정한다

하루 일과를 운영하면서 아픈 영유아를 돌볼 수 있는지, 혹은 아픈 영유아가 격리를 요하는 경우가 아닌지를 판단해야 한다. 담임교사는 다른 영유아들을 돌봐야 하기 때문에 아픈 영유아는 교실에 혼자 격리되어 있거나 간호해 줄 사람이 있는 원장실이나 사무실 등과 같은 영유아 보육 · 교육기관 중심부에 격리되어있는 경우가 많은데 이는 적절한 방법이 아니다. 혼자 격리되어 있는 경우 아픈 영유아가 벌을 받는다고 생각할 수 있고 원장실 등과 같은 곳은 외부인의 출입이 많은 곳이기 때문에 충분히 휴식할 수 없기 때문이다. 따라서 기관에서 영유아를 돌볼 수 있는 상황이 아니라고 판단되면 부모에게 연락하여 영유아가 적절한 치료를 받고 편안한 휴식을 취할 수 있도록 해야 한다.

⑤ 필요시 부모와 의사의 요구와 지시에 따라 약물을 제공한다.

질병 증상 보고서

영유아 이름: ______________________

날짜: ______________________

1. 증상:
2. 증상의 시작시간:
3. 증상의 지속시간:
4. 증상의 정도:
5. 증상의 빈도:
6. 유아의 행동변화:
7. 체온:
8. 지난 12시간 이내에 먹은 음료와 음식의 종류와 양:
9. 지난 12시간 이내의 소변, 대변, 구토 상황
10. 관련 증세들: (콧물, 목 아픔, 기침, 구토, 설사, 발진, 배설의 어려움, 통증, 가려움 등)
11. 새로운 음식물, 비누, 벌레, 동물, 약물 등에 대한 노출 여부:
12. 영유아가 접촉했던 사람 중 아픈 사람이 있는지의 여부와 접촉했던 사람과 증상:
13. 복합질환(천식, 당뇨, 알레르기 등)의 여부:
14. 증상 발견 이후의 대처 내용:

기록자: ______________________

[그림 2-6] 아픈 영유아의 증상 기록 서식

(3) 투약 시 유의점

아무리 사소한 질병이라 할지라도 함부로 영유아에게 투약을 하면 대단히 위험하므로 교사가 임의로 투약하여서는 절대 안 되며, 반드시 전문의의 처방이나 부모가 작성한 투약의뢰서([그림 2-7>] 투약을 위한 부모의 위임장)에 따라 약을 먹이도록 해야 한다. 투약 시 간호사나 담임교사는 정확한 복용량을 투약한 후, 날짜와 시간, 부대 상황 등에 대한 내용을 투약일지에 기록한다. 이러한 기록은 투약이 끝난 직후에 개인 서류철에 정리, 보관했다가 귀가 시 부모에게 확인시킨다(보건복지부, 2013c). 부모가 영유아에게 약을 먹이도록 영유아 보육 · 교육기관에서 투약 시에는 다음과 같은 점을 유의하도록 한다.

- 의사의 지시하에서만 투약한다.
- 부모의 서면 동의 없이는 어떤 약물도 유아에게 제공하지 않는다.
- 투약을 요구하는 약의 경우 약을 먹게 될 유아의 이름, 유아의 의사 이름, 약 이름, 약물의 제조일자 및 유통기한, 1회 투여량, 투약 횟수, 투약 방법 등의 정보들을 포함하고 있어야 한다.
- 약을 주기 전에는 항상 라벨이나 지시사항을 확인한다.
- 캡슐에 든 약은 의사의 지시 없이 캡슐을 열어 먹이지 않는다.
- 냉장보관이 필요한지 확인한다.
- 약을 보관할 때 따뜻하고 습한 곳은 피한다.
- 성인이 감독할 수 없는 상황에서 약을 놓아둔 채 떠나지 않는다. 반드시 영유아의 손이 닿지 않는 곳에 치우거나 약을 가지고 나간다.
- 정확한 투여량과 투약방법, 시간을 지켜서 약을 먹인다.
- 약 먹은 것을 놓친 경우, 다음에 2배를 먹이지 않도록 한다. 반드시 정량을 투약하도록 한다.
- 쓴 약을 먹기 힘들어하면 설탕이나 꿀을 타서 먹인다. 주스나 우유와는 섞어 먹이지 않는 것이 좋다.
- 약에 의해 나타날 수 있는 부작용에 대해 알아 두고, 만약 약의 부작용이 나타나면 즉시 부모에게 알린다.

투약의뢰서

영유아 이름: 약의 이름:

처방된 날짜 : 마지막 투약 날짜:

영유아의 증상 및 병명:

부모용

본인은 귀 기관의 __________(교사나 기관장)께서 본인의 자녀 __________에게

_______년 _______월 _______일 _______시에 약을 제공할 것을 부탁합니다.

• 약으로 인해 나타나는 가능한 부작용:

• 약을 처방한 의사와 약사의 성명과 전화번호:

부모의 서명 ______________________ 날짜 년 월 일

교사용

아래에 있는 모든 질문에 대한 답이 '예'이면 약물을 주세요.

1. 위의 위임 항목 중 기재가 누락된 항목은 없다.
2. 약이 제 용기에 들어 있다.
3. 약이 담긴 용기에 영유아의 이름이 쓰여 있다.
4. 이 약은 유효 기간 내의 것이다.

교사의 서명 ______________________ 날짜 년 월 일

[그림 2-7] 투약을 위한 부모의 위임장

출처: 보건복지부(2019a).

(4) 아픈 영유아의 격리 문제

아픈 영유아의 격리 문제는 어머니가 직장을 가진 경우 특히 곤란한 문제가 된다. 가장 바람직한 방법은 의사의 진단서가 있는 경우 유급 휴가로 인정해 줌으로써 부모가 영유아를 충분한 기간 동안 집에서 쉬게 하도록 하는 것이다. 하지만 아직은 우리나라에서 현실적으로 제한적인 부분이 많다. 또 하나의 대안은 영유아 보육 · 교육기관에 아픈 영유아를 위한 특별한 공간을 마련하여 아픈 영유아가 충분히 휴식할 수 있도록 운영하는 것이다. 하지만 이 또한 우리나라의 경우 다양한 형태의 영유아 보육 · 교육기관이 존재하고, 운영방식도 상이하기 때문에 모든 영유아 보육 · 교육기관에서 이루어지는 것은 힘든 실정이다.

영유아 보육 · 교육기관에서 아픈 영유아를 계속해서 보살필 것인지의 여부를 결정하는 데에는 영유아의 상황, 부모의 상황, 필요한 보살핌을 제공할 수 있는 교사진의 능력과 여건 등의 여러 측면을 고려하여 결정한다.

❶ 영유아의 상황

대부분의 영유아는 심하게 아픈 경우가 아니면 영유아 보육 · 교육기관에서 활동이 진행되는 중에 책을 보며 누워 있거나 조용히 쉬는 것을 좋아한다. 따라서 아프다고 해서 무조건 격리시키지 않고 증상이 심각한 경우가 아니라면 하루 일과 중에 적절히 휴식을 취할 수 있도록 해 주어야 한다. 경우에 따라 조용한 곳에서 빛을 차단하여 어둡게 해 주고 쉬게 할 필요가 있으며 아픈 정도가 심하거나 다른 영유아들에게 질병을 퍼뜨릴 염려가 있는 영유아는 집단에서 격리하고 전문가로부터 도움을 받아야 한다.

❷ 교사의 상황

증상이 심하지 않더라도 아픈 영유아는 그렇지 않은 영유아에 비해 더 많은 관심과 도움을 요한다. 하지만 교사가 학급에 1명인 경우 아픈 영유아에게만 관심을 두기가 어렵다. 교사가 2명일지라도 영유아의 연령, 교사의 경력에 따라 정상적 학급 활동을 진행하면서 아픈 영유아를 돌보기에는 한계가 있을 수 있다.

❸ 부모의 상황

영유아가 많이 아프다면 병원에 입원시키거나 가정에서 돌보아야 하겠지만 증세가 가벼운 경우라면 영유아 보육 · 교육기관에서 돌보는 것이 바람직할 수 있다. 부모가 다른 대안을 갖고 있지 못한 상태에서 영유아를 보육 · 교육기관으로부터 격리하게 되면 오히려 영유아의 상황을 더 악화시킬 수도 있다. 영유아 보육 · 교육기관에서는 이러한 어려움을 조정하고 부모를 돕기 위하여 부모가 영유아를 돌볼 수 있는지, 가정에 영유아를 돌볼 사람이 있는지, 부모가 직장의 일정을 조정하거나 집에 일을 가져오는 것이 가능한지를 고려해 보아야 한다.

아픈 영유아의 격리가 필요한 경우와 격리기간을 제시하면 다음과 같다.

격리가 필요한 경우와 격리기간

- 격리가 필요한 경우
  - 발열과 함께 구역질, 구토 등이 있을 때
  - 열과 함께 몸에 발진이 나는 경우
  - 두 번 이상 무른 변을 보았다거나 평소 배변습관에서 변화를 보인 경우 (예: 변을 지렸다든지, 무른 변, 피가 섞인 변을 보았을 때)
  - 최근 24시간 내 두 번 이상의 구토가 있는 경우
  - 피부나 눈에 황달이 나타나는 경우
  - 영유아가 계속 보채고 우는 경우
- 다음 표는 격리가 필요한 질병과 기간을 명시하고 있다.

질병	격리 기간
설사	설사를 한 후 24시간
머릿니	첫 치료 시작 후 24시간
A형간염	황달 시작 시점에서 7일간
농가진	항생제 사용 시작 시점에서 24시간
독감	증상 시작 후 5일간
홍역	발진 발생 후 5일간
뇌막염	의사에 의해 괜찮다는 판정을 받을 때까지
유행성 이하선염	볼이 붓기 시작 시점에서 9일간
백일해	항생제 사용 시작 시점에서 5일간, 항생제 사용하지 않은 상황이면 3주간

질병	격리 기간
폐렴	의사에 의해 괜찮다는 판정을 받을 때까지
풍진	발진 발생 후 7일간
옴	치료 시작 시점에서 24시간
성홍열	항생제 치료 시작 시점에서 24시간
이질	대변 검사에서 2회 연속 음성인 경우
결핵	결핵 전문 소아청소년과 상담
구토	구토가 멎을 때까지
수두	발진 발생 후 5일, 더 이상 생기지 않고 딱지가 다 생길 때까지

- 격리가 필요하지 않은 경우: 단순 감기, 거대세포바이러스(CMV) 감염, 중이염, 단지 열만 나는 경우, 제5병(간염성홍반), B형 간염, 분비물이 없는 충혈, 아구창, 면역결핍바이러스(HIV)

출처: 보건복지부, 대한소아과학회(2011).

TIP

가정 내 격리치료 시 불가피한 사유로 보호자가 직접 해당 영유아를 돌보기 곤란할 경우에는 여성가족부의 아이돌봄지원사업 중 질병감염아동 특별지원 서비스를 적극 이용하도록 안내(이용문의 1577-2514 또는 http://idolbom.go.kr)

출처: 보건복지부(2019a).

(5) 감염성 질환의 조기 발견과 대응

영유아기는 전염병에 대한 면역이 약한 시기로 보육 · 교육기관에서 교직원과 영유아가 전염성 질환에 걸릴 경우 이를 다른 영유아에게 쉽게 전염시킬 수 있다. 영유아 보육 · 교육기관에서는 전염성 질환의 예방과 관리를 위한 대책을 수립하여 시행함으로써 모든 영유아가 건강하게 생활할 수 있도록 도와주어야 한다.

어린이집에서 발생 가능한 전염성 질환에 대한 예방 및 관리대책은 다음과 같다(보건복지부, 2019a).

- 어린이집에서는 영유아에게 자주 발생하는 전염성 질환에 대해 체계적이고 구체적인 대책이 수립되어 있어야 한다.

※ 전염성 질환에 대한 대책의 필수기재사항: 영유아에게 자주 발생하는 전염성 질환(예: 수두, 볼거리, 홍역, 수족구, 독감, 뇌염 등)의 증상, 등원하지 않아야 할 전염성 질환의 종류와 기간, 전염성 질환에 걸렸을 경우의 대처방법

- 어린이집에서는 영유아에게 자주 발생하는 전염성 질환에 대한 정보를 보호자에게 수시로 제공하고, 이를 예방하기 위한 예방접종과 건강검진에 대한 정보를 부모에게 가정통신문, 게시판, 문자서비스 등을 통해 안내한다.
- 건강검진 실시 결과, 치료를 요하는 영유아에 대해서는 원장이 보호자와 협의하여 필요한 조치를 취해야 한다. 즉, 영유아나 보육교직원이 전염성 질환에 감염된 것으로 밝혀지거나 전염성 질환이 의심되는 경우 어린이집으로부터 격리시키고 치료를 받도록 문서화한다.
- 어린이집의 모든 영유아 및 보육교직원은 정기적으로 건강검진을 받아야 한다.
- 원장은 보육하고 있는 모든 영유아와 보육교직원에 대한 건강검진을 연 1회 이상 실시하고, 이를 증빙하는 서류를 비치하여 보관한다.
- 영유아 건강검진 시기와 관련하여 재원아의 경우에는 영유아별 작년에 실시한 시기를 기준으로 당해년도 관찰일에 1년이 경과하지 않았다면 미도래한 것으로 간주하며, 신규 입소 원아의 경우에는 건강검진을 받아야 하는 시기에 따라 건강검진 실시 여부를 확인한다.
- 국민건강보험법에 의한 영유아 건강검진을 실시한 경우에는 검사결과 통보서로 갈음할 수 있다.
- 정기검진 시 누락된 신규 입소 원아도 추가로 검진을 실시하도록 하고, 추가검진이나 국민건강보험법에 의한 영유아건강검진 이외에 별도로 건강검진을 실시한 경우에도 어린이집에서는 건강검진 실시 관련 증빙서류(영유아검진기관 전문의 확인필)를 비치하도록 한다.
- 영유아 건강검진은 「건강검진기본법」 제14조에 의해 영유아검진기관으로 지정된 의료기관(보건소, 의원, 병원, 종합병원) 등에 방문하여 검진을 받아야 함을 명시하고 있다.

- 영아(만 0~1세, 만 2세): 신체계측 결과와 소아과의 정기 예방접종이나 건강검진 확인 서류 등을 비치할 수 있다.
- 보육교직원 건강검진의 경우, 미임용 보육교직원 중 매일 1개월 이상 지속적으로 근무하는 자와 어린이집에서 함께 거주하는 자까지 건강검진 실시 관련 증빙서류를 구비해야 한다(어린이집 보육 실습생도 건강검진 서류를 구비해야 함).
- 원장은 영유아의 검진주기에 따라 보호자가 영유아 건강검진을 받을 수 있도록 안내하도록 한다. 특히, 국민건강보험법에 의한 영유아 건강검진 이외에 별도로 건강검진을 실시하는 경우에는 영유아의 부모에게 해당 월령별 영유아 건강검진 항목(영유아건강검진 실시기준 참고)을 안내하여 영유아의 발달에 따라 필요한 항목에 준하는 검진을 받을 수 있도록 관리하도록 한다.

많은 영유아가 함께 생활하는 영유아 보육 · 교육기관에서 감염성 질환이 발생하지 않도록 예방하는 것만큼 중요한 것은 감염성 질환에 노출된 영유아를 조기에 발견하고 적절한 대처를 하는 것이다. 이를 통해 감염성 질환이 확산되는 것을 방지할 수 있다. 교사는 영유아를 주의 깊게 관찰하여 감염성 질환의 발병 여부를 가능한 한 빨리 파악하고, 격리가 필요한 경우 부모에게 알려 적절한 치료를 받을 수 있도록 하며, 완치 후 등원할 수 있도록 해야 한다.

감염병이 의심되는 영유아에 대한 일반적 지침

- 아픈 영유아가 발생하면 즉시 다른 영유아와 격리한다.
- 아픈 영유아의 증상을 잘 관찰하여 건강기록지에 기록한다. 다음의 증상을 유의하여 본다(평소와 다른 행동, 기침, 발열, 식욕저하, 설사, 무기력, 발진, 구토)
- 장기적 격리가 필요하면 집에서 영유아를 돌보도록 한다.
- 만약 영유아가 법정 감염병이 의심되면 관찰 보건소로 보고하며 보건소 또는 협력 소아청소년 의사의 지시에 따른다.
- 만약 영유아가 자극에 반응이 없다든지, 호흡이 곤란한 경우, 경련이 있을 경우, 상태가 급격히 악화되는 경우에는 즉각적인 응급진료를 받을 수 있게 한다.

출처: 보건복지부, 대한소아과학회(2011).

감염병이 의심되는 교사의 격리

- 감염병이 의심되는 교사는 보육 업무를 하지 않도록 한다.
- 영유아에게 적용되는 격리기준은 교사에게도 동일하게 적용된다.
- 교사 스스로 몸이 좋지는 않지만 일을 할 수 있다고 여겨지면 손 씻기를 자주 하고, 영유아들과 접촉은 가능한 한 줄인다.
- 어린이집 교사를 고용할 경우 피고용자에게 어린이집의 격리 지침을 미리 알려 주어야 한다.
- 감염과 관련된 지침은 문서화되어 있어야 한다.

출처: 보건복지부, 대한소아과학회(2011).

기침예절

2019년 12월 중국에서 발생한 바이러스성 호흡기 질환인 코로나바이러스 감염증 확산 방지와 예방을 위해 영유아 보육·교육기관에서는 영유아와 교사에게 마스크 착용을 의무화하였고 기침예절이 부각되었다.

	1. 기침, 재채기를 할 때 손으로 가리지 않기
	2. 휴지나 손수건으로 입과 코를 가리고 하고, 사용한 휴지는 휴지통에 버리기
	3. 휴지나 손수건이 없을 때는 옷소매 위쪽으로 입과 코를 가리고 하기
	4. 기침 후에는 흐르는 물에 비누로 손 씻기

출처: 질병관리청 홈페이지(2020).

(6) 법정전염병

법정전염병은 병의 예방·전염방지·치료를 위하여 국가가 법령으로 지정한 전염병이다. 오늘날 모든 국가는 「전염병예방법」 또는 이에 대치할 수 있는 법령들을 공포하고 방역 대상이 되는 전염병의 종류를 지정하여 그에 대한 방역대책을 마련하고 있다. 우리나라의 현행 「전염병예방법」은 1954년 2월에 법률 제308호로 제정되었으며, 그 뒤 8차에 걸쳐 일부 개정하였다가 2000년 1월에 전면 개정하였다. 1군 6종, 2군 10종, 3군 18종, 4군 19종이며, 4군은 신종 전염병증후군, 재출현전염병 또는 국내 유입이 우려되는 해외 유해전염병이다. 지정전염병은 1군내지 4군 전염병 외에 유행 여부의 조사를 위하여 감시활동이 필요하다고 인정하는 전염병을 말한다. 의사 또는 한의사가 전염병환자 등을 진단하였거나 의사가 그 시체를 검안하였을 때에는 전염병환자 등 또는 그 동거인에게 소독방법과 전염방지의 방법을 지시하고, 제1군 · 제2군 및 제4군 전염병의 경우에는 즉시로, 제3군 및 지정전염병의 경우에는 7일 이내에 그 전염병환자 등 또는 시체의 소재지를 관할하는 보건소장에게 그 성명, 연령, 성별, 기타사항을 신고하도록 되어 있다. 예후가 나쁘고 전염력이 강한 전염병을 법정전염병으로 지정하는 것이 국가의 기본정신이지만, 각국의 여건에 따라 결정하는 경우가 많고 때에 따라서는 변경하기도 한다. 2006년에 개정하여 발표한 법정점염병의 종류는 다음과 같다.

〈표 2-8〉 법정전염병의 종류

	제1군	제2군	제3군	제4군	지정 전염병
특성	발생 즉시 환자 격리 필요(6종)	예방접종으로 예방 가능한 질병(10종)	간헐적으로 유행할 가능성 있는 질병(19종)	새로 발생한 신종 전염병(14종)	유행 여부를 감시해야 할 질병(9종)
질환	1. 콜레라 2. 페스트 3. 장티푸스 4. 파라티푸스 5. 세균성이질 6. 장출혈성대장균 감염증	1. 디프테리아 2. 백일해 3. 파상풍 4. 홍역 5. 유행성이하선염 6. 풍진 7. 폴리오 8. B형간염 9. 일본뇌염 10. 수두	1. 말라리아 2. 결핵 3. 한센병 4. 성병 5. 성홍열 6. 수막구균성수막염 7. 레지오넬라증 8. 비브리오패혈증 9. 발진티푸스 10. 발진열 11. 쯔쯔가무시증 12. 렙토스피라증 13. 브루셀라증 14. 탄저(즉시신고) 15. 공수병 16. 신증후군출혈열(유행성출혈열) 17. 인플루엔자 18. 후천성면역결핍증(AIDS) 19. 매독	1. 황열 2. 뎅기열 3. 마버그열 4. 에볼라열 5. 라싸열 6. 리슈마니아증 7. 바베시아증 8. 아프리카수면병 9. 크립토스포리디움증 10. 주혈흡충증 11. 요우스 12. 핀타 13. 두창 14. 보툴리누스중독증	1. A형간염 2. C형간염 3. 반코마이신내성황색포도상구균(VRSA)감염증 4. 샤가스병 5. 광동주혈선충증 6. 유극악구충증 7. 사상충증 8. 포충증 9. 크로이츠펠트-야콥병(CJD)

출처: 강영희(2008).

3. 정신건강

과학기술과 의학의 발달로 오늘날 질병에 의한 신체적 건강 문제는 점차 줄어들고 있다. 그러나 가족구조의 변화나 여성의 사회진출, 자녀 수 감소, 주거환경의 잦은 변화, 이혼율 증가 등의 사회변화에 따라 영유아들은 다양한 정신적 스트레스를 경험하고 있다. 특히, 여성의 사회진출 증가로 인해 영유아 보육 · 교육기관에서 하루의 대부분을 보내는 영유아들이 점점 많아지고 있는데, 부모가 아닌 여러 사람들과 관계를 맺고 함께 생활하는 과정에서 다양한 심리적 긴장과 갈등을 경험하게 된다. 또한, 인지발달 위주의 교육을 강조하는 사회적 분위기는 영유아들의 스트레스를 증가시키고 있다. 때문에 최근 영유아의 정신건강 문제가 급속하게 증가하고 있는 실정이다.

따라서 정신건강의 개념과 그 중요성을 살펴보고, 영유아기의 정신건강 문제의 원인이 무엇인지 발달적 측면에서 살펴본 후, 이에 대한 부모와 교사의 역할을 알아보면 다음과 같다.

1) 정신건강의 의미

한 개인의 건강은 신체적 측면에서뿐 아니라 정신적 측면에서도 고려되어야 한다. 즉, 단순히 신체적으로 질병이 없는 상태가 아니라 개인이 심리 · 사회적으로도 올바르게 기능하고 건강한 삶을 영위할 수 있을 때 비로소 '건강한 상태'라고 말할 수 있는 것이다. 여기서 말하는 정신적 측면에서의 건강은 단순히 정신질환이 없는 상태만을 의미하는 것이 아니라 원만한 대인관계가 가능한가, 사회에 얼마나 잘 적응하고 있는가, 행복감을 느끼는 정도 등을 모두 포함하는 개념이다.

따라서 정신적으로 건강한 사람은 주변 환경에 잘 적응하며, 다른 사람들과 원만한 관계를 유지할 수 있으며 어려운 문제나 갈등상황에 부딪혔을 때 적극적으로 스스로의 능력을 충분히 발휘하여 문제를 잘 해결해 나갈 수 있는 바람직한 성격을 지니고 있는 사람이라고 할 수 있다(류경화, 정명순, 지주영, 2008).

과거에는 정신건강의 문제를 개인의 심리적 문제로만 생각하려는 경향이 있었으나 점차 정신건강의 문제를 가족 및 사회 환경 등의 구조적 문제로 보려는 경향이 높아지고 있다. 이러한 측면에서 볼 때 영유아의 정신건강 문제 또한 개인의 차원에서만 바라보는 것이 아니라 영유아를 둘러싼 가정, 또래관계, 영유아 보육 · 교육기관, 현대사회 등의 관계 속에서 바라보고 개선방안을 모색해야 한다.

어린 영유아일수록 주변 환경의 영향을 많이 받으며, 이후의 다양한 부적응 행동은 영유아기의 경험에 의해 형성되는 경우가 많기 때문에 영유아기의 정신적 건강은 특히 더 중요시되어야 하며, 부모와 교사뿐 아니라 사회 및 국가에서도 영유아의 정신건강을 위해 유기적으로 지원하려는 노력이 필요하다.

2) 영유아기 정서발달과 정신건강

사람은 신체적으로뿐만 아니라 정서적 · 사회적으로 건강한 상태일 때 비로소 건강하다고 할 수 있다. 정서적 · 행동적 · 사회적 요소는 밀접하게 관련되어 서로 영향을 주고받기 때문에 한 개인의 정신건강은 정서 · 행동 · 사회 모든 측면에서 고려되어야 한다. 따라서 아동의 정신건강 또한 이 세 가지 측면이 모두 바람직한 방향으로 유지 · 관리될 때 비로소 이루어질 수 있다.

어린 영아일수록 주변 환경과 부모의 양육에 더 많은 영향을 받는다. 영유아기에 안정적이고 허용적인 양육환경에서 성장한 영유아는 성격 및 대인관계 능력과 사회적응력이 뛰어나다. 또한, 영유아기에 발달에 적합한 정서적 보살핌을 받았을 때 신뢰감과 안정감을 형성하고 긍정적 자아개념을 형성할 수 있다. 따라서 정신건강에 영향을 미치는 정서 · 행동 · 사회적 발달 특성을 알고 연령에 따라 발달에 적합한 보살핌을 제공해야 한다.

다음은 영유아기의 정상적인 발달 특성과 각 시기별 주요 발달과업과 정신문제를 나타낸 것이다.

〈표 2-9〉 영유아기 연령별 발달 특성과 각 시기별 주요발달과업과 정신문제

시기	영아기(0~18개월)	걸음마기(18~36개월)	유아기(만 3~5세)
발달적 특징	• 사회적 미소 • 특정인에 대한 구별반응 • 낯가리기 • 격리불안 • 걷기, 말하기	• 급속한 언어발달 • 대 · 소변 가리기 • 자기주장 • 신체적 독립	• 사회적 · 성적 역할 학습 • 사회적 가치 형성 • 초자아 형성
발달과업	• 애착 형성 • 기본적 신뢰감과 안정	• 분리 개별화 • 자율성 • 대상 영속성 개념 • 공격성 통제가능	• 사회화 • 역할학습 • 문화습득
이상적 환경	• 감각적 자극 • 애정적 관계 • 민감한 반응 • 적절한 영양, 위생관리	• 지속적 · 일관적 지도 • 충동조절 교육 • 자율성 존중, 강조 • 자기주장 허용	• 다양한 역할 제시 • 다양한 가치 제시 • 적절한 성역할 • 친구관계 형성 지원
정신문제	• 감각박탈 • 발육장애, 발달지연	• 수면장애 • 모성 과보호 • 부정적 태도 • 반항적 태도 • 의존적 성격장애	• 불안장애 또는 불안 • 공포장애 또는 공포 • 야뇨증, 야경증 • 행동장애 • ADHD

영유아기에 이루어지는 정서발달은 한 개인의 정신건강을 유지하는 데 결정적 역할을 담당하게 된다. 정신의 발달은 감정의 발달과 함께 일어나며 이 감정은 일차적으로 부모와의 정서적 교류와 애착의 형성에 의하여 영향을 받기 때문이다. 생애 초기에 이루어지는 부모와의 긴밀한 정서적 교류는 자기에 대한 인식에 영향을 미칠 뿐 아니라 세상에 대한 인식, 자존감 수준 등에도 영향을 미치게 된다. 즉, 영유아기의 정서발달 과정은 곧 정신의 발달과정이라 할 수 있으며, 정신건강과 직결되는 것이라 할 수 있다.

생후 1년 동안 영아는 부모나 양육자와의 관계를 통해 자신과 사회에 대한 신뢰감을 형성한다. 영아는 자신의 신체적 · 정서적 욕구에 민감하게 반응해 주는 성인으로부터 신뢰감을 형성한다. 2~3세가 되면 자기주장을 하게 되고 모든 일을 스스로 하고자 한다. 이 시기에 자신의 의지가 손상되면 영유아는 자율성을 발달

시키지 못한다. 만 3~5세에는 새로운 과제를 시도해 보고 도전하면서 주도성을 형성한다. 또한, 이 시기는 사회성 발달이 활발하게 이루어지는 시기로 타인과의 관계를 통해 사회적 역할을 학습하게 된다. 이렇듯 정서발달은 연령에 따른 발달 과정에서 나타나며 부모나 교사는 영유아의 발달 특성을 고려하여 적절히 상호작용해 주어야 한다.

(1) 애착

애착이란 영아와 양육자 간의 친밀하고 강한 정서적인 유대관계를 말한다. 긍정적인 애착관계 형성을 통해 영아는 안정감과 심리적 위로를 경험하게 되고 이 시기의 경험은 이후 발달에도 영향을 미친다. 애착은 생애 초기 1~2년 사이에 형성되기 때문에 초기 가정환경, 특히 양육자의 양육방식이 중요하다. 양육자가 영아에게 사랑과 관심을 가지고 영아의 신호에 즉각적으로 반응하고 신체적 · 정서적 요구와 필요를 파악하여 적절한 보살핌을 제공한다면 영아는 양육자와 안정된 애착관계를 형성하게 된다. 즉, 세상이 안전하고 살기 좋은 곳이며 자기 자신을 소중한 존재라고 인식하게 되는 것이다.

안정된 애착관계를 형성한 영아는 세상과 자신에 대한 긍정적인 인식을 바탕으로 적극적으로 세상을 탐색해 나가는 반면, 불안정한 애착관계를 형성한 영아는 정서조절에 결함을 보이거나 관계형성에 어려움을 겪는 등 이후 발달에도 큰 영향을 미친다. 따라서 이 시기에 주 양육자와 안정적인 애착을 형성해야 한다.

(2) 자율성

만 2세 무렵부터 영아의 언어발달이 급속도로 이루어지고 신체기능이 발달하면서 자기주장을 하게 되고 스스로 모든 일을 하고자 한다. "싫어.", "내가 할 거야." 라고 말하면서 자신의 의지를 표현하며 자율적인 행동을 하고자 한다. 만약, 만 2세 영아의 자율적 행동이 지속적으로 제지당하게 되면 영아는 수치심을 갖거나 자신에 대해 부정적 인식을 형성하게 된다. 따라서 부모나 교사는 이 시기 영아의 자율성을 존중해 주면서도 공격성과 충동성을 조절할 수 있도록 지도해야 한다. 이 시기에는 칫솔 정리하기, 수건 걸기 등과 같이 영아가 스스로 할 수 있는 일을 하게 하는 것은 영아의 자율성을 함양하는 데 도움이 된다.

(3) 사회화

만 3~5세 유아는 상징적 표상 및 언어의 발달로 정서적 경험을 언어로 표현하게 되며, 자기와 다른 사람의 정서에 대한 이해능력이 더욱 향상되는 시기이다. 이 시기는 영유아 보육·교육기관에서 생활하는 시간이 길어지면서 활동범위가 가정에서 사회 환경으로 확대되고 또래 간의 관계가 활발해지는 시기이기도 하다. 따라서 이 시기에는 주도성을 함양함과 동시에 사회화 및 사회적 역할을 학습할 수 있도록 해야 한다.

만 3~5세의 유아들은 다른 사람의 지시에 따르지 않고 자기 뜻대로 행동하려고 고집을 부리는 경우가 많은데, 이는 자신의 의지와 개성을 표현하여 자신의 존재와 능력을 드러내고자 하는 것으로 이 시기는 유아의 발달 특성이다. 만 3~5세 유아들은 자신을 표현해 봄으로써 긍정적인 자아를 인식하고 자기 유능감을 형성하게 된다. 이때 교사나 부모의 인정과 존중을 받으면 유아는 자신의 욕구와 감정을 올바르게 인식하고 수용하는 동시에 타인에 대한 자신의 감정도 적절하게 통제할 수 있게 된다.

또한 만 3~5세 유아들은 사회성 발달이 활발하게 이루어지는 시기로 사회적·성적 역할을 학습하고 사회적 가치를 내면화하게 된다. 따라서 유아가 다양한 사회적 관계를 경험할 수 있도록 풍부한 사회적 환경을 제공해 주어야 한다. 특히, 이 시기는 유아들은 또래와의 놀이가 활발해 지면서 또래관계가 유아의 성격 형성이나 정신건강에 중요한 영향을 미치기 때문에 집단생활 속에서 또래와 적극적이고 긍정적인 상호작용을 맺을 수 있도록 적절한 도움을 제공해야 한다.

3) 영유아기 정신건강 문제

영유아의 정신건강 문제로는 발달장애, 정서장애, 사회성 장애 등을 들 수 있으며 다음과 같은 특징을 지닌다.

- 발달장애는 언어, 인지 등이 뒤지거나 이상이 있으며 대인접촉을 피하는 등 사회성에 결함이 있는 특징을 보인다.
- 정서장애는 불안해하고 잦은 신체증상을 호소하고 의존성이 심하고 독립심이 부족하다. 또한, 자신감이 없고 눈치를 많이 보며 즐거움이 없고 생기가 없는 특징을 지닌다.
- 사회성 장애는 또래와 어울리지 못하고 놀이를 할 줄 모르거나 참여하지 못한다. 또한, 감정의 변화가 심하고 공격적이며, 반복적으로 비행을 보이기도 한다.

구체적인 영유아기 주요 정신건강 문제는 다음과 같다.

(1) 분리불안

분리불안(Seperation Anxiety)은 영유아가 애착대상과 떨어질 때 심한 불안을 보이는 것을 말한다. 애착관계가 형성된 대상 인물이나 환경으로부터 격리될 때 심리적 불안과 함께 아이는 복통, 두통, 구역질, 구토 등의 신체적 이상이나 불편을 나타내거나 호소하기도 한다. 분리불안은 자기와 대상의 분리를 인식하게 되는 생후 6~12개월에 나타나, 12개월 이후에 절정기에 이르고, 36개월 이후부터는 서서히 사라지게 된다.

분리불안에 따른 불안감을 해소시켜 주기 위해 부모나 교사는 영유아가 느끼는 감정을 충분히 이야기하도록 하고 감정을 수용해 주도록 한다. 또한, 영유아 보육 · 교육기관이 위험한 곳이 아니라 재미있고 즐거운 곳이라는 인식을 가질 수 있도록 흥미를 유발하는 환경을 제공하거나 애착 대상물을 제공하는 것이 필요하다.

(2) 반응성 애착장애

반응성 애착장애(Reactive Attachment Disorder)는 애착을 형성하는 시기인 생애 초기 몇 년 사이, 즉 만 5세 이전에 나타나며 영유아를 지속적으로 방치하거나 주 양육자가 반복적으로 바뀌는 등 여러 이유로 안정된 애착을 형성하지 못하는 경우에 발생한다. 심하게 손상되고 발달적으로 부적절한 대인관계를 보이며 연령에 적합한 사회적 상호작용이 불가능하고 이후 사회성 발달을 지체시키는 원인이 된다. 반응성 애착장애는 두 가지 유형으로 나타나며 타인과의 접촉을 두려워하고 회피하는 양상을 보이거나 반대로 생후 8개월 즉, 낯가림이 시작되는 시기가 지나도 누구에게나 무차별적인 애착반응을 보인다.

반응성 애착장애는 부모와의 애착관계 형성에 기인하여 발생하기 때문에 부모가 적극적으로 치료에 참여해야 한다. 적절한 시기를 놓치면 치료가 힘들기 때문에 조기에 발견하여 부모와 영유아가 함께 치료를 받을 수 있도록 해야 한다. 특히, 사회적 놀이가 저해되어 타인과 안정된 관계를 맺지 못하므로 정서적 지지를 통해 안정감을 가지고 사회적 상호관계나 유대관계를 확장할 수 있도록 도와야 한다.

(3) 주의력 결핍 과잉행동장애

최근 많은 유아들에게서 흔히 발생하는 정신문제 중 하나가 주의력 결핍/과잉행동장애(Attention-Deficit/Hyperactivity Disorder, ADHD)이다. ADHD는 주의력 결핍 또는 과잉행동을 보이는 증상인데, 주의집중력 부족, 충동적 행동, 과잉활동 성향이 주요 특징이다. 이러한 특징 때문에 ADHD아동은 지속적인 주의력이 요구되는 활동(예: 숙제, 학습)을 회피하거나 매우 싫어한다. 또한, 일상적 활동(예: 약속, 준비물)을 자주 잊어버리고 대화에 집중하지 못하며 규칙을 잘 지키지 않는다. 충동성향으로 인해 쉽게 분노하고 과도한 자기주장, 불쾌감 표현 등의 특징 때문에 또래관계가 좋지 않은 경우가 많다. 특히, 연령이 증가하면서 주의산만 · 충동성이 남는 경우가 많아 학습에 어려움이 따를 수 있기 때문에 방치하지 않고 치료를 해 주어야 한다.

ADHD는 신경전달물질이 제대로 작동하지 않아 발생하는 경우가 많기 때문에 약물치료를 받으면 어느 정도 효과를 볼 수 있다. 하지만 증상이 완화될 뿐 오랜 기간 지속되기 때문에 약물에 의존하기보다는 부모와 교사의 적절한 지도가 필요하다. 증상이 심각하지 않을 때는 집 안 환경이나 주위 환경을 차분하게 정리해 주고 야단치거나 체벌하기보다는 가능한 한 칭찬을 많이 받을 수 있도록 해야 한다. 작은 변화에도 관심을 가지고 칭찬해 줌으로써 자신감을 키워 줄 수 있다. 영유아의 정서적 안정에는 무엇보다 부모의 일관된 양육태도와 관심이 중요하므로 어떤 생각을 하는지, 어떤 감정을 가지고 있는지 이해하고 공감하려는 태도를 갖는 것이 중요하다.

(4) 선택적 함구증

선택적 함구증은 언어발달상에는 문제가 없음에도 말을 해야 하는 특정한 사회적 상황(예: 학교, 또래와 함께 있을 때)에서는 지속적으로 말을 하지 못하는 증상이다. 집에서 또는 부모와 함께 있는 상황에는 말을 잘하면서도 타인이 있는 상황이나 밖에 나가면 입을 다무는 경우를 말하며, 이러한 장애가 적어도 1개월 이상 지속되고 교육적 성취나 사회적 의사소통을 저해할 때 선택적 함구증이라 할 수 있다(문혁준 외, 2013).

선택적함구증은 대개 만 5세 이전에 발병하며 몇 달 정도 지속되지만 길게는 몇 년 동안 지속되기도 한다. 주요 증상이 사회적 상황에서의 위축과 긴장이기 때문에 증상이 지속될 경우 또래관계나 의사소통 능력 등 사회성 및 언어발달에 부정적인 영향을 미치기 때문에 빠른 시간 내에 해결될 수 있도록 해야 한다. 심리적 불안감으로 나타나는 경우가 많으므로 아이의 불안감을 해소할 수 있도록 한다.

(5) 배설장애

배설장애는 대 · 소변을 가릴 연령이 되었음에도 가리지 못하는 것으로 대변을 가리지 못하는 유분증과 소변을 가리지 못하는 유뇨증이 있다.

❶ 유분증

만 4세 이상의 아동이 적절치 않은 곳에 반복적으로 대변을 보는 것으로 대부분은 불수의적이지만 가끔은 의도적인 경우도 있다. 유분증은 적어도 3개월 동안 최소한 매달 1회 이상 발생해야 하고 약 복용이나 의학적 질환에 의한 것이 아니어야 한다. 장애의 정도는 아동의 성격, 또래관계, 양육방식 등에 의해 영향을 받으며 몇 년 동안 간헐적으로 지속되기도 하지만 만성화되는 경우는 거의 없다.

❷ 유뇨증

만 5세 이상의 아동이 의학적 문제가 없음에도 밤이나 낮에 침구나 옷에 반복적으로 소변을 보는 것으로 유발원인에는 지연된 또는 느슨한 배변학습, 스트레스, 신장기능에의 문제, 방광기능의 문제 등이 있다. 일반적으로는 시간이 지나면서 신경계통이 성숙되면서 점차 증상이 나아진다.

유뇨증은 1차성과 2차성으로 나뉘는데 1차성 유뇨증은 배변학습이 이루어지는 시기에 나타나며 신경계통이 성숙되면서 자연스럽게 나아지는 경우가 많으나 2차성 유뇨증은 만 5~8세부터 증상이 나타나기 시작하는 것으로 심리적 문제로 인해 발생한다. 즉, 동생의 출생, 전학 또는 생활에서의 큰 변화에서 오는 지나친 정서적인 부담이나 불안 등으로 인해 퇴행현상이 일어나는 것이다. 이 경우 부모는 야단을 치기보다는 자녀의 마음을 읽어 주고 이해함으로써 불안한 정서를 해소할 수 있도록 해야 한다.

(6) 틱 장애

틱 장애(Tic Disorder)의 틱(Tic)은 반복적으로 갑작스럽고 빠르게 나타나는 근육의 움직이나 소리를 말한다. 눈을 계속 깜빡이거나 머리를 흔드는 등 신체적 행동이 나타나는 것을 '운동성 틱'이라고 하며 킁킁거리거나 재채기를 하는 등 반복적으로 소리를 내는 것을 '음성틱'이라고 한다. 이런 틱 증상은 보통 스트레스 환경이 개선되면 몇 달 내에 사라지게 된다. 틱에 대해 자주 언급하거나 꾸중을 하면 증상이 악화되므로 심리적 안정감을 느낄 수 있도록 해 주고 자신감을 키워주어야 한다.

틱 증상이 1년 이상 지속되는 경우를 뚜렛장애(Tourette's disorder)라고 하며 음성틱과 운동성 틱이 함께 나타나는 것이 특징이다. 보통 틱장애는 틱에 대해 언급하지 않는 것이 좋으나 증상이 지속될 경우에는 약물치료, 정신치료, 행동치료 등 전문적인 치료를 시작해야 한다. 틱 증상은 아동의 뇌 이상이나 심리적 요인에 의해 나타나므로 부모나 교사가 이를 이해하는 태도를 가지고 아동의 틱 증상을 일부러 만들어내는 것으로 오해하지 않도록 해야 한다.

4) 정신건강 증진방안

영유아들의 정신건강 문제를 방치할 경우 아무리 사소한 문제라도 후에 더욱 심각한 행동적 · 정서적 문제로 확대될 수 있기 때문에 정신건강을 증진하기 위한 방안에 대해 알고 적절히 지도해야 한다.

(1) 긍정적 자아개념 형성

정신건강은 자신에 대한 올바른 이해에서부터 시작된다. 여기서 말하는 올바른 이해라는 것은 무조건 자신에 대해 좋게 생각하는 것이 아니라 자신의 장점과 단점을 객관적으로 판단하고 자신의 한계를 인정하고 수용하는 것을 의미한다. 자신에 대한 올바른 이해를 바탕으로 긍정적 자아개념을 형성할 수 있으며 자아존중감을 갖게 된다. 이는 다른 사람과의 바람직한 유대관계를 형성하는 기초가 되며 적극적으로 세상을 탐색해 나가는 기초가 된다. 반면 자신에 대해 올바른 인식을 갖지 못하고 과소 · 과대평가하는 영유아는 열등감이나 좌절감 혹은 지나친 자만심을 갖게 되어 다른 사람들에 대해 방어적으로 행동하거나 무례하게 행동하게 된다. 따라서 영유아가 자신의 능력에 대해 긍정적으로 인식하고 노력할 수 있도록 적절한 도움을 주어야 한다.

(2) 정서 인식과 조절, 표현능력 증진

자신이 지금 느끼는 정서를 인식하고 조절하며 수용 가능한 방법으로 표현할 수 있는 능력은 생활에서 겪는 여러 문제를 적절히 대처하기 위해 반드시 필요하다. 하지만 언어적 의사소통 능력이 제한되어 있고 정서를 구별할 수 있는 능력이 아직 발달하지 않은 영유아는 여러 상황에 따라 자신의 정서를 인식하고 적절한 방법으로 표현하는 데 어려움을 느낀다. 따라서 영유아가 상황에 따라 다양한 정서를 인식할 수 있도록 상호작용해 주고 수용 가능한 방식으로 그 정서를 표현할 수 있도록 지도해야 한다. 예를 들어, 친구가 놀잇감을 빼앗아 가서 친구를 때린 유아에게 '친구가 놀잇감을 빼앗아서 화가 났구나'라고 말하여 정서를 인식할 수 있도록 한 후 '하지만 화가 난다고 해서 친구를 때리면 친구의 기분이 어떨까? 때리는 것 말고 너의 마음을 친구에게 어떻게 표현할 수 있을까?' 등의 상호작용을 통해 유아의 정서에 대해 공감해 주면서 그것을 표현할 수 있는 바람직한 방법을 학습할 수 있도록 한다.

이처럼 영유아가 자신의 느낌이나 정서를 표현할 때 중요한 것은 자신의 정서를 표현했는가의 여부보다는 '어떤 방식으로 표현했는가'이다. 하지만 모든 사람은 자신의 정서를 표현하는 방식이 다 다르기 때문에 영유아에게 적절한 표현 방법을 지도하는 것은 쉬운 일이 아니다. 또한, 영유아의 발달수준을 고려하지 않고 너무 성숙한 모습을 기대하는 것은 오히려 영유아가 자신감을 잃게 할 수도 있다. 따라서 교사나 부모는 자신의 정서표현 방식을 영유아에게 강요하기보다는 우선 영유아의 정서와 느낌을 있는 그대로 인정해 주는 태도가 필요하다. 자신의 느낌과 정서가 있는 그대로 인정된다고 느낄 때 영유아는 자신의 정서를 부정하거나 과장하지 않고 올바르게 인식하고 표현할 수 있게 될 것이다.

(3) 사회적 유대관계 증진

영유아가 긍정적인 자아개념을 형성하고 정신건강을 유지하기 위해서는 다른 사람들과 원만한 사회적 유대관계를 형성할 수 있어야 한다. 특히, 영유아기는 놀이를 통해 또래와의 관계를 활발히 맺는 시기로, 영유아들은 서로의 행동모델이 되기도 하고 협동, 타협 등 여러 사회적 기술을 연습할 수 있는 기회를 제공하기 때문에 또래와의 관계 형성을 원하지 않거나 형성하지 못하는 영유아들의 원인을 파악하여 적절한 도움을 제공해야 한다.

우선 또래와의 관계형성을 힘들어하는 영유아들을 지속적으로 관찰하여 문제가 영유아의 내성적인 성격에 기인한 것인지, 혹은 또래와의 놀이경험이 부족하여 사회기술이 부족하기 때문인지, 발달이 늦어 또래에게 배척당하는 것인지 등을 파악해야 한다. 원인을 파악한 후에는 성인이 개입하여 문제를 해결하기보다는 영유아들이 스스로 또래놀이에 참여하고 적절히 어울릴 수 있는 자질을 길러 주어야 한다. 우선 재미있는 놀이를 제공하여 친구와 함께 노는 것이 즐겁다는 것을 느낄 수 있게 한다. 그 후에는 함께 놀이하는 데 필요한 사과, 요청, 부탁하기 등의 사회적 기술을 학습할 수 있도록 해야 한다. 배척당하는 영유아의 경우 자신감을 가질 수 있도록 장점을 부각시켜 주고, 또래와 어울려 놀이할 때 칭찬과 격려를 해 준다.

chapter 03

영유아 영양생활

1. 영양
2. 영유아 영양관리 및 식생활지도

영유아기의 균형 있는 영양과 바람직한 식습관은 영유아의 정상적인 성장 발달뿐만 아니라 일생동안의 건강을 유지할 수 있는 기초가 되므로 이 시기에 충분한 영양을 공급하는 것은 무엇보다 중요하다. 이 장에서는 영양소의 종류와 권장량, 영양관리 및 식생활지도에 대하여 알아본다.

1. 영양

1) 영양소

영양소는 우리 몸에 필요한 영양분이 있는 물질로 인간이 건강을 유지하고 살아가기 위하여 외부로부터 섭취해야 하는 물질을 말한다. 영양소는 탄수화물, 지방, 단백질, 무기질, 비타민, 물 등 6가지로 분류되며 이 중에 탄수화물, 지방, 단백질은 체내에서 연소된 후 에너지를 공급하는 열량원으로 영양공급의 큰 부분을 차지하고 있어서 3대 영양소로 불린다. 비타민, 무기질, 물은 에너지를 공급하지 않고 생식 기능, 조직 및 뼈의 성분이 되며 몸 안의 여러 가지 생리적 기능을 조절하는 기능을 가지고 있다. 영유아의 성장과 건강 유지에 필요한 6가지 영양소의 기능을 살펴보면 다음과 같다.

(1) 탄수화물

탄수화물(당질)은 신체에 열량을 공급해 주는 주요 성분으로서 생명의 유지나 활동을 위해 필요한 가장 기본적인 에너지원이다. 탄수화물은 단당류, 이당류, 다당류로 나뉜다. 단당류는 구조가 단순하므로 다른 영양소보다 신속하게 체내에서 에너지원으로 이용될 수 있는데 탄수화물 1g당 4kcal의 열량을 가지고 있다. 다당류는 쌀, 밀 등의 곡류나 감자, 고구마, 토란 등의 감자류와 콩, 팥 등의 콩류에 포함되어 있다. 영유아들의 간식으로는 다당류나 가공하지 않은 탄수화물이 바람직하며 신선한 과일, 야채 혹은 통밀로 만든 빵이나 시리얼, 크래커 등은 영유아들에게 좋은 영양소 공급원이다. 셀룰로오스는 체내에서 분해되지 않으므로 열량원으로는 사용하지 못하지만 장벽을 자극하여 연동작용을 활발하게 함으로써 통변을 촉진하며 장내 불순물을 제거하는 데 도움이 된다. 이러한 연동작용은 음식물 속의 양분과 콜레스테롤이 빠르게 흡수될 수 있도록 시간을 단축시켜 주며 장내 암을 예방하기도 한다. 셀룰로오스는 통밀, 땅콩, 과일, 야채 속에 많이 있다. 적어도 영유아들이 필요로 하는 에너지의 반은 탄수화물에서 얻는 것이 좋으며, 대부분을 복합당질(다당류)에서 취하도록 권장된다(Robertson, 2002). 탄수화물의 기능, 함유식품, 결핍과 과잉에 따른 증상은 〈표 3-1〉과 같다.

〈표 3-1〉 탄수화물의 기능, 함유식품, 결핍증과 과잉증

기능	함유식품	결핍증	과잉증
• 에너지 공급의 주요 열량원 • 분해가 잘되어 에너지 발생이 쉬움 • 저렴한 가격으로 경제성 높은 영양소	• 단당류: 과일(포도, 과즙, 꿀) • 이당류: 설탕, 메이플시럽, 엿기름 • 전분 – 곡류(쌀, 보리, 밀, 옥수수) – 감자류(감자, 고구마, 토란) – 콩류(콩, 팥) • 식이섬유: 밀, 현미, 보리, 채소, 콩류	• 허약 • 피로 • 탈수현상 • 격심한 체중 감소 • 마라스무스병(개발도상국 영아에게 성행)	• 소아비만 • 고지혈증 · 충치 • 당뇨병

※ 마라스무스병(영양실조증) – 극도의 저체중, 근육위축, 설사, 호흡부전증상, 탈수증상이 나타남.

(2) 단백질

단백질은 1g당 4kcal의 에너지를 내며 체세포를 형성하는데 필수적이기 때문에 성장에 매우 중요한 역할을 한다. 단백질은 아미노산으로 구성되는데, 아미노산의 종류와 결합상태에 따라 단백질의 종류가 달라진다. 자연계에 존재하는 아미

노산의 종류는 약 20여 가지이며, 이 중 불필수 아미노산은 체내에서 합성되지만 필수 아미노산은 우리 몸에서 만들어지지 않기 때문에 음식으로 섭취해야 한다. 필수 아미노산을 고르게 적정량 함유하고 있는 단백질은 완전단백질이라 하며 육류, 우유, 달걀, 치즈와 같은 동물성 음식에 존재한다. 불완전단백질은 하나 또는 그 이상의 필수 아미노산이 부족한 것이다. 곡류, 야채와 같은 식물성 단백질은 불완전단백질이다. 콩은 영유아가 성장하도록 도와주는 아미노산을 충분하게 공급하지만 너무 많은 콩 소모는 철분흡수를 감소시킬 수 있다. 완전단백질을 섭취하기 위해서는 둘 이상의 불완전단백질을 섭취함으로써 가능하다. 어느 한 음식에 없거나 낮게 함유된 아미노산을 다른 음식을 통해 보완함으로써 모든 필수아미노산을 섭취할 수 있다. 예를 들어, 밀은 리신이 부족하지만 땅콩은 리신이 풍부한 반면 다른 필수 아미노산이 부족하기 때문에 땅콩버터를 바른 빵은 밀과 땅콩의 결합 결과 모든 필수 아미노산을 포함함으로써 완전단백질과 동등하게 될 수 있다. 또한, 콩밥은 성장기 영유아에게 필요한 완전단백질을 제공할 수 있다. 이때 땅콩버터나 콩의 단백질을 보충단백질이라 한다. 단백질의 기능, 함유식품, 결핍과 과잉에 따른 증상은 〈표 3-2〉와 같다.

〈표 3-2〉 단백질의 기능, 함유식품, 결핍증과 과잉증

기능	함유식품	결핍증	과잉증
• 인체구성의 절반이 단백질임 • 근육, 골격 등 신체구성의 재료 • 신체의 조직, 성장, 발달에 꼭 필요한 영양소	• 완전단백질: 육류, 어류, 두류, 난류 • 부분 불완전단백질: 밀, 호밀 • 불완전단백질: 두류, 견과류를 제외한 곡류	• 발육 부진 • 저항력 감소 • 피부탄력 저하 • 빈혈 • 마라스무스병(영양실조증)	• 체지방 축적 • 피로증진 • 변비

(3) 지방

지방은 성장과 에너지를 축적하는 데 반드시 필요한 영양소이다. 지방은 1g당 9kcal의 에너지를 제공한다. 지방은 뇌, 신경조직, 간에서 생리적 기능을 돕는 중요한 생체 성분이며, 지방이 많은 음식은 버터, 마가린, 쇼트닝, 샐러드드레싱 등이다. 그다음으로는 육류, 우유, 계란, 땅콩버터이다. 과일이나 채소에는 지방이 거의 없다. 지방은 탄수화물에 비해 2배 이상의 열량을 내지만 탄수화물보다 소화가 어렵고 필수영양소와 융화되지 않기 때문에 총 칼로리의 20% 정도만 지방으로 섭취하도록 권장된다. 지방은 지방산과 글리세롤 형태로 소화되어 흡수된다. 식품에 함유된 지방산은 탄소의 결합 형태에 따라 포화지방산과 불포화지방산으로 나뉘며, 불포화지방산은 다시 결합이 하나인 단일불포화지방산과 결합이 두 개 이상인 다중불포화지방산으로 나뉜다. 포화지방산은 상온에서 고체이며, 주로 동물성 식품(육류, 우유, 계란) 등에 많이 함유되어 있다. 불포화지방산은 상온에서 보통 부드러운 상태 또는 오일 형태이다. 다중불포화지방산인 리놀레산, 리놀렌산, 아라키돈산 등은 필수지방산으로 체내에서 합성되지 않기 때문에 반드시 음식을 통해 섭취해야 한다. 생선 기름에 많이 들어 있는 오메가3지방산인 EPA(eicosapentaenoic acid)와 DHA(docosahexaenoic acid)는 두뇌조직의 구성성분이 된다. 필수지방산은 보통 동물성 기름보다 식물성 기름에 다량 함유되어 있으며, 사람의 생명을 유지하고 성장하는 데 꼭 필요한 지방이다. 특히, 올리브 오일, 카놀라 오일이나 견과류에 함유된 단일불포화지방산은 몸에 좋지 않은 LDL-콜레스테롤은 낮추면서 몸에 좋은 HDL-콜레스테롤은 높여 심혈관 질환의 예방에 도움이 되며, 지방과 콜레스테롤의 혈액순환을 효율적으로 조절할 수 있는 것으로 밝혀졌다. 지방의 기능, 함유식품, 결핍과 과잉에 따른 증상은 〈표 3-3〉과 같다.

〈표 3-3〉 지방의 기능, 함유식품, 결핍증과 과잉증

기능	함유식품	결핍증	과잉증
• 농축된 에너지원 • 뇌, 신경조직, 간에서 생리적 기능 도움 • 우수한 저장에너지로서 피하지방 형태로 체내에 열량비축, 체온 유지 • 리놀레산, 리놀렌산, 아라키돈산은 생명유지와 성장, 정상적인 신체기능에 필수적인 필수지방산 • 지용성 비타민의 소화 흡수를 돕고 식품의 향미를 증가시켜 미각 증가	• 포화지방산: 버터, 동물성기름(돼지, 쇠기름, 팜유) • 불포화지방산: 식물성기름(옥수수유, 대두유, 참기름, 들기름, 면실유, 잣기름), 난황, 생선 기름(오메가3지방산-EPA, DHA)	• 피부염 • 발육저하 • 인지,학습, 시각기능 장애	• 비만 • 고지혈증 • 심장병 유발 • 당뇨병 유발 • 대장암, 유방암 발병과도 관련

(4) 비타민

비타민은 신체의 정상적인 기능과 성장 및 유지를 위해 식이를 통해 미량을 섭취해야 하는 필수적인 유기물질로 탄수화물이나 지방, 단백질이 에너지로 쓰일 수 있도록 하는 촉매역할을 한다. 뼈는 비타민 A, C, D 없이 원활하게 유지되거나 형성될 수 없고, 혈액의 성분은 비타민 C, B_6, B_{12} 없이 만들어질 수 없다. 티아민(B_1), 니아신, 리보플라빈(B_2), 판토텐산 비타민은 탄수화물과 지방의 에너지를 내기 위해 작용한다. 폴라신과 코발라민(B_{12})은 세포 성장에 있어서 필수 불가결한 비타민으로 DNA와 RNA의 합성에 기여한다. 비타민은 또한 신경전달물질의 합성이나 신경세포 성장과 유지와 같은 신경근육기능으로서의 역할을 한다.

비타민은 물에 녹는 수용성 비타민과 지방에 녹는 지용성 비타민으로 구분된다. 수용성 비타민에는 비타민 C와 비타민 B군(B_1, B_2, B_6, B_{12}, 엽산, 니아신)이 있는데 과잉 섭취를 해도 소변을 통해 배출되므로 독성의 위험은 없다. 지용성 비타민에는 비타민 A, D, E, K가 있고 지방을 섭취할 때 함께 흡수되며 과잉 섭취

하게 되면 몸에 축적되어 독성을 나타낼 수 있다. 비타민은 정상적인 신체 기능을 위해 필수적이지만 약제에 의존하기보다 음식을 통해 섭취하는 것이 바람직하다. 비타민의 기능, 함유식품, 결핍과 과잉에 따른 증상은 〈표 3-4〉와 같다.

〈표 3-4〉 비타민의 기능, 함유식품, 결핍증과 과잉증

종류		기능	함유식품	결핍증	과잉증
수용성	비타민 C (아스코르브산)	• 성장에 필수적 • 세균에 대한 저항력 증가 • 열, 산화, 알칼리에 불안정(산에는 안정) • 철 흡수 촉진 • 색소침착 방지	• 신선한 채소, 과일 – 딸기, 감귤류, 파인애플 – 토마토, 양배추, 고추	• 식욕감퇴, 저항력 감소 • 괴혈병 • 빈혈, 혈관약화 • 주근깨, 기미 형성 • 골격, 치아발육 저하 • 상처회복 지연	
	비타민 B_1	• 에너지 대사에 관여 • 열, 알칼리, 산소에 불안정	• 돼지고기, 쇠고기 • 콩류 • 곡류의 배아 • 내장(간)	• 식욕감퇴, 소화불량 • 건망증, 각기병 • 피로감, 무기력증 • 신경장애, 불안초조 • 다리 근육의 경련 및 마비(다발성 신경염)	
	비타민 B_2	• 에너지 대사에 관여 • 열, 산소, 산에는 안정 • 광선(자외선), 알칼리에는 불안정	• 우유, 유제품 • 간 • 콩, 땅콩 • 곡류의 배아	• 구순 구각염 • 상처의 악화 • 피부염, 설염 • 안질환(백내장, 충혈)	
	비타민 B_6	• 아미노산 대사에 관여 • 열, 광선, 산화에 안정	• 육류, 생선류 • 간 • 콩류 • 곡류의 배아, 밀	• 피부염 • 빈혈 • 중추신경계–말초 신경염, 흥분성, 경련	
	비타민 B_{12}	• 단백질 합성에 관여 • 핵산과 세포 단백질(적혈구)의 형성	• 우유, 치즈 등의 유제품 • 육류, 간, 달걀 • 어패류	• 설염 • 악성빈혈 • 기력부진 • 말초신경퇴화 • 신경장애 우울증	
	엽산	• 핵산 대사(DNA와 RNA)에 관여 • 세포증식 및 재생 • 아미노산 대사에 관여 • 조혈작용	• 푸른잎 채소 • 육류, 간 • 아스파라거스	• 거대 적혈구성 빈혈 • 조산, 사산, 저체중아 출산 • 입과 혀의 염증 • 흡수불량, 설사	

종류		기능	함유식품	결핍증	과잉증
수용성	니아신	• 에너지 대사에 관여 • 열, 광선, 산화, 산, 알칼리에 안정	• 땅콩 • 육류, 간 • 곡류의 배아(강화곡류)	• 펠라그라(피부염, 설사, 우울증, 사망을 수반하는 질병) • 전신쇠약, 식욕감퇴 • 피로, 불면 • 중추신경계-신경염, 혼돈상태, 기억상실	
지용성	비타민 A	• 상피세포 보호(상피조직의 형성과 보수) • 성장, 발육 촉진 • 광선, 열에 안정 • 산화, 건조, 고온, 자외선에 파괴	• 유지방, 버터, 마가린 • 녹(적)황색 채소 • 간, 콩팥, 난황, 달걀 • 정어리, 연어	• 안구건조증 • 야맹증 • 감염에 민감 • 상피세포의 각질화 • 치아형성부진 • 소화능력 저하	• 식욕부진 • 두통 • 발열 • 발진
	비타민 D	• 칼슘과 인의 흡수, 이용 촉진 • 치아, 골격 침착 작용에 도움 • 다량 섭취 시 독성 • 열, 산화에 안정	• 생선 기름 • 달걀, 난황, 버터 • 정어리, 청어, 연어 • 말린 버섯	• 구루병 • 골격과 치아의 발육부진 • 성인-골연화증	• 식욕부진 • 두통 • 체중 감소 • 구토
	비타민 E	• 세포막 손상을 방어하는 항산화 작용 • 생식기능 활성 • 노화방지 • 열, 산화에 안정	• 식물성기름, 식물성 마가린, 쇼트닝 • 밀의 배아 • 녹색채소 • 배아유	• 불임증 • 적혈구의 용혈-빈혈 • 세포 손상 • 주로 생식기 계통, 근육조직, 신경조직 등에 이상	
	비타민 K	• 혈액응고에 관여, 단백질 합성에 필수 • 다량 섭취 시 독성 • 알칼리, 자외선에 의해 파괴	• 시금치, 근대 등의 녹색채소 • 양배추 • 우유, 고기, 곡류	• 지혈지연(피 응고 안 됨) • 신생아 출혈	

(5) 무기질

무기질(미네랄)은 신체의 조직을 형성하고 기능을 조절하도록 돕는 무기원소로서 에너지를 제공하지 않지만 뼈와 치아, 그리고 혈액을 형성하는 데 필수적이다. 칼슘과 인은 대부분 뼈와 치아에서 발견되는 미네랄이다. 우유와 유제품은 칼슘

공급원의 주요 식품이다. 인의 공급원은 우유, 고기, 생선, 달걀 그리고 곡물제품이다. 칼슘과 인은 우유에 거의 비슷하게 존재한다. 만약, 영유아가 우유보다 인이 포함된 탄산음료를 더 많이 마신다면, 칼슘과 인의 균형이 깨지며 뼈에서 칼슘이 빠져 나오고, 뼈에 있는 칼슘의 침전을 감소시키게 된다.

철분은 헤모글로빈을 형성하는데 가장 중요한 미네랄이며 건강한 혈액을 형성하는데 중요한 역할을 한다. 세포의 재생과 성장을 위해서는 인, 마그네슘, 아연과 같은 무기질이 필요하다. 인은 DNA와 RNA의 구성요소이며, 마그네슘은 DNA의 합성과 DNA가 제공하는 단백질 합성에 필요하다. 아연은 DNA와 RNA의 합성동안 효소계통의 부분으로서 작용한다. 나트륨과 칼륨, 칼슘, 인, 마그네슘 등은 신경 근육 활동을 조절하는 무기질이다. 철은 피의 중요한 요소인 헤모글로빈의 구성요소이며, 구리는 철을 흡수하고 헤모글로빈과 결합하도록 도와준다. 칼슘은 혈액 응고를 하는 물질 생산을 위해 필수적이다. 무기질의 기능, 함유식품, 결핍과 과잉에 따른 증상은 〈표 3-5〉와 같다.

〈표 3-5〉 무기질의 기능, 함유식품, 결핍증과 과잉증

종류	기능	함유식품	결핍증	과잉증
칼슘 (Ca)	• 골격, 치아형성 • 혈액의 응고 • 근육의 수축과 이완 • 심장 운동 • 신경의 자극전달 등 중요한 생리 조절 기능 담당	• 우유, 치즈 • 멸치 등 뼈째 먹는 생선 • 콩류, 견과류 • 녹색채소 • 달걀노른자 • 해조류	• 저칼슘혈증 • 경련 • 골연화증 • 골다공증 • 뼈 발육 부진 • 구루병	• 근육수축 • 골, 신장, 연조직의 지나친 석회화
인 (P)	• 골격과 치아 형성 • 영양소의 흡수와 운송 • 에너지 대사 • 산, 염기 균형 조절	• 우유, 유제품 • 육류, 달걀노른자 • 곡류, 콩류, 견과류	• 근육약화 • 식욕부진 • 무력증	• 칼슘 흡수 저해
마그네슘 (Mg)	• 골격, 치아형성 • 당질과 단백질 대사 활성체 • 신경의 자극 전달 • 효소반응의 촉매역할	• 견과류 • 콩 • 녹색채소 • 곡류(도정하지 않은)	• 근육수축 • 신경의 불안증 • 떨림증	

종류	기능	함유식품	결핍증	과잉증
나트륨 (Na)	• 세포막에서의 물질 수송 • 근육의 흥분성 유지 • 산, 염기 균형의 조절 • 세포 외액의 구성 • 삼투압 유지	• 소금, 된장, 간장 • 찌개, 국, 김치, 젓갈 등 소금이 함유된 식품 • 화학조미료 • 육류, 생선, 우유	• 구토, 현기증 • 근육경련	• 부종 • 고혈압 • 위암
칼륨 (K)	• 세포 외액의 구성 • 에너지 대사 • 산, 염기의 균형조절 • 혈압유지, 심장보호 • 근육의 흥분성 유지	• 곡류(도정하지 않은 전곡) • 콩류, 과일류 • 녹색채소 • 육류	• 구토, 현기증 • 근육약화 • 급한 심장박동 • 불면증 • 무력증	
염소 (Cl)	• 물의 균형과 삼투압 조절 • 산, 염기의 균형조절 • 근육의 흥분성 유지	• 소금, 된장, 간장 • 소금이 함유된 식품 • 가공 치즈 • 피클 등 소금에 절인 식품	• 구토 • 설사	
황 (S)	• 세포 단백질 구성 • 에너지 대사 • 해독작용	• 밀의 배아 • 곡류, 콩류 • 과일 • 녹색채소 • 육류, 달걀, 조개류	• 사람에서는 발견되지 않음	
철 (Fe)	• 혈액의 주요 구성성분 • 산소의 운반과 탄산가스 제거 • 산소 이용에 관계되는 효소의 구성체	• 육류, 계란 • 말린 과일 • 생선류	• 빈혈, 창백 • 무력감, 식욕부진 • 집중력 저하 • 학습능력 감소	• 심장 질환 • 간 손상 • 구토 • 혈액성 설사
요오드 (I)	• 갑상선 호르몬의 합성 • 기초대사율 조절 • 성장, 생식, 세포대사	• 해조류 • 해산물	• 갑상선종(갑상선비대증) • 유산, 사산, 기형아 출산 • 크레틴병(선천성 갑상선 기능 저하증)	
아연 (Zn)	• 탄수화물, 단백질 대사에 필요 • DNA와 RNA합성 • 면역기능 수행 • 콜라겐 형성 • 탄산가스 제거	• 굴 • 간 • 육류 • 계란, 두류	• 성장지연, 우울증 • 식욕감퇴, 미각변화 • 성적 성숙의 지연 • 면역기능 저하 • 상처회복 지연 • 기형아 출산	• 위염 • 구토

종류	기능	함유식품	결핍증	과잉증
구리 (Cu)	• 헤모글로빈 합성 • 뼈의 석회화 • 효소기능	• 굴 • 간 • 채소류, 과일류 • 종실류: 쌀, 옥수수 등의 곡식류, 밤, 은행 등과 잣, 호두, 참깨, 피넛류 등의 씨앗류	• 빈혈 • 성장지연 • 골격형성의 이상 • 심장 기능 장애	• 복통 • 메스꺼움 • 구토 • 설사
셀레늄 (Se)	• 항산화제 • 세포막유지 • 산화효소의 구성	• 육류, 내장 • 곡류 • 우유, 유제품	• 성장 지연 • 근육 통증	• 탈모증 • 손톱 약화 • 복통, 설사, 구토
망간 (Mn)	• 열량 및 단백질 대사 관련 효소	• 통밀류 • 견과류 • 종자류	• 성장지연 • 생식부전 • 골격이상	
크롬 (Cr)	• 포도당 대사 • 인슐린 호르몬과 관련	• 녹색채소 • 곡류 • 효모	• 당질대사의 이상 • 성장 지연 • 구토 • 메스꺼움	
코발트 (Co)	• 비타민 B_{12}의 구성체	• 정제하지 않은 자연식품	• 악성빈혈	
몰리부덴 (Mo)	• 요산대사에 관련되는 효소에 필요	• 내장 • 곡류 • 두류	• 거의 없음	
불소 (F)	• 충치 예방 • 조직 강화	• 불소 첨가 음료 • 뼈째 먹는 생선 • 육류의 뼈 • 차	• 충치	• 치아 불소침착증 • 신장 기능 이상 • 근육과 신경 기능 손상 • 관절염

(6) 물

물은 모든 신체조직을 구성하기 위해 중요하다. 대략 보통 성인 몸무게의 60%가, 영아는 75%가 물이다. 물은 피를 포함한 모든 체액과 침이나 위액과 같은 몸의 분비액의 주된 요소이며 몸의 노폐물 제거에 있어서도 중요한 역할을 하고 몸의 온도를 조절하는 등 생명을 유지하는 데 필수적이다. 구토와 설사는 탈수현상의 원인이 되며, 특히 영유아는 성인보다 증발과 탈수작용을 통한 물의 손실을 더욱더 빠르게 경험한다. 설탕이 물 흡수를 감소시키기 때문에 음료보다는 물을 마시도록 한다. 영양분 있는 주스는 건강한 식사에 기여할 수는 있지만 지나친 경우 우유, 단백질과 지방, 중요한 영양분과 칼로리가 풍부한 음식을 위한 공간을 적게 함으로써 성장을 방해할 수 있다. 물의 기능, 함유식품, 결핍과 과잉에 따른 증상은 〈표 3-6〉과 같다.

〈표 3-6〉 물의 기능, 함유식품, 결핍증과 과잉증

기능	함유식품	결핍증	과잉증
• 삼투압의 평형 • 흡수된 영양소와 효소 등을 필요한 조직으로 운반 • 생성된 노폐물을 배설하도록 수송하는 기능 • 체온 조절 기능 • 세포 형태 유지	• 음료, 액체 식품 • 과일, 채소	• 탈수 • 발열 • 체중 감소 • 근육 저하 • 기능 저하 • 체온 조절 불가	• 부종 • 구토

2) 영양권장량

열량은 영유아의 성장과 발달에 필수적이다. 그러나 영유아기의 비만을 방지하기 위해서는 신체적인 활동과 함께 균형 있는 열량 섭취가 필수적이다. 영유아의 영양적 요구를 충족시키기 위해 영유아에게 필요한 일일권장량을 고려하여 5가지 식품군이 고루 포함되도록 식단을 작성해야 한다. 특히, 단백질, 철분, 칼슘, 비타민 C는 영유아들에게 결핍되기 쉬운 영양소이기 때문에 매일 공급되도록 해야 하며, 과일(1일 2~4회)보다 야채(1일 3~5회)를 더 많이 섭취하는 것이 좋다. 과일은 단지 비타민만을 제공하는 반면, 야채는 미네랄과 비타민을 제공하기 때문이다. 요즘 섬유소의 섭취에 대한 관심이 증가되고 있지만 만 2세 이상 영유아를 위한 섬유소 섭취량은 연령+5(만 3세 유아는 하루에 8g의 섬유소가 필요함)이다. 유아는 매일 3컵의 우유를 섭취하도록 권장하며, 고기, 가금류, 생선, 마른 콩, 계란, 견과류 군의 하루 섭취 권장량은 2회 이상이다. 지방, 기름, 당분 군은 영양소는 낮고 열량은 높기 때문에 20% 이상의 열량을 지방으로 섭취하지 않도록 한다. 나트륨과 소금은 생명에 필수적이기는 하지만 과도한 섭취는 만성적인 질병과 결부된다. 가공식품이나 패스트푸드는 나트륨과 소금 함량이 높기 때문에 주의를 요한다. 특별히 소금을 섭취하지 않더라도 식품에서 충분한 나트륨을 얻을 수 있다.

하루에 필요한 에너지는 사람마다 다르며, 또한 매일매일 조금씩 차이가 난다. 개인이 필요한 에너지의 양은 기초대사율, 신체적 활동, 식품의 열량소, 대사량에 의해 결정된다. 한국인 영양섭취기준을 제시하면 〈표 3-7〉과 같다.

〈표 3-7〉 한국인 영양섭취기준(Dietary Reference Intakes for Koreans: KDRIs)-에너지적정비율

영양소	만 1~2세	만 3~8세	만 19세 이상	비고
탄수화물	55~65%	55~65%	55~65%	
단백질	7~20%	7~20%	7~20%	
지질 총지방	20~35%	15~30%	15~30%	
포화지방산	–	8% 미만	7% 미만	
트랜스지방산	–	1% 미만	1% 미만	

출처: 한국영양학회(2020).

영유아는 성장에 필요한 에너지가 추가적으로 필요하기 때문에 영유아의 기초대사율은 성인의 기초대사율보다 높다. 영유아는 신체활동을 활발히 함으로써 더 많은 칼로리가 필요하게 되면 음식을 흡수할 수 있는 기회가 많아지기 때문에 다른 영양소를 섭취할 수 있는 기회도 많아진다. 성장기의 영유아들은 성인보다 더 많은 에너지가 필요하다. 세포가 분열하고 커지는 데 많은 에너지가 필요하기 때문이다. 일일 필요 칼로리는 몸무게를 기초로 계산한다. 만 4세의 유아는 대략 1파운드당 40칼로리를 소모한다. 성장기 영유아는 에너지를 적절하게 제공받지 못하는 경우 성장률 저하의 원인이 되기 때문에 탄수화물, 지방과 단백질로 적절한 칼로리를 섭취해야 한다(Robertson, 2002).

단기간에 많은 양의 칼로리 섭취는 비만의 원인이 된다. 비만아동은 마른 아동들에 비해서 더 많은 활동량이 필요하며 더 적은 양의 식사를 해야 한다. 비만 아동은 활동적인 놀이를 싫어하기 때문에 체중이 더욱 늘어나며 행동이 둔하고 사고의 위험이 높다. 또한, 비만 아동은 친구들로부터 놀림을 받기도 하고 친구들과 함께 어울리지 못하게 될 경우, 아동들은 자기 정체성을 형성하기 힘들고 신체 발달의 불균형과 사회성 발달에도 많은 어려움이 있다. 체중을 줄이는 적합한 방법은 성장기 동안 적절한 칼로리를 제공하는 것이다.

2. 영유아 영양관리 및 식생활지도

1) 영아기 영양관리

신생아 및 영아기는 극히 짧은 기간이지만 신체발달뿐만 아니라 정서발달이 급속히 이루어지는 중요한 시기이다. 영아기의 성장과 발달은 영양과 가장 밀접한 관계를 가지고 있으므로 이 시기의 적절한 영양 공급은 정상적인 신체 발육에 직접적인 영향을 미치고 성인이 된 후에도 건강이나 체력, 지능에까지 영향을 미치게 된다.

영아는 성인에 비해서 신진대사가 활발하기 때문에 섭취해야 할 영양소의 절대량은 적지만 체중 1kg당 에너지와 단백질의 필요량은 훨씬 크다. 또한, 영아는 성인과 달리 에너지나 다른 영양소를 저장해 둘 여유가 없으므로 이 시기에 영양의 부족, 영양질의 불균형 또는 영양 섭취 방법이 적절하지 않으면 그 반응이 심각하게 나타난다. 영유아 급식계획을 위한 1일 영양섭취기준을 제시하면 〈표 3-8〉과 같다.

〈표 3-8〉 영유아 급식계획을 위한 1일 영양섭취기준(권장 섭취량 기준)

연령 \ 항목	0~5개월	6~11개월	만 1~2세	만 3~5세
에너지(Kcal)	500	600	900	1400
단백질(g)	10	15	20	25
칼슘(mg)	250	300	500	600
철(mg)	0.3	6	6	7
비타민 A(mgRE)	350	450	250	300
비타민 B_6(mg)	0.1	0.3	0.6	0.7
리보플라빈(mg)	0.3	0.4	0.5	0.6
비타민 C(mg)	40	55	40	45

출처: 한국영양학회(2020).

(1) 모유영양

모유는 신생아와 영아의 성장과 발달에 가장 적합한 식품이라고 인정받고 있다. 모유의 조성은 영아의 영양소 요구량에 맞게 잘 짜여 있으며, 모유의 단백질은 우유의 단백질에 비해 단백질의 양은 적으나 생물가가 훨씬 높고 소화가 더 잘된다. 초유[1] 속에는 단백질 아닌 질소 화학물의 함량이 많아 모유 단백질의 이용가를 높인다. 게다가 모유는 수유하는 기간 동안 모체와 영아 간의 접촉으로 애정을 한층 두껍게 해 준다는 장점이 있다. 그러나 모유는 수유의 양을 정확하게 알 수 없다는 점과 취업모나 기타 용무로 외출할 때 수유가 곤란하다는 점에서 불편하다고 할 수 있다. 모유의 성분은 모체가 섭취하는 음식물의 영향을 받으며 그것이 영아에게 영향을 미친다.

보통 수유의 횟수와 간격은 0~1개월에는 2~3시간 간격으로 7~8회, 1~3개월에는 3시간 간격으로 6회이고 점차 4시간 간격으로 유지된다. 수유 횟수와 간격 결정에 중요한 영향을 주는 것은 영아의 흡인력의 강도와 모유 분비량이 충분한가의

1) 출산 후(보통 5~7일 이내)에 분비되는 끈끈하고 진한 액체로 무기질과 효소, 면역체의 함량이 높아 아기의 건강에 많은 도움이 된다.

모유수유가 어머니와 영아에게 미치는 장점

- 다른 어떤 것보다 이상적인 영양 공급원이다.
- 세균에 감염될 염려가 없고 항상 신선하다.
- 감염성 질병의 예방 효과가 있다.
- 알레르기에 대한 안정성을 갖는다.
- 엄마와 아기의 접촉으로 관계를 증진시킨다.
- 인공유에 비해 소화 장애나 변비증이 덜하다.
- 영아 비만을 방지한다.
- 자궁의 빠른 회복, 배란 억제로 인한 자연스러운 피임 효과, 경제적인 도움 등 수유부 자신에게 오는 이점이 있다.

여부이다. 보통 1회 수유 시간은 약 10분이나 최초 5분간에 영아가 필요한 모유량의 2/3를 빠는 것이 일반적이다.

출생 후 처음부터 모유를 섭취한 영아들도 생후 5~6개월이 되면 모유만으로는 필요한 영양소를 충족시킬 수 없게 되고 돌이 가까워 오면 영아가 스스로 모유를 멀리하게 된다. 출생시부터 영아가 스스로 모유를 멀리하게 될 때까지를 모유영양 기간이라고 하며, 이 기간은 어머니와 영아의 상태에 따라 좌우된다. 늦어도 만 1세 이후에는 고형식품을 먹을 수 있도록 훈련시켜야 하지만 모유영양 기간은 어머니의 편리, 아기의 생리적 · 심리적 요구, 만족할 만한 보충식품의 이용 가능성 등을 고려하여 결정하는 것이 바람직하다.

모유분비를 촉진시키기 위해 주의해야 할 점

- 어머니는 육체적 · 정신적 과로를 피해야 하며 마음의 평정을 잃지 말아야 한다.
- 자신의 유즙 분비 능력에 자신감과 긍지를 가져야 한다.
- 열량, 단백질 함량이 많은 식사와 수분을 충분히 섭취하여 분비량을 보충해야 한다.
- 영아가 한쪽의 유방을 완전히 빨지 않은 경우에도 젖을 완전히 짜내 비워야 한다.
- 유즙이 돌 때 온습포(溫濕布)로 마사지해야 한다.

❶ 모유영양의 유의점

모유는 영아를 위해 이상적으로 조성이 되어 있으나 철분 함량은 대단히 낮다. 신생아는 태아기 말기에 체내에 충분한 양의 철분을 저축한 채 출생하므로 5~6개월까지는 철분 함량이 낮은 유즙만으로도 적혈구의 재생을 충당할 수 있으나 비축된 철분은 생후 5~6개월이 지나면 고갈되기 시작한다. 그러므로 너무 오래도록 다른 음식을 보충하지 않은 채 젖만으로 양육하면 철 결핍성 빈혈에 걸리게 된다. 더욱이 조산아의 경우에는 출생 전에 철분을 비축할 여유가 없는 상태로 출생하게 되므로 철분의 보충이 없으면 빈혈이 유발되는 속도가 빠르기 때문에 이유 보충식의 시작 시기를 앞당기는 것이 좋다.

❷ 모유수유 시의 유의점

손이나 유축기로 짜낸 신선한 모유는 상온(25℃)에서 6~8시간 정도 보관이 가능하나 실내온도나 계절적 변화를 고려하여 냉장 보관하는 것이 바람직하다. 냉장 보관은 4℃에서 3~4일 동안 가능하며, 그 이상 보관하려면 냉동 보관하도록 한다. 냉동 보관은 −15℃에서 2주간 가능하며 감염되지 않도록 위생적으로 보관한다.

직장에 다니는 엄마가 모유 수유를 계속하기 위해서는 모유를 24시간 이내에 살균 용기에서 냉장하거나 플라스틱 용기에서 2주일 이내에 냉동하여야 한다. 냉동된 모유를 해동시키기 위해서는 밀봉된 모유 용기를 따듯한 물에 약 30분 정도 담가 두던지 끓는 물에 4분 정도 넣어 해동한다. 전자레인지를 사용하여 모유를 해동시키면 모유의 영양구성이 변할 수 있다. 해동된 모유는 즉시 수유하도록 하며 다시 냉동시켜 보관하지 않도록 한다.

(2) 인공영양

영아가 모유로 충분히 영양을 공급받지 못하는 경우에 모유 이외의 것으로 기르는 것을 인공영양이라고 한다. 근래에 와서 모유영양의 수는 감소하고 인공영양이나 혼합 영양이 증가하고 있는 추세이며, 특히 이 경향은 도시에 있어서 현저한데, 그 이유는 여성들의 취업과 사회 환경으로 인한 모유 분비의 감소, 인공영양법의 개선과 보급이 진보되고 있는 점 등이 그 원인이라고 할 수 있다.

인공영양에서는 탈지우유로 만든 조제분유가 가장 많이 선택된다. 조제분유는 단백질과 무기질 함량을 줄여 신장의 용질 부담을 감소시켰다. 또한, 균질화 과정을 거쳤기 때문에 응고를 줄였고 가열 처리를 하여 쉽게 단백질을 소화하도록 하였다. 그리고 유청 단백질과 카세인의 비를 모유의 것과 유사하게 만들었으며 흡수율이 좋은 식물성 기름을 첨가하고 모유에서와 같은 열량가를 내도록 당질을 보충한 동시에 비타민과 무기질도 첨가하였다.

❶ 인공영양의 유의점

우유에 의한 인공영양 시에는 과즙 등의 비타민 C를 첨가해야 하는데, 모유 중에는 100ml당 5~7mg의 아스코르브산이 함유되어 있으나 우유 중의 비타민 C는 100ml당 1mg 전후에 불과하기 때문이고 이것마저 가열 소독으로 손실되는 수가 많다. 시판 유제품에는 아스코르브산이 강화된 것이 있으나 그렇지 않을 때는 토마토즙, 오렌지즙, 귤즙, 레몬즙 등을 첨가해야 한다. 특히, 단백질 섭취량이 많을수록 이에 맞추어 비타민 C도 보충해 주어야 한다.

〈표 3-9〉 인공영양에 사용되는 분유의 종류

종류		내용
우유조제분유 (표준조제유)		• 우유를 원료로 함 • 단백질, 무기질 함량을 모유와 비슷하게 낮춤 • 균질화와 열처리를 하여 소화되기 쉽게 제조 • 유청단백질과 카세인의 비율을 40:60으로 모유와 가깝게 만듦 • 식물성 기름, 유당과 콘 시럽 등의 당질을 첨가하여 에너지 함량을 모유와 유사하게 함 • 비타민 첨가(꼭 필요함)
특수 조제유	두유 조제분유	• 우유 알레르기가 있는 영아에게 적합 • 대두에서 대두단백질을 분리하고 대두 단백질에 부족한 아미노산인 메타오닌을 첨가한 다음 당질, 식물성 기름, 비타민, 무기질을 첨가하여 제조
	카세인 가수분해 조제분유	• 우유와 두유 모두에 알레르기가 있는 영아에게 적합 • 단백질을 아미노산으로 가수분해시켜 만든 조제분유

〈표 3-10〉 모유와 우유의 성분 비교

성분	모유	우유
열량	비슷	비슷
수분	충분	불충분
단백질	질적 우수한 아미노산으로 구성, 적당량 훼이(whey)타입(소화 우수), 시스테인, 타우린 충분(뇌성장 필요성분)	모유에 비해 구성아미노산이 다소 열등함 필요 이상 과량의 카제인 형태로 소화가 곤란하고 시스테인과 타우린 부족
지방	불포화지방산 형태로 충분히 함유	포화지방산(성인병 관련) 충분
유당	충분	부족
무기질, 비타민	흡수 용이, 칼슘, 인산, 철 적당량	흡수곤란, 철, 비타민 부족
항감염 물질	항체, 백혈구, 락토페린, 라이소자임, 비피더스 함유	별로 없음
세균 오염	없음	가능함

출처: 정미라 · 배소연 · 이영미(2012).

❷ 인공수유 시의 유의점

분유를 타기 전에 손을 씻고, 분유 준비에 사용되는 모든 기구를 위생적으로 다루며 물은 끓여서 살균한다. 물과 분유의 비율은 지시에 따르며 분유의 양을 정확하게 측정한다. 묽게 타면 영아에게 필요한 영양소를 제공할 수 없으며 진하게 타면 과도한 칼로리 섭취와 비만을 가져온다. 분유는 너무 따뜻하거나 너무 차갑지 않도록 하는데 손목 안쪽으로 테스트할 때 따뜻하다고 느끼면 적당한 온도이다. 병 안의 분유를 전자레인지로 가열해서는 안 된다. 병은 차갑게 느껴지는 반면 분유는 뜨거울 수 있기 때문이다. 1회 먹이는 양은 영아의 월령에 따라 다르며 수유 시간은 약 15분이 적당하다. 먹고 남은 우유는 바로 버리고 우유병과 고무젖꼭지, 조유냄비 등 수유에 필요한 모든 기구는 철저히 살균 소독한다. 이 부분이 소홀하면 영아 소화 불량의 원인이 되므로 각별한 주의가 필요하다.

수유는 아기와 양육자가 연결되는 중요한 시간이므로 가능한 한 양육자의 팔 안에 아기를 안고 조용한 분위기 속에서 눈을 마주치며 침착하게 수유에 전념한다. 특히, 영아에게 우유병을 주고 혼자 두면 질식할 수 있으므로 주의해야 하며, 영아가 6개월 정도 되면 수유자가 영아를 안고 영아 스스로 우유병을 잡고 먹도록 해도 좋다.

수유가 끝나면 영아를 안고 트림을 시켜 준다. 트림을 시켜 주지 않으면 우유를 먹을 때 함께 들어온 공기로 인하여 우유를 토하므로 반드시 트림을 시켜 주어야 한다. 월령별 수유 횟수 및 수유량은 다음 <표 3-11>과 같다.

〈표 3-11〉 월령별 수유 횟수 및 1회 수유량

월령	수유 횟수	1회 수유량	비고
1주~1개월 이하	대략 3시간 간격	120~140ml	
1~3개월	5~6회	140~180ml	
4~5개월	이유식 시작 후 4~5회	180~210ml	취침 전 수유하지 않아도 됨
6~8개월	3~4회	210~240ml	
9~12개월	2~3회	210~240ml	

※ 수유 횟수와 공급량은 영아의 성장발달을 고려하여 대략적으로 정한 기준이다. 영아에 따라 차이가 있을 수 있으므로 기준량에서 약간 벗어 난 것은 크게 문제가 되지 않는다

출처: 보건복지부(2010).

조제유 보관방법

- 반드시 유효기간을 확인한다.
- 개봉한 뒤에는 조제 전에 색 또는 냄새가 변질되지 않았는지 확인한다.
- 먹다가 젖병에 남은 조제유는 버리는 것이 안전하다.
- 어머니가 직장인인 이유로 조제유를 여러 개의 젖병에 미리 만들어 보낼 경우 젖병에는 1회 분량의 조제유만 넣어 두고 먹일 때마다 끓여서 식힌 물을 넣어야 한다.

출처: 보건복지부(2010).

(3) 혼합 영양

모유의 분비 부족이나 어머니의 취업, 또는 이유하기 쉽다는 이유로 혼합 영양을 선택한다. 모유가 부족한 경우에는 다음과 같은 상태가 나타나는데, 모유 부족을 헤아리는 방법은 다음과 같다.

- 영아가 젖을 먹을 때 젖꼭지를 빼려고 하지 않거나, 혹은 젖을 먹은 후 얼마 안 되어서 다시 공복을 느끼고 밤에도 깊은 잠을 못 자고 가끔 잠을 깬다.
- 어머니의 젖이 밖으로 잘 분비되지 않는다.
- 영아의 체중 발육이 나쁘며 정상적인 증가를 볼 수가 없다.

혼합 영양의 방법에는 다음과 같은 두 가지가 있다.

첫째, 한 번의 수유에 모유와 인공유를 다 주는 방법이 있는데, 이 방법은 모유 분비량을 감퇴시키지 않는다는 장점이 있지만 손이 많이 가는 번거로움이 있다. 이때 처음에 모유를 주고 인공유는 나중에 주는 것이 요령이다.

둘째, 시간에 따라 모유와 인공유의 수유를 번갈아 행하는 방법이다. 어머니가 직업이 있거나 외출할 때 이 방법을 쓰는데 손은 많이 안 가지만 모유의 수유가 1일 3회 이하가 될 때에는 모유의 분비량이 감소되므로 이 점을 주의해야 한다.

혼합 영양에 있어서 가장 곤란한 문제는 영아가 우유를 싫어하거나, 혹은 모유를 싫어하게 되는 경우라 하겠다. 생후 2~5개월 사이에 이 문제가 많이 발생하는데 특히 출생시부터 미각에 민감하여 2개월경부터 모유와 인공유의 맛을 구별하는 경우가 그러하다. 그러나 우유를 싫어하는 것은 미각이 원인이기도 하지만 어머니의 품에 안겨 모유를 먹으면서 젖꼭지로부터 만족을 느낄 수 있고 안정감을 얻을 수 있기 때문인 것으로 생각된다. 이러한 경우 영아가 싫어하면 무리하게 주지 말고 다음 시간까지 배고프게 하여 우유를 먼저 주고 나중에 모유를 주는 방법이 있다. 이와 반대로 애써서 빨기를 싫어하는 영아는 쉽게 빨 수 있는 우유를 좋아하는데, 모유 분비가 적으면 모유 수유를 그만두어도 지장이 없는 경우도 있다.

(4) 이유

영아는 점차 성장해 감에 따라 수분에서 열량에 이르기까지 영아가 필요로 하는 영양소를 엄마 젖이나 인공유 만으로 얻을 수 없게 된다. 이유식은 유즙에 필요한 영양분을 보충하여 성장 · 발육에 필요한 영양을 공급해 준다는 점에서 중요하지만, 영아 자신이 성장해 감에 따라 점차 딱딱한 음식에 흥미를 느끼고 아기의 식생활을 주위의 가족들과 같은 형태의 식생활로 이끌어 주는 과정이 필요하다는 점에서도 중요하다.

이유식의 시작 시기는 생후 4~6개월경인 아기의 체중이 출생 시 체중의 2배가 될 때, 즉 아기의 체중이 7kg 정도가 될 때가 바람직하다고 권하고 있다. 모유를 먹는 아기의 경우 하루의 수유 횟수가 8회 이상으로 수유 간격이 3시간 이내로 짧아지는 시기에 이유식을 공급해 주는 것이 좋으며 인공유를 먹이는 영아의 경우 1일 전체 섭취하는 인공유의 양이 1L를 넘고 아기가 배고픔을 쉽게 느낄 때 이유식을 주도록 한다. 따라서 생후 2~3개월 정도부터 이유의 준비 단계로 과즙이나 채소즙을 한 방울부터 주어 유즙 이외의 식품에 적응시킨 후 5~6개월부터 이유식을 주는 것이 바람직하다. 이유식의 형태는 유동식에서 반고형식으로 그리고 고형식의 순으로 진행하는데 유치가 생기면 고형식을 좋아하게 된다.

그러나 이유식의 시작 시기가 너무 빠르면(4개월 이전) 질식, 알레르기, 감염률 증가 등의 문제가 나타날 수 있으며, 너무 늦게 되면(6개월 이후) 모유 수유아의 경우 빈혈이나 성장지연이 나타날 수 있고 또한 섭식훈련이 너무 늦게 이루어져 섭식행동에 문제가 될 수 있으므로 주의하여야 한다. 영아의 생리발달 상황으로 본 이유시기를 구분하여 보면 다음과 같다(보건복지부, 2010).

이유기의 구분은 학자들에 따라 의견이 분분하나 신체발달, 대사 및 영양 요구량의 변화를 종합하여 이유기를 초기(4~5개월: 이유도입기), 중기(6~8개월: 반고형식기), 후기(9~12개월: 고형식기), 이유완료기(만 1~2세: 성인식기)로 분류할 수 있다.

이유식 시작 시기에서 가장 고려해야 할 사항은 소화기관 및 생리적 발달 상황이다. 생후 4개월 경에는 혀 내밀기 반사가 없어지게 되어 숟가락을 이용해 걸쭉한 음식을 먹을 수 있게 된다. 즉, 이유식 시도가 가능해진다. 7개월 경부터는 입안의 음식을 혀로 돌려 가며 씹을 수 있게 되며, 9개월 경부터는 턱과 입술 움직임의 발달로 컵을 이용해 액체를 먹을 수 있다. 영아기 발달 특성과 이유식의 특성 및 공급법을 살펴보면 다음 <표 3-12>와 같다.

〈표 3-12〉 영아기 발달 특성과 이유식의 특성 및 공급법

시기	섭식운동	공급방법 및 형태	식품
출생 후 ~3개월	• 섭식작용은 반사적 본능에 의한다. – 모로반사: 젖 냄새를 맡거나 젖꼭지로 뺨을 자극하면 그 방향으로 고개를 돌린다. – 빨기반사: 젖꼭지나 손가락을 입안에 넣으면 혀와 뺨을 이용하여 빤다. – 연하반사: 젖을 입안에 떨어뜨리면 삼킴운동이 유발된다. – 혀내밀기반사: 젖꼭지를 대면 빨기 위해 혀를 밖으로 내민다.	• 젖꼭지나 젖병 꼭지로만 빨아 먹는 형태의 유즙 섭취가 가능하다.	모유 또는 조제유 등의 유즙류
4~5개월	• 혀내밀기 반사가 없어진다. • 손을 펼 수 있게 되고, 양손을 모아 물건을 잡을 수 있다. • 물건을 잡으려고 손을 뻗기도 하고, 손에 있는 것을 입으로 가져간다.	• 이유를 시작한다. • 이유는 숟가락으로 시도하도록 한다.	입자가 고운 미음류
6개월	• 앞니가 나기 시작하며 씹는 운동이 나타나고, 혀 앞에 있는 것을 뒤로 보낼 수 있다. • 잡는 능력이 향상된다. • 손을 이용하는 동안 몸의 균형을 잡는다.	• 숟가락으로 먹이는 것에 익숙해진다.	입자가 큰 죽류(곡분 거른 야채, 과일즙 등)
7개월	• 턱을 이용해 음식물을 부수기도 한다. • 입안의 음식물을 돌려 가며 씹는 운동을 한다. • 잡는 능력이 향상된다.	• 숟가락으로 잘 받아먹는다.	죽류(걸쭉하게 만든 곡류, 야채, 과일, 고기류 등)
8개월	• 어금니가 나오기 시작하고, 씹는 운동이 더욱 발달하고, 혀운동이 더욱 정교해지고 삼킴운동이 성숙된다. • 병을 잡을 수 있고 엄지와 검지를 이용하여 물건을 잡을 수 있는 정도로 손동작이 발달한다. • 손에서 입으로의 동작에 균형이 잡힌다.	• 젖병으로 혼자 먹을 수 있고, 컵으로 먹일 수 있게 된다. • 과자류를 직접 먹을 수 있다.	부드러운 고형식(푹 삶은 육류, 빵, 잘 녹는 과자류 등)
9개월	• 깨물거나 씹는 능력이 향상된다. • 혼자 먹는다. • 도움 없이 컵을 잡는다.	• 숟가락과 컵으로 스스로 먹게 되어 모유와 젖병은 단계적으로 중단하도록 한다.	좀 더 강한 고형식도 가능(죽, 밥류)
만 1~2세	• 뒤어금니만 제외하고 송곳니, 앞어금니 등 모든 젖니가 나온다. • 책장을 넘기고 낙서를 할 정도로 손동작이 정교해진다. • 간단한 문장을 표현하게 된다. • 걷고 달리게 된다.	• 숟가락과 컵의 사용이 익숙해지며, 가능한 한 모유와 젖병은 물리지 않도록 한다.	부드러운 성인식이 가능

출처: 정미라 외(2012).

❶ 이유 시의 유의점

이유식을 시작하고 완료하는 시기와 1회 급식량은 영아 개인에 따라 차이가 있다. 식품의 선택에서부터 조리과정, 남긴 음식의 보관에 이르기까지 이유식 준비의 모든 과정이 위생적이어야 한다. 이유식은 일주일 식단을 짜서 매일 각각 다른 음식을 제공하도록 하고, 1주일 단위로 그 양을 조금씩 늘려서 시도한다. 또한, 순수한 식품 그 자체의 맛에 익숙해지도록 하는 것이 좋으며, 음식은 어른의 입맛에 맞추지 말고 싱겁게 조리하여 준다. 이유식을 만들 때 소금, 화학조미료, 기타 양념을 섞어서 조리하지 않는다. 화학조미료나 강한 양념은 소화관을 자극하여 소화 장애를 일으킬 수 있다.

이유식을 시도한 후 영아의 반응을 관찰하고 대변의 색깔, 설사 등을 관찰하여 여러 번 시도해 본다. 영아가 음식을 거부할 때 무리하게 강제로 먹이지 않도록 하며, 이유식을 소량씩 준비하기 어려우면 일정한 양을 한 번에 준비하여 1회 분량씩 포장하여 냉동고에 보관하면서 사용해도 좋다.

❷ 이유식 제공순서

이유식으로 처음 줄 수 있는 식품은 곡류이다. 곡류는 주로 탄수화물을 많이 함유하고 있어 쉽게 소화되고, 알레르기 반응을 일으킬 가능성이 작다.

곡류 음식을 받아들여 이유식 준비단계가 끝날 무렵인 6개월쯤이 되면 매끼마다 채소와 과일을 준다. 과일을 먼저 접하게 되면 단맛에 익숙해지므로 채소를 먼저 접하는 것이 좋다. 4~5개월 무렵에는 지방의 소화능력이 성인의 40% 정도이므로 지방 특히 포화지방(동물성지방)이나 과량의 지방은 조심스럽게 추가해 주어야 한다. 소화능력을 넘는 과다한 단백질 공급은 잉여 단백질을 장내에 남기게 되고, 이들은 영아의 미숙한 장벽을 통해 그대로 흡수되어 알레르기를 일으킬 가능성이 커진다.

8~10개월 정도 되면 요구르트, 치즈 등의 제공을 시도할 수 있다. 흰살 생선, 두부, 계란노른자, 쇠고기 등을 시도할 때에는 혹시 식품에 이상 반응을 일으킬 수 있으므로 5~7일 간격을 두고 하나씩 이유식을 첨가해야 한다. 계란흰자는 좋은 단백질 공급원이나 알레르기를 잘 일으키는 식품으로 알려져 있어 이유초기에

는 제한하도록 하며, 장벽이 성숙되는 9개월 이후에 시도한다. 특히, 알레르기 가족력이 있는 경우 알레르기 발생 위험 식품의 도입을 늦추도록 한다. 알레르기 질환이 있는 영유아의 경우 의사의 진단에 근거하여 전문가의 도움을 받아 이유식을 진행하도록 한다.

12개월 이전에는 아직 섭식 기술이 완전하지 않아 기도폐색이나 이물질 흡입으로 인한 사고 위험이 높으므로 가능한 견과류는 제외하며, 완전히 익힌 채소나 잘 갈아서 완전히 익힌 고기가 적절하다. 18개월 전후에는 어금니가 나서 잘게 부수고, 가는 형태의 씹기가 가능하기 때문에 18~24개월경에는 대부분의 고기류와 생채소, 과일을 먹을 수 있다.

이유식에 적당한 음식으로는 곡류, 두류, 견과류, 과일, 채소, 계란 및 치즈 등이 적합하다. 섬유질이 매우 많은 채소나 강한 향신료가 첨가된 음식 및 각종 차 종류는 알맞지 않다. 아기의 월령에 따라 이유를 준비하는 방법과 가정에서 쉽게 할 수 있는 이유식의 종류와 조리법 및 주는 요령을 정리해 보면 <표 3-13>, <표 3-14>와 같다.

〈표 3-13〉 이유식 준비방법

구분	이유식 상태	이유 방법	월령별 적당한 이유식
준비기 (3~4개월)	물과 같은 형태	• 숟가락에 익숙해지도록 하며 젖과 다른 맛을 경험하게 하면서 삼키는 것, 숟가락에 대한 습관, 색다른 맛에 대한 연습을 목적으로 한다. • 젖병으로 마시게 한 과즙을 숟가락으로 조금씩 주면서 젖과 다른 맛을 알게 한다.	• 쌀을 갈아 묽게 끓인 미음 • 사과나 배를 삶은 후 짜낸 즙 • 시금치나 당근을 삶아 만든 즙 • 배숙, 사과숙, 바나나숙, 야채숙(당근, 단호박, 고구마, 완두 등을 삶아 으깨어 체에 내림)
이유초기 (5~6개월)	죽처럼 걸쭉한 상태	• 이유식의 횟수는 하루 1회를 원칙으로 하고, 오전 중 수유 직전에 준다. • 하루에 한 가지 식품을 1숟가락부터 주기 시작하며, 영아의 변, 식욕, 기분 등을 주의하면서 차차 양을 늘린다. • 이 시기에 주는 이유식은 수프, 된장국, 우유 등으로 연하게 희석해서 부드럽게 해 준다.	• 당근, 단호박, 고구마, 완두 등의 야채를 삶아 으깨어 줌 • 과일을 삶아 으깨거나 곱게 긁어 줌 • 쇠고기, 돼지고기 혹은 쇠간이나 돼지 간을 푹 삶아 곱게 갈거나 으깨어 줌

구분	이유식 상태	이유 방법	월령별 적당한 이유식
이유중기 (7~8개월)	부드러운 알갱이 상태	• 이유식의 횟수를 하루 2회로 늘린다. • 식품의 종류, 분량은 천천히 늘리고 서서히 여러 종류의 식품 맛에 익숙해지도록 한다. • 치아가 여러 개 나오기 시작하므로 너무 정제된 음식보다는 조금 덩어리가 있는 형태로 조리방법을 바꾸어 준다. • 하루의 영양섭취 중 이유식이 차지하는 비율이 많아지므로 이유식에 대한 질적 배려가 중요하며 모유가 잘 분비되고 있어도 모유를 끊을 준비를 한다.	• 여러 가지 채소와 육류를 섞어 끓인 죽, 닭죽, 두부채소국에 밥을 넣고 끓인 죽 • 더운 우유에 부드러운 빵을 잘라 넣은 빵죽 • 우유에 전분을 풀어 넣고 바나나나 여러 가지 과일을 으깨어 넣고 중탕으로 익힌 푸딩 • 다진 채소와 멸치가루를 넣고 만든 알찜
이유후기 (9~10개월)	잘게 다진 알맹이	• 이유식의 횟수를 하루 3회로 하며 이유식의 중요성이 더욱 증가하므로 종합적으로 영양을 충분히 고려하여야 한다. • 비스킷 등을 손에 쥐고 먹는 연습을 하는데 유아의 목이 막히지 않도록 지켜봐야 한다. • 모유 또는 분유를 우유로 바꾼다. • 이용이 가능한 식품의 종류가 점점 많아지나 부드럽게 삶아 소화가 잘되는 형태로 준다.	• 건더기가 있는 쌀죽 • 미역물이나 육수를 이용한 쌀죽 • 생과일 갈은 것 • 두부를 으깨어 채소와 멸치가루를 넣고 쪄낸 두부찜 • 생선찜 • 호박죽
이유완료기 (만 1세 전후)	형태가 있는 상태	• 성인의 식사와 같이 아침, 점심, 저녁 3식으로 하며, 식후의 우유는 주지 않고 간식용으로 한다. • 식사시간의 간격이 길어지므로 그사이에 우유와 과일 또는 비스킷 등의 가벼운 간식을 준다. • 손을 쓰는 시기이므로 청결하게 해서 손에 들고 먹는 연습, 숟가락으로 먹는 연습, 컵으로 우유를 마시는 연습 등을 천천히 시킨다.	• 무른밥 • 과일은 생과일 상태로 얇게 저미거나 약간 굵게 긁어서 줌 • 생선전, 갈은 고기 볶음 • 프렌치 토스트(식빵을 달걀과 우유 섞은 물에 담가 구운 것) • 잣죽, 생선죽, 밤죽, 미역죽, 전통죽

〈표 3-14〉 이유식의 종류 및 조리법, 주는 요령

종류	조리법	주는 요령
곡류	• 암죽: 젖 대신 먹이는 묽은 죽 • 미음: 묽은 쌀죽, 현미미음, 조미음, 수수미음 등 • 죽: 야채죽, 당근죽, 콩죽, 깨죽, 잣죽, 완두콩죽, 흑임자죽, 땅콩죽, 시금치죽 등 • 콘프레이크: 우유에 말아 7개월부터 시작한다. • 오트밀: 귀리의 가루 죽 • 식빵: 빵우유죽	• 처음에는 흰 곡분이 좋다. • 1~4개월 사이에는 우유와 혼합해서 주며, 미숫가루 형태의 곡류를 맨 처음 먹이는 것이 좋다. • 처음에는 하루 1찻숟가락 정도로 주고 점차 양을 늘려 6~7개월까지 하루 2~5 큰 숟가락 정도의 곡류를 준다.
채소류	• 채소 소스: 몇 가지 채소를 푹 삶아 으깨어 체에 거른다. • 수프: 고구마 수프, 감자수프, 완두콩 수프 • 으깸: 감자으깸, 호박으깸, 고구마으깸 • 국: 된장국, 채소국, 미역국, 김국, 시금치국, 아욱국 • 나물: 부드러운 것을 준다(호박나물, 시금치나물, 무나물).	• 과일과 곡분에 익숙해진 후 2~4주부터 채소를 걸러서 영아의 대용유와 혼합해서 준다. • 야채를 삶아서 익힐 때는 소량의 수분을 넣어 무기질이나 비타민의 손실을 방지한다. • 처음에는 곱게 받쳐서 먹인다. • 차차 익은 야채를 잘게 썰어 먹인다. • 처음에는 하루에 1찻숟가락 정도를 주고 그 후 2~4찻숟가락까지 증가해서 먹인다.
과일류	• 과일즙, 과일 간 것 • 생후 1년 정도가 되면 포도를 제외한 모든 과일을 먹을 수 있다.	• 과일은 설탕을 섞지 않고 먹인다. • 과일은 잘 익은 것으로 여러 가지를 고루 먹이고 처음에는 하루 1찻숟가락을 주기 시작하여 하루 3~4큰술까지 늘인다. • 처음에는 과즙을 먹이고 그다음에는 긁어서 먹이다가 아주 작게 잘라서 먹인다.
두류	• 두류는 여러 가지 익힌 채소나 으깬 생선, 달걀과 같이 먹일 수 있어 영아에게 좋은 식품이다. • 두부 국, 두부 찜, 달걀두부 찜, 두부 완자탕, 순두부 등	
육류 · 어류	• 쇠고기: 양질의 쇠고기를 다져서 이용하거나 삶아서 국물을 이용한다. • 생선: 찜, 조림, 구이, 완자탕, 생선그라탕 등	• 육류는 끓인 후 식혀서 기름기를 건져내고 국물만 먹인다. • 처음에 하루 1찻숟가락의 육류만 먹이고 그 후 차차 양을 늘려 하루 2큰 숟가락 정도를 먹인다. • 쇠고기 살코기뿐만 아니라 간, 닭고기, 돼지고기 등을 고루 먹게 하며, 특히 간은 철분, 비타민A, 비타민 B 복합체 등이 포함되어 있어 꼭 섭취시켜야 한다. • 생선은 신선한 것을 선택하여 찌거나 조려 먹이며 기름에 튀겨 먹이지 않아야 한다. 가시가 들어가지 않도록 살만 골라 먹인다.

종류	조리법	주는 요령
우유·유제품	• 크림수프, 에그노그, 밀크쉐이크, 아이스크림, 치즈, 요구르트	
난류	• 달걀: 달걀죽, 커스터드, 푸딩, 달걀찜, 수란, 오믈렛, 스크램블드에그 등	• 생후 4~6개월에 완숙란의 노른자위를 체에 걸러서 먹일 수 있다. • 흰자위는 과민성이 우려되므로 1년 말부터 주기 시작한다. • 노른자위는 철분, 리보플라빈, 단백질 등이 포함되어 있으므로 완숙한 후 잘 으깨어 1/4 정도 먹인다. • 곡류나 우유에 혼합해서 먹일 수도 있다.

(5) 영아기 식생활 관련 문제

❶ 젖병 떼기

젖병을 너무 오래 물고 있거나 누워서 마시면 충치를 유발하고, 귀의 감염, 질식을 유발할 수 있으므로 고형식을 시작하면 컵으로 우유와 주스를 마시도록 한다. 그러나 어떤 영아는 컵을 쉽게 받아들이는데 어떤 영아는 젖병을 떼기가 아주 어렵다. 이유 중에는 차분하고 편안한 태도를 유지하며 젖병을 떼기 위하여 컵의 사용을 강요하지 않아야 한다. 처음에는 하루에 한 번 정도 컵을 사용하도록 유도하고 점차적으로 컵 사용 횟수를 늘려 젖병을 포기하도록 한다.

❷ 이 나기

생후 6개월을 전후하여 이가 나기 시작하는데 이 시기는 일시적으로 영아의 식생활 패턴을 방해할 수 있다. 어떤 영아는 저절로 모유나 우유를 먹지 않게 되고 씹을 수 있는 음식을 선호하기도 하며, 침을 많이 흘리거나 설사를 수반하기도 한다. 이 시기에는 적절한 장난감(치발기 등)과 음식을 줌으로써 안전하지 않은 식품이나 물건을 씹지 않도록 한다.

❸ 비만

영아기 비만은 인공영양 시 과식을 하거나, 이유식을 너무 빨리 제공했을 때 초래될 수 있다. 따라서 수유 시 영아가 나타내는 포만의 신호(입을 닫거나 젖병을 외면할 때, 잠이 들 때, 젖꼭지를 깨물거나 가지고 놀 때와 같은 행동)를 알아채는 것이 중요하다. 영아기 과식은 유아기와 성인기의 비만과 관련 있을 수 있으므로 비만의 예방은 영아기부터 시작해야 한다.

〈표 3-15〉 영아기 영양관리를 위한 식생활지침

구분	식생활 실천지침
모유 및 인공유	• 초유는 꼭 먹이도록 한다. • 생후 2년까지 모유를 먹이면 더욱 좋다. • 모유를 먹일 수 없을 경우에만 조제유를 먹인다. • 조제유는 정해진 양대로 물에 타서 먹인다. • 수유 시에는 아기를 안고 먹이며 수유 후에는 꼭 트림을 시킨다.
이유식	• 생후 만 4개월 이후 6개월 사이에 시작한다. • 여러 식품을 섞지 말고 한 가지씩 시작한다. • 신선한 재료를 사용하여 간을 하지 않고 조리해서 먹는다. • 이유보충식은 숟가락으로 떠먹인다.
식생활	• 일정한 장소에서 먹인다. • 쫓아다니며 억지로 먹이지 않는다. • 한꺼번에 많이 먹이지 않는다.
식습관	• 과일, 채소, 우유 및 유제품 등의 간식을 매일 2~3회 규칙적으로 먹인다. • 영아 음식은 싱겁고 담백하게 조리한다. • 영아 음식은 씹을 수 있는 크기와 형태로 조리한다.

출처: 보건복지부(2010).

2) 유아기 영양관리

유아기는 태어나 1년 동안의 빠른 성장기에 비해 성장 속도가 완만해지는 시기이며 만 3세경부터 초등학교 입학 전까지의 시기이다. 혼자 먹는 행동을 익히며 식품의 기호가 형성되고 운동 기능이 발달되면서 신체 활동이 크게 증가하고 신체의 소화 흡수 능력이 아직 미숙하지만 신체 기능의 조절을 배우게 된다. 활동량이 급증하고 영양 요구량이 많아지므로 발육을 위한 영양뿐만 아니라 생활과 운동을 위한 영양 섭취의 양과 질이 가장 문제가 되는 시기이다. 단백질, 무기질, 비타민의 요구량이 증가한 영아에 비해서는 식욕이 감소하고 음식에 대한 관심이 적어지기 때문에 다양한 종류의 영양가가 있는 음식을 제공하고 쾌적한 식사환경을 조성해야 한다. 또한, 유아기는 치아를 비롯한 소화기관도 성장 단계이므로 소화 흡수 능력이 미숙하여 각별한 영양 관리를 필요로 한다.

성장기 유아의 영양소 요구량은 나이, 성별, 활동량뿐만 아니라 성장 속도와 체조직 구성 비율의 차이로 인해 개인별 변이가 대단히 크다. 유아는 성인과 달리 열량이나 다른 영양소를 저장해 둘 여유가 없으므로 만일 성장기의 어느 시기에 영양 부족이나 영양불량이 되었을 경우에는 성장이 저하되기도 하고 다른 몇 가지 기능이 마비되는 영양소의 결핍 증세가 발생하기도 한다. 유아기는 성인 건강의 기본이 되는 식습관 확립 시기이므로 중요하며 이 시기의 식생활은 신체적 성장 발달뿐만 아니라 정서적, 지적 발달을 촉진한다.

유아기는 자율성의 발달로 식사를 거절하거나 반항할 수 있기 때문에 식사 계획을 필요로 한다. 지나친 관심으로 아이들이 원하거나 필요로 하는 것 이상의 음식을 먹도록 애원하거나 강요하지 않는 것이 중요하다. 교사는 다양한 영양분이 풍부한 음식을 언제 제공할지를 결정하고 교사 스스로 다양한 음식을 먹는 모습을 보여 주며, 유아 스스로 제공된 음식들로부터 어떤 음식을 얼마나 먹을지 선택할 수 있도록 한다. 또한, 유아가 먹을 것이라고 생각한 것보다 약간 적게 담아 유아가 다 먹고 더 달라고 요구하도록 하는 것이 좋다. 유아기 영양의 특징과 문제점을 살펴보면 다음과 같다(보건복지부, 2010).

(1) 유아기 영양의 특징

유아기는 성장 속도는 둔화되지만 지속적인 성장발달이 이루어지는 시기이므로 단백질, 무기질과 비타민 요구량이 증가한다. 정상적인 속도로 건강하게 자라는 유아에게 요구되는 영양소의 양을 기초로 하고 영양권장량을 기본으로 하여 개인적인 발육 정도에 따라 알맞고 균형 있게 영양을 공급해야 한다.

유아에게 음식 섭취를 강요해서는 안 되며, 다양한 식품의 종류와 색, 모양 등에도 신경을 써야 한다. 이 시기의 음식에 대한 경험은 이후의 식습관 형성에 중요한 영향을 미치며, 양적으로 많은 영양소가 요구되고 질적인 면에서도 우수해야 한다. 교사가 유아와 함께 앉아서 다양한 채소들을 맛있게 먹는 것을 보여 주는 것이 유아의 좋은 식습관 형성에 도움이 된다(Robertson, 2002). 또한, 유아기에는 또래집단의 식습관이 유아에게 크게 영향을 미치고 유아의 건강과 직접적으로 연관이 되며 평생의 식습관 형성에 영향을 미치게 된다.

영유아 보육 · 교육기관 식단 작성의 원칙

- 영유아의 일일 영양섭취 기준량에 기초하여 작성하되, 구성식품의 다양화와 연령별 활동량과 소화성을 고려하여 식단을 작성한다.
- 성장기에 있는 영유아의 신체 발육에 필요한 칼슘과 양질의 단백질이 충분히 함유되도록 식단을 구성한다.
- 다양한 식품으로 식단을 구성하여 영양소를 골고루 섭취하도록 하고, 일일 영양필요량의 1/3은 점심으로, 10~15%는 간식을 통해 공급되도록 한다.
- 영유아는 소화기 발달이나 수저의 사용이 아직 미숙하므로 먹기 쉽고, 소화에 용이한 조리 방법을 선택한다.
- 영유아들이 다양한 식품을 경험할 수 있게 하되, 영유아들의 식품과 맛에 대한 선호도를 고려해야 한다.
- 가공식품보다는 되도록 천연 식품과 제철 식품을 이용하여 우수한 영양소를 공급한다.
- 열량을 비롯한 단백질 공급량을 참고하여 비타민과 무기질의 간식 식품을 통해 보충될 수 있도록 2가지 이상의 식품을 조합하여 공급하는 것이 바람직하다.

출처: 서울특별시 육아종합지원센터(http://seoul.childcare.go.kr).

(2) 유아기 영양의 문제점

이 시기에는 몇 가지 음식만을 계속 먹는 '음식의 탐닉' 현상이 빈번하게 나타나기도 하지만 식품에 대한 수용과 거부가 신속히 변화하는 시기이므로 체계적인 식생활 교육이 필요하며 영양소 섭취가 적정하도록 식사 지도가 필요하다. 특히, 적정한 1인 1회 분량을 이용해 다양한 식품을 제공하여 균형 잡힌 식사를 하도록 하는 것이 무엇보다도 중요하다. 최근 사회적 환경변화로 유아의 아침결식, 편식과 비만 등의 문제가 증가하고 있으며, 가정에서의 올바른 식습관 및 식사예절의 부재가 나타나고 있다.

고려해야 할 유아기의 영양문제로는 칼슘, 철 등 무기질(미네랄)영양소 섭취부족과 에너지 과잉 섭취 등의 영양불균형을 들 수 있다. 특히, 철분결핍은 다른 어떤 영양문제보다 신체에 광범위하게 영향을 미친다. 철분은 혈액에 산소를 공급하고 세포 내에 산소를 운반하여 에너지가 생성되도록 하며, 신경전달물질의 구성체로도 일부 쓰인다. 철분결핍은 집중력 저하로 학업에 악영향을 미치고 아연의 결핍은 성장을 지연시킨다.

유아는 영양분이 많이 필요하나 위의 용량은 어른들보다 작기 때문에 하루 세끼 식사만으로는 필요한 영양을 채우기 힘들다. 그러므로 간식을 주기 위해 하루 세끼 식사 이외에 아침과 점심 사이, 점심과 저녁 사이인 오전 10시경과 오후 3시경 하루 두 번 규칙적인 시간을 정해 주는 것이 필요하다. 식사 후 2시간이면 음식물이 위에서 장으로 내려가므로 간식은 식사하고 2시간 이후가 적당하다. 유아에게 주는 간식의 양은 하루에 필요한 에너지양의 10~15%가 적당하며 간식의 양과 종류, 색깔, 모양에 변화를 주는 것이 좋다. 유아기에 형성되는 음식에 대한 태도와 식습관은 평생 동안 영향을 끼치게 되므로 이 시기에 음식에 대한 긍정적인 느낌과 건강한 식습관을 형성하도록 해야 한다. 다양한 색깔, 모양, 촉감의 음식으로 유아에게 매력적인 식사시간이 되도록 하며 교사가 유아와 함께 앉아서 다양한 채소들을 맛있게 먹는 것을 보여 주는 것이 유아의 좋은 식습관 형성에 도움이 된다(Robertson, 2002).

간식지도 요령

- 간식은 자극성이 적고 소화되기 쉬운 것을 택하며 가공식품은 피한다.
- 한 번에 많은 간식을 주지 말고 1~2가지 정도만 준다.
- 간식의 양은 적당하게 주어 다음 식사시간을 방해하지 않도록 한다.
- 간식을 먹을 때도 식사 때와 같이 손을 깨끗이 씻고 바른 자세로 앉아 먹도록 한다.
- 간식을 만들 때 평소에 잘 먹지 않는 야채를 이용하여 만들어 주는 것도 좋다.
- 지방함량이 많은 것이나 단맛이 강한 것, 인공감미료나 향료가 강한 것은 부적당하다.
- 계절 식품으로 신선한 재료를 선택하여 단백질, 무기질, 비타민을 보충해 주는 것이 좋다.
- 시각적 · 미각적으로 주의를 기울여 간식시간이 즐거울 수 있도록 한다.

(3) 유아에게 좋은 음식

아무리 완전한 식품일지라도 한 가지 식품이 모든 영양소를 다 함유하고 있지 않다. 따라서 유아의 균형 있는 영양 섭취를 위해서는 완전한 식품을 한두 가지 선택하기보다는 다양한 식품을 골고루 주도록 한다. 유아에게 영양적으로 유익한 식품들은 다음 〈표 3-16〉과 같다.

〈표 3-16〉 유아에게 유익한 식품

식품종류	내용
우유	우유는 우수한 질의 단백질과 칼슘을 주로 공급하고 인, 비타민A, 비타민B군 등도 공급한다. 그러므로 어떤 형태로든지 하루에 1컵 반 이상(300ml 이상)의 우유는 반드시 섭취하도록 하는 것이 좋다.
계란	계란은 질 좋은 단백질, 필수 아미노산, 철분, 인, 비타민A 등이 풍부한 식품이다. 그러나 알레르기를 유발할 수 있으므로 조리 방법에 주의를 기울여야 하며 하루에 1개 정도는 먹이는 것이 좋다.
육류	쇠고기, 돼지고기, 닭고기 육류는 유아에게 단백질, 무기질, 비타민, 철분 등을 공급해 주는데 철분은 유아기 두뇌발달에 필수적인 영양소이다. 일반적으로 육류는 영양 면에서는 우수한 식품이지만 질겨서 유아가 씹기 어려우므로 곱게 다지거나 갈아서 음식을 만드는 것이 좋다.

식품종류	내용
생선류	생선류도 육류와 같이 질적으로 우수한 단백질, 무기질의 공급원이 되면서 포화지방산을 함유하지 않아 유아에게 대단히 좋은 식품이다. 유아를 위한 식품으로 생선을 선택할 때에는 기름기가 적고 비린내가 덜 나는 동태나 가자미 등의 흰 살 생선이 좋다.
치즈나 호상 요구르트	치즈는 우유로 만든 식품이므로 질이 좋은 단백질을 공급해 줄 수 있으나 짠맛이 강하지 않은 것을 선택한다. 그러나 치즈는 유아가 달걀이나 육류, 생선류 등을 충분히 먹고 있을 때는 따로 공급해 줄 필요는 없다. 우유를 싫어하는 유아에게는 고형의 떠먹는 요구르트를 제공할 수 있다.
과일류	제철에 나는 계절과일은 비타민, 철분 등을 공급해 줄 수 있다. 유아에게 과일을 섭취하게 할 때에는 처음에는 과일즙이나 생과일을 긁어 주거나 삶아 으깨어서 줄 수도 있다. 그러나 유아가 성장함에 따라 여러 형태로 변화시켜 주고 점차 생과일 그대로 주도록 한다.
야채류	야채는 비타민, 철분 등을 공급해 주므로 유아에게 좋은 식품이다. 특히, 유아에게 녹황색 야채를 충분히 주는 것이 좋다. 음식의 조리 방법도 유아가 쉽게 씹을 수 있도록 무르게 조리해 주거나 삶아서 으깨어 주도록 한다. 또한, 유아가 음식의 색상이나 질감, 맛에 대한 감각이 발달될 수 있도록 여러 가지 야채에 접할 수 있는 기회를 마련해 주는 것이 좋다. 유아가 점차 성장함에 따라 당근이나 오이, 무 등을 손가락 굵기로 썰어서 생야채 그대로 쥐고 먹을 수 있도록 해 준다.
곡류	곡류는 우리 몸에 필요한 열량을 공급하는 것 외에도 철분, 칼슘, 비타민군을 공급한다. 따라서 가능하면 유아가 여러 종류의 곡식을 섭취할 수 있게 해 주는 것이 좋다. 유아가 쌀, 보리, 옥수수, 빵, 여러 가지 가공하여 말린 시리얼류 등을 하루에 1/4컵 이상씩을 섭취할 수 있게 한다. 유아의 성장도와 활동량에 따라 곡류 섭취의 양도 증가시킨다.

(4) 유아에게 부적당한 음식

어떤 식품은 식품 자체가 유아에게 부적합한 것도 있지만, 때로는 조리 방법에 따라 부적당하게 될 수 있으므로 이에 특별한 주의를 기울일 필요가 있다. 유아에게 영양적으로 부적당한 식품들은 다음 <표 3-17>과 같다.

〈표 3-17〉 유아에게 부적당한 식품

식품종류	내용
설익은 과일	설익은 감이나 바나나, 사과 등의 과일에는 탄닌 성분이 포함되어 있어 소화 장애를 일으킬 수 있으므로 좋지 않다.
지방이 많이 포함된 음식	기름기가 많은 음식은 소아 비만을 유도할 수 있고 소화기관을 자극하기 때문에 좋지 않다.
농축된 당	사탕, 젤리, 잼 등의 단순 당질이 다량 함유된 식품을 과량 섭취하면 식욕이 저하되고 필요한 영양분의 섭취를 저해한다. 그러나 정상적인 식사 후에 소량씩 섭취하게 하는 것은 무방하다.
소금 함량이 많은 음식	소금 함량이 높은 오이지, 케첩, 통조림 수프, 가공된 치즈 등의 음식들은 부적당하다.
탄산음료	탄산음료는 단순 당질을 많이 함유하고 있으므로 유아의 식욕을 잃게 한다. 또한, 과다한 탄산 섭취는 체내 칼슘의 손실을 유도하여 뼈의 약화를 초래할 수 있으므로 유아에게 부적당하다.
향취가 강한 야채류	강한 향취를 갖는 채소는 마늘, 파, 양파, 쑥갓 등이다. 이러한 식품은 소화기관을 자극하여 가스를 형성하고 뱃속의 거북함을 유도하기 때문에 유아에게 부적당하다.
조미료나 향신료로 조미한 음식	조미료나 향신료 역시 소화기관을 자극하기 때문에 유아에게 부적당하다.

출처: 정미라 외(2012).

- 정크푸드란?

- 정크푸드(Junk Food, 쓰레기 음식) 또는 부실음식은 높은 열량을 가지고 있고 약간의 기본 영양소는 포함하고 있으나 영양가가 없는 인스턴트 음식이나 패스트푸드를 총칭하는 단어이다.
- 충치를 유발하는 당분이 많이 첨가되어 당뇨의 원인이 되거나, 지방, 염분 등과 같은 식품 첨가물을 많이 포함하고 있어 성인병, 비만을 유발시키는 등의 건강에 좋지 않은 음식도 포함한다. 대표적인 정크푸드로는 탄산음료, 감자튀김, 햄버거 등이 있다.
- 정크푸드는 보통 고지방 식품이며, 자신이 소비하는 칼로리보다 섭취하는 칼로리가 많이 높아 비만의 원인이 되기도 한다.
- 정크푸드에는 우리가 알지 못하는 인공색소와 기타 인공향료, 인공조미료 등이 많이 들어 있으며, 탄산음료는 체내에서 칼슘을 빼내 뼈를 약하게 한다.

(5) 유아기 식생활 관련 문제

❶ 영양불량

영양불량의 문제는 식품의 섭취 부족에 의한 영양실조증과 유아 자신이 음식을 거부하여 오는 영양부족의 문제가 있다.

가. 영양실조증

영양실조증은 대개 사회·경제적 수준이 낮은 상태에 있는 유아들에게 나타나며 그 원인은 경제적 궁핍에 의한 식품의 섭취 부족, 감염과 기생충 등으로 인한 흡수 불량, 비위생적인 가정환경, 부모의 무지와 무관심, 부모의 과잉보호, 잘못된 육아법 등이 있다.

영양 결핍 증상으로는 육체적·정신적 무력감, 성장 지연 및 신체쇠약, 혈청단백 부족, 혈액량 부족, 빈혈 등이 생기고 심해지면 부종, 체중 미달이 생기고 머리카락이 쉽게 빠지며 윤기가 없어진다. 유아의 영양 결핍은 언어 능력, 지각력, 기억력, 운동능력 등에 많은 손실을 초래하며 건강한 유아들에 비하여 지능지수가 현저히 떨어진다. 이를 개선하기 위해서는 국가적 차원에서의 대책이 중요하며 정부 차원에서 부모들을 대상으로 영양교육 및 보건교육을 하는 것이 필요하다.

나. 음식의 거부

음식 거부는 유아가 식욕이 저하되어 잘 먹지 않으려는 현상인데 유아가 피곤하고 지치고 병이 있다면 식욕이 떨어지게 되고 식사의 양과 질에 성인이 지나치게 간섭하거나 먹을 것을 강요하는 경우, 간식을 많이 주거나 운동량이 부족한 경우, 낯선 환경에서도 식욕부진이 일어난다. 유아는 식습관이 아직 고정적이지 않으며 성장률이 떨어지는 시기이기 때문에 배고픔을 덜 느낄 수도 있다. 유아가 며칠 이상 식욕 변화를 보인다면 이를 인식해서 부모에게 알리고 이유를 알아본다.

유아는 배가 고프지 않거나 독립성을 주장하기 위해 또는 관심을 받기 위해 음식을 거부할 수 있다. 관심을 받기 위해 음식을 거부하면 무시하는 것이 가장 좋은 방법이다. 무엇보다 지나치게 권하지 않는 것이 중요하다. 먹지 않는다고 야단을 치거나 강제로 음식을 먹이며 유아가 원하는 것을 해 주는 것은 더 나쁜 결과를 가져오게 된다. 일시적으로 특정한 음식을 거부하는 것은 흔한 일이기는 하나 부모나 교사가 지나치게 거부에 대하여 걱정하면 지속적으로 계속될 수 있다. 그러므로 식사시간은 너무 길어지지 않도록 20~30분 정도로 하고 간식 양을 줄이며 유아의 활동량을 늘리는 것이 좋다. 유아를 먹이는 데 가장 흔한 문제 중의 하나는 유아가 무엇인가를 먹어야만 한다고 생각하는 부모와 교사의 염려이며 유아에게 어떤 것이라도 먹이려고 하는 것이다.

유아를 위한 식생활 지침

- **유아의 성장과 식욕에 따라 알맞게 먹이자.**
  - 일정한 장소에서 먹인다.
  - 쫓아다니며 억지로 먹이지 않는다.
  - 한꺼번에 많이 먹이지 않는다.
- **곡류, 과일, 채소, 생선, 고기, 유제품 등 다양한 식품을 먹이자.**
  - 과일, 채소, 우유 및 유제품 등의 간식을 매일 2~3회 규칙적으로 먹인다.
  - 유아를 위한 음식은 싱겁고 담백하게 조리한다.
  - 유아를 위한 음식은 씹을 수 있는 크기와 형태로 조리한다.

출처: 보건복지부(2010).

❷ 비만

비만은 성장, 유지, 활동을 위하여 필요한 열량보다 더 많은 열량을 섭취하거나 활동량이 부족해서 또는 그 외 병적 요소가 원인이 되어 체내 지방량이 비정상적으로 증가하여 피하 조직에 많이 쌓인 상태를 말한다. 비만도는 표준 체중과 비교하여 20% 이상을 비만이라고 정의하며 20~30%일 때 경도 비만, 30~50%는 중등도 비만, 50% 이상을 고도 비만이라 한다. 서구화된 식습관으로 인해 최근 소아비만이 급속하게 증가하고 있다. 비만의 원인은 유전적 요인과 식생활습관, 활동량 부족, 과식, 편식, 질병, 사회 · 정서적 요인 등이 복합적으로 작용하여 발생한다. 유아기 비만은 대부분 습관적인 과식에 의해 발생하는데, 특히 당분이 많이 함유된 음료수나 과자, 인스턴트식품의 지나친 섭취가 비만의 원인이 된다. 또한,

운동을 싫어하거나 운동을 위한 장소나 시간이 없을 경우에도 비만이 발생 할 수 있다. 유아기의 비만은 지방세포만 커지는 성인비만과 달리 지방세포수도 증가하여 신체구조상 비만이 고착되어 진행될 가능성이 매우 큰 상태가 되므로 주의해야 한다(질병관리본부, 2007). 유아비만은 당뇨병, 고혈압, 고지혈증, 동맥경화증, 지방간 등 성인병을 조기 유발할 뿐 아니라 반 이상이 성인비만으로 이행되므로 현재는 일종의 질병으로 간주하고 있다(보건복지부, 2010). 또한, 비만은 자신의 신체에 대한 심리적 열등감을 갖게 되어 자존감이 낮아질 수 있다.

기본적인 비만치료는 식사요법과 운동이며, 섭취 에너지 중 당질(탄수화물)의 섭취를 줄이는데, 하루 세끼의 식사로 균형 있게 섭취하는 습관을 가질 수 있도록 하는 것이 무엇보다 중요하다. 그러나 극심한 열량 제한은 성장을 방해할 수 있으므로 피하는 것이 좋으며, 식사요법 외에 운동, 심리적인 면에서도 세심한 주의가 있어야 하므로 가족의 이해와 협력이 필수적이다.

비만아의 식사관리 시 유의사항

- 경도비만의 경우 체중감량보다는 체중유지를 목표로 한다.
- 식사를 심하게 제한하여 체중을 급속히 감량하면 안 된다.
- 현재 체중을 유지하면서 자연적인 키 성장에 따라 현재의 체중이 바람직한 체중이 되도록 한다.
- 체중조절에는 열량섭취량의 조절과 활동량의 증가가 필수이다.
- 비만 예방 및 관리에는 영유아 보육 · 교육기관뿐 아니라 가족의 역할도 중요하다.
- 유아와 가족 모두에게 지방, 당분 및 염분 함량이 낮으면서 성장에 필요한 영양소를 골고루 함유하고 있는 식품이나 음식을 선택하는 방법을 교육한다.
  - 식사와 간식은 정해진 시간에, 식탁에서만 먹게 함
  - 음식은 천천히 먹게 함
  - 눈에 띄는 곳에 특히 지방과 당 함량이 많은 과자류 등을 두지 않음
  - 과자나 사탕 등 먹는 것으로 보상하지 않음
  - 즐겁게 많이 움직일 수 있도록 유도함

출처: 보건복지부 외(2011).

❸ 편식

편식은 특정한 종류의 식품만을 특별히 좋아하고 다른 식품을 거부하는 것을 말한다. 편식은 유아가 선호하는 식품이 특정 종류에만 치우쳐 발육과 성장에 지장을 초래하는 경우를 의미하며 이러한 현상은 자의식이 발달되어 심리적 변동이 많은 만 3세 전후에서 만 5세까지의 유아기에 많이 보인다. 유아기에는 식품에 대한 기호가 확실해지는 시기이므로 다양한 식품을 섭취하도록 하지 않으면 섭취한 적이 없는 식품에 대해서 거부감을 갖는 편식이 형성되기 쉽다.

대부분 유아기의 편식은 가정의 식생활 환경과 관련이 있다. 편식의 원인으로는 이유 방법이 잘못되었을 때, 식단의 구성이 잘못되었을 때, 음식을 강제로 먹이려 할 때, 가족 중 편식하는 사람이 있을 때, 특히 어머니가 편식을 할 때, 식사 분위기가 너무 딱딱하거나 잔소리가 너무 심할 때, 과잉보호할 때 등을 들 수 있다. 편식하는 것이 습관이 되면 이것을 고치는 일이 쉽지 않으며 오랜 시간과 인내가 필요하게 되므로 미리 주의해야 한다. 그러나 유아기의 편식은 아직 고정된 것이 아니라 유동적이며 교정이 가능하므로 가족들의 협력이 필요하다.

편식의 예방과 관리를 위한 지도 지침

- 이유기의 경우에 싫어하는 것은 당분간 중지하고 조리법을 바꾸어 조금씩 주어 본다.
- 유아기에는 편식을 교정하려고 어머니들은 너무 애쓰지 않아야 한다. 1회 식사는 먹거나 안 먹거나 20~30분 정도로 제한하는 것이 좋다.
- 식욕을 왕성하게 하기 위해서 충분히 운동을 시키는 것이 좋으나 너무 시켜서 지치면 오히려 식사를 안 하게 되니 주의해서 운동량을 가감한다.
- 병의 유무를 조사하여 병이 있으면 곧 치료를 받도록 한다.
- 식사에 대해서 유아가 불쾌한 감정을 가지고 있으면 그 원인을 제거한다.
- 조리법을 자주 변경해서 맛이나 냄새에 주의한다. 유아는 식품 자체가 싫은 것보다 조리법에 따라 기호가 많이 달라진다. 일반적으로 유아가 좋아하는 음식은 단 것, 부드러운 것, 입안에서 씹어 먹기 좋은 것, 입안에 넣기 쉬운 크기의 것 등이다. 기피하는 음식이 보이지 않게 감추어서 조리하는 것도 한 방법이다.

- 편식을 안 하는 친구를 데려다가 같이 식사를 하게 하고, 영유아 보육 · 교육기관에서 친구들과 함께 식사를 하게 하는 것도 한 방법이다. 일종의 군중 심리를 이용하는 방법이다. 서서히 유아로 하여금 식사에 대한 자신을 갖게 하여 음식물의 종류를 증가해 가도록 한다.
- 배가 고플 때는 좋아하지는 않지만 영양 균형상 먹어야 하는 음식을 먼저 주고 좋아하는 음식을 나중에 주도록 한다.
- 부모나 가족이 편식을 하지 않으며 모범을 보이고 식사환경을 즐겁게 한다.

❹ 식품 알레르기

식품 알레르기란 음식을 섭취했을 때 초래되는 원치 않는 반응 중 특정인에게서만 발생하는 면역학적인 과민 반응으로 여러 장기를 침범하여 위장관(구토, 복통, 설사), 피부(두드러기, 아토피 피부염, 피부 발진), 호흡기(콧물, 기침, 호흡곤란) 등에서 다양한 증상으로 나타난다(보건복지부 외, 2011). 식품에 대한 알레르기는 전신에 다양한 증상을 일으키는데 아토피성 피부 질환이나 천식 등이 해당된다. 흔히 알레르기를 유발하는 식품은 우유, 달걀, 땅콩, 밀가루, 콩, 생선, 조개류, 쇠고기, 닭고기, 복숭아 등이다. 알레르기 증상은 즉시 나타날 수도 있고 늦게 나타날 수도 있다. 증상은 유아의 연령과 섭취한 음식의 종류와 양에 따라 미약할 수도 있고 심각할 수도 있다.

식품 알레르기 증상은 유아에게 가장 많으나 성장하면서 대략 만 5세 정도가 되면 자연 치유되는 경우가 많으므로 세심한 주의와 관찰을 하도록 한다. 유아가 특정 음식에 대한 과민 반응을 지니고 있다면 영유아 보육 · 교육기관에서는 섭식에 유의하여야 하는데 기관에서 쉽게 만들 수 있는 음식이 아닌 경우 집에서 음식을 가져오도록 하는 것이 좋으며 교사의 눈에 잘 뜨이는 곳에 유아의 이름과 음식 과민성에 대한 기록을 게시해 놓는다.

〈표 3-18〉 식품알레르기를 유발하기 쉬운 식품의 예

구분	식품
곡류, 두류	메밀, 밀(빵, 과자, 국수 등), 옥수수, 대두(두유, 두부 등)
과일류	복숭아, 귤, 오렌지, 파인애플
채소류	토마토, 죽순, 토란, 가지, 우엉, 양배추
육류, 난류	돼지고기, 닭고기, 계란(특히 날계란의 흰자위)
유제품	우유(요구르트, 아이스크림, 치즈, 분유 등)
어류, 갑각류, 패류	등푸른 생선(고등어, 청어, 꽁치, 정어리, 가다랑이 등 기름진 붉은 생선), 게, 조개류(굴, 바지락 등), 새우
견과류	땅콩, 호두
기타	초콜릿, 꿀, 향신료나 색소 등의 첨가물

알레르기를 관리하기 위해 유의해야 할 점

- 알레르기를 일으키는 항원으로서 어느 특정한 식품이 진단되면 그 식품은 먹지 말아야 한다.
- 식품 알레르기 유발성은 조리 또는 가공에 의해 감소되기도 하므로 알레르기의 원인으로 의심되는 식품은 날것으로 섭취하지 말고 조리하여 먹도록 한다.
- 식품의 모양을 변형시켜 음식 속에 포함되는 경우에도 피하도록 한다(예, 계란을 재료로 하는 마요네즈, 케이크, 과자 등).
- 식품의 신선도, 가열조리, 먹는 양, 먹는 빈도에 따라서도 차이가 나므로 되도록 신선한 재료를 사용하도록 한다.
- 우엉, 죽순 등 독이 강한 식품은 물에 충분히 담가 독을 우려낸 후 사용한다.

❺ 충치

유아의 경우 치아는 성장과 발육에 필요한 영양분을 섭취하는 소화의 첫 단계로서 중요하다. 손상된 치아를 지닌 유아는 음식물을 적절히 씹는 데 고통을 느끼므로 부드러운 음식만을 찾게 되어 편식을 하게 된다. 그 결과 균형 있는 식생활이 불가능해지고, 신체발육에 지장을 초래할 수 있다. 또한, 유아의 치아는 영구치의 정상적 성장을 위해 중요하며, 유치가 일찍 손상되면 치아가 쓰러지거나 위

치가 바뀌어 영구치의 자리가 막히거나 이가 들쑥날쑥하게 나게 된다(정미라 외, 2012). 치아의 발달 및 건강에는 영양 상태와 섭취하는 음식이 중요하다. 식품의 물리적 성질로 식품의 점착도가 충치 발생을 좌우하는 매우 중요한 요소가 된다.

치아의 바른 성장은 음식물을 씹는 데, 발음을 잘하는 데, 얼굴 모양을 바르게 하는 데 도움을 준다. 충치를 예방하기 위해 영유아 보육 · 교육기관에서는 당분이 적은 것을 간식으로 주고 이에 달라붙거나 찌꺼기가 나오기 쉬운 것은 피하는 것이 좋다. 채소류와 해조류는 비교적 충치 발생 가능성이 작다. 단백질 식품, 우유, 신선한 과일이나 야채의 섭취를 권장하여 식품에 의한 세정작용을 꾀하고 타액의 분비를 자극하도록 해야 한다. 또한, 식사 후에 이 닦기를 꼭 습관화하여야 한다.

❻ 질병

유아가 아프면 일반적으로 식욕이 저하되고 피로감 · 구토 · 통증 등으로 식사를 제대로 못 하는 경우가 많다. 아픈 유아의 경우 위와 장의 기능 이상, 열 감염 등과 같은 스트레스, 외상으로 인한 대사율의 증가, 심한 구토와 설사, 그리고 심리적인 불안정으로 정상적인 식사를 하기 어렵다. 아픈 유아를 위한 식사를 준비할 때는 질병의 종류와 그 정도, 질병에 노출된 기간, 증상, 치료 방법, 유아의 나이와 성장조건 등을 함께 고려해야 한다(정미라 외, 2012).

설사의 경우 약제를 사용하거나 절식과 수분공급을 충분히 하는 식사요법이 필요하다. 초기에는 약간의 설탕이 포함된 수분을 공급하다가 점차 섭취량을 늘려간다. 초기에는 당질 또는 지방함량이 높은 음식을 제한하고 소화 및 흡수가 어려운 섬유소 등을 제한하는 저섬유소 식사가 바람직하며, 사과의 펙틴과 잘 익은 바나나의 포타슘, 소금이 함류된 짭짤한 크래커도 이용될 수 있다.

변비의 경우 곡류, 채소류, 과일류, 해조류 등에 많이 들어 있는 섬유소 성분을 다량 섭취하면 변통에 도움이 된다. 이들 섬유소는 소화되지는 않으나 소장에서 음식의 이동을 수월하게 하고, 변의 양을 증가시켜 배변을 용이하게 해 주기 때문이다.

감기의 경우 감기에 걸린 유아들은 일반적으로 질병에 대한 면역성이 낮다. 전반적인 영양불량은 병에 대한 저항력을 떨어뜨리며 체내 아미노산과 전해질 · 무기질 등의 손실이 증가한다. 이에 감기에 걸린 경우 영양가가 높은 식사를 준비하여 식욕을 증가시키고 영양보충도 해야 한다.

3) 영유아 식사예절

예절이란 예의범절(禮義凡節)의 준말로 여러 사람이 함께 살아가는 생활이 즐겁고 편하기 위해서 서로 지켜야 할 행동의 기준이 되는 마음가짐과 바른 몸가짐을 의미한다. 예절의 근본은 다른 사람이 보든, 보지 않든 사람으로서 지켜야 할 기본적인 행동을 스스로 지키는 데에 있는 것이다. 영유아들에게 균형 잡힌 식사를 제공하는 것 못지않게 중요한 것이 올바른 식사습관 지도와 식탁에서의 예절지도 즉 "잘 먹겠습니다."라는 인사에서부터 수저를 제대로 잡는 법, 편식하지 않는 습관, 그리고 식사를 마친 후 제대로 치우는 것까지 식탁에서의 예절은 곧 영유아의 바른 생활습관과 직결된다.

(1) 식습관 지도

음식물은 신체발달에 긴요할 뿐 아니라 사회 · 정서나 인지발달에도 큰 영향을 미치는데, 이러한 음식물이 오염되었거나 바르지 못한 식생활 습관으로 각종 질병의 원인이 되고 있다. 올바른 식생활과 식습관의 형성은 성장 발달과 일생동안 건강을 유지하는 데 매우 중요하다. 따라서 영유아의 식생활 행동 및 식사기술 발달을 이해하고 이에 바람직한 식생활 습관을 형성하도록 지도하는 것이 필요하다.

〈표 3-19〉 영유아의 식행동 및 식사기술발달

연령	식행동	식사기술
만 1~2세	• 식성이 까다로움 • 음식을 삼키지 않고 입에 물고 있음	• 서툴게 숟가락을 사용함 • 음식을 흘뜨리고 입에 가져가거나 음식에 손을 담금 • 한 손으로 컵을 들고 마실 수 있음
만 3세	• 특정 채소를 제외하고 대부분의 식품을 먹음 • 배고프지 않을 때 식사를 게을리함 • 식사에 대해서 간섭하기 시작함	• 숟가락을 제법 잘 사용 • 손가락 근육 발달 • 혼자서 음식을 먹는 것 가능 • 우유나 주스를 혼자서 그릇에 따를 수 있음
만 4세	• 먹으면서 말하기를 좋아함 • 싫어하는 음식과 좋아하는 음식을 구분함 • 먹기 싫은 음식은 거부함	• 숟가락을 모두 사용할 수 있음 • 작은 손가락의 근육발달 • 식품의 껍질을 벗기고 자르거나 으깨는 일을 할 수 있음
만 5세	• 친숙한 음식을 좋아함 • 가족들이 싫어하는 음식을 자기가 싫어하는 음식으로 집착함	• 손과 손가락의 움직임이 정교해짐 • 간단한 음식을 만들 수 있음

출처: 이연숙 · 임현숙 · 안홍석 · 장남수 · 김창임(2017).

건강과 관련된 영양관리 차원의 식습관 지도도 중요하지만 문화적 차원의 식사 예절 지도도 중요하며, 식습관 지도내용을 살펴보면 다음과 같다.

① 식사하기 전에는 반드시 손을 씻기

② 감사하는 마음 갖기

③ 바른 자세로 식사하기

- 수저를 들면 식사가 끝날 때까지 자리를 뜨지 않는다.
- 천천히, 꼭꼭 씹어 먹도록 하고 음식을 씹을 때 소리를 내지 않는다.
- 식사 중에는 TV나 그림책 등을 보지 않도록 한다.
- 숟가락과 젓가락을 한 손에 들고 식사하지 않는다.
- 밥그릇을 긁는 소리를 내거나 수저를 상에 부딪치지 말아야 한다.

④ 즐거운 식사 분위기 유지하기

- 입에 음식을 문 채로 이야기하지 않도록 한다.
- 다른 사람에게 불쾌감을 주지 않도록 식사 중 대화는 조용히 하며 즐거운 식사 분위기가 되도록 해 준다.

⑤ 골고루 먹기

- 균형 있는 발육을 위해서는 고른 영양섭취가 필요하다.
- 다양한 식단으로 여러 가지 음식을 먹을 수 있도록 한다.
- 음식을 가리지 않고 골고루 먹는 습관을 길러 준다.

⑥ 남김없이 먹기

- 남겨 버려지는 음식물은 낭비의 요인이며 환경 오염의 원인이 된다.
- 음식은 먹을 만큼 덜어서 먹고 수저를 댄 음식은 남김없이 먹도록 지도 한다.

⑦ 먹은 자리 치우기

- 식사를 하거나 간식 후에는 그릇과 수저 등을 치우고 먹은 자리를 깨끗이 하도록 한다.
- 특히 야외에 나갔을 때 음식 찌꺼기나 포장지가 공해가 되는 일이 없도록 한다.

⑧ 음식을 소중하게 여기게 하기

(2) 가정에서의 지도

대가족 중심으로 이루어졌던 과거에는 부모가 직접 식탁에서 많은 것들을 가르치지 않아도 웃어른의 식사하는 모습 등을 보면서 간접적으로 많은 것을 알 수 있었다. 그러나 부모와 자식 1~2명으로 단출한 핵가족 형태에서는 웃어른이나 이웃, 친구들과 접하는 기회가 줄어들기 때문에 부모가 직접 가르쳐야만 한다. 그래서 흔히 식탁예절을 가리켜 가정교육의 근본이라 한다. 어린아이들의 식사지도에서 가장 중요한 것은 부모의 모범적 식사 태도이다. 즉, 부모 자신이 먼저 식사를 준비하고 음식을 선택하는 일에 올바른 태도를 보여 자녀들이 좋은 식습관을 익히도록 도와줘야 한다.

유아기에 반드시 가르쳐야 할 식사습관 가운데 하나는 밥 먹는 시간만큼은 제자리에 앉아서 먹도록 하는 것이다. 이런 습관은 만 2세가 넘으면 본격적으로 시작해야 하는 것이 적절한데, 밥 먹으면서 이리저리 돌아다니거나 장난을 쳐서 옆 사람에게 불편을 주지 않는 식사 매너를 이때부터 연습시켜 나가야 한다. 본격적인 식사예절 교육은 만 3세부터 시작하는 것이 좋다. 보통 만 3세가 되면 뭐든 자기 스스로 해 보려는 고집이 생기기 시작한다. 음식물을 줄줄 흘리면서도 국을 자기가 떠먹겠다고 고집을 피우는 때가 바로 이 시기이다. 그러나 엄마의 입장에서는 아이의 이런 모습이 반가울 리 없지만, 아이를 무조건 못하게 하는 것도 좋지 않은 태도이다. 또한, 어른을 모시고 식사할 때 어른을 좋은 자리에 앉게 하고 어른이 수저를 드신 후 식사를 시작하되, 속도를 맞추며 식사 중 자리를 뜨지 않게 하는 것도 아주 기초적인 예절이나 요즘 아이들에게서는 잘 안 지켜져 주의시켜야 할 사항이다. 가정에서 가르쳐야 할 식사예절을 살펴보면 다음과 같다.

① 식사를 하기 전 반드시 손 씻기를 가르친다. 아이에게 밥 먹기 전 손 씻기를 반복적으로 지도하여 말을 하지 않아도 혼자 손을 씻게 된다면 부모는 칭찬을 아끼지 말아야 한다.

② 바른 대화예절을 가르친다. 오늘날에는 식사하면서 즐겁게 대화하는 것을 권하고 있는 사회 분위기이지만 식탁 대화에 있어서 입안에 음식물이 있을 때 말을 해서는 안 된다. 음식물이 튀어 나가기도 하고 음식을 입에 넣고 말하는 표정이 혐오감을 줄 수 있기 때문이다.

③ 윽박지르거나 야단을 치지 않는다. 아이가 혼자 먹는 것이 익숙하지 않아 실수로 흘린다거나 엎지를 수 있는데 이럴 때 야단을 치거나 윽박지르게 되면 아이는 식사시간이 즐겁지 않을 것이며, 더 많이 긴장하여 실수를 하게 되므로 익숙해질 때까지 인내심을 가지고 기다려 주어야 한다. 미리 흘림을 방지하여 앞치마나 턱받이 시트를 준비하거나 떨어뜨려도 깨지지 않는 식기로

교환하는 방법도 있다.

④ 그릇 소리가 나지 않도록 한다. 그릇끼리 부딪치는 소리, 수저와 그릇이 닿는 소리는 상대에게 불쾌감을 줄 수 있다.

⑤ 찌개나 반찬은 조심스럽게 떠먹는다. 우리나라에서 찌개와 반찬은 혼자 먹는 음식이 아니므로 예절이 필요하다. 숟가락으로 찌개를 휘젓거나 뒤집어 놓고 먹어서는 안 되며, 김치도 한쪽에서 집어 가야지 속을 파헤치고 집어가는 것은 나쁜 식사예절이다. 또 맛있는 것에만 젓가락이 가도 좋지 않다. 고루 먹어야 한다.

⑥ 유쾌하고 즐거운 식사 분위기를 만들며 식사 인사를 가르친다. 식사시간이 즐거우면 자연스럽게 아이의 편식도 고칠 수 있으므로 가능하면 온 가족이 모여 즐겁게 식사를 하는 것이 좋다. 또한, 자기를 위해 음식을 마련해 준 사람에게 고마운 마음을 갖게 해야 한다. 식사를 하면 식사 인사를 할 수 있어야 한다. 식사 시작 전에 "잘 먹겠습니다.", 식사 끝난 후에 "잘 먹었습니다.", "엄마, 오늘 국 맛있게 먹었어요.", "생선찌개 맛있게 먹었어요." 이 한마디의 인사말이 음식을 만든 사람에게 보람을 느끼게 한다.

⑦ 식후 뒤처리는 스스로 하게 한다. 아이의 식사가 먼저 끝났을 경우에는 "잘 먹었습니다." 인사하게 하고 먼저 자리를 뜨도록 허용해 준다. 무리하게 어른들이 식사를 끝낼 때까지 아이를 앉혀 둘 필요는 없다. 이때 자신이 먹은 식기 정도는 개수대에 갖다 놓을 수 있도록 지도해야 한다.

⑧ 한자리에서 식사를 하고 TV, 장난감은 치우도록 한다. 식사를 할 때는 식사가 끝날 때까지 한자리에서 식사를 하여야 하며, 밥 먹는 도중에도 장난을 치지 않도록 하며 식사시간 도중에 TV 시청을 하거나 장난감으로 딴전을 피우지 않게 해야 한다

⑨ 계획적인 식사시간을 정한다. 보통 식사 횟수는 아침, 점심, 저녁 하루 3번, 간식은 아침과 점심 사이, 점심과 저녁 사이 하루 2번, 이렇게 정하는 것이 좋다. 식사시간은 엄마와 아이의 상황을 고려해 개인차가 있지만 15~20분 정도가 좋으며 지나치게 시간을 끌면서 먹지 않으려고 하거나 이리저리 돌

아다니면서 식사를 한다면 시간을 제한하여 치워 버리는 것이 좋다. 간혹 엄마들이 따라다니면서 밥을 먹이는 경우가 있는데 이런 행동은 자녀의 올바른 식사습관을 망치는 행동이다.

(3) 기관에서의 지도

영유아의 수유나 식사, 간식시간은 단순히 음식을 먹는 시간이 아니다. 이 시간 동안 영유아는 개별적인 음식 선호를 발달시키고 음식의 냄새를 맡으며 즐거움을 느끼고, 배고픔을 채우면서 정서적으로 편안해지며, 안정감을 느끼고, 또래들과 이야기를 나누며 긍정적인 관계를 형성하기도 한다.

바람직한 식습관은 오랜 시간에 걸쳐서 형성되므로 교사는 즐겁고 긍정적인 방법으로 영유아의 식습관과 자율성을 기르도록 한다. 교사는 식사하는 동안 영유아의 말과 행동에 관심을 보이고 주의 깊게 들으며, 밝은 표정으로 적절하게 반응하여야 한다. 또한, 음식을 대하는 자세와 식사하는 자세, 먹은 자리를 정리하는 모습 등을 통해 바른 식사예절과 편식하지 않는 태도를 영유아에게 보여 주는 것이 바람직하다. 영유아 보육 · 교육기관에서 가르쳐야 할 식습관 지도를 살펴보면 다음과 같다.

① 식습관 교육은 가능한 한 빠른 시기에 시작해야 한다. 이유기를 지나면서 성인과 유사한 식생활을 할 때부터 바람직한 식생활 교육이 시작되어야 하며 이미 잘못된 식습관이라도 유아기에는 계속적인 지도를 통하여 교정이 가능한 시기이다. 유아기에 편식, 급하게 먹는 습관, 느린 식사, 소식 등의 나쁜 식습관이 생기면 심신의 건전한 발달이 저해됨과 동시에 그 버릇을 교정하려면 처음부터 바람직한 습관을 형성하는 것보다 몇 배나 힘들다.

② 영유아의 신체적 · 지적 발달 과정에 적합한 내용으로 식습관의 자립을 진행시켜야 한다. 영유아의 신체 기능과 이해력을 기준으로 연령에 따라 적합하게 지도하여야 한다. 아무리 바람직한 교육 내용이라고 하더라도 도저히 따라 할 수 없는 내용이라면 효과를 기대할 수 없다.

③ 영유아의 식습관 교육 내용은 처음부터 끝까지 일관성 있는 지도를 해야 하며 예외를 인정하지 않는 것을 원칙으로 한다. 식습관을 지도하는 교사 자신이 식생활에 대한 일관된 바른 태도를 가져야 한다. '이번 만은'하는 식의 예외의 경우를 만들면 그다음에도 괜찮을 거라는 생각이 들 수 있다.

④ 교육 과정에서 칭찬과 책망을 명확히 해야 한다. 교육 과정에서 좋은 행동을 칭찬하고 좋지 않은 행동을 할 때에는 즉시 정확하게 지적해 줌으로써 유아 스스로가 어떤 행동이 옳고 어떤 행동이 잘못인가를 알 수 있게 한다. 일반적으로 꾸짖는 것보다 칭찬하는 것이 교육 효과가 더 크다고 알려져 있다.

⑤ 영유아 보육 · 교육기관과 같은 집단생활에서는 간식, 축하 파티, 야외 활동을 통해 사회생활과 인간관계를 터득하도록 한다. 집단생활에서 협조와 양보를 하면서 집단생활의 규칙을 익히며 다른 사람을 배려하고 타인을 존중해야 함도 교육한다.

⑥ 습관으로 형성될 때까지 되풀이하여 지도한다. 매일 일정한 조건 하에서 행위와 내용을 반복 지도함으로써 실제 상황에서도 그 행동이 익숙해지도록 유도한다.

⑦ 일상적인 생활 내에서 구체적인 본보기를 보여 준다. 주위 사람을 잘 모방하는 영유아의 심리를 이용하여 가정에서 부모나 형제, 교육기관 교사 자신이 스스로 모범적인 식생활 행동을 하는 것을 보여 주어 영유아가 자연스럽게 이를 체득할 수 있도록 하여야 한다. 사랑과 끈기로 지도해야 한다.

⑧ 기관과 가정과의 연계를 통해서 지도한다. 영유아의 식생활 지도를 원활하게 하기 위해서는 부모와 교육기관 간의 개방적이고 상호 협조적인 의사소통이 중요하며 영유아 보육 · 교육기관에서는 가정에서의 효율적인 식생활 지도를 위해 부모교육이나 가정통신문 등을 통하여 영유아 보육 · 교육기관과의 연계가 잘 이루어질 수 있도록 하여야 한다.

부모를 위한 교육의 내용은 영유아 보육 · 교육기관에서의 급식운영정보와 가정에서 영양식을 제공할 수 있도록 하기 위하여 기관의 점심과 간식 식단 정보를 부모에게 알려 주고 영유아의 식생활 문제나 영양 문제, 그리고 이와 관련된 영유아의 변화와 발달에 대해 부모와 이야기하며 정보를 나누어 자녀의 올바른 식생활과 바른 식습관에 대해 이해를 시키는 것이다. 부모교육의 형태는 정기적인 부모모임이나 강연회, 특별행사, 가정통신문 등 다양한 형태로 실시하고 있으며, 이때 최근에 영유아가 먹는 새로운 음식과 조리법을 알려 주어도 좋다.

chapter 04

영유아 건강 · 영양활동

1. 영유아 건강 · 영양활동의 계획
2. 영유아 건강 · 영양활동의 운영
3. 영유아 건강 · 영양활동의 평가
4. 영유아 건강 · 영양활동의 실제

영유아기에는 일상생활에서 필요한 위생과 청결을 점진적으로 경험을 할 수 있도록 기회를 제공하고 즐겁게 식생활을 하며 건강한 생활습관의 기초를 형성하도록 해야 한다. 본 장에서는 영유아 보육 · 교육기관에서의 영유아 건강 · 영양활동의 계획, 영유아 건강 · 영양활동의 운영, 영유아 건강 · 영양활동의 평가와 영유아 건강 · 영양활동의 실제를 살펴본다.

1. 영유아 건강 · 영양활동의 계획

건강 · 영양활동이란 개인이나 집단, 지역사회의 건강과 영양 상태를 유지하거나 증진시키기 위해 건강과 영양에 대한 지식이나 태도를 학습하는 교육과정이다. 영유아 보육 · 교육기관에서의 건강 · 영양활동의 목표는 영유아의 건강과 영양을 유지, 보호, 증진시키기 위해 필요한 사항을 이해시키고, 바람직한 생활습관, 규칙적인 운동, 건전한 몸가짐 등 한 인간의 일생에 영향을 미치는 생활습관의 기초를 형성하는 데 있다. 교사는 영유아에게 건강하고 영양학적으로 바람직한 프로그램을 제공하기 위해 기본적인 건강 · 영양 지식과 기술을 체계적으로 가르치기 위한 건강 · 영양활동을 계획해야 한다.

영유아 건강 · 영양활동을 계획할 때에는 다음의 사항들을 고려해야 한다. 첫째, 영유아의 발달수준, 흥미, 요구에 적합한 건강 · 영양활동 내용을 선택하고 각 연령별 · 수준별 특성에 따라 매우 융통성 있게 구성할 수 있다. 둘째, 영유아의 전인적 발달을 위해 표준보육과정의 6영역인 기본생활, 신체운동, 의사소통, 사회관계, 예술경험, 자연탐구 영역과 누리과정의 5영역인 신체운동 · 건강, 의사소통, 사회관계, 예술경험, 자연탐구 영역을 통합하여 영유아의 경험과 연계하여 운영할 수 있도록 건강 · 영양 활동을 계획할 수 있다. 셋째, 교사는 전체 또는 개별 영유아가 진행하고 있는 건강 · 영양 관련 활동에 초점을 두되 영유아가 생활 속에서 경험하고 있는 건강 · 영양 관련 내용과 일상생활에서의 필요한 경험, 계절이나 날씨와 같은 자연현상, 기관의 특별한 행사 등을 반영하여 계획할 수 있다. 넷째, 건강 · 영양활동의 내용이 연간, 월간, 주간계획안에 균형 있게 배분되게 구성하되 영유아의 놀이진행에 따라 바뀔 수 있다. 다섯째, 영유아가 영유아 보육 · 교육기관에 등원하여 하원하기까지 하루 일과 중 건강 · 영양활동을 지속적으로 경험할 수 있도록 계획할 수 있다. 즉, 일상생활, 놀이 · 보육활동, 실내외 활동, 현장체험 등에서 균형 있게 이루어지도록 계획할 수 있다. 여섯째, 영유아 보육 · 교육기관과 가정에서의 건강 · 영양활동이 유기적으로 연계되도록 계획할 수 있다. 영유아 보육 · 교육기관은 가정과의 협력을 통해 영유아의 건강 · 영양 관련 정보를 공유하고 이를 통해 각 영유아에게 가장 적합한 건강 · 영양활동을 할 수 있도록 계획할 수 있다.

교사는 유아가 다양한 건강 · 영양 활동에 참여하여 경험할 수 있도록 실내외 환경을 구성하고 유아와 유아, 유아와 교사, 유아와 환경 간에 능동적인 상호작용이 이루어지도록 한다. 또한, 건강 · 영양 활동에 있어서 유아는 누리과정 5개 영역의 내용을 통합하여 유아의 경험과 연계되도록 계획하며, 사전계획을 최소화하고 놀이가 먼저 실행되도록 건강 · 영양 활동을 구성하여 유아가 주도하는 놀이를 통해서 건강 · 영양 활동의 내용을 배울 수 있도록 놀이를 지원한다. 영아의 경우는 일상생활에서 놀이를 통해 반복적으로 건강 · 영양 활동을 제공하여 습관화될 수 있도록 지원한다.

교사는 영유아의 건강 · 영양 관련 활동을 지원하기 위해 매일 진행되는 건강 · 영양 관련 활동에 대해 기록하고 다음에 지원할 내용을 간단히 계획할 수 있다.

2. 영유아 건강 · 영양활동의 운영

교사는 건강 · 영양활동을 통해 영유아가 구체적이고 직접적인 경험을 할 수 있도록 지도한다. 체험을 통해 실제로 경험할 수 있도록 하고 다양한 영역별 활동을 통해 건강 · 영양활동 내용을 효과적으로 다룰 수 있도록 한다. 또한, 건강 · 영양활동을 연중 지속적으로 실시하여 반복된 경험을 통해 건강한 생활습관을 형성하도록 한다. 즉, 영유아의 건강한 생활습관 형성을 위하여 건강 · 영양 관련 활동 등을 일상생활에서 지속적으로 반복할 수 있도록 한다.

이를 위해 교사는 영유아 보육 · 교육기관에서 하루 일과 중에 지속적으로 건강 · 영양활동을 실시하여 영유아들이 올바른 생활습관을 형성할 수 있도록 한다. 또한, 의도적으로 건강 · 영양활동을 계획하여 실내외 활동을 통해 영유아에게 건강 · 영양활동을 실시할 수도 있다. 영유아 보육 · 교육기관에서의 건강 · 영양활동의 운영은 일상생활에서의 건강 · 영양활동, 연간계획에 의한 건강 · 영양활동으로 나누어볼 수 있다.

1) 일상생활에서의 건강 · 영양활동

일상생활에서의 건강 · 영양활동은 영유아 보육 · 교육기관의 하루 일과인 등원 및 맞이하기부터 일상생활 활동과 귀가까지 하루 일과 중의 활동으로 운영해 볼 수 있다. 교사는 영유아들의 하루 일과가 시작되기 전에 보육실 환기, 보육실 청결 및 세팅, 영유아의 개별소지품, 영유아들의 마실 물 확인, 보육용품이나 비품의 모서리 보호대 등을 점검한다. 영아반 교사는 수유용품 및 물, 위생용품이 준비되었는지 확인하고, 일일보고서를 작성할 준비를 한다.

영유아 교사는 등원 및 맞이하기, 기본생활, 점심 및 간식, 낮잠, 기저귀 갈기/배변활동, 귀가 등과 같이 영유아 보육 · 교육기관의 하루 일상생활 속에서 바람직한 건강 · 영양 생활이 이루어지도록 일관성 있게 지속적으로 지도한다. 일상생활에서의 건강 · 영양활동은 영유아의 개별적 욕구와 발달 특성에 맞게 경험할 수 있도록 하고, 하루 일과를 통해 기본생활습관 형성을 돕는 활동으로 자연스럽게 제시해 준다.

(1) 등원 및 맞이하기에서의 건강 · 영양

교사는 영유아의 등원시간부터 영유아의 건강과 영양 상태를 살펴야 한다. 영유아를 반갑게 맞이하면서 영유아의 표정이나 기분, 병색의 유무, 청결함의 정도 등을 관찰하고, 부모가 전달한 내용이나 메모, 중간 귀가 여부, 아침식사 여부, 투약의뢰 여부를 확인한다. 하루 일과 시작부터 영유아들의 행동을 관찰하여 영유아의 건강상태와 영양상태를 파악한다.

[그림 4-1] 등원 시 맞이하기

[그림 4-2] 열이 있는지 확인하기

(2) 일상생활 활동에서의 건강 · 영양

교사는 영유아의 발달 특성에 맞게 경험되어야 할 기본생활습관 활동을 하루 일과를 통해 자연스럽게 제시하여 영유아가 자신의 연령에 적합한 자조기술을 습득할 수 있도록 지원해야 한다(보건복지부, 2013b). 교사는 영유아가 영유아 보육 · 교육기관에서 바람직한 기본생활습관을 형성할 수 있도록 일상생활들의 시범을 보여 주고 행동하는 방법을 설명해 주며, 일관성을 가지고 지속적으로 지도한다. 또한, 영유아의 흥미가 충분히 고려되어 동기유발이 되도록 하여야 하며, 교사의 민감한 관찰을 통해 수유 및 이유식, 낮잠 및 휴식, 기저귀 갈기 등의 일상적인 양육활동들에 즉시 반응하고 개별적인 상호작용이 이루어지도록 한다.

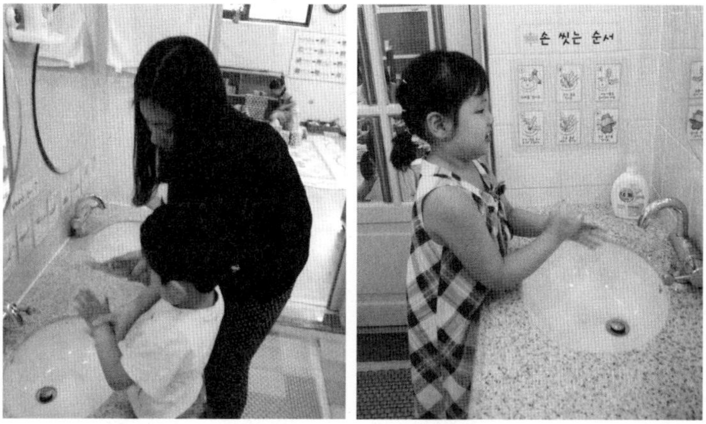

[그림 4-3] 손 씻기지도

영유아는 일상생활을 통하여 일평생 갖게 될 기본생활습관을 형성하게 된다. 영유아의 건강한 생활습관 형성을 위한 손 씻기, 이 닦기, 목욕하기, 기저귀 갈기/배변훈련, 옷 입기, 질병 예방, 모유 · 이유/급 · 간식 먹기, 식생활습관 등의 활동들이 일상생활에서 지속적으로 반복되므로 교사의 온정적인 상호작용이 가장 필요하다. 특히, 영아의 건강 · 영양지도 시 영아의 개별적인 욕구와 특성을 민감하게 관찰하여 고려하고 미소와 부드러운 접촉 등의 긍정적인 비언어적 상호작용을 병행하도록 해야 한다(보건복지부, 2013a).

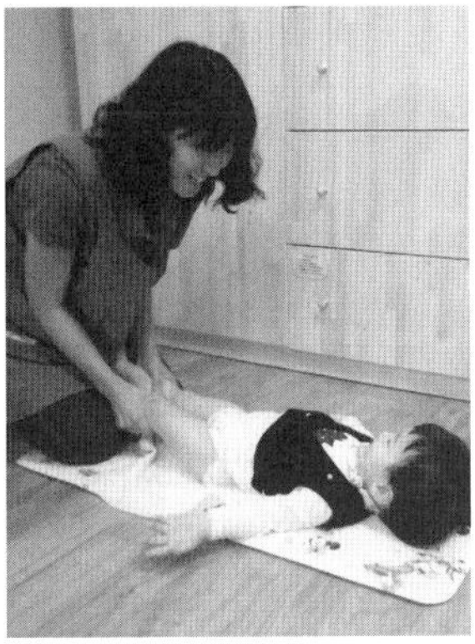

[그림 4-4] 기저귀 갈기

[그림 4-5] 변기 사용지도

[그림 4-6] 배변지도

[그림 4-7] 급식 먹기

[그림 4-8] 편식지도

(3) 귀가시간에서의 건강 · 영양

교사는 귀가시간에 개별 영유아들이 옷을 입고 소지품을 챙길 수 있도록 충분한 시간을 준다. 하루 일과 시 특이사항(식사량, 수면시간, 다친 곳 등), 공지사항 등과 같이 부모님께 전달할 내용을 미리 정리하여 준비한다(보건복지부, 2012b). 영아반 교사는 수유 및 이유 상황, 건강의 특이사항, 어린이집에서 활동사항, 개별용품(기저귀, 물티슈 등) 점검 후 요청에 관한 일일보고서를 작성하고 부모에게 전달한다. 영아반 일일연락장(보건복지가족부, 2008a)을 재구성하여 제시하면 <표 4-1>과 같다.

〈표 4-1〉 영아반 일일연락장

<table>
<tr><th colspan="6">2022년 ○○월 ○○일 ○○요일</th></tr>
<tr><th colspan="2"></th><th colspan="2">가정에서(아침에 일어나서)</th><th colspan="2">어린이집에서</th></tr>
<tr><td rowspan="4">영아의 상태</td><td>기분</td><td colspan="2">좋음 · 보통 · 나쁨
(이유:)</td><td colspan="2">좋음 · 보통 · 나쁨
(이유:)</td></tr>
<tr><td>건강</td><td colspan="2">좋음 · 보통 · 나쁨
(이유:)</td><td colspan="2">좋음 · 보통 · 나쁨
(이유:)</td></tr>
<tr><td>식욕</td><td colspan="2">좋음 · 보통 · 나쁨</td><td colspan="2">좋음 · 보통 · 나쁨</td></tr>
<tr><td>체온</td><td colspan="2">유(c°) · 무</td><td colspan="2">유(c°) · 무</td></tr>
<tr><td colspan="2">수유 및 분유</td><td colspan="2">시 cc</td><td colspan="2">1회 시 cc
2회 시 cc
3회 시 cc</td></tr>
<tr><td colspan="2">배변</td><td colspan="2">유 · 무
(상태:)</td><td colspan="2">유(회) · 무
(상태:)</td></tr>
<tr><td colspan="2">수면</td><td colspan="2">밤 10:20분~오전 7:20까지</td><td colspan="2">부터 까지
부터 까지</td></tr>
<tr><td colspan="2" rowspan="3">투약의뢰</td><td>증상</td><td></td><td>투약확인</td><td>유 · 무</td></tr>
<tr><td>약 용량</td><td></td><td>투약시간</td><td></td></tr>
<tr><td>투약시간</td><td></td><td>투약교사</td><td></td></tr>
<tr><td colspan="2">전달사항</td><td colspan="2"></td><td colspan="2"></td></tr>
</table>

영아반 일일연락장에는 영아의 기분 · 건강 · 열 등의 상태, 식사, 배변, 수면 등의 기본생활과 투약사항과 전달사항을 적는 공간이 있다. 부모는 교사에게 영아가 어린이집에서 돌아와 다시 등원하기까지 가정에서 일어났던 일들을 기록하여 전달하고, 교사는 부모에게 영아가 하루 동안 지낸 사항을 기록하여 전달한다. 이러한 일일연락장 쓰기를 통해 부모와 교사는 영아에 대한 기본정보를 공유하며, 이를 토대로 가정과 어린이집이 연계되어 영아에 대한 적절한 보호와 교육이 이루어질 수 있게 한다(보건복지가족부, 2008a).

가정 및 지역사회와의 협력에 의한 운영

1. 가정통신문

영유아 보육 · 교육기관과 가정과의 연계활동은 주로 가정통신문에 의해 전달되며, 가정통신문은 부모를 위해 작성되어 각 가정으로 전달됨으로써 자녀에 대한 부모참여의 중요성을 지속적으로 알려 주는 매체가 된다. 가정통신문으로 일주일 동안 기관에서 영유아와 상호작용한 건강 · 영양 관련 내용을 알리고 가정에서 부모가 영유아와 할 수 있는 일을 소개하여 가정에서 실시하게 한다.

2. 부모자원봉사

부모자원봉사에는 특별활동 봉사, 부모의 직장 방문, 교육자료 제작 등의 방법을 다양하게 활용할 수 있다. 특별활동 봉사는 부모가 가진 특별 자원을 활용하여 교육적 도움을 받는 활동이다. 예를 들어, 기본습관 지도와 관련하여 이 닦기 지도 시 치과의사인 부모님을 초대하여 치아 건강의 중요성이나 이 닦는 방법 등을 유아들에게 직접 알려 주게 할 수 있다. 부모의 협조를 얻어 유아들이 부모의 직장을 방문해 보는 경험도 기관에서의 교육활동과 연계를 이룰 수 있다. 부모의 직장방문은 생활주제와 통합하여 병원, 약국, 소방서 등과 같은 부모의 직장을 직접 방문함으로써 현장학습을 하는 좋은 기회가 된다(보건복지부, 2012a). 교육자료 제작은 기관에서 필요한 자료를 부모가 참여하여 함께 만들어 보는 프로그램으로 바느질이나 옷 만들기에 관심 있는 부모들이 역할놀이용 소품과 의사 가운, 들 것 등을 만들어 보거나 수조작 놀이에서 사용할 수 있는 건강 · 영양 관련 게임자료 등을 함께 만들어 볼 수 있다.

3. 지역시설 활용

지역사회 다른 기관과의 친밀한 관계와 교류를 통해 도움을 받는 것뿐만 아니라 영유아가 지역사회 환경을 이해하고 적응할 수 있도록 경험을 제공한다. 특히, 병원, 약국 등은 영유아가 지역사회 기관 나들이를 하기에 바람직한 장소이므로 이곳이 가깝다면 허락을 받고 방문할 수 있는 기회를 마련한다. 또한, 지역사회 기관과 연계하여 지속적인 프로그램을 운영하는 것은 매우 바람직하다. 예를 들면 지역사회 병원 및 약국 방문, 지역의 레스토랑 방문, 유기농 가게 등을 방문하여 직접 경험해 보는 활동은 매우 바람직하다. 영아의 경우 학기 초에는 가까운 공원이나 약국, 병원 등과 연계된 가벼운 활동을 진행하고, 학기 후반에는 갈수록 좀 더 다양한 지역사회연계활동을 진행하도록 한다(보건복지부, 2012a).

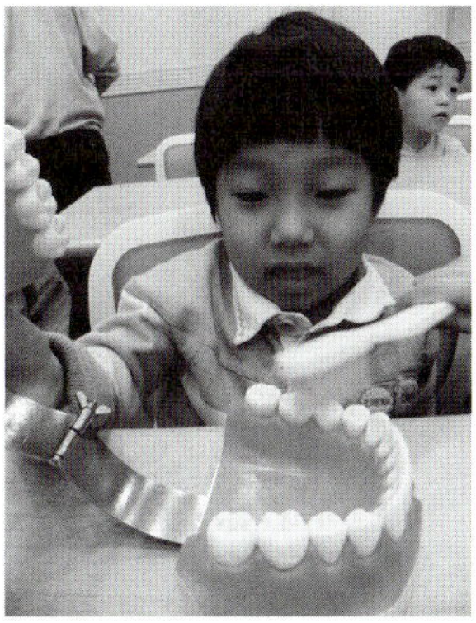

[그림 4-9] 치과에서의 이 닦기 지도

2) 연간계획에 의한 건강 · 영양활동

건강 · 영양활동은 하루 일과 중 수시로 이루어지는 것이 대부분이지만 교사가 의도적으로 교육활동을 계획하여 연간계획에 의해 교육활동시간에 구조화된 놀이나 학습활동으로 건강 · 영양교육이 이루어질 수 있다(이순형 외, 2010).

〈표 4-2〉 건강 · 영양 연간계획

월	1주	2주	3주	4주	5주
3월	일찍 자고 일찍 일어나요	건강검진을 해요	편식을 하지 않고 골고루 먹어요	자기 주변과 몸을 청결하게 해요	
4월	음식을 흘리지 않고 먹어요	구충제를 복용해요	이를 깨끗이 닦아요(악어야 양치하자)	수저와 포크를 바르게 사용해요	
5월	TV시청을 오래 하지 않아요	채소를 많이 섭취해요	음식물을 천천히 꼭꼭 씹어서 먹어요	적당량의 음식을 섭취해요	불량식품을 먹지 않아요
6월	손톱, 발톱을 깨끗이 깎아요	속옷을 자주 갈아입어요	식사 후 흘린 음식물을 치워요	목욕은 즐거운 마음으로 깨끗이 해요	
7월	식중독을 주의해요	옷을 자주 갈아입어요	에어컨 바람으로부터 냉방병을 조심해요	찬 음식을 많이 먹지 않아요	
8월	설익은 과일은 먹지 않아요	햇볕에 오래 있지 않아요	해로운 곤충에 물리지 않도록 조심해요	놀이후 충분한 휴식을 취해요	상한 음식은 먹지 않아요
9월	건강검진을 해요	바르게 앉아 식사해요	음식을 먹기 전 손을 깨끗이 씻어요	해로운 음식과 이로운 음식을 구분해요	
10월	외출 후 손과 발을 깨끗이 씻어요	인스턴트 음식은 먹지 않아요	구충제를 복용해요	음식을 먹을 만큼 덜어서 먹어요	하루에 3번 이상 이를 닦아요
11월	더러운 손, 장난감을 입에 넣지 않아요	독감예방접종을 해요	화장실에 다녀온 손을 깨끗이 씻어요	놀이감 사용방법을 알고 바르게 사용해요	
12월	가벼운 운동으로 건강을 지켜요	TV시청은 멀리서 하면서 시력을 보호해요	감기에 걸리지 않도록 따뜻하게 몸을 보호해요	따뜻한 음식을 섭취해요	

월	1주	2주	3주	4주	5주
1월	기침을 할 때는 손으로 가리고 해요	빙판길 보행에 넘어지지 않도록 조심해요	불이 있는 곳에 가까이 가지 않아요	흘린 음식을 주워 먹지 않아요	
2월	적당량의 운동하는 습관을 길러요	음식을 먹을 때 감사하는 마음을 가져요	적절한 실내온도에서 생활해요	제자리에 앉아서 바르게 음식을 먹어요	

출처 : 이영환외(2016)

연간계획에 의한 건강 · 영양활동은 교사가 영유아에게 교육이 필요하다고 생각되는 주제를 선정하여 실내외 놀이활동시간에 영유아들이 자유롭게 건강 · 영양활동을 진행할 수 있도록 자료를 준비하여 놀이를 진행하도록 하는 것이다. 교사는 주제와 밀접한 내용을 사전에 준비하여 영유아들의 흥미를 유발시키고 편리하게 자료를 사용할 수 있도록 건강 · 영양 자료와 교구를 효과적으로 배치해 준다. 또한, 영유아의 활동에 긍정적인 반응 및 피드백을 제공하여 영유아가 건강 · 영양활동을 통해 기본생활습관을 익힐 수 있도록 지원한다.

영유아들에게 건강 · 영양에 대한 새로운 정보를 설명할 때 교사가 직접 시범을 보이거나 자료를 보여 주어 개입하기도 하지만 주로 영유아의 흥미와 관심사, 사고와 생각 등을 반영하여 영유아들이 일상생활에서 융통적으로 건강 · 영양활동에 참여하고 영유아 주도로 활동을 이끌 수 있도록 자료를 다양하게 배치해 줄 수도 있다.

실외활동시간의 건강 · 영양활동은 장난감과 모래 놀잇감 씻기, 인형 옷 빨기, 인형 목욕 시키기, 모래와 돌멩이로 소꿉놀이 등 실외에서 할 수 있는 재료와 도구를 활용하여 활동이 이루어질 수 있다. 실외활동은 신체적인 발달을 이루고 심리적인 발산을 하도록 하며 동시에 주변 자연환경을 탐색하고 느낄 수 있는 경험을 준다. 실내와 실외의 균형 있는 활동은 영유아들에게 풍부한 경험을 제공해 줄 수 있고 놀이의 발달수준을 높여 나갈 수 있다.

교사는 영유아의 건강 · 영양활동을 관찰하고 놀이가 활발하게 이루어질 수 있도록 지원하는 과정에서 필요한 경우 이야기 나누기, 동화, 동시, 동극, 음악, 신체, 게임, 실외활동, 현장체험 등 적절한 활동을 연결하여 운영한다.

3. 영유아 건강 · 영양활동의 평가

영유아 건강 · 영양활동의 평가란 영유아 건강 · 영양활동의 결과뿐만 아니라 건강 · 영양 활동 과정 전반의 가치나 중요성에 대해 판단하는 과정으로 이러한 평가의 결과가 건강 · 영양교육과정의 구성 및 운영에 적극적으로 반영될 때 건강 · 영양교육과정의 효율성을 보장하게 되며 나아가 영유아의 전인적인 발달을 도모하게 된다.

영유아 건강 · 영양활동 평가의 목적은 영유아들이 영유아 보육 · 교육기관의 하루 일과 과정에서 기본적인 청결과 위생, 수면과 휴식, 바른 식생활과 의생활 및 심신의 건강을 바탕으로 발달을 촉진시키고 건강을 증진시켰는지를 알아보기 위한 것이다. 영유아를 평가하는 일은 교사의 보육과 교육계획이 설정된 목표에 도달하였는지를 알아볼 수 있으므로 교사에게는 필수적인 과정이며, 부모들에게 자녀의 발달과 성취에 대한 정보를 제공해 주어 자녀의 성장을 지원하기 위한 구체적인 노력을 할 수 있게 해 주기 때문에 부모에게도 필요한 과정이다.

건강 · 영양활동 평가의 의의를 제시하면 다음과 같다. 첫째, 교사에게 영유아 개별적인 건강 · 영양 행동의 발달상황에 대한 이해의 기회를 주고, 영유아에게는 자신의 건강 · 영양습관을 개선하고 지속시키는 데 도움을 준다. 둘째, 영유아의 건강 · 영양활동에서 설정했던 목표를 어느 정도 달성했는지를 알게 해 준다. 셋째, 건강 · 영양활동의 목표를 달성하였는지 여부를 확인하여 교사 자신의 교육계획 수행을 점검할 수 있다.

1) 영유아 평가

교사는 하루 일과를 통해 영유아들을 관찰하고 이를 바탕으로 영유아를 평가하는 역할을 한다. 교사는 영유아의 일상생활과 놀이활동 속에서 영유아의 행동을 관찰하고 평가하므로 영유아의 건강 · 영양 관련 지식과 개념의 발달상황을 파악할 수 있고 그것을 기초로 영유아에게 건강 · 영양 습관을 형성할 수 있는 적절한 지원을 제공할 수 있다. 또한, 교사는 영유아에 대한 평가뿐만 아니라 자신의 교육계획 수행을 점검하여 건강 · 영양활동의 목표 달성 여부를 확인한다.

영유아에 대한 평가는 주로 관찰에 의해 이루어진다. 관찰은 영유아의 언어표현에 한계가 있고 주의집중시간이 짧기 때문에 자연스러운 상황이 아닌 검사상황에서 자신의 능력을 최대한 발휘하지 못한다는 점을 극복하고 영유아의 자연스러운 발달을 있는 그대로 평가한다는 점에서 관찰법이 최근 들어 강조되고 있다(보건복지가족부, 2008b). 관찰법은 영유아의 하루 일과를 관찰하고 활동과정에서 나타나는 건강 · 영양 관련 반응을 기록하는 것이다. 하루 일과에서 영유아의 건강 및 영양 관련 습관을 파악하기 위해 일상생활 및 식사 모습을 관찰하여 활동과정에서 나타난 반응을 기록한다. 일반적으로 영유아를 관찰하는 데 있어 주로 많이 사용되는 방법으로는 일화기록법, 평정법, 행동목록법 등이 있다.

(1) 일화기록

영유아를 대상으로 가장 많이 사용되는 평가방법은 일화기록이다. 일화기록은 한 가지 행동이나 상황에 초점을 맞추어 기록하기 때문에 관찰자는 영유아 행동의 패턴이나 변화, 발전, 특이할 만한 사건 혹은 미리 정해진 범주에 따라 영유아들의 행동을 관찰할 수 있다(전남련, 권경미, 김덕일, 2005). 영유아의 손 씻기, 이닦기, 배변활동, 옷 입기 등의 행동에 초점을 맞추고, 영유아 개인의 발달 특성을 이해하기 위해 구체적인 행동사례나 어떤 사건에 관련된 상황들을 상세히 기록할 수 있다. 유아의 옷 입기 행동에 대한 일화기록을 제시하면 <표 4-3>와 같다.

〈표 4-3〉 유아의 옷 입기 행동 일화기록

<table>
<tr><td>유아명</td><td>전○○</td><td>관찰일</td><td>2013. 11. 10.</td><td>성별</td><td>남</td></tr>
<tr><td>관찰자</td><td>정라희(보조교사)</td><td>생년월일</td><td>2009. 5. 8.
(만 3세)</td><td>관찰장소</td><td>교실 내</td></tr>
<tr><td>장면</td><td colspan="3">귀가 전 옷 입기</td><td>행동시간</td><td>오후 3시 50분</td></tr>
<tr><td>기록</td><td colspan="5">담임교사가 "자, 이제 집에 갈 시간이에요. 각자 옷을 꺼내 입으세요." 한다. 호균이는 사물함에서 옷과 양말을 꺼내 바닥에 놓는다. 먼저 웃옷을 들어 머리 넣는 부분을 양손으로 펴서 머리를 넣은 다음 왼손을 넣고, 오른손을 넣으면서 "ABCDEFG HIJKLMNOP"라고 노래를 부른다. 노래를 멈추고 바지를 들고 앉아서 바지 입구를 벌려 한꺼번에 두 발을 중간 정도 끼고 양발을 여러 번 양쪽으로 흔든다. 일어나서 바지 입구를 두 손으로 잡아 폴짝 한 번 뛰면서 바지를 올린다. 다시 앉아서 한쪽 양말을 들고 오른쪽 발에 끼우면서 "선생님, 오늘 뭐 할 거예요?" 한다. 다른 한 양말을 들고 선생님에게 다가오며 "오늘은 뭐해요?" 한다. 선생님은 웃으면서 "빨리 신어요." 한다. 호균이는 다시 앉아서 양말 입구를 벌려 왼쪽 발을 끼운다.</td></tr>
<tr><td>발달요약</td><td colspan="5">• 혼자서 옷과 양말을 잘 입는다.
• 노래를 흥얼거리면서 옷을 입는다.
• 선생님과 이야기하고 싶어 한다.</td></tr>
</table>

(2) 평정

영유아의 건강 · 영양활동에서의 습관화 및 발달 정보를 종합적으로 평가하기 위해서는 평가목록표가 필요하다. 평가목록표를 통하여 영유아의 건강 · 영양 발달상황을 파악할 수 있을 뿐 아니라 영유아의 건강 · 영양활동의 목표가 어느 정도 달성되었나를 확인할 수 있다. 건강 · 영양 발달 상황들로 구성된 문항을 작성하고, 1년 동안 3회 이상 기록하여 건강 · 영양 활동에 대한 발달능력의 진보를 확인할 수 있다. 이러한 유아의 건강생활 발달진보에 대한 행동관찰표는 <표 4-4>과 같다.

〈표 4-4〉 유아의 건강하게 생활하기 평가를 위한 행동관찰표

이 름:
성 별:
생년월일:

구분	행동내용	1 전혀 그렇지 않다 2 그렇지 않다 3 보통이다 4 그렇다 5 매우 그렇다		
		1회 (월 일)	2회 (월 일)	3회 (월 일)
		1 2 3 4 5	1 2 3 4 5	1 2 3 4 5
몸과 주변을 깨끗이 하기	• 손을 깨끗이 하는 방법을 안다.	• • • • •	• • • • •	• • • • •
	• 스스로 손을 깨끗이 씻는다.	• • • • •	• • • • •	• • • • •
	• 이를 깨끗이 하는 방법을 안다.	• • • • •	• • • • •	• • • • •
	• 스스로 이를 깨끗이 씻는다.	• • • • •	• • • • •	• • • • •
	• 주변을 깨끗이 한다.	• • • • •	• • • • •	• • • • •
바른 식생활하기	• 음식을 골고루 먹는다.	• • • • •	• • • • •	• • • • •
	• 적당량의 음식을 골고루 먹는다 .	• • • • •	• • • • •	• • • • •
	• 몸에 좋은 음식에 관심을 가진다.	• • • • •	• • • • •	• • • • •
	• 몸에 좋은 음식을 안다.	• • • • •	• • • • •	• • • • •
	• 바른 태도로 식사한다.	• • • • •	• • • • •	• • • • •
	• 식사예절을 잘 지킨다.	• • • • •	• • • • •	• • • • •
건강한 일상생활하기	• 규칙적인 잠을 잔다.	• • • • •	• • • • •	• • • • •
	• 적당한 휴식을 취한다.	• • • • •	• • • • •	• • • • •
	• 하루 일과에 즐겁게 참여한다.	• • • • •	• • • • •	• • • • •
	• 스스로 화장실에서 배변한다.	• • • • •	• • • • •	• • • • •
	• 바른 배변습관을 가진다.	• • • • •	• • • • •	• • • • •
	• 규칙적인 배변습관을 가진다.	• • • • •	• • • • •	• • • • •
질병 예방하기	• 질병의 위험을 알고 주의한다.	• • • • •	• • • • •	• • • • •
	• 질병을 예방하는 방법을 알고 실천한다.	• • • • •	• • • • •	• • • • •
	• 날씨에 맞게 옷을 입는다.	• • • • •	• • • • •	• • • • •
	• 상황에 맞게 옷을 입는다.	• • • • •	• • • • •	• • • • •
해석				

영유아의 식사습관에 대한 정도를 알아보기 위해 작성한 평가지(장소영, 2002)는 <표 4-5>와 같다.

〈표 4-5〉 영유아 식사습관 평가표

문항	전혀 그렇지 않다	그렇지 않다	보통이다	그렇다	매우 그렇다
1. 음식을 가리지 않고 골고루 먹는 편이다.					
2. 김치나 채소를 잘 먹는 편이다.					
3. 반찬을 뒤적이면서 맛있는 것만 골라 먹는다.					
4. 좋아하지 않는 반찬이 있을 때는 밥을 먹지 않는다.					
5. 싫어하는 반찬이라도 권유하면 먹어 보려고 노력한다.					
6. 식사 전에 손을 깨끗이 닦는다.					
7. 음식을 입안에 넣은 채 말하지 않는다.					
8. 음식을 흘리지 않고 먹는다.					
9. 바르게 앉아 식사한다.					
10. 음식을 먹을 때 소리 내지 않고 먹는다.					

(3) 행동목록

행동목록법(체크리스트)은 어느 한 시점에서 특정한 기술이나 행동의 출현 여부 자체에 관심이 있을 때 사용한다. 체크리스트는 교사가 영유아의 발달 단계와 수준에 맞는 행동목록을 사전에 준비하여 각 행동의 출연 여부를 관찰한 뒤 '예/아니오' 혹은 '그렇다/아니다'로 표기하는 방법이다. 하루 일과 중 손 씻기, 이 닦기, 배변습관이 이루어지는 시간에 각 행동이 나타났는지를 기록하여 영유아의 행동변화를 파악할 수 있다(이순형 외, 2010). 영유아의 표정, 병색, 청결, 기타의 변화를 알아보기 위한 일일 건강관찰 기록지(임미혜, 채혜선, 2011)를 제시하면 <표 4-6>와 같다.

〈표 4-6〉 일일 건강관찰 평가표

	관찰내용	예	아니오
표정	• 인사는 명랑하게 하는지?	____	____
	• 얼굴에 미소가 있는지?	____	____
	• 피곤한 기색은 없는지?	____	____
	• 졸리지 않은지?	____	____
	• 부모와 잘 말하는지?	____	____
	• 평상시와 같이 일과를 시작하는지?	____	____
병색	• 감기증상(기침, 콧물 등)은 없는지?	____	____
	• 눈이 충혈되거나 눈곱이 끼지는 않는지?	____	____
	• 눈빛에 이상이 없는지?	____	____
	• 피부병이 없는지?	____	____
	• 귀가 붓거나 고름이 나지는 않는지?	____	____
	• 코가 헐거나 막히지는 않는지?	____	____
	• 잇몸에서 피가 나거나 부어 있지는 않는지?	____	____
	• 안색은 좋은지?	____	____
	• 열은 없는지?	____	____
	• 몸에 땀이 나지는 않는지?	____	____
	• 특별히 불편해하는 곳은 없는지? 있다면 ________________	____	____
청결	• 외모는 단정한지?	____	____
	• 자세는 정상적인지?	____	____
	• 눈이나 코를 후비고 긁지는 않은지?	____	____
	• 머리, 손발, 얼굴 등은 깨끗한지?	____	____
	• 손톱은 잘 깎았는지?	____	____
	• 입에서 냄새가 나지는 않는지?	____	____
	• 의복은 깨끗한지?	____	____
기타	• 일상적인 행동에는 변화가 없는지? 있다면 ________________	____	____
	• 간식과 점심에 변화가 없는지? 있다면 ________________	____	____
	• 낮잠에 변화가 없는지? 있다면 ________________	____	____
	• 배변에 변화가 없는지? 있다면 ________________	____	____

일일건강관찰 평가표에서 이상이 발견되면 귀가 시 부모에게 구체적으로 알려 주어야 한다. 부모에게 말을 할 때는 단순히 "아픈 것 같아요."보다는 "콧물이 노랗게 자주 나왔고, 기침을 몇 번 했어요, 열은 38.5℃였고요.", "오후 두 시 이후부터 힘없이 누워 있었어요."라고 구체적인 증상을 말해 주어 부모가 영유아의 상태를 소아청소년과 전문의에게 바르게 전달할 수 있도록 해 주어야 한다.

포트폴리오 평가

영유아의 건강 · 영양발달을 평가하기 위해 포트폴리오를 활용할 수 있다. 위의 관찰방법들을 종합하여 포트폴리오를 구성해 볼 수 있다. 포트폴리오 평가란 수집된 기록물들을 근거로 영유아들의 학습 및 수행력을 향상시키거나 모니터하기 위해 고안된 평가의 한 유형이며(Shaklee et al., 1997), 포트폴리오 수집은 개개인의 파일에 영유아의 작품이나 영유아에 대한 기록물들을 모으는 것이다. 영유아의 개별파일이나 자료집을 통해 매체와 재료를 사용함에 있어 영유아의 발달 · 과정 · 성취도와 생각 · 개념 · 사물 · 감정의 표현을 알 수 있으며 부모를 위한 보고 자료로서 그리고 다음 계획을 세우는 데 유용하게 사용된다.

[건강 · 영양 관련 포트폴리오 평가양식지]

<table>
<tr><td>유아명</td><td>전호균</td><td>생년월일</td><td>년 월 일(만 3세)</td></tr>
<tr><td>생활주제</td><td>유치원/어린이집에 가고 싶어요</td><td>소주제</td><td>유치원/어린이집의 환경</td></tr>
<tr><td>활동명</td><td>화장실에 가고 싶어요</td><td>관찰일시</td><td>년 월 일</td></tr>
<tr><td>활동목표</td><td colspan="3">– 변의를 느낄 때 참지 말고 화장실을 가야함을 안다.
– 화장실이 청결과 안전을 위해 지켜야할 약속이 있음을 안다.</td></tr>
<tr><td>평가내용</td><td colspan="3">화장실 청결과 안전을 위한 규칙알기, 말하기–낱말과 문장말하기</td></tr>
<tr><td>평가방법</td><td colspan="3">사진, 일화기록, 체크리스트</td></tr>
<tr><td colspan="4">사진붙이기</td></tr>
<tr><td colspan="4">일화기록(화장실 가고 싶을 때의 표정과 행동 기록)</td></tr>
</table>

<table>
<tr><td colspan="2">구분</td><td>내용</td><td>예</td><td>아니오</td></tr>
<tr><td rowspan="2">의사소통</td><td rowspan="2">말하기</td><td>변의를 느낄 때 화장실에 스스로 간다.</td><td></td><td></td></tr>
<tr><td>화장실에 가고 싶다고 낱말과 문장으로 말한다.</td><td></td><td></td></tr>
</table>

청결과 안전 규칙	스스로 화장실에서 배변한다.		
	배변후 적절한 뒤처리를 한다.		
	화장실을 깨끗하게 사용한다.		
	배변 후에 손을 씻는다.		
해석			

2) 놀이 평가

교사는 유아의 건강 · 영양활동과정을 관찰하여 평가에 필요한 자료를 모을 수 있다. 유아의 건강 · 영양 관련 놀이에 대한 기록(예: 계획안 또는 일지에 기록한 유아들의 실제 놀이 모습, 유아의 놀이 결과물, 작품, 사진이나 동영상 등)을 통해 유아의 흥미와 관심, 선호 놀이, 또래와의 상호작용 등 유아의 특성과 변화 정도를 평가할 수 있다.

교사는 학급 내 놀이의 내용, 놀이를 통해 학급에서 일어나고 있는 유아들의 배움과 참여 등에 대한 기록을 바탕으로 교육과정을 평가하고 교육과정 개선 계획에 이를 반영할 수 있다(교육부, 보건복지부, 2019). 즉, 건강 · 영양활동에서의 유아 놀이관찰을 토대로 누리과정 운영평가를 실시하고 추후 교육과정 운영지원에 반영할 수 있다.

교사는 유아가 건강 · 영양 관련 놀이를 하고 있을 때 이 놀이에서 누리과정 5개 영역을 경험하였는지를 확인하고 기록하여 누리과정 5개 영역의 내용이 놀이에서 어떻게 경험되고 어떤 배움이 일어났는지 살펴본 후 이를 추후 놀이지원에 반영할 수 있도록 한다.

영유아의 건강 · 영양활동 사진, 영유아가 쓴 글, 영유아의 건강 · 영양활동에 대한 기록, 친구들과 활동한 것들이 자료가 될 수 있다. 자료를 수집하는 과정에서 사진이나 비디오로 촬영하여 보관할 수 있다. 사진과 비디오를 촬영한 장면에 대해서는 사건의 전후 상황, 목적, 장소, 참여 유아의 이름, 각 장면의 의미 등을 기록해 두는 것이 유용하다. 사진을 기록하기 위해 양식지를 이용할 수도 있고 간략하게 사진의 뒷면에 기록하거나 포스트잇 같은 접착식 메모지를 이용할 수도 있다(황해익 외, 2001). 누리과정 운영평가를 포함시킨 개정 누리과정에서 소개된 건강 · 영양활동에 대한 간략한 일지를 소개하면 〈표 4-7〉과 같다(보건복지부, 중앙육아종합지원센터, 2019).

〈표 4-7〉 건강 · 영양활동에 대한 간략한 일지

<table>
<tr><td colspan="2">놀이주제</td><td></td><td colspan="2">반</td><td></td></tr>
<tr><td colspan="2">대상</td><td></td><td colspan="2">날짜</td><td></td></tr>
<tr><td rowspan="2">교사의 생각</td><td>기대</td><td colspan="4"></td></tr>
<tr><td>내용</td><td colspan="4"></td></tr>
<tr><td colspan="2" rowspan="2">유아의 놀이내용과 배움</td><td colspan="2">사진자료</td><td colspan="2">놀이관찰의 내용</td></tr>
<tr><td colspan="4">배움</td></tr>
<tr><td colspan="2">누리과정 운영평가</td><td colspan="4"></td></tr>
<tr><td colspan="2">내일 필요한 지원</td><td colspan="4"></td></tr>
<tr><td colspan="2">안전</td><td colspan="4"></td></tr>
</table>

3) 기관 평가

영유아 보육 · 교육기관에서 영유아의 심신의 건강을 유지하고 적절한 영양을 제공하는 일은 강조되어야 하며, 이후 정상적인 성장 · 발달을 위해 특히 중요하다. 이를 위해 영유아 보육 · 교육기관에서는 영유아의 건강 및 영양관리가 적절하게 이루어지고 있는지를 점검한다. 영유아 건강 · 영양과 관련된 영역의 어린이집 평가제 지표(보건복지부, 한국보육진흥원, 2019)를 정리하고, 유아 건강 · 영양과 관련된 영역의 유치원 평가지표(교육부, 2017)를 정리하여 기술하면 다음과 같다.

(1) 어린이집 평가

어린이집에서는 어린이집 평가제로 객관적이고 전문적인 일정한 지표 및 지침에 근거하여 보육의 질을 점검하고 이를 바탕으로 어린이집 및 프로그램을 체계적으로 개선, 발전시키고자 포괄적인 과정을 점검한다. 어린이집 평가제 지표 중 건강과 영양에 해당되는 내용은 3영역이 건강 · 안전이며, 이 영역에서는 실내외 공간의 청결, 급 · 간식, 건강증진을 위한 교육 및 관리 등을 평가한다. 어린이집 평가제 건강과 영양 지표는 <표 4-8>과 같다.

〈표 4-8〉 건강과 영양 어린이집 평가제 지표(3 건강 · 안전)

평가지표	평가항목	평가내용
3-1 실내외 공간의 청결	실내외 공간을 청결하고 쾌적하게 관리한다.	① 실내외 공간을 청결하게 유지함 ② 실내외 놀잇감을 청결하게 유지함 ③ 개별 침구를 청결하게 유지함 ④ 실내의 공기 질, 온도, 습도, 채광, 조명을 적절하게 유지함
3-2 급 · 간식	3-2-1 영양의 균형을 고려한 급 · 간식을 제공하고 있다.	① 영양사가 작성한 식단에 따라 급 · 간식을 제공함 ② 영유아의 연령 특성을 고려한 급 · 간식(양, 크기, 맛, 조리형태 등)을 제공함 ③ 인스턴트 식품보다 자연식품 위주로 급 · 간식을 제공함 ④ 식품 알레르기 질환에 대한 지침을 마련하여 실행함

평가지표	평가항목	평가내용
3-2 급 · 간식	3-2-2 식자재의 구입 · 보관 및 조리공간을 위생적으로 관리하고 있다.	① 식자재는 신선한 것을 구입하고 이를 위생적으로 보관함 ② 유통기한 경과 식품(식자재 등)이 없음 ③ 조리실 공간(바닥, 벽, 천장 등)과 조리실 내 시설 · 설비(개수대, 조리대, 식기수납장, 가스레인지, 후드, 환풍기, 주방가전 등)를 청결하게 유지함 ④ 식기류(컵 등)와 조리실 비품(조리도구, 행주 등) 위생적으로 관리함
	3-2-3 조리 및 배식과정을 청결하고 위생적으로 관리하고 있다.	① 조리가 위생적으로 이루어짐 ② 배식과정이 위생적으로 이루어짐 ③ 1회 조리된 음식은 당일 소모하고 재배식하지 않음 ④ 마실 물, 우유 등을 위생적으로 관리함
3-3 건강증진을 위한 교육 및 관리	3-3-1 손 씻기, 양치질 등 청결한 위생습관을 실천한다.	① 교사는 손을 씻어야 하는 상황에서 반드시 손을 씻음 ② 영유아는 손을 씻어야 하는 상황에서 반드시 손을 씻음 ③ 식사 후 연령에 적합한 방법으로 이를 닦고 칫솔과 양치컵을 위생적으로 관리함 ④ 교사는 영유아의 배변 후 뒤처리를 위생적으로 함
	3-3-2 교사는 영유아의 건강상태를 살펴보고 적절하게 지원한다.	① 아프거나 다친 영유아에 대한 지침을 구비함 ② 교사는 일과 중 영유아의 건강상태를 주의 깊게 살펴보고, 적절히 조치함 ③ 투약의뢰서를 관리하고, 부모에게 투약보고를 함 ④ 비상약품을 용도별로 구별하여 유효기간 내로 관리함
	3-3-3 영유아와 보육교직원의 건강증진을 위한 예방관리와 교육을 실시한다.	① 개별 영유아의 건강검진 서류, 응급처치동의서를 작성 · 관리함 ② 영유아와 보육교직원을 대상으로 다양한 건강 및 영양교육을 실시함 ③ 보육교직원의 건강검진이 정기적으로 이루어짐 ④ 영유아 및 보육교직원에 대한 감염병 관리수칙을 수립하여 실천함

출처: 보건복지부, 한국보육진흥원(2019). 2019 어린이집 평가매뉴얼.

(2) 유치원 평가

유치원의 교육력 및 교육서비스의 질적 수준을 제고하고 학부모의 알 권리를 보장하며, 유치원의 질 관리 정보를 제공하기 위해 평가를 실시하고 있다. 유치원 평가를 통해 유아교육의 질 제고와 경영 개선의 피드백 자료로 적극 활용, 교육계획 수립에 반영, 교육 프로그램의 다양화 유도, 장학지도 자료 등으로 활용, 학부모 및 지역사회에 유치원 운영의 우수성 공개 및 홍보로 유치원 교육의 신뢰도 제고, 유치원 경영 및 교육과정 운영의 질적 향상을 위한 자발적 노력을 유도하기 위해 활용된다. 제4주기 유치원 평가 통합지표 중 건강과 영양에 해당되는 내용은 3영역의 건강 · 안전이며, 이 영역에서는 실내외 공간의 청결, 급 · 간식, 건강증진을 위한 교육 및 관리 등을 평가한다. 유치원 평가 건강과 영양지표는 <표 4-9>과 같다.

〈표 4-9〉 건강과 영양 유치원 평가지표(3 건강 · 안전)

평가지표	평가항목	평가요소
3-1 실내외 공간의 청결	실내외 공간을 청결하고 쾌적하게 관리하고 있다.	① 실내외 공간을 청결하게 유지한다. ② 실내외 놀잇감을 청결하게 유지한다. ③ 개별 침구를 청결하게 유지한다. ④ 환기를 자주 하여 실내공기를 쾌적하게 유지한다. ⑤ 실내공간의 온도, 습도, 채광, 조명을 적절하게 유지한다.
3-2 급 · 간식	3-2-1 영양의 균형을 고려한 급 · 간식을 제공하고 있다.	① 유아의 연령 및 영양균형을 맞춘 식단이 수립되어 있고, 식단에 따른 급간식을 제공한다. ② 인스턴트 식품보다 자연식품 위주로 급간식을 제공한다. ③ 유아의 연령 특성을 고려한 급 · 간식(크기, 맛, 조리형태 등)을 제공한다. ④ 충분한 양의 급간식을 제공한다. ⑤ 식품 알레르기 질환에 대한 지침을 마련하여 실행한다.
	3-2-2 식자재의 구입 · 보관 및 조리공간을 위생적으로 관리하고 있다.	① 신선한 식자재를 구입하여 사용한다. ② 유통기한 경과 식자재가 없다. ③ 식자재를 위생적으로 보관한다. ④ 조리실 공간(바닥, 벽, 천장 등)을 청결하게 유지한다. ⑤ 조리실 내 시설 · 설비(개수대, 조리대, 식기수납장, 가스레인지, 후드, 환풍기, 주방가전 등)를 청결하게 유지한다.
	3-2-3 조리 및 배식과정을 청결하고 위생적으로 관리하고 있다.	① 조리 시 앞치마, 머릿수건, 조리실 전용 신발이나 위생화를 착용한다. ② 조리가 위생적으로 이루어진다. ③ 식기류(컵 등)와 조리실 비품(조리도구, 행주 등)을 위생적으로 관리한다. ④ 1회 조리된 음식은 당일 소모하고 재배식하지 않는다. ⑥ 배식과정이 위생적으로 이루어진다. ⑦ 마실 물, 우유 등을 위생적으로 관리한다.
3-3 건강증진을 위한 교육 및 관리	3-3-1 손 닦기, 양치질 등 청결한 위생습관을 실천한다.	① 유아와 교사는 손을 씻어야 하는 상황에서 반드시 손을 씻는다. ② 유아는 점심식사 후 연령에 적합한 방법으로 이를 닦으며 칫솔과 양치컵을 사용 후 위생적으로 관리한다. ③ 유아 배변 후 뒤처리를 위생적으로 한다.
	3-3-2 교사는 유아의 건강상태를 살펴보고 적절하게 지원한다.	① 아프거나 다친 유아에 대한 지침을 마련하고 있다. ② 교사는 일과 중 유아의 건강상태를 주의 깊게 살펴보고, 적절히 조치한다. ③ 투약의뢰서를 관리하고, 부모에게 투약보고를 한다. ④ 비상약품이 용도별(실내활동용, 실외활동용)로 구비되어 있고, 비상약품을 유효기간 내로 관리하고 있다.
3-3 건강증진을 위한 교육 및 관리	3-3-3 유아와 교직원의 건강증진을 위한 예방관리와 교육을 실시한다.	① 개별 유아의 건강검진 서류, 응급처치동의서를 작성 · 관리하고 있다. ② 유아와 교직원을 대상으로 다양한 건강 및 영양교육을 실시한다. ③ 교직원의 건강검진이 정기적으로 이루어진다. ④ 유아 및 교직원에 대한 감염병 관리수칙을 수립하여 실천한다. ⑤ 교직원의 직무스트레스(정신건강)를 예방하고 관리할 수 있는 서비스를 안내하거나 제공한다.

출처: 교육부(2017). 제4주기 유치원 평가 중앙연수.

4. 영유아 건강 · 영양활동의 실제

건강 활동 1

새근새근 잘 자요

연 령 영아(만 2세)

활동목표

- 안아 주면 편안하다는 것을 안다.
  (기본생활 〉 건강하게 생활하기 〉 하루일과를 즐겁게 경험한다.)
- 인형으로 아기 재우는 흉내를 내 본다.
  (예술경험 〉 창의적으로 표현하기 〉 일상생활 경험을 상상놀이로 표현한다.)

활동자료

아기인형, 아기인형 이불, 인형 포대기, 아기침대 등

활동방법

1) 아기침대 위에 아기인형을 눕혀 재워 주는 놀이를 해 본다.
   - "응애~ 응애~" 아기가 울고 있어요. 어떻게 해야 할까요?
   - 아기가 우니까 안아 주자. 아기가 왜 우는 걸까요?
   - 아기가 푹 자려면 ㅇㅇ이가 어떻게 해 주어야 할까요?

2) 아기인형을 인형 포대기에 감싸서 영아 등에 업혀 준다.
   - 손으로 엉덩이를 토닥토닥해 줄까요? 토닥~토닥~
   - 아기가 잘 수 있도록 노래를 불러 볼까요? 어떤 노래를 불러 줄까요?

3) 쌓기 영역에서 아기인형을 눕힐 수 있는 침대를 종이벽돌로 만들어 본다.
   - 아기가 편안히 잘 수 있도록 아기에게 침대를 만들어 줄까요?

4) 침대에 아기를 눕혀 아기 재우기 놀이와 연계한다.
   - 아기를 눕혀서 토닥토닥해 줄까요? 토닥~토닥~
   - 같이 자장가도 불러줄까요? 자장~자장~우리 아가~

유 의 점

- 아기인형의 잠재우는 과정을 언어로 표현해 준다.
- 아기 낮잠 재우기, 우유 먹이기, 밥 먹이기 등 아기 돌보기 놀이를 함으로써 어린이집에서 경험하는 낮잠, 식사와 같은 새로운 사건에 대한 영아의 긴장을 해소할 수 있도록 한다.

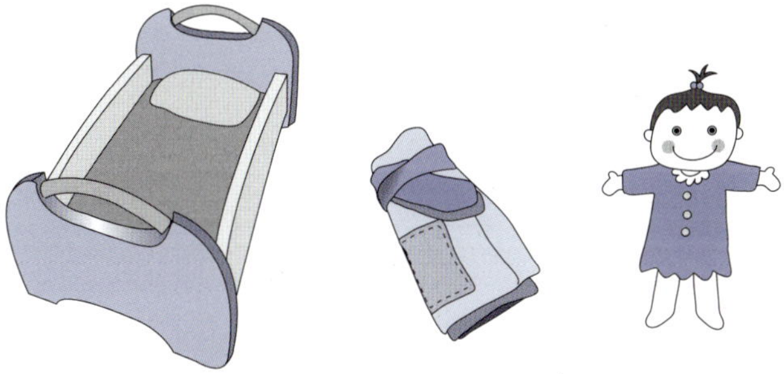

건강 활동 2

여기가 아파요

연 령 영아(만 1세)

활동목표

- 아픈 곳을 동작이나 간단한 언어로 표현해 본다.
  (사회관계 〉 나를 알고 존중하기 〉 나의 욕구와 감정을 나타낸다.)
- 몸 여러 곳의 명칭을 안다.
  (의사소통 〉 듣기와 말하기 〉 표정, 몸짓, 말소리로 의사를 표현한다.)

활동자료

인형, 반창고 등

활동방법

1) 교사는 인형을 보여 주며 아픈 곳에 대해 이야기 나눈다.
   - 아기가 친구들을 보려고 놀러 왔어요. 그런데 밖에서 놀다가 쿵! 하고 넘어졌대요.
   - 엉~엉~ 아기가 울고 있어요. 어디가 아픈가 봐요.
   - 어디가 아픈지 물어볼까요? 아기야, 어디가 아프니?

2) 아픈 곳을 말하면 영아가 그곳에 반창고를 붙이도록 한다.
   - (무릎을 가리키며) 무릎이 아파요. 무릎에 반창고를 붙여 줄까요?
   - ㅇㅇ이가 아픈 곳에 호~해 줄까요? 호~호~

3) 인형에 영아가 반창고를 붙여 보는 놀이를 반복해 본다.

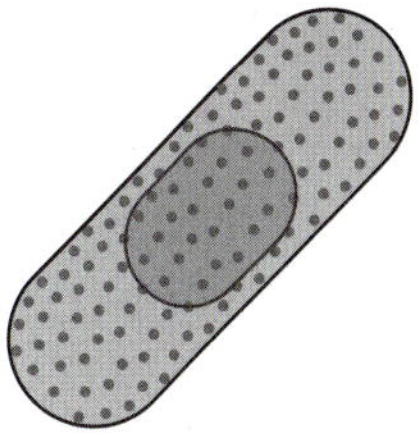

- (이마를 가리키며) 여기도 아파요? 여기는 어디일까요?
- 이마요. 선생님이 호~해 줄게 반창고를 붙여 주세요.
- 친구는 또 어디가 아플까요? 말로 해 보세요.

4) 영아의 몸에 반창고를 붙여 본다.
- ㅇㅇ이는 어디에 붙이고 싶어요? 손가락으로 가리켜 보세요.
- 아~ 그곳을 뭐라고 부를까요?

유 의 점

- 미술재료를 이용하여 반창고를 만들어 볼 수 있다.

건강
활동 3

쉬, 응가를 해 보아요

연 령 영아(만 1세)

활동목표

- 배변에 관심을 가진다.
  (기본생활 〉 건강하게 생활하기 〉 배변의사를 표현한다.)
- 인형을 통해 배변활동을 경험하고 시도해 본다.
  (예술경험 〉 창의적으로 표현하기 〉 모방행동을 즐긴다.)

활동자료

아기변기, 변기커버 모양 종이, 종이블록, 아기인형, 휴지 등

활동방법

1) 변기를 탐색하며 아기변기에 아기인형을 앉혀본다.
   - (아기인형을 보여 주며)ㅇㅇ이는 변기에서 무엇을 하고 있지요?

2) 변기에 앉은 아기인형의 엉덩이를 휴지로 닦아 본다.
   - 응가를 했으니 엉덩이를 깨끗이 휴지로 닦아 줄까요?

3) 영아도 인형처럼 변기에 앉아보게 한다.
   - ㅇㅇ이도 기저귀를 벗고 변기에 앉아 볼까요? 변기에 앉으니 기분이 어때요?
   - 자. 쉬를 했으니 물을 내려 볼까요? 쉬가 내려갔어요. 쉬야~ 안녕~

4) 블록을 이용하여 아기변기를 만들어 본다.
   - 블록으로 변기를 만들어 볼까요?

5) 블록에 앉아서 응가하는 흉내를 내보고 휴지로 엉덩이를 닦아 본다.
   - ○○이가 변기에 앉아 응가를 해 볼까요? 응~가~응~가~
   - 와! 기다란 바나나 똥이 나왔네요! 응가했으니 휴지로 엉덩이를 닦아 줄게요.
   - 변기 물을 내려볼까요? 변기에 응가도 내려가네요. 응가야 ~ 안녕 ~

유 의 점

- 씻기놀이 용품(목욕비누 케이스, 목욕비누 모형, 샤워기 모형, 수건 등)을 추가로 제공하여 배변 후 씻기 놀이와 연결할 수 있다.
- 배변훈련 시 영아의 개별적인 관심과 발달수준에 맞추어 진행하고 배변훈련 과정을 언어로 표현해 주도록 한다.

건강
활동 4

우리 몸을 깨끗이 해요

연 령 유아

활동목표

- 질병을 예방하기 위해 우리 몸을 깨끗이 한다.
  (신체운동 · 건강 〉 건강하게 생활하기 〉 건강을 예방하는 방법을 알고 실천한다.)
- 다양한 리듬악기를 이용하여 노래 부르기를 즐긴다.
  (예술경험 〉 창의적으로 표현하기 〉 신체, 사물, 악기로 간단한 소리와 리듬을 만들어 본다.)
- 건강 관련 단어로 바꾸어 노래를 불러 본다.
  (의사소통 〉 책과 이야기 즐기기 〉 말놀이와 이야기 짓기를 즐긴다.)

활동자료

「우리 모두 다같이」 음원, 악보, 사진자료(세수하는 모습, 손 씻는 모습, 양치질하는 모습, 발 씻는 모습, 옷 입는 모습 등), 리듬악기, 융판, 질병관리본부 동영상, 손톱 깎는 모습, 샤워하는 모습 등 청결 관련 사진 등(건강활동에 적합한 자료들을 예측하여 준비한다.)

활동방법

1) 양치질하는 모습 등 사진 자료를 보여 주며 이야기 나눈다.
   - (사진을 보여 주며) 사진에 있는 친구는 지금 무엇을 하고 있나요?

- 우리는 왜 이렇게 씻어야 할까요?

2) 세수하는 모습, 손 씻는 모습, 양치질하는 모습, 발 씻는 모습, 옷 입는 모습 사진 자료를 보여 주며 유아들이 자신의 경험을 말한다.
   - 양치질을 하지 않으면 어떻게 될까요?
3) '우리 모두 다같이'의 음원을 들려주고 음악에 맞추어 리듬악기로 표현해 본다.
   - 음악을 들으면서 리듬악기를 두드려 볼까요?
4) '손뼉을' 부분에 건강 관련 단어로 바꾸어 불러 본다.
   - 친구들 '손뼉을' 대신에 들어갈 건강관련 단어를 말해 볼까요(손 씻어, 양치해 등)?
5) 「우리 모두 다 같이」 가사를 건강 관련 단어로 바꾸어 불러 본 느낌에 대해 이야기 나눈다.
   - 노래가사를 바꾸어 노래를 불러 보니 어땠나요?

우리 모두 다 같이

우리 모두 다 같이 손뼉을 (짝짝) 우리 모두 다 같이 손뼉을 (짝짝)
우리 모두 다 같이 즐거웁게 노래해 우리 모두 다 같이 손뼉을 (짝짝)

<유아가 경험할 수 있는 영역별 활동 전개 예시>

신체 운동 · 건강	• 건강하게 생활하기>자신의 몸과 주변을 깨끗이 한다. • 건강하게 생활하기>질병을 예방하는 방법을 알고 실천한다.

- 자신의 몸과 주변을 깨끗이 할 수 있는 방법에 대해 이야기 나눈다(예: 매일 이를 닦는다. 밖에 나갔다 오면 손을 씻는다. 등).
  - 교사는 다양한 사진을 게시하여 유아들의 탐구활동을 지원해 준다(예: 손발톱 깎는 모습, 샤워하는 모습, 손을 씻는 모습 등).
- [질병관리본부(www.cdc.go.kr) '우리는 손을 얼마나 잘 씻고 있을까요' 홍보자료] 질병을 예방한 경험에 대해 이야기 나눈다(예: 동생이 감기에 걸렸는데 유아는 손을 깨끗하게 자주 씻어서 감기 예방, 충치가 있었는데 치료 후 의사 선생님이 가르쳐 주신 대로 양치질을 잘해서 충치를 예방한 경험 등).

예술경험	• 창의적으로 표현하기>신체나 도구를 활용하여 움직임과 춤으로 자유롭게 표현한다.

- '손뼉을' 부분에 건강 관련 단어로 바꾸어 노래를 부른 다음 단어에 맞게 몸을 자유롭게 표현해 본다.
  - 교사는 유아들이 스스로 씻을 수 있는 부분을 바꿀 수 있도록 언어적 조언을 해 준다(예: 세수해, 양치해, 손 씻어 등).

자연탐구	• 탐구과정 즐기기>궁금한 것을 탐구하는 과정에 즐겁게 참여한다.

- 자신의 몸과 주변을 깨끗이 해야 하는 이유에 대해 이야기 나눈다.
  - 교사는 더러운 곳에 세균이 살고 있으며, 우리 몸속으로 들어와 병나게 한다는 그림자료나 책 자료를 보여 주고 세균에 대해 이야기 나눈다.

사회관계	• 나를 알고 존중하기〉내가 할 수 있는 것을 스스로 한다.

• 몸을 깨끗하게 하기 위해서 유아들이 할 수 있는 것에 대해 이야기 나누고 실천한다(예: 손 씻기. 양치질하기, 활동복 갈아입기 등).

의사소통	• 듣기와 말하기〉자신의 경험, 느낌, 생각을 말한다.

• 깨끗한 몸을 만들기 위해 혼자 할 수 있는 일에 대해 자신의 경험을 말한다(예: 양치는 엄마가 해 주고 입을 헹구는 것은 나 혼자 해요, 머리를 혼자 수건으로 닦아요 등).
 – 교사는 유아들이 작은 것을 했을지라도 언어적 지지와 격려를 해 준다.

건 강

활동 5

음식을 골고루 먹어요

연　　령 유아

활동목표

- 음식을 골고루 먹어야 우리 몸이 튼튼해진다는 것을 안다.
  (신체운동 · 건강 〉 건강하게 생활하기 〉 몸에 좋은 음식에 관심을 가지고 바른 태도로 즐겁게 먹는다.)
- 노래 부르기에 즐겁게 참여한다.
  (예술경험 〉 창의적으로 표현하기 〉 노래를 즐겨 부른다.)

활동자료

「골고루 먹어요」 음원, 악보, 색칠 도구, 아이클레이, 잡지, 채소와 과일 관련 사진자료 등 (건강활동에 적합한 자료들을 예측하여 준비한다.)

활동방법

1) 다양한 음식을 먹어 본 것에 대한 자신의 경험을 말한다.
   - 먹어 본 음식 중 친구들이 가장 좋아하는 음식과 싫어하는 음식은 무엇인가요?
   - 좋아하는 음식을 먹을 때의 기분과 싫어하는 음식을 먹을 때의 기분이 어떻게 다른가요?

2)「골고루 먹어요」의 음원을 들려주고 몸이 튼튼해질 수 있는 방법에 대해 이야기 나눈다.
- 왜 우리는 골고루 먹어야 할까요?

3)「골고루 먹어요」의 음원을 들려주고 노래를 함께 부른다.
- 노래를 불러 보니 어떤가요?

4) 음식 이름으로 가사를 바꾸어 불러 본다.
- 친구들이 좋아하는 음식 이름으로 바꾸어 볼까요?
- 친구들이 싫어하는 음식 이름으로 바꾸어 볼까요?

5) 가사를 바꾸어 불러 본 느낌에 대해 이야기 나눈다.
- 음식 이름을 바꾸어 불러 보니 어떤가요?

골고루 먹어요

밥과 반찬을 골고루 먹으면 몸이 튼-튼 튼튼해져요
채소 과일을 골고루 먹으면 키가 쑥-쑥 쑥쑥 자라요
뭐든지 골고루 먹어야 내 얼굴 예뻐져요
뭐든지 골고루 먹어야 머리도 좋아져요

<유아가 경험할 수 있는 영역별 활동 전개 예시>

예술경험	• 창의적으로 표현하기>다양한 미술재료와 도구로 자신의 생각과 느낌을 표현한다.
	• 창의적으로 표현하기>극놀이로 경험이나 이야기를 표현한다.

- 아이클레이로 건강밥상을 만들어 본다.
- 잡지에서 음식 관련 사진을 오려 붙여 식탁을 꾸며본다.
- 밥과 반찬 여러 종류의 채소와 과일들을 색칠한 후 가게 놀이를 해 본다.
  - 교사는 유아들이 가게 놀이를 통해 밥과 반찬 여러 종류의 과일과 채소가 몸에 좋은 음식임을 알 수 있도록 환경적으로 조력해 준다(예: 음식과 채소, 과일의 영양성분을 표시, 배고파서 기운이 없는 손님 역할로 가게에서 골고루 음식을 먹은 다음 기운이 넘치는 모습 등)

신체 운동 · 건강	• 신체활동 즐기기>신체를 인식하고 움직인다.

- 「골고루 먹어요」의 음원을 들려주고 음악에 맞추어 몸으로 자유롭게 표현해 본다.
  - 교사는 유아들이 싫어하는 음식을 긍정적으로 표현하도록 조언을 해 준다(예: 호박은 동글동글 예쁘게 굴러가네요, 시금치는 튼튼이로 움직이네요, 파프리카는 달콤한 향기를 풍기며 뛰어다녀요).

자연탐구	• 생활 속에서 탐구하기>물체의 특성과 변화를 여러 가지 방법으로 탐색한다.

- 채소와 과일을 변화시켜 맛있게 먹는 방법에 대해 이야기 나눈다.
  - 교사는 다양한 사진을 게시하여 유아들의 탐구활동을 지원해 준다(예: 배추가 김치로 변한 그림, 호박이 호박죽으로 변한 그림, 시금치가 김밥 속으로 들어간 그림, 참깨가 향기로운 참기름이 된 그림, 딸기가 딸기잼으

로 변한 그림 등).

- 우리 몸이 튼튼해지기 위해서 음식을 골고루 먹을 수 있는 방법에 대해 이야기 나눈다.
  - 교사는 유아들이 골고루 음식을 섭취할 수 있도록 보육 · 교육기관에서 여러 방법으로 조력을 해 준다(예: 요리 실습할 때 재료 선정, 화단이나 화분에 채소를 가꾸어 유아들이 물을 주고 기르게 하는 것 등).

사회관계	• 나를 알고 존중하기〉나를 알고 소중히 여긴다. • 더불어 생활하기〉친구와 서로 도우며 사이좋게 지낸다.

- 나를 소중히 여길 수 있는 방법(예: 음식을 골고루, 몸을 깨끗이)에 대해 이야기 나눈다.
- 친구들과 음식을 골고루 나누어 먹어 본다(예: 바나나, 토마토를 유아 수에 맞게 잘라 나누어 먹음).

의사소통	• 듣기와 말하기〉자신의 경험, 느낌, 생각을 말한다. • 책과 이야기 즐기기〉말놀이와 이야기 짓기를 즐긴다.

- 음식을 골고루 먹기 위해 노력한 경험에 대해 말한다.
  - 교사가 싫어하는 음식을 골고루 먹기 위해 노력한 경험을 이야기하고 유아들의 경험을 말하도록 격려해 준다.
- 싫어하는 음식을 잘 먹을 수 있게 예쁜 이름으로 바꾸어 표현해 본다(예: 싫어하는 감자를 솜사탕, 당근을 홍단무지, 파프리카를 향기 사탕 등).
  - 교사는 싫어하는 채소나 과일 이름을 유아들이 예쁘게 바꾼 이름을 게시하여 유아들이 싫어하는 음식에 대해 친근해질 수 있도록 지원해 준다.

건강
활동 6

맛있는 간식을 먹어요

연 령 유아

활동목표

- 점토를 탐색하고 점토를 이용하여 다양한 음식을 만들어 본다.
  (예술경험 〉 창의적으로 표현하기 〉 다양한 미술재료와 도구로 자신의 생각과 느낌을 표현한다.)
- 간식 먹기 전과 후의 정리습관을 익힌다.
  (신체운동 · 건강 〉 건강하게 생활하기 〉 자신의 몸과 주변을 깨끗이 한다.)

활동자료

간식 매트, 접시, 포크, 식탁(책상), 밀가루 점토, 쿠키 틀, 넓은 쟁반, 점토놀이 도구, 다양한 종류의 과자 등(건강활동에 적합한 자료들을 예측하여 준비한다.)

활동방법

1) 다양한 점토놀이도구와 밀가루 점토를 자유롭게 탐색한다.
   - (도구를 보여 주며) 이 도구는 어디에 사용하는 것인지 알아요?
   - 밀가루 점토를 만져 보고 느낌을 말할 수 있을까요?

2) 좋아하는 간식에 대해 이야기 나눈다.
   - 친구들이 좋아하는 간식은 어떤 것들이 있을까요?

3) 점토로 먹고 싶은 간식을 만들어 식탁을 차려본다.
   - 밀가루 점토로 먹고 싶은 간식을 만들어 볼까요?
   - 친구를 초대해서 함께 나누어 먹을까요? 어떤 친구를 초대하고 싶어요?

4) 간식을 먹는 흉내놀이를 하면서 식전 식후의 예절과 방법에 대해 이야기 나눈다.
   - 간식을 먹을 때 우리가 지켜야 할 약속은 무엇이 있을까요?

5) 간식을 먹고 난 후 정리하는 방법에 대해 이야기 나눈다.
   - 간식을 다 먹은 후 접시와 포크는 어떻게 해야 할까요?

6) 활동이 끝난 후 재미있었던 점이나 어려웠던 점에 대해 이야기 나눈다.
   - 어떤 활동이 가장 재미있었나요?
   - 간식을 준비할 때와 간식을 먹고 난 후 정리를 할 때 어려웠던 점이 있었나요?

<유아가 경험할 수 있는 영역별 활동 전개 예시>

예술경험	• 창의적으로 표현하기〉다양한 미술재료와 도구로 자신의 생각과 느낌을 표현한다. • 예술 감상하기〉서로 다른 예술표현을 존중한다.

- 좋아하는 과자를 이용하여 건축물(예: 살고 싶은 집)을 만들어 본다.
- 다양한 재료로 간식을 만들어 보고 친구의 간식도 감상해 본다.

사회관계	• 더불어 생활하기〉약속과 규칙의 필요성을 알고 지킨다. • 나를 알고 존중하기〉내가 할 수 있는 것을 스스로 한다. • 더불어 생활하기〉친구와 서로 도우며 사이좋게 지낸다.

- 식사예절 중 유아들이 지켜야 할 약속과 규칙에 대해 이야기 나누고 실천해 본다(예: 간식을 먹을 때 포크로 장난하지 않기, 돌아다니지 않고 바른 자세로 앉아서 먹기, 꼭꼭 씹어서 먹기 등).
- 유아들이 정리 정돈 중 할 수 있는 일에 대해 이야기 나누고 실천해 본다(간식을 다 먹은 접시와 포크는 조심히 쟁반에 올려놓기, 떨어진 간식 부스러기는 휴지로 줍기 등).
- 유아들이 꾸민 간식을 친구들과 나누어 먹어 본다.

자연탐구	• 생활 속에서 탐구하기〉도구와 기계에 대해 관심을 가진다. • 생활 속에서 탐구하기〉궁금한 것을 탐구하는 과정에 즐겁게 참여한다.

- 유아들이 점토놀이 도구를 탐색하고 각각의 쓰임새에 대해 알아본다.
  - 교사는 유아들이 점토놀이 도구별로 활용하는 방법 등을 알 수 있도록 지원을 해 준다(예: 재료 및 도구가 부족하지 않도록 준비, 유아들이 점토놀이 도구를 사용할 때 주의점, 유아들이 먹어 볼 수 있으므로 색소는 채소

를 갈아서 사용 등).

- 유아들이 밀가루 점토를 만져보고 촉감에 대해 이야기 나눈다(예: 말랑말랑하고, 부드럽고, 찍고 나니 울퉁불퉁하고, 매끈함 등).

신체 운동 · 건강	• 건강하게 생활하기〉자신의 몸과 주변을 깨끗이 한다.

- 밀가루 점토로 간식을 만들기 전에 해야 하는 것과 만들고 난 후 해야 하는 것에 대해 이야기 나눈다(예: 간식을 만들기 전에 손에 있는 세균을 없애야 한다는 것, 만들기를 한 다음 손에 묻은 여러 가지가 세균으로 변할 수 있으므로 씻어야 하는 것, 간식을 먹기 전, 간식을 먹은 후 손 씻기 등).
  - 교사는 유아가 간식을 만들기 전, 만들고 난 후에 손을 씻어야 한다는 것을 유아들이 인지할 수 있도록 언어적 조언을 해 준다.

의사소통	• 듣기와 말하기〉상황에 적절한 단어를 사용하여 말한다.

- 간식을 먹기 전후의 식사예절에 대해 이야기 나눈다.
  - 교사는 유아들이 간식을 먹기 전후 사용해야 할 인사말을 언어적으로 지원을 해 준다(예: 먹기 전에는 잘 먹겠습니다, 감사합니다, 먹고 난 후에는 잘 먹었습니다, 고맙습니다. 등).

건강 활동 7

우리 몸이 좋아해요

연　령 유아

활동목표

- 몸에 좋은 음식과 부적당한 음식을 구분해 본다.
  (자연탐구 〉 생활 속에서 탐구하기 〉 일상에서 모은 자료를 기준에 따라 분류한다.)
- 몸에 좋은 음식을 골고루 먹어야 튼튼해진다는 것을 안다.
  (신체운동 · 건강 〉 건강하게 생활하기 〉 몸에 좋은 음식에 관심을 가지고 바른 태도로 즐겁게 먹는다.)

활동자료

몸에 좋은 음식 사진 카드, 몸에 부적당한 음식 사진 카드, 충분히, 적당히, 조금만 글자판, 융판, 소꿉 놀이도구, 잡지, 풀, 소꿉놀이자료 등(건강활동에 적합한 자료들을 예측하여 준비한다.)

활동방법

1) 음식 사진 카드를 보여 주며 여러 음식에 대해 이야기 나눈다.
   – 어떤 음식들이 있는지 보며 음식의 이름을 말해 볼까요?

2) 몸에 좋은 음식 사진을 보여 주며 이야기 나눈다.
   – (김치, 된장찌개, 우유, 멸치, 콩자반, 생선, 과일, 야채 등) 이 음식들은 우리의 몸을 튼튼하게 해 주는 음식이래요. 여기에 있는 음식들을 먹어

본 적이 있나요?

- 이런 음식을 많이 먹으면 우리 몸이 어떻게 될까요?

3) 몸에 부적당한 음식 사진을 보여 주며 이야기 나눈다.

- (콜라, 햄버거, 피자, 과자, 사탕 등) 여기 있는 음식을 먹어 본 적이 있나요?
- 이런 음식을 많이 먹으면 우리 몸이 어떻게 될까요?

4) 융판을 이용해 유아가 직접 몸에 좋은 음식과 부적당한 음식 사진을 분류해 본다.

- 친구들이 몸에 좋은 음식, 부적당한 음식을 분류해 볼까요?

5) 몸에 좋은 음식, 몸에 부적당한 음식을 3가지 유형으로 분류해 본다.

- (충분히, 적당히, 조금만 융판을 준비해 주며) 여기에 분류해 볼까요?

6) 음식을 분류해 본 경험에 대해 말한다.

- 음식을 충분히, 적당히, 조금만으로 분류하면서 어떤 생각이 들었나요?

<유아가 경험할 수 있는 영역별 활동 전개 예시>

의사소통	• 듣기와 말하기〉자신의 경험, 느낌, 생각을 말한다.

• 몸에 좋은 음식과 부적당한 음식에 대해 이야기 나눈다(예: 유아들이 먹고 있는 음식이 몸에 해로운 것인지 인지하지 못하는 경우 설명, 다양한 음식 사진이나 포스터에 적당히, 조금만 섭취라는 문구가 있는 사진 등을 제시).

신체 운동 · 건강	• 건강하게 생활하기〉몸에 좋은 음식에 관심을 가지고 바른 태도로 즐겁게 먹는다.

• 몸에 좋은 음식 사진을 보여 주며 골고루 먹어야 하는 이유에 대해 알아본다.

– 교사는 영유아 보육 · 교육기관에서 제공되는 간식, 급식은 유아들이 먹어야 하는 영양군에 맞추어 균형 있게 나오는 것이므로 유아들이 편식하지 않도록 언어적 지지를 해 준다(김치, 두부, 된장찌개, 우유, 멸치, 콩자반, 생선, 과일, 야채 등).

자연탐구	• 자연과 더불어 살기〉생명과 자연환경을 소중히 여긴다. • 생활 속에서 탐구하기〉일상에서 모은 자료를 기준에 따라 분류한다.

• 몸에 좋은 음식을 제공해 주는 자연환경이 주는 고마움을 알고, 우리 몸을 소중히 여기는 방법에 대해 이야기 나눈다.

• 잡지에서 음식 관련 사진을 오려 몸에 좋은 음식과 부적당한 음식으로 구분해 본다.

예술경험	• 창의적으로 표현하기〉극놀이로 경험이나 이야기를 표현한다.

- 가족식사에 대한 주제로 소꿉놀이를 해 본다.

– 교사는 엄마, 아빠, 유아역할을 정하여 유아가 몸에 좋은 음식을 먹지 않고 부적당한 음식만 먹겠다는 시나리오도 주어 경험을 통해 인지할 수 있도록 해 준다.

사회관계	• 나를 알고 존중하기〉나를 알고 소중히 여긴다. • 더불어 생활하기〉친구와 서로 도우며 사이좋게 지낸다.

- 유아가 좋아하는 음식이 무엇인지 알아보고 자신을 소중히 여기는 방법에 대해 이야기 나눈다.
- 몸에 좋은 음식을 유아들과 함께 만들어 나누어 먹어 본다(예: 바나나, 수박 나누어 먹어 보기, 시금치 나물 한 줄기씩 나누어 먹어 보기 등).

건강 활동 8

치카치카 이를 닦아요

연령 유아

활동목표

- 이를 깨끗이 닦아야 하는 이유를 안다.
  (신체운동 · 건강 〉 건강하게 생활하기 〉 자신의 몸과 주변을 깨끗이 한다.)
- 음악을 듣고 느낌을 몸으로 표현해 본다.
  (예술경험 〉 창의적으로 표현하기 〉 신체나 도구를 활용하여 움직임과 춤으로 자유롭게 표현한다.)

활동자료

치과 사진, 「치카치카 이를 닦자」 악보, 음원, 치아모형 및 칫솔모형, 충치 사진, 『치카치카 군단과 충치 왕국』(이소윤 글 · 그림, 2011) 동화책, 이 닦기 순서카드와 글자카드 등(건강활동에 적합한 자료들을 예측하여 준비한다.)

활동방법

1) 이를 깨끗이 닦아야 하는 이유에 대해 이야기 나눈다.
   - (치과 사진을 보여 주며) 여기는 어디일까요? 무엇을 하는 곳인지 말해 볼까요?

2) 치과에 다녀온 자신의 경험, 느낌, 생각을 말한다.
   - 치과에 가 본 적이 있나요? 치과에 갔던 경험에 대해 이야기해 볼까요?

3) 충치가 생기는 이유에 대해 이야기 나눈다.

- (충치 사진을 보여 주며) 충치는 왜 생기는 걸까요?

4) 충치 예방을 위해 이를 닦는 방법에 대해 말한다.

- 충치가 생기지 않게 하려면 어떻게 해야 할까요?
- 이는 언제 닦아야 할까요? 이는 어떻게 닦아야 할까요?

5) 노래를 부르면서 치아모형으로 양치질하는 동작을 해 본다(예: 위를 닦고, 아래를 닦고, 오른쪽, 왼쪽 등).

- 노래를 부르면서 치아모형으로 치카치카를 해 볼까요?

6) 「치카치카 이를 닦자」의 음원을 들으면서 노랫말에 따라 몸으로 자유롭게 표현해 본다.

- 노래에 맞추어 이 닦는 모습을 자유롭게 표현해 볼까요?

<유아가 경험할 수 있는 영역별 활동 전개 예시>

신체 운동 · 건강	• 건강하게 생활하기〉질병을 예방하는 방법을 알고 실천한다.

- 이를 깨끗이 닦으면 질병을 예방할 수 있음을 알고 실천해 본다.
  - 교사는 영유아 보육 · 교육기관에서뿐만 아니라 가정에서도 이를 깨끗이 닦아 자신의 몸과 주변을 깨끗이 하는 것이 질병을 예방하는 방법임을 알게 한다(예: 이를 닦지 않을 경우 생기는 충치, 충치 예방을 위해 치과를 정기적으로 방문하는 것 등)

예술경험	• 창의적으로 표현하기〉노래를 즐겨 부른다. • 창의적으로 표현하기〉다양한 미술재료와 도구로 자신의 생각과 느낌을 표현한다.

- 「치카치카 이를 닦자」의 음원을 들으면서 노래를 함께 불러 본다.
- 이 닦기 사진과 이 닦기 글자카드로 이 닦기 순서표를 만들어 본다.

자연탐구	• 생활 속에서 탐구하기〉도구와 기계에 대해 관심을 가진다.

- 칫솔의 교체시기 및 방법에 대해 이야기 나눈다.
  - 교사는 칫솔 선택과 칫솔 교환 방법 등을 유아들에게 알려 준다(예: 모가 망가진 칫솔을 실제로 보여 주며 교체시기임을 설명, 연령에 맞는 칫솔과 치약 사용 등).

사회관계	• 나를 알고 존중하기〉나를 알고 소중히 여긴다. • 더불어 생활하기〉약속과 규칙의 필요성을 알고 지킨다.

- 유아들의 치아상태를 점검하고 이를 소중히 관리하는 방법에 대해 이야기 나눈다.

- 이 닦기 할 때(예: 밥 먹고 난 후, 간식 먹고 난 후, 단 음식을 먹고 난 후 등)를 알려 주고 이 닦는 규칙에 대해 이야기 나눈다.

의사소통	• 책과 이야기 즐기기〉책에 관심을 가지고 상상하기를 즐긴다.

- 동화책을 읽어 주고 이야기 나눈다.
  - 교사는 『치카치카 군단과 충치 왕국』(이소윤 글 · 그림/2011) 동화책의 줄거리를 통해 책에 관심을 갖고 즐길 수 있도록 유아들에게 언어적 지원을 해 준다.

『치카치카 군단과 충치왕국』
이소을 글 · 그림/상상박스/2011

건강
활동 9

깨끗하게 목욕해요

연　　령 유아

활동목표

- 몸을 깨끗이 유지하는 습관을 가진다.
  (신체운동 · 건강 〉 건강하게 생활하기 〉 자신의 몸과 주변을 깨끗이 한다.)
- 신체를 이용하여 목욕하는 모습을 자유롭게 표현해 본다.
  (예술경험 〉 창의적으로 표현하기 〉 신체나 도구를 활용하여 움직임과 춤으로 자유롭게 표현한다.)

활동자료

목욕하는 순서 그림, 목욕하기 CD('움직임과 춤 활동' 아이코리아), 목욕용품 등(건강활동에 적합한 자료들을 예측하여 준비한다.)

활동방법

1) 수수께끼 게임을 통해 목욕하는 모습을 알아본다.
   - 수수께끼를 해 볼 거예요. (교사가 목욕하는 흉내를 내며) 이 동작은 어떤 모습일까요?
   - 어떤 동작을 보고 목욕하는 모습인지 알 수 있었나요. 한번 해 볼까요?

2) 목욕했던 자신의 경험과 느낌을 말한다.
   - 목욕할 때 기분이 어떤가요?
   - 머리를 감을 때는 어떻게 해야 할까요?

- 비누칠을 하고 몸을 만지면 어떤 느낌이지요?

3) 음악을 들으면서 목욕하는 모습을 몸으로 자유롭게 표현해 본다.
   - 음악을 들으면서 몸 씻는 동작을 자유롭게 표현해 볼까요?
   - 친구들이 서로를 바라보면서 어떤 동작을 하는지 살펴볼까요?

4) 유아들이 씻는 동작으로 목욕하는 모습을 표현하면서 친구의 동작을 맞혀 본다.
   - 친구가 무슨 동작을 했는지 맞혀 볼까요?

5) 목욕하는 모습을 몸으로 표현해 본 느낌에 대해 이야기 나눈다.
   - 목욕하는 모습을 몸동작으로 표현해 보니 어땠나요?

〈유아가 경험할 수 있는 영역별 활동 전개 예시〉

신체 운동 · 건강	• 건강하게 생활하기〉자신의 몸과 주변을 깨끗이 한다. • 신체활동 즐기기〉실내외 신체 활동에 자발적으로 참여한다.

- 목욕을 깨끗이 해야 하는 이유에 대해 이야기 나눈다(예: 목욕을 자주 하지 않을 경우 몸에서 악취가 나며, 머릿니, 서캐의 기생충이 생길 수 있음).
  - 교사는 유아가 목욕을 깨끗이 하는 것이 질병을 예방하는 방법임을 알도록 언어적 지원을 해 준다.
- 음악을 들으면서 신체활동에 자발적으로 참여하도록 한다.
  - 교사는 유아들이 목욕하는 모습을 몸동작으로 자유롭게 표현할 수 있도록 언어적 지원을 해 준다(예: 표현하기 어려워하거나 쑥스러워하는 유아를 격려해 준다.).

예술경험	• 예술 감상하기〉서로 다른 예술표현을 존중한다.

- 음악을 들으면서 유아들이 서로를 바라보고 친구들의 모습을 관찰하며 표현해 본다(예: 유아들 서로 각자가 하고 싶은 모습을 자유롭게 표현하도록 지원해 준다.).
  - 교사는 유아들이 친구들의 표현을 인정해 주도록 언어적 지원을 해 준다.

사회관계	• 나를 알고 존중하기〉내가 할 수 있는 것을 스스로 한다. • 더불어 생활하기〉약속과 규칙의 필요성을 알고 지킨다.

- 목욕을 위해 스스로 할 수 있는 것에 대해 이야기 나눈다(예: 머리 말리기, 옷 벗기 등).
- 목욕을 하는 과정에도 규칙이 있음을 알고 지키게 한다.
  - 교사는 목욕하는 순서 그림을 영유아 보육 · 교육기관에 제시함으로 목욕에서의 규칙의 필요성을 알게 환경적으로 지원을 해 준다.

자연탐구	• 생활 속에서 탐구하기〉궁금한 것을 탐구하는 과정에 즐겁게 참여한다.

- 유아들과 목욕용품에 대해 이야기 나누고 사용방법과 사용시기를 알아본다.

의사소통	• 듣기와 말하기〉자신의 경험, 느낌, 생각을 말한다.

- 목욕했던 자신의 경험, 느낌에 대해 이야기 나눈다(예: 목욕할 때 기분이 어떤지, 머리를 감고 났을 때의 기분은 어떤지 등).
  - 교사는 유아들이 비누칠을 하고 몸을 만지면 어떤 느낌인지 언어적 표현을 하도록 한다(예: 매끈하다, 부드럽다, 미끄럽다, 거품이 보들보들하다, 비눗방울 놀이, 비누거품놀이 등).

건강 활동 10

화장실을 가고 싶어요

연 령 유아

활동목표

- 변의를 느낄 때 참지 말고 화장실 가고 싶다고 말로 표현해 본다.
  (의사소통 〉 듣기와 말하기 〉 자신의 경험, 느낌, 생각을 말한다.)
- 화장실 사용법을 익힌다.
  (자연탐구 〉 생활 속에서 탐구하기 〉 도구와 기계에 대해 관심을 갖는다.)

활동자료

동화 「응가를 했어요」 화장실 사용방법 순서 그림, 슬리퍼, 화장실 사용순서 사진과 글자카드 등(건강활동에 적합한 자료들을 예측하여 준비한다.)

활동방법

1) 「응가를 했어요」 동화를 들려주고 이야기 나눈다.
   - 동화 속의 친구에게 어떤 일이 생겼나요?
   - 친구들도 동화 속 친구처럼 화장실에 가는 것이 무서웠던 적이 있었나요?

2) 화장실에 가고 싶을 때 어떻게 해야 하는지 알아본다.
   - 동화 속 웅찬이는 쉬나 응가를 하고 싶을 때 뭐라고 말하기로 했나요?
   - 친구들도 "화장실 가고 싶어요."라고 말해 볼까요?

3) 화장실의 위치를 알아보고 화장실이 같이 둘러본다.
   - 우리 반 화장실은 어디 있나요?

4) 화장실 사용법에 대해 이야기 나눈다.
   - 화장실에 들어갈 때는 무엇을 신어야 할까요?
   - 여자 친구들과 남자 친구들이 사용하는 화장실은 어떻게 다른가요?
   - 소변과 대변을 본 후 어떻게 해야 할까요?

5) 화장실에서 지켜야 할 약속에 대해 이야기 나눈다.
   - 화장실에서 지켜야 할 약속은 무엇이 있을까요?

6) 화장실을 직접 사용해 보고 손을 씻고 슬리퍼를 정리해 본다.

「응가를 했어요」

글: 김애란

웅찬이가 제일 좋아하는 동화시간이에요.
선생님의 재미있는 동화를 모두 귀 기울여 듣고 있었어요.

그런데 어쩌죠?
웅찬이 배에서 '꾸룩꾸룩' 소리가 나며 금방이라도 응가가 나올 것 같았어요.
'어떻게 하지? 응가가 마려운데.... 동화 끝날 때까지만 참자.'
웅찬이는 동화가 너무 재미있어서 화장실에 가지 않고 꾹 참았어요.

드디어 동화가 끝났어요.
웅찬이는 화장실에 가서 응가를 하고 싶었지만 갈 수 없었어요.
어린이집 화장실은 집과는 달라서 조금 무서웠거든요.
그런데, 바로 그때! 참고 참았던 응가가 나오고 말았어요.
"윽! 이게 무슨 냄새야? 누가 응가를 했나 봐." 친구들이 수군거렸어요.
웅찬이는 너무 부끄러워서 얼굴이 빨개졌어요.
그러자, 선생님께서 다가와 말씀하셨어요.
"괜찮아. 웅찬아. 누구나 실수로 바지에 응가를 할 수 있단다. 하지만, 다음부터는 쉬나 응가가 마려우면 참지 말고, "선생님, 화장실에 가고 싶어요!"라고 말하렴.
그건 부끄러운 일이 아니란다."
웅찬이는 따뜻하게 말씀해 주시는 선생님께 너무 감사했어요. 그리고 생각했어요.
'쉬나 응가가 하고 싶으면 참지 말고, "선생님, 화장실에 가고 싶어요!"라고 말해야지...'라고 말이에요.

출처: 교육과학기술부(2013c). 총론 유치원/어린이집과 친구 -만 3세 누리과정 교사용 지도서-.

<유아가 경험할 수 있는 영역별 활동 전개 예시>

의사소통	• 듣기와 말하기>책에 관심을 가지고 상상하기를 즐긴다. • 듣기와 말하기>상황에 적절한 단어를 사용하여 말한다. • 책과 이야기 즐기기>동화, 동시에서 말의 재미를 느낀다.

- 「응가를 했어요」 동화를 듣고 이야기 나눈다.
  - 교사는 유아들이 동화 속의 친구처럼 화장실에 가는 것이 무서웠던 적이 있었는지 자신의 경험을 말해 보도록 한다(예: 자신의 경험을 말하는 유아가 겁쟁이로 비치지 않도록 주의).
- 화장실에 가고 싶은 상황일 때 적절한 단어로 말해 보도록 한다(예: 화장실 가고 싶어요, 응가 마려워요, 쉬 마려워요 등).
  - 교사는 영유아 보육 · 교육기관에서 용변의사표현은 자연스러운 일이고 용변을 보는 일은 꼭 해야 하는 것임을 인식하도록 하며, 영유아의 용변을 보고 싶어 하는 신체표현을 알아야 한다.
- 동화를 통해 책의 이야기를 즐기며 말의 재미를 느낀 경험에 대해 이야기 나눈다.
  - 교사는 유아들이 책을 읽거나 동화를 들으면서 나오는 재미있는 말의 느낌을 표현할 수 있도록 언어적 지원을 해 준다(예: 꾸룩꾸룩, 꼬로록, 윽, 쿨렁쿨렁, 물렁물렁, 능글능글 등).

신체 운동 · 건강	• 건강하게 생활하기>자신의 몸과 주변을 깨끗이 한다.

- 화장실 사용 후 물을 내려야 하는 이유에 대해 이야기 나눈다(예: 응가를 쌌는데 닦지 않았을 경우, 물을 내리지 않고 교실로 돌아온다면 어떤 상황이 벌어질 것인지 등).

예술경험	• 창의적으로 표현하기〉다양한 미술재료와 도구로 자신의 생각과 느낌을 표현한다.

- 화장실 사용순서 사진(그림)과 글자카드로 화장실 사용순서표를 만들어 본다.

사회관계	• 나를 알고 존중하기〉내가 할 수 있는 것을 스스로 한다. • 더불어 생활하기〉약속과 규칙의 필요성을 알고 지킨다.

- 화장실 사용 후 스스로 할 수 있는 것에 대한 이야기 나눈다.
  - 교사는 유아들이 화장실을 사용 후 스스로 처리할 수 있도록 언어적 지지를 해 준다(예: 물을 내리기, 화장실 사용 후 반듯이 손 씻기 등).
- 화장실에서 지켜야 할 규칙에 대해 이야기 나눈다(예: 들어가기 전 똑똑똑하기, 화장실용 슬리퍼 사용하기, 한 줄 서서 질서 지키기, 기다리는 동안 친구 밀지 않기 등).
  - 교사는 영유아 보육 · 교육기관 화장실에서 지켜야 할 규칙의 필요성을 알게 환경적 지원(화장실 사용순서의 그림을 부착하여 화장실에서의 규칙을 지키는 것이 안전사고 예방임을 교육)과 언어적 지원을 해 준다.

자연탐구	• 생활 속에서 탐구하기〉도구와 기계에 관심을 가진다.

- 여자 변기와 남자 소변기의 다른 점에 대해 알아본다.
  - 교사는 여자와 남자가 소변을 보는 기능이 다름을 이해시키며, 성교육으로 확장해 줄 수 있다.

건 강

활동 11

바른 자세로 앉아서 먹어요

연 령 유아

활동목표

- 음식을 바른 자세로 앉아 천천히 먹어야 건강해짐을 안다.
  (신체운동 · 건강 〉 건강하게 생활하기 〉 몸에 좋은 음식에 관심을 가지고 바른 태도로 즐겁게 먹는다.)
- 음식을 먹을 때 지켜야 하는 규칙에 대해 알아본다.
  (사회관계 〉 더불어 생활하기 〉 약속과 규칙의 필요성을 알고 지킨다.)

활동자료

바른 자세로 먹지 않는 그림 5장(큰 소리로 말하면서 옆 사람에게 음식을 튀기면서 먹는 그림, 음식을 흘리고 먹는 그림, 돌아다니면서 먹는 그림, 누워서 먹는 그림, 포크로 장난하면서 먹는 그림, 바른 자세로 음식을 먹는 그림, 소꿉놀이 도구 등 (건강활동에 적합한 자료들을 예측하여 준비한다.)

활동방법

1) 음식을 먹는 자세에 대해 이야기 나눈다.
   - (각 그림을 한 장씩 보여 주며) 그림 속에 친구는 음식을 어떻게 먹고 있나요?
   - 친구들도 그림 속 친구처럼 이렇게 음식을 먹으면 어떻게 될까요?

2) 음식을 먹었던 다양한 경험에 대해 말한다.

- 친구들은 아침에 어떤 음식들을 먹고 왔나요?
- 친구들은 음식을 먹을 때 어떤 자세로 먹었나요?

3) 음식을 건강하게 먹는 방법에 대해 이야기 나눈다.

- 음식은 어떻게 먹어야 하나요?
- 음식을 먹을 때 바른 자세로 먹어야 하는 이유는 무엇일까요?
- 음식을 꼭꼭 씹어서 천천히 먹어야 하는 이유는 무엇일까요?

4) 바른 자세로 앉아서 밥을 먹는 흉내를 내본다.

- 바르게 앉아서 음식을 먹으니 기분이 어떤가요?

5) 간식이나 점심을 먹을 때의 규칙에 대해 이야기 나눈다.

- 음식을 먹을 때 지켜야 할 약속에는 무엇이 있을까요?

<유아가 경험할 수 있는 영역별 활동 전개 예시>

예술경험	• 창의적으로 표현하기>극놀이로 경험이나 이야기를 표현한다.

- '소꿉놀이'를 통해 바른 자세로 밥을 먹는 역할 놀이를 한 후 이야기 나눈다.
  - 교사는 유아들이 친구들 바른 자세로 음식을 먹는 역할 놀이를 해 볼 수 있도록 소꿉놀이도구 등 환경적 · 언어적 지원을 해 준다(부모역할, 유아 역할 등 역할을 분배하여 경험이 풍부해지도록 극놀이로 확장한 후 감정을 언어로 표현해 보도록 함).

신체 운동 · 건강	• 건강하게 생활하기>몸에 좋은 음식에 관심을 가지고 바른 태도로 즐겁게 먹는다.

- 음식을 어떤 자세로 먹어야 건강해지는지 알아본다(예: 바르게 앉아서 먹어요, 음식을 꼭꼭 씹어서 천천히 먹어요 등).
  - 교사는 유아가 건강한 자세로 음식을 먹을 수 있도록 언어적 지원을 해 주고 그림(예: 바른 자세로 음식을 먹는 그림, 바른 자세로 먹지 않는 그림 등)을 게시하여 환경적 지원을 해 준다.

의사소통	• 듣기와 말하기>자신의 경험, 느낌, 생각을 말한다.

- 음식을 먹었던 자세에 대한 자신의 경험을 말한다.
  - 교사는 유아들이 음식을 먹으면서 어떤 자세로 먹었는지 유아 자신의 경험을 나눌 수 있도록 언어적 지원을 해 준다(예: 엄마가 떠먹여 줌, TV를 보면서 먹음, 엎드려 먹음 등 표현하기 어려워하거나 쑥스러워하는 유아를 격려).

사회관계	• 사회에 관심 가지기〉다양한 문화에 관심을 가진다.

- 각 나라의 식탁예절에 대해 알아본다(예: 우리나라와 외국의 식탁예절 비교-우리나라는 말을 하지 않고 먹기, 프랑스는 대화를 하면서 먹기 등).

자연탐구	• 생활 속에서 탐구하기〉도구와 기계에 관심을 가진다.

- 젓가락과 포크를 비교해 보고 젓가락 사용법에 대해 알아보고 사용해 본다.

chapter 05

영유아 안전교육의 이론적 기초

1. 영유아 안전교육의 이해
2. 영유아 발달과 안전
3. 국가 수준의 영유아 안전교육

안전교육은 영유아의 건강한 성장과 안전한 생활을 유지하는 데 필요한 기초교육이다. 영유아를 대상으로 안전사고를 예방하고 안전교육을 실시하는 데 기본적으로 알아 두어야 할 안전교육의 개념 및 의의, 영유아 발달 특성에 따른 안전지도 그리고 국가 수준의 영유아 안전교육의 목표와 내용을 통해 안전교육의 이론적 기초를 마련한다.

1. 영유아 안전교육의 이해

영유아 보육 · 교육기관에서 영유아의 발달에 적합한 안전교육과 안전한 환경을 구성하기 위해서는 안전교육의 개념과 중요성에 대한 바른 인식이 필요하다. 안전한 생활과 태도를 형성하기 위한 영유아 안전교육의 개념과 의의를 살펴보면 다음과 같다.

1) 영유아 안전교육의 개념

안전의 사전적 의미는 "위험이 생기거나 사고가 날 염려가 없음 또는 그런 상태"(국립국어원, 2013), "위험 원인이 없는 상태 또는 위험 원인이 있더라도 인간이 위해를 받는 일이 없도록 대책이 세워져 있고, 그런 사실이 확인된 상태"(두산백과사전, 2013)를 의미한다.

안전교육은 "상해, 사망 또는 재산의 피해를 일으키는 불의의 사고를 예방하는 것으로서 안전행동에 기여하는 습관, 기능, 태도 및 지식에 긍정적으로 영향을 미치는 경험의 총체"(한국교육개발원, 1995), "정신적 · 신체적 상해나 사고의 위험 가능성을 줄이기 위해 인적 · 물리적 환경을 수정하여 편안하고 안정된 위험이 없는 상태를 유지할 수 있도록 노력하는 총체적인 활동"으로 정의된다(Marotz, Cross & Rush, 2005). 안전교육은 안전을 위협하는 여러 가지 환경적 요소로부터 안전한 생활의 유지 및 확보를 목적으로 하는 교육이며(김경화, 신혜경, 이임복, 2011), 예방과 경험을 강조한다.

영유아를 대상으로 한 안전교육은 영유아들이 신체적, 정신적 상해나 사고 없이 건강하게 자랄 수 있도록 환경을 조성하는 것이며, 보다 넓게는 영유아들이 신체적, 정신적, 정서적으로 상해나 사고 또는 학대를 받지 않도록 인적, 물적 환경을 조성하는 것뿐만 아니라 영유아들이 모든 환경에서 안전하게 자랄 수 있도록 예방하는 총체적인 활동을 의미한다(채혜선, 임미혜, 2011). 즉, 영유아 안전교육은 영유아의 발달 특성에 대한 이해를 바탕으로 영유아들이 일상생활 속에서 직면하는 위험을 알고, 스스로 위험한 상황에 대처할 수 있는 능력과 태도를 기르고, 안전하게 행동할 수 있도록 일상생활 속에서 형식적, 비형식적인 경험을 제공하는 교육활동의 총체이다. 이러한 측면에서 영유아 안전교육은 영유아 자신에 대한 보호뿐만 아니라 타인의 생명을 존중하는 인간 개개인의 존엄성을 배우는 전인교육(중앙보육정보센터, 2008)이라 할 수 있다.

안전교육이 효과적으로 이루어지기 위해서는 단순히 영유아에게 발달적으로 안전한 환경만을 제공하거나 단순한 지식을 전달하는데 그치는 것이 아니라 영유아가 평생 동안 안전생활이 습관화될 수 있도록 지속적인 교육이 실시되어야 한다. 따라서 영유아를 대상으로 하는 안전교육은 영유아 스스로 안전에 대한 올바른 태도와 행동을 형성하여 스스로 안전한 삶의 태도를 형성하도록 한다. 또한, 영유아 스스로 자신의 안전을 보호할 수 있는 능력과 기술을 가지도록 교육한다.

영유아 보육 · 교육기관에서는 영유아가 일상생활 속에서 안전을 위해 필요한 사항을 이해하고 스스로 규칙을 지키며, 자신과 타인의 생명을 존중하고 안전한 생활을 영위할 수 있는 태도와 기술의 상호작용, 위험에 대처할 수 있는 능력을 기르도록 교육한다. 영유아 안전교육에서의 안전지식, 안전태도 및 안전기술은 <표 5-1>과 같다.

〈표 5-1〉 영유아 안전교육에서의 안전지식, 안전태도 및 안전기술

안전교육	내용
안전지식	• 안전한 상황에 대한 이해 • 안전규칙과 안전한 상황의 특징 및 잠재적 위험성에 대한 이해 (예) 교통안전 표지판의 의미와 교통안전 규칙을 아는 것
안전태도	• 안전에 대한 중요성과 안전생활에 대한 일관된 반응 및 습관 (예) 운동 전에 준비운동을 하는 습관, 보호 장비를 착용하는 습관
안전기술	• 안전하게 행동할 수 있는 능력 • 안전한 상황의 정보를 적절히 인지하고 처리할 수 있는 능력 (예) 길을 건널 때 횡단보도에서 좌우를 살핀 후 차가 오지 않을 때 건너는 행동

2) 영유아 안전교육의 의의

영유아기는 신체적으로 급격한 변화와 발달이 일어나고 호기심이 많은 반면 안전에 대한 인식이나 대처능력이 부족하여 안전사고의 위험성이 높은 시기이다. 이에 영유아에게 안전한 환경을 제공하려는 노력과 더불어 안전생활을 습관화할 수 있는 안전교육이 필요하다. 영유아 안전교육의 중요성을 살펴보면 다음과 같다.

첫째, 영유아기 발달 특성에 따른 안전사고의 위험 때문이다. 영유아기는 신체활동이 많아지고, 호기심이 높아져서 끊임없이 움직이고 탐색하려는 욕구가 강한 반면 신체기능이 미성숙하여 균형유지와 운동기능이 미흡하고 위험한 상황에 대한 지식과 판단능력이 부족하여 안전이 요구되는 시기이다(김희숙, 강경아, 김신정, 김현옥, 문선영, 2012). 영유아의 호기심은 자연적이어서 영유아는 탐색과 동시에 시도와 실수를 반복하고, 다른 사람의 행동을 모방하면서 주변 세계에 대해 배운다. 이러한 영유아의 충동은 종종 그들을 위험한 상황으로 이끌고 이것은 실질적인 경험 부족과 연합되어 사고를 초래하게 된다(윤선화, 2000).

영유아기 안전사고의 발생률을 살펴보면, 만 1만 4세 이하 인구 6,845명 중 안전사고 사망자 수는 196명으로 아동 10만 명당 2.9명이 안전사고로 사망한 것으로 나타났으며, 안전사고 유형에는 교통사고, 익사, 추락, 화상, 중독 등이 주요 원인이었다(통계청, 2017). 영유아 안전사고 원인별 사망자수는 〈표 5-2〉와 같다.

〈표 5-2〉 영유아 안전사고 원인별 사망자수

총계	교통사고	추락	익사	화재	중독	기타
196	75	24	26	7	2	62

출처: 통계청(2017).

한국소비자원(2021)의 자료를 살펴보면, 2020년에 남아의 안전사고는 11,002건으로 전체의 59.4%를 차지하였고, 여아는 7,462건으로 40.3%를 차지하여 남아와 여아의 비율이6:4로 남아의 건수가 많은 것으로 나타났다. 발달 단계별로 걸음마기(1~3세)는 7,933건으로 42.9%를 차지해 가장 많았고, 유아기(4~6세)는 4,438건(24%), 학령기(7~14세)는 4,403건(23.8%), 영아기(0세)는 1,720건(9.3%) 순으로 나타났다. 걸음마기는 활동범위가 넓어지는 시기이나 균형감각 및 신체 민첩성이 완전하지 못해 안전사고에 가장 취약한 것으로 분석되었다. 사고유형으로는 미끄러짐 · 넘어짐이 32.3%로 가장 많았고, 추락 22.4%, 식품섭취 7.2%로 나타났다.

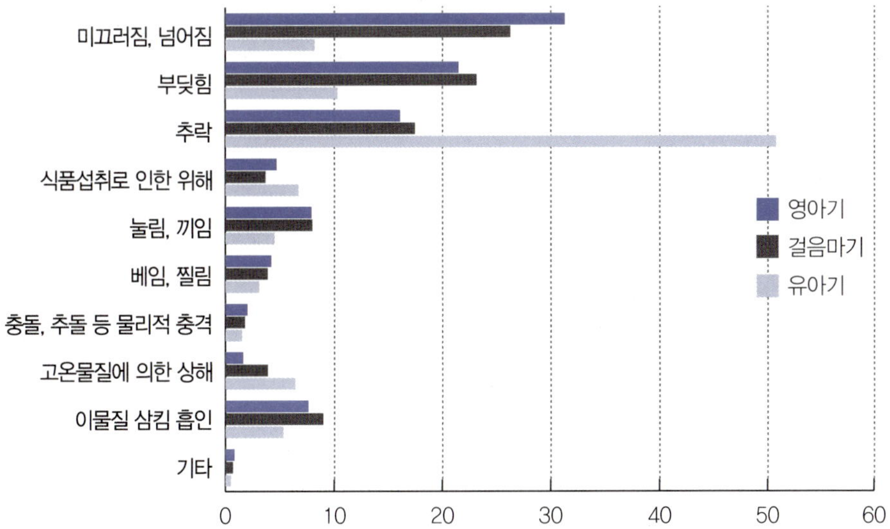

[그림 5-1] 영아기, 걸음마기, 유아기 위해유형별 현황(2014~2018년)

출처: 한국소비자원(2019). 2018 어린이집 안전사고 동향분석.

어린이집 손소독제 안전사고는 2016~2019년에 연 평균2.5건 발생하였으나 국내 코로나19 감염병이 확산한 2020년에만 32건으로 전년대비 큰 폭으로 급증하였다(한국소비자원, 2021).

둘째, 영유아기에 안전교육을 실시해야 하는 중요한 이유는 영유아기가 건강하고 안전한 습관을 형성하기에 최적의 시기(Cornacchia, Olsen & Nickerson, 1991)라는 점이다. 이 시기의 영유아들은 자기 주변을 탐색하고, 성인들의 행동을 모방하며, 자신을 둘러싼 주변 환경과 상호작용하면서 배워나간다. 그러므로 일상생활 속에서 여러 안전사고의 원인을 파악하고 자신의 몸을 돌보는 방법을 습득해 나가게 된다. 따라서 교사는 영유아들에게 안전을 위한 정확한 정보를 제공하고 안전한 습관과 태도를 형성할 수 있도록 도와준다. 영유아기에 잘 형성된 안전한 행동은 어른이 되어서도 평생 동안 습관이 될 수 있다(Kendricks, Kaufmann & Messenger, 1988). 영유아가 자신의 몸과 타인의 몸을 소중히 여기고 위험에 대해 알고 이를 회피하는 방법을 터득해 안전하게 생활하는 습관과 태도를 기르는 것은 영유아를 사고로부터 지키고 보호할 뿐 아니라 안전을 증진시키므로 매우 중요하다(윤선화, 정윤경, 이경선, 2010b).

셋째, 영유아기 안전교육에 대한 교육적 경험은 사후처리보다는 예방적 기능을 강조하기 때문에 이후 생활에서의 사고 발생률을 줄일 수 있기 때문이다. 영유아기에 형성된 안전교육에 대한 태도는 전 생애에 걸쳐 지속적인 영향을 미치기 때문에 영유아기 이후의 삶에 긍정적인 영향을 주어 안전사고의 발생률을 줄일 수 있게 된다. 또한, 영유아기 안전교육에 대한 기초를 형성하게 되면 자신의 생명과 재산뿐 아니라 타인의 생명과 재산도 소중하게 생각할 수 있는 이타심과 생명존중의 사상을 생의 초기부터 갖게 되기 때문에 중요하다.

2. 영유아 발달과 안전

영유아들은 상상과 실제를 잘 구별하지 못하고 충동적으로 행동하며 몸의 균형을 유지하는 능력이나 협응능력, 운동능력이 충분히 발달되어 있지 않기 때문에 다양한 사고에 노출되기 쉽다. 따라서 영유아 보육 · 교육기관에서 근무하는 교사들은 영유아의 발달적인 특성을 잘 이해하고 연령별로 발생하는 안전사고에 대한 지식과 대처방법을 숙지하여 영유아 보육 · 교육 현장에 적용할 수 있어야 한다.

1) 영아발달과 안전

영아는 발달 특성상 주변의 사물이나 환경에 대한 호기심이 높고 탐구하려는 충동이 강한 반면 신체기능 발달과 신체조절능력이 미숙하다. 출생 직후 반사운동으로 움직임을 시도하던 신생아는 영아기 동안 빠른 성장과 발달을 시작한다. 뒤집기, 기기, 안기, 서기, 걷기, 뛰기가 가능해지면서 시야가 확대되어 호기심과 탐구심이 많아지고, 손과 팔, 눈, 다리 등 협응력이 발달하면서 자신의 몸이나 도구를 이용하여 여러 가지 물체를 탐색하는 목표지향적 행동을 하게 된다. 만 0~2세 영아기 발달 특성과 관련하여 발생할 수 있는 안전사고에는 추락, 질식, 이물질 흡입, 화상, 장난감 및 놀이시설에서의 부딪힘, 넘어짐, 끼임, 찔림 등이 있다.

영아는 뒤집기를 시작할 무렵부터 추락 사고가 빈번하게 일어난다. 영아의 두개골은 연약하고 머리와 상체 부분이 하체에 비해 무겁기 때문에 균형 감각이 잡히지 않아 추락하게 되며 머리 부분이 손상을 입게 된다. 생후 약 7개월이 되어 기어 다닐 무렵에는 소파와 의자, 침대에서 추락하는 사고가 흔히 발생한다. 그러므로 양육자는 영아를 혼자 두지 않아야 하고, 추락 가능성이 있는 곳은 안전한 차단물이나 울타리를 설치한다. 만 2세 영아기에도 추락은 자주 발생한다. 넘어져서 다치는 것보다는 창틀에서 떨어지거나 계단에서 구르는 등의 추락 사고가 많으며 손상 정도가 더 심각하다. 놀이기구에서 낙상하거나 미끄러지는 사고 또한 만 1~2세 영아에게서 흔히 발생되는 사고이다.

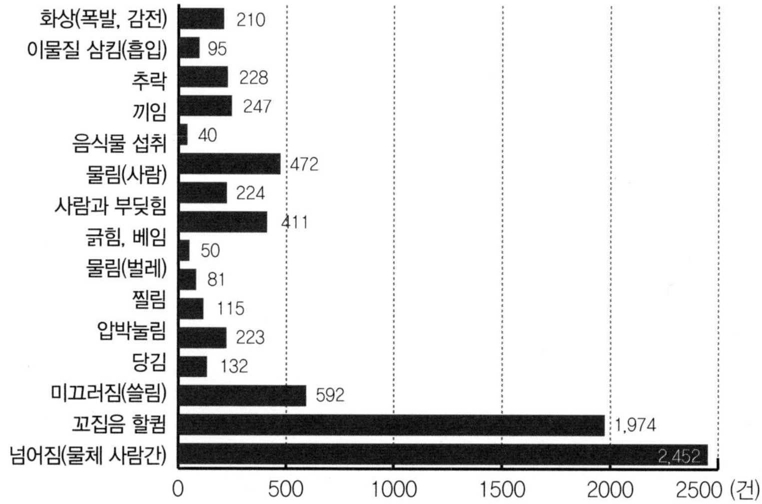

[그림 5-2] 어린이집 영아반 교실에서 발생하는 사고의 원인

출처: 어린이집안전공제회(2019).

영아들은 호기심이 많기 때문에 주변 환경에 대한 탐색활동이 활발해진다. 주변에 있는 유아용품 등을 가져와 코까지 덮거나 가리게 되면 질식사고가 일어날 수 있다. 질식사고는 이산화탄소 등의 과다로 혈액 속의 산소가 부족하여 발생할 수 있는 사고이다. 밀폐된 빈 공간에 영아가 혼자 들어가지 못하도록 주의하고 푹신한 침구에 엎어서 재우는 것을 삼가야 한다.

영아들은 무엇이든 입으로 가져가는 습성이 있다. 입을 통해 세계를 탐색하는 것이다. 따라서 영아의 손에 닿는 모든 물건은 입으로 들어가지 않을 정도로 커야 하는데 대개 지름 3.5cm 이상의 것이 안전하다. 그렇지 않을 경우 기도가 막히거나 이물질이 식도를 넘어가 식도 벽에 박히거나 위장관에 들어가는 이물질 흡입 사고가 일어날 수 있다.

영아들은 냄새와 맛이 고약해도 먹는 습성이 있기 때문에 중독사고도 빈번하게 발생한다. 독성물질은 용량이나 투여방법에 상관없이 신체에 해로운 물질을 말한다. 세제류, 상비약, 크레용이나 건전지, 모기향, 농약 등은 영아의 손이 닿지 않는 곳에 두고 보관함을 영아가 열 수 없도록 관리해야 한다.

영아기에는 화상 사고도 빈번하게 발생한다. 영아의 피부는 매우 약하고, 체중에 비해 체표피부의 면적이 넓기 때문에 화상을 입게 되면 성인보다 훨씬 더 위험에 빠진다. 영아를 욕조에 담근 채 뜨거운 물을 틀거나 식탁보가 깔린 식탁 위에 뜨거운 음식을 놓았을 경우 영아가 식탁보를 당기면서 음식물이 쏟아져서 화상을 입을 수 있다. 또한, 영아를 곁에 두고 다림질을 하다 영아가 다리미에 손이 닿아 화상을 입을 수 있고, 전자레인지나 오븐에서 막 꺼낸 음식으로 인해 영아의 손이 닿아 화상을 입을 수 있다. 그러므로 이 시기에는 뜨거운 음식이나 물건을 영아 주변에서 취급하는 일이 없어야 하고 영아들의 손에 커튼, 식탁보, 천 등이 닿아서 뜨거운 물건과 접촉하는 일이 없도록 한다.

영아가 성장하면서 놀이의 내용과 방법이 다양하게 확장된다. 상징놀이를 시작하면서 주변의 모든 사물이나 장난감 등이 놀이에 이용될 수 있고 새로운 방법으로 놀이를 시도하게 되므로 안전지도가 필요하다. 예를 들어, 부엌에 있는 조리기구들을 꺼내 굴려보고 부딪혀서 소리를 내보거나 상징놀이의 매개체로 활용할 수 있다. 그러므로 영아의 손이 닿는 곳에는 위험한 칼이나 날카로운 도구들은 보관하지 말아야 한다. 또한, 이동능력이 발달하면서 식탁 밑에 들어가거나 옷장 속에 들어가거나 침대 위에서 뛰어내리는 등 영아들이 접근할 수 있는 모든 공간과 가구, 도구들이 놀이에 활용될 수 있으므로 세심한 주의를 기울여야 한다. 또한, 장난감을 던지거나 부수는 일이 흔하게 발생하기 때문에 각이 지거나 너무 뾰족한 장난감을 제공하면 안전사고를 유발할 가능성이 커진다. 특히, 적목이나 블록 등을 갖고 놀 때는 성인이 항상 영아 곁에서 함께 있어 주는 것이 바람직하다.

영아들은 대근육 발달이 활발해짐에 따라 미끄럼틀, 시소, 그네, 회전목마, 트램펄린 등을 이용하여 대근육 활동을 즐긴다. 그네, 미끄럼틀 등 움직임이 활발한 놀이기구는 충돌이나 추락 등의 상해를 유발할 수 있으므로 놀이시설을 이용할 때 규칙을 지키도록 하고 놀이시설 바닥에 충격을 흡수할 수 있는 잘게 썬 나뭇조각이나 모래 등을 제공한다. 활동적인 놀이시설 간의 적정한 간격을 유지하고 놀이기구 간의 동선을 충분히 고려하여 안전사고를 예방한다. 또한, 부모, 교사는 놀이기구나 시설을 이용할 때 올바른 사용법을 알려 주고 놀이기구를 올바르게 사용할 수 있도록 좋은 모델의 역할을 해야 한다.

만 0~2세 영아의 발달특징에 따른 위험요소와 예방조치를 정리하면 <표 5-3>과 같다(보건복지가족부, 2008c).

〈표 5-3〉 영아의 발달특징에 따른 위험요소와 예방조치

연령	발달특징	위험요소	예방조치
3개월	• 운동능력에서 발달 차이가 크므로 언제 뒤집기를 할지 모른다.	기저귀 갈이대	• 뒤집기 행동을 보이지 않는 영아라도 높이가 있는 기저귀 갈이대에 혼자 두어서는 안 된다.
6개월	• 움직이기 시작한다.	계단 현관	• 계단, 현관, 창고와 연결되는 문과 방충망을 안전하게 단단히 고정한다. • 계단, 현관에 문을 단다.
		일상생활공간	• 전기 플러그, 날카로운 모서리, 수납장의 문이 잠기는 것을 조심해야 한다.
		화학약품	• 모든 유독성 물질, 세제, 약 등은 손이 닿지 않게 치워야 한다.
7~12개월	• 이동능력이 생긴다.	계단	• 계단을 기어 올라가기 시작하므로 계단이 있는 경우에는 반드시 안전 문을 설치해야 한다.
		일상생활공간	• 전기코드, 화분, 날카로운 모서리 등 영아가 탐색하고 접근할 수 있는 모든 것에 주의해야 한다. • 작은 사물을 집는 능력이 발달하므로 영아가 삼킬 수 있는 작은 조각들을 치워둔다.
		화학약품	• 모든 약, 독성제품, 화장품, 가정용품 특히 부식제는 모두 상자 속에 보관하고 영아의 손이 닿지 않도록 한다. • 금속 캔에 들어 있는 등유와 가솔린도 영아들의 손이 닿지 않는 곳에 보관한다.
		낙상	• 이동성과 탐색 행동이 확장되므로 항상 성인이 가까이에서 지켜보아야 한다. • 책상 위 등 바닥에서 높은 곳에 영아를 혼자 두지 않는다. • 책상 아래로 늘어진 덮개나 뒤뚱거리기 쉬운 교구, 전기 코드 같은 것을 잡고 일어서지 않도록 주의한다.

연령	발달특징	위험요소	예방조치
만 1~2세	• 문과 서랍을 열고 탐색하고 기어오르는 것을 좋아한다.	현관문 창문 방문	• 계단, 현관, 창고와 연결되는 문을 안전하게 단단히 고정한다. • 계단, 현관에 문을 단다. • 방충망을 잠그거나 고정한다.
		놀이공간	• 놀이 공간에 울타리를 한다. • 작은 부품이 없고 부서지지 않는 재료로 된 단단한 장난감을 준다. • 영아가 있는 곳 근처에는 커피포트, 토스터, 다리미, 라디오 등의 전선 등이 없도록 한다.
		물	• 절대 영아 혼자 욕조, 수영장 또는 개방된 공간에 있거나 차가운 물가에 있지 않는다.
		화학약품	• 모든 약, 독성제품, 화장품, 가정용품, 특히 부식제는 모두 상자 속에 보관하고 영아의 손이 닿지 않도록 한다. • 금속 캔에 들어 있는 등유와 가솔린도 영아들의 손에 닿지 않는 곳에 보관한다.
		화상	• 벽난로, 난방기, 난로 주위의 감독을 철저히 한다. • 영아를 사고로부터 보호하기 위해 밀착된 감독이 필요하다. 절대 영아만 혼자 두지 않도록 한다.
만 2~3세	• 호기심이 많고 위험을 잘 인지하지 못한다. 특히, 불에 호기심을 갖는다. • 분주하게 계속 움직이며 혼자 하려고 애쓴다. • 자신의 능력을 인지하지 못하고 무조건 모방한다. • 잘 달린다. • 구속을 못 참는다.	교통	• 영아를 엄격한 규율과 튼튼한 팔목 끈으로 차도에 가지 않도록 지킨다.
		물	• 얕은 냇가라도 성인의 세심한 감독이 없으면 안전하지 않다.
		장난감	• 큰 장난감은 모서리가 둥글고 튼튼하면서 작은 부분으로 나누어 옮기기 쉬워야 안전하다.
		화상	• 성냥이나 라이터는 영아들이 닿지 않는 곳에 보관한다. 불의 위험을 가르친다. 영아를 절대 집에 혼자 두지 않는다.
		위험한 물건	• 약, 가정용품, 독성제품, 위험한 도구, 총기류, 정원장비 등은 상자에 넣고 잠근다. • 적당한 공구와 부엌 용품들을 안전하게 다룰 수 있도록 가르친다.
		놀이친구	• 놀이친구들의 나이가 더 많을 때 사고도 더 자주 일어난다. • 만 2세 유아는 딱딱한 공, 자전거, 거친 놀이, 나이 많은 친구한테 맞는 것 등으로 쉽게 다칠 수 있다.

2) 유아발달과 안전

만 3~5세 유아기에는 영아기에 비해 양적인 성장률은 감소하지만 다리와 몸통 부분이 머리보다 빠른 속도로 성장하여 몸의 균형이 잡히는 시기이다. 그리하여 자세가 이전보다 훨씬 더 안정적이며 이동동작의 능력이 발달하여 걸음걸이와 속도, 리듬을 변화시킬 수 있다. 유아들은 고도의 협응력과 균형감이 발달되어 모험놀이와 적극적인 대근육 활동을 즐기며, 혼자보다는 여럿이 함께하는 놀이를 즐기게 된다.

유아기는 상징놀이나 역할놀이와 같은 사회극화놀이를 즐긴다. 상징놀이는 '~처럼' 하는 놀이로 적목이 전화기가 될 수도 있고 막대기가 종이나 칼이나 말이 될 수 있다. 위험한 물건을 상징놀이나 역할놀이에 활용하면 위험할 수도 있다. 또한, 놀이가 진행되는 과정에서 유아들 간에 갈등과 다툼이 생기면서 친구를 밀거나 때리는 등의 공격적 행동을 보이고 때로는 심각한 상해가 발생하기도 한다. 따라서 부모와 교사는 유아들의 놀이를 관찰하며 지속적인 관심을 갖고 놀이안전에 대한 지도를 해야 한다. 특히, 적목 영역이나 목공 영역 또는 역할극 놀이 영역에서 공격적인 행동이 나타날 수 있으므로 놀이 영역별로 유아들과 함께 안전규칙을 설정하고 따를 수 있도록 한다. 그리고 놀이 영역 속에서 규칙을 제대로 지키지 않았을 때는 놀이에 참여할 수 없도록 하고, 다른 유아들에게 방해가 되지 않도록 하며 모든 유아가 놀이 안전규칙을 따를 수 있도록 지도한다.

유아들은 이러한 놀이활동을 하면서 빠르게 움직이다가 충돌한다거나 높은 곳에서 뛰어내리다가 추락하는 사고의 빈도가 높아진다. 그러므로 부모, 교사는 여러 가지 놀이기구의 시설물을 안전하게 사용하는 방법을 알려 주고 놀이 종류와 시설에 따라 안전한 규칙을 가르쳐주거나 함께 놀이 규칙을 정하여 놀이활동 속에서 지킬 수 있도록 지속적인 관심을 갖고 지도한다.

유아기에는 이동동작 능력이 향상되어 적극적인 활동을 좋아하게 되므로 실내보다는 실외에서 놀이하는 시간이 늘어나면서 교통사고의 위험이 증가된다. 교통사고는 만 1세 이후 모든 연령군의 사망원인 중 가장 큰 비중을 차지한다. 유아들은 전조작기의 자기중심적 인지특성을 지니고 있기에 신호등을 건널 때 팔을 들고 건너가면 차가 멈출 것이라고 생각한다. 신호등이 빨간색일 때도 손을 들면 건널 수 있다고 생각한다. 유아기 교통사고는 보행 중 차에 충돌하는 경우와 탑승 중의 사고, 자전거나 롤러스케이트 등을 타다가 차와 충돌하는 경우 그리고 길거리에서 놀다가 차와 충돌하는 경우 등이 있다. 교통사고를 발생시키는 요소들이 영아기에 비해 늘어나기 때문에 유아 자신이 위험 상황을 인식하고 스스로 대처할 수 있도록 구체적이고 반복적인 교육이 필요하다.

유아기는 이동동작과 조작동작이 향상되기 때문에 야외놀이 기구는 물론 자전거, 롤러스케이트, 스케이트, 수영, 전통놀이 등 여러 가지 스포츠에 참여하는 것을 좋아한다. 놀이기구나 스포츠를 즐기기 전에 기본적인 기능을 배우고 안전하게 즐길 수 있는 안전수칙을 지키도록 한다. 자전거와 롤러스케이트 등을 탈 때는 반드시 헬멧과 무릎 및 팔꿈치 보호대를 착용하도록 한다. 자전거 등을 타고 길가나 도롯가에서 놀게 되면 안전사고가 발생할 가능성이 크기 때문에 유아의 신체 크기에 적합한 크기를 선택한다. 유아의 신체에 적합한 크기란 자전거 맨 위에 있는 바에 앉아서 두 다리를 벌렸을 때 양발이 바닥에 닿을 수 있으면 된다. 유아가 수영을 할 때 적당한 수영장의 물 온도는 18~20℃가 좋으며 수영복을 갈아입기 전에 샤워를 하고 준비체조를 한 후 수영할 수 있도록 한다. 이 시기의 유아는 아직 신체조절능력이 미숙하기 때문에 물속에서 몸의 균형을 잃지 않도록 하고 수영장 속에 이물질을 밟거나 미끄러져서 안전사고가 발생하지 않도록 한다. 특히, 수심이 깊으면 안전사고에 노출될 확률이 높기 때문에 조심해야 하며, 성인의 지속적인 보호와 관찰이 필요하다. 그 외 실외놀이에 참여하거나 여러 가지 스포츠에 참여할 때는 놀이방법과 놀이안전, 놀이규칙에 대해 상세히 지도하고 그룹을 나누어 경쟁적인 게임을 할 때는 승부에 집착하여 공격적인 행동이나 과격한 행동을 하지 않도록 주의를 시켜야 한다. 모든 게임에는 승리를 했더라도 놀이 규칙이나 게임 규칙을 제대로 지키지 않았을 때는 지는 것으로 해야 유아들이 게임규칙을 잘 준수할 수 있기 때문에 모든 놀이활동 가운데도 규칙 준수를 우선순위에 두고 지도한다.

유아는 영아보다 주의력이 있고 성인의 지시를 잘 따르며, 뜨거운 물체나 예리한 기구 등 잠재적 위험상황을 인식할 수 있다. 새로운 것을 탐구하기 위해 물체를 입에 넣는 일은 거의 없지만, 독극물을 입에 넣을 위험은 남아 있다. 또한, 유괴나 성폭력과 같은 대인관계 안전사고에 대한 노출도 급격히 증가하게 된다(김일옥 외, 2013).

만 3~5세 유아의 발달특징, 발생 가능한 사고 유형 및 안전지도를 정리하면 〈표 5-4〉와 같다(최경미, 2005).

〈표 5-4〉 유아의 발달특징에 따른 위험요소와 예방조치

연령	발달특징	위험요소	예방조치
만 3~5세	• 상징놀이, 역할놀이, 극화놀이가 확장된다. • 이동동작 중 한발뛰기, 번갈아 뛰기(만 5세 가능), 말뛰기(만 5세 가능), 앙감질이 가능해진다. • 눈과 손, 발의 협응력이 고도로 발달된다. • 소근육발달이 잘되어 조형활동을 즐긴다. • 높은 데서 뛰어내리거나 멀리 뛰기를 한다. • 빠르게 움직이는 것을 좋아한다. • 몸의 균형을 잡을 수 있고 선 따라 걷거나 평균대 위를 걸어갈 수 있다. • 가위로 오릴 수 있다(만 4세). • 나무, 스티로폼, 목공놀이 등을 좋아한다. • 신발 끈을 맬 수 있다(만 4세). • 빠른 속도로 뒤로 걷기가 가능하다(만 5세). • 달리기에 민첩성과 속도감을 낸다.	도구 및 설비	• 가정에서 사용하는 위험한 도구는 잠금장치가 된 장에 보관한다. • 가위, 칼 등을 안전하게 사용하는 법을 교육시킨다. • 미끄럼틀, 시소, 그네 등 놀이기구의 사고를 예방한다. • 자전거, 롤러블레이드, 스키 등 기구 사용 시 일어나는 사고를 예방한다.
		독성물질 및 화상	• 약물, 청소용 약품 등은 장에 보관한다. • 무독성의 미술재료를 사용한다.
		추락 및 기타 안전사고	• 버린 냉장고, 쓰레기 더미, 건축 현장에서 놀지 못하게 지도한다. • 아파트 베란다 및 옥상, 엘리베이터 등의 추락사고에 주의시킨다. • 높은 나무에서의 추락사고를 예방한다.
		물	• 물의 위험을 알려 준다. • 수영지도를 시작한다.
		교통사고	• 교통사고의 위험을 알려 준다. • 보행자의 안전규칙과 올바른 교통규칙을 지도한다. • 통원차량 안전지도를 행한다. • 골목길, 자동차, 오토바이에 의한 사고를 주의시킨다.

연령	발달특징	위험요소	예방조치
만 3~5세	• 수영, 자전거 타기 등 진전된 협응력을 보인다(만 5세). • 망치로 못을 칠 수 있고 도움 없이 드라이버를 사용할 수 있다. • 팀 스포츠에 사용되는 기술이 증진된다(만 6세). • 운동통제 능력이 발달한다 (만 6세).	유괴에 의한 사고 및 미아방지	• 낯선 사람에게 대처하는 요령 등을 지도한다. • 교사나 부모를 잃었을 때의 대처행동을 지도한다.
		화재사고	• 가정이나 영유아 보육 · 교육기관의 화재 발생 시에 대처하는 방법을 지도한다.
		성적학대	• 성적 학대가 무엇인지, 기분 좋은 접촉과 나쁜 접촉이 무엇인지 지도하고 학대 경험 시 부모님께 알리게 한다.
		음식	• 상한 음식과 불량식품을 알게 한다.

3. 국가 수준의 영유아 안전교육

국가 수준에서 영유아 안전교육의 목표 및 내용을 입법화하고 있는 것은 어린이집 표준보육과정과 누리과정이다. 만 0~2세 영아의 안전교육은 어린이집 표준보육과정의 기본생활영역을 중심으로(보건복지부, 2020), 만 3~5세 유아의 안전교육은 개정 누리과정 신체운동 · 건강영역을 중심으로 살펴본다(교육부 외, 2019).

1) 만 0~1세 표준보육과정의 안전교육

만 0~1세 영아를 위한 표준보육과정의 기본생활영역의 목표는 '건강하고 안전한 일상생활을 경험한다'이다. 이에 따른 하위목표 중 안전교육과 관련된 목표는 다음과 같다.

> **안전한 일상생활을 경험한다.**

만 0~1세 표준보육과정의 기본생활영역 중 안전과 관련된 내용은 '안전하게 생활하기'이며, '안전하게 생활하기'는 영아가 안전한 상황에서 놀이하고 생활하며, 위험하다고 알려주면 주의할 수 있는 안전한 생활을 경험하는 내용이다. '안전하게 생활하기' 내용범주에서 안전교육 관련 세부내용(보건복지부, 2020)을 살펴보면 <표 5-5>와 같다.

〈표 5-5〉 만 0~1세 표준보육과정의 기본생활영역에 포함된 안전교육 내용

내용범주	내용
안전하게 생활하기	– 안전한 상황에서 놀이하고 생활한다. – 안전한 상황에서 교통수단을 이용해본다. – 위험하다는 말에 주의한다.

(1) 안전한 상황에서 놀이하고 생활한다.

'안전한 상황에서 놀이하고 생활한다'는 영아가 안전한 상황에서 놀이하고 생활하도록 하는 내용이다. 만 0~1세 영아는 생의 가장 극적인 성장과 발달이 진행되는 시기로 출생 직후의 본능적 반사운동능력이 사라지고 신체협응력과 운동능력이 급속하게 발달하면서 기고, 앉고, 서고, 이동하는 등 운동적 행동이 많이 나타난다. 또 무엇이든 입에 넣는 본능이 있기 때문에 위험한 물질을 삼켜 질식사고의 위험이 높고 이동 중 떨어지거나 부딪히는 사고가 빈번하게 일어난다. 교사는 장난감을 안전하게 사용하도록 영아가 삼킬 수 없을 정도로 크고 모서리가 날카롭지 않은 독성이 없는 장난감을 제공하여 영아가 안전하게 탐색하도록 지도한다.

(2) 안전한 상황에서 교통수단을 이용해본다.

'안전한 상황에서 교통수단을 이용해본다'는 영아가 차량으로 이동할 경우 안전장구를 착용하고 안전하게 이용하는 경험을 하도록 하는 내용이다. 교사는 영아에게 탈것의 위험을 알게하고 스스로 조심하는 안전 태도를 취하도록 지도한다. 차량 승하차 시 성인의 도움을 받으며, 승차 시에는 안전밸트를 착용하는 것이 습관화되도록 한다.

(3) 위험하다는 말에 주의한다.

'위험하다는 말에 주의한다'는 영아가 위험하다는 말을 듣고 이에 반응을 보이며 주의할 수 있도록 하는 내용이다. 영아는 주변을 탐색하고자 하는 열의와 호기심이 많기 때문에 주변 환경이 안전하지 못하면 안전사고에 노출되기 쉽다. 따라서 영아에게 위험한 물건이나 장소를 인식하게 하여 안전사고를 예방해야 한다. 이를 위해 위험한 것이 무엇인지 알려주고, 위험한 물건과 위험한 장소에 대해 알게 하고 함부로 만지거나 가까이 가지 않는 습관을 들이도록 지도한다.

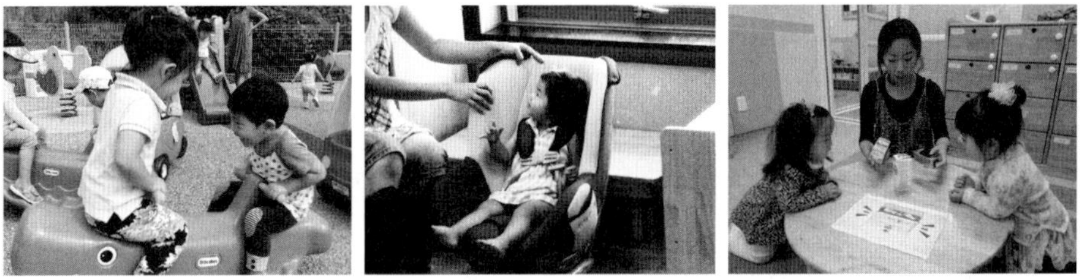

[그림 5-3] 만 0~1세 '안전하게 생활하기' 내용

2) 만 2세 표준보육과정의 안전교육

만 2세 영아를 위한 표준보육과정의 기본생활영역의 목표는 '건강하고 안전한 생활습관의 기초를 형성한다'이다. 이에 따른 하위목표 중 안전교육과 관련된 목표는 다음과 같다.

안전한 생활습관의 기초를 형성한다.

만 2세 표준보육과정의 기본생활영역 중 안전과 관련된 내용은 '안전하게 생활하기'이며, '안전하게 생활하기'는 영아가 놀이와 일상생활에서 안전하게 지내고,

위험한 상황에서 어른의 지시에 따라 대피하여 자신의 안전을 지키는 경험을 해보는 내용이다. '안전하게 생활하기' 내용범주에서 안전교육 관련된 세부내용(보건복지부, 2013b, 보건복지부, 2020)을 살펴보면 <표 5-6>과 같다.

〈표 5-6〉 만 2세 표준보육과정의 기본생활영역에 포함된 안전교육 내용

내용범주	내용
안전하게 생활하기	– 일상에서 안전하게 놀이하고 생활한다. – 교통수단을 안전하게 이용해 본다. – 위험한 상황에 대처하는 방법을 경험한다.

(1) 일상에서 안전하게 놀이하고 생활한다.

'일상에서 안전하게 놀이하고 생활한다'는 영아가 안전한 상황과 장소에서 놀이 및 일상생활을 하고 주변의 위험 요소에 주의를 기울이거나 이를 조심하여 안전하게 지내도록 하는 내용이다. 교사는 놀이기구나 장난감의 올바른 사용방법을 알게 하고, 올바르게 사용하지 않을 때 일어날 수 있는 안전사고의 위험에 대해 생각해보게 하여 안전한 방법으로 놀이하도록 지도한다. 영아 스스로 안전하게 놀이하는 태도를 갖도록 지도한다. 만 2세는 다양한 이동능력과 대소근육의 발달이 진행됨과 동시에 인지적 변화가 일어나 이전의 의존적인 존재에서 좀더 독립적인 존재로 이행해 가는 과도기적인 시기이다. 그러나 아직 자아중심적인 성향이 강하고 장난감이나 놀이기구를 혼자만 사용하려 하고 또래와 공유하는 데 어려움을 느낀다. 교사는 영아가 차례대로 놀이기구를 이용하고 또래에게 장난감을 던지지 않고, 장난감 사용 후 제자리에 정리하기 등 놀이에 규칙이 있음을 이해하도록 지도한다. 점차 규칙에 따라 놀이함으로써 영아 스스로 안전하게 놀이하는 태도를 갖도록 지도한다. 교사는 실내외 안전점검을 통하여 영아가 가지고 노는 장난감에 부서진 곳은 없는지 확인하고, 놀이터에 깨진 유리나 동물의 배설물, 쓰레기가 있는지 정기적으로 점검해야 한다.

(2) 교통수단을 안전하게 이용해 본다.

'교통수단을 안전하게 이용해 본다'는 영아가 교통수단을 안전하게 이용해보

는 경험을 통해 교통수단의 위험을 인식하고 사고위험으로부터 자신을 보호하는 안전습관의 기초를 형성하는 내용이다. 교통사고의 위험을 알려주고 길가나 도로에 혼자 나가지 않도록 하며, 교사는 영아에게 차가 다니는 차도와 사람들이 다니는 인도가 있음을 알게 하고 신호등의 의미를 알도록 지도한다. 점차 신호에 맞추어 어른과 함께 안전하게 횡단보도를 건너는 방법을 익혀서 실천하도록 지도한다. 영아는 움직이지 않으면 계속해서 움직이지 않을 것이라 생각하고 주차되어 있는 차가 움직일 수 있음을 이해하지 못한다. 따라서 차가 멈춘 후에 차에 오르거나 내려야 하며 주차되어 있던 차도 움직일 수 있음을 알려주고 주차장이나 자동차 뒤에서 놀지 않도록 지도한다.

(3) 위험한 상황에 대처하는 방법을 경험한다.

'위험한 상황에 대처하는 방법을 경험한다'는 영아가 사고, 화재, 재난 등 위험한 상황에서 어른의 지시에 따라 대치하거나 대처하는 방법을 경험해보도록 함으로써 비상시 대처능력의 기초를 형성하는 내용이다. 교사는 위험 물질과 위험 상황에 대해 알고 스스로 조심하는 태도를 길러주고 영아에게 시설물 때문에 발생할 수 있는 위험을 알려준다. 영아가 위험요소에 주의를 기울일 수 있도록 대상과 이유를 구체적으로 설명해준다. 즉, 문이나 창문을 닫을 때 손이 낄 수 있고, 전기 콘센트에 이물질을 넣거나 만지면 위험하며, 실내에서 뛰거나 부주의하게 다니다가 미끄러지거나 부딪힐 수 있음을 알려 준다. 또한 영아 스스로 안전하게 이용하는 습관을 기르도록 지도한다. 위험물질에 대해 약품류, 세제류, 살충제 등 여러 가지 위험물질을 알게 하고 영아가 먹거나 만지지 않도록 지도한다. 위험요인이 발견되는 경우 즉시 이를 제거해주거나 혹은 영아가 이를 피할 수 있도록 안내한다.

[그림 5-4] 만 2세 '안전하게 생활하기' 내용

3) 만 3~5세 개정 누리과정의 안전교육

만 3~5세 유아를 위한 개정 누리과정 중 신체운동 · 건강영역의 목표는 '자신의 소중함을 알고 건강하고 안전한 생활습관을 기른다'이다. 이에 따른 하위목표 중 안전과 관련된 목표는 다음과 같다.

> 안전한 생활습관을 기른다.

만 3~5세 개정 누리과정의 신체운동 · 건강영역 중 안전과 관련된 내용은 '안전하게 생활하기'이며, '안전하게 생활하기'는 자신과 타인의 몸을 소중히 여기고, 우리 주변에서 발생할 수 있는 위험을 예방하며, 재난에 대비하는데 필요한 지식과 기능 및 태도를 기르는 데 중점을 둔다. '안전하게 생활하기' 내용범주에서 안전 관련 세부내용(교육부 외 2019, 교육과학기술부, 2013a) 을 살펴보면 <표 5-7>과 같다.

〈표 5-7〉 만 3~5세 개정 누리과정의 신체운동 · 건강영역에 포함된 안전교육 내용

내용범주	내용
안전하게 생활하기	일상에서 안전하게 놀이하고 생활한다.
	TV, 컴퓨터, 스마트폰 등을 바르게 사용한다.
	교통안전 규칙을 지킨다.
	안전사고, 화재, 재난, 학대, 유괴 등에 대처하는 방법을 경험한다.

(1) 일상에서 안전하게 놀이하고 생활한다.

'일상에서 안전하게 놀이하고 생활한다'는 유아가 일상에서 위험한 장소, 상황, 도구 등을 알고, 안전한 놀이방법과 놀이규칙을 지키며 놀이하고 생활하는 내용이다. 실내 · 외 여러 가지 놀이기구나 장난감, 도구를 어떻게 사용해야 안전한지, 왜 그렇게 사용해야 하는지 등을 알고 실천할 수 있게 한다. 유아에게 위험한 장소 및 그 이유에 대해 알려 주고, 안전하게 놀이할 수 있는 규칙을 정하여 스스로 지키면서 놀이하도록 한다.

(2) TV, 컴퓨터, 스마트폰 등을 바르게 사용한다.

'TV, 컴퓨터, 스마트폰 등을 바르게 사용한다'는 유아가 일상에서 자주 접하는 TV, 컴퓨터, 스마트폰 등을 필요한 상황에서 적절하게 사용하며, 적정시간을 지키며, 바른 자세로 이용하는 내용이다. 예방적인 미디어 안전교육을 통해 미디어를 올바르게 활용할 수 있도록 하며, 생활 속에서 전자 미디어와 관련된 다양한 문제 상황 및 문제 해결 방법에 대해 알려줘서 조절할 수 있도록 규칙을 정하고 지키도록 지도한다. 전자 미디어를 안전하게 사용하는데 필요한 지식, 기능, 태도를 형성하도록 돕는다.

(3) 교통안전 규칙을 지킨다.

'교통안전 규칙을 지킨다'는 유아가 안전한 보행, 도로횡단, 교통기관의 안전한 이용 등 교통안전 규칙을 알고 실천하는 내용이다. 유아가 교통안전 규칙의 중요성과 자동차 사고의 위험을 알고 사고의 위험으로부터 자신을 보호하기 위해 필요한 지식, 기능, 태도를 형성하도록 돕는다. 유아에게 안전보행이나 도로횡단 등의 각종 교통안전 규칙을 알려 주어 안전하게 생활할 수 있도록 하며, 기본적인 교통수단의 안전한 이용 방법에 대해 인식하고 실천하도록 한다. 유아에게 승용차, 버스, 지하철 등 실생활에서 경험할 수 있는 교통수단을 승차해 보는 경험을 제공하고, 그에 따른 안전수칙에 대해 알고 안전하게 이용하도록 한다.

(4) 안전사고, 화재, 재난, 학대, 유괴 등에 대처하는 방법을 경험한다.

'안전사고, 화재, 재난, 학대, 유괴 등에 대처하는 방법을 경험한다'는 유아가 안전사고, 화재, 재난, 학대, 유괴 등의 위험에 처한 상황을 알고, 도움을 요청하거나 평소 훈련에 따라 대피하는 등 안전교육과 관련된 내용이다. 유아에게 학대, 성폭력, 실종, 유괴상황의 가능성을 알려 주고, 만약의 경우 교사나 주변의 믿을 만한 성인에게 도움을 요청하는 방법을 알려 준다. 이때 단순한 지식 전달이 되지 않도록 상황극을 통해 연습함으로써 유아가 실제 상황에서 도움을 요청할 수 있도록 지도한다. 영상물 홍보자료, 방송이나 신문기사, 그림자료, 동화 등을 통해 유아와 함께 왜 이런 상황이 생기는지, 이런 상황에서 어떻게 대처해야 하는지에 대해 의논하고, 의논한 대로 실천해 보도록 한다.

유아에게 태풍, 홍수, 지진(해일), 화재, 폭염, 폭설, 한파, 방사능 등에 대비한 재난대비 방법 및 사고가 발생할 수 있는 위험한 상황을 알려 주어 자신을 보호하도록 하며 실제 상황 속에서 발생하는 다양한 재난 및 사고 발생의 원인과 예방방법을 알아보고 적절히 대처하는 방법을 익힐 수 있게 지도한다.

[그림 5-5] 만 3~5세 '안전하게 생활하기' 내용

chapter 06

영유아 안전 생활

1. 일상생활 놀이 안전
2. 영유아 보육 · 교육기관에서의 안전
3. 미디어안전
4. 교통안전
5. 안전사고, 화재안전, 재난안전, 대인안전

영유아기에는 일상생활에서 안전하게 생활할 수 있도록 경험을 제공하고 안전에 대한 생활습관의 기초를 형성하도록 해야 한다. 본 장에서는 영유아 보육 · 교육기관에서의 안전한 환경 및 활동을 중심으로 살펴본다.

1. 일상생활 놀이 안전

1) 안전이란

안전이란 위험요인을 초기에 발견하여 사고나 재해를 방지하려는 노력으로 안전하고, 자유롭게 활동하고 놀 수 있도록 환경을 제공하는 것이다.

영유아는 자신의 신체를 마음대로 조절할 수 없으며, 성인에 의존하던 영아가 성장하면서 이제는 기고, 앉고, 서고, 뛰고, 이동하는 능력을 갖게 되면서 반사운동이 사라지고 신체 협응력과 운동능력이 발달한다(정아란, 2013). 신체적 발달이 아직 미숙한 영유아들은 가정과 영유아보육 · 교육기관, 지역사회에서 생활하는 데 있어 사고의 위험에 노출되어 한 해 동안 많은 영유아가 상해는 물론 사망에까지 이르고 있다.

2) 안전사고 통계

2018년 통계청에서 발표한 「사망원인통계」에 따르면, 우리나라 아동 안전사고 사망자 수는 2013년부터 매년 287명, 215명, 225명, 196명, 196명으로 감소 추세에 있으나, 매년 평균 200명이 넘는 아동이 안전사고로 희생되고 있다.

사망 유형별로는 '교통사고'로 인한 사망사고가 최근 5년 평균 93.2명으로 가장 많았고, '추락' 30명, '익사' 29.6명, '화재' 8.4명, '중독' 1.4명 순으로 나타났다. 우리나라 아동 안전사고 사망 유형별 현황은 <표 6-1>과 같다.

〈표 6-1〉 아동 안전사고 사망 유형별 현황

단위: 명

구분	2013년	2014년	2015년	2015년	2017년	평균
교통사고	121	80	103	87	75	93.2
추락	37	31	28	28	26	30.0
익사	41	36	28	19	24	29.6
화재	15	5	10	5	7	8.4
중독	2	2	0	1	2	1.4
기타	71	61	56	56	62	61.2
합계	287	215	225	196	196	223.8

출처: 통계청(2018). 사망원인통계.

한국소비자원 소비자위해감시시스템(CISS)에 접수된 최근 5년간 아동 안전사고 비율은 매년 30% 이상으로 우리나라 총인구 대비 아동 인구 비중(12.8%)에 비해 매우 높게 나타난 안전사고에 취약한 계층임을 알 수 있다. 최근 5년간 CISS에 접수된 아동 안전사고 현황은 <표 6-2>와 같다.

〈표 6-2〉 최근 5년간 CISS에 접수된 아동 안전사고 현황

단위: 건, %

구분	2014년	2015년	2015년	2017년	2018년
전체 안전사고 건수	67,037	68,002	69,018	71,000	72,013
전체 안전사고 건수	27,381	25,152	22,545	25,699	24,097
전체 안전사고 중에서 어린이 안전사고 비율	40.8	37.0	32.7	36.2	33.5

출처: 한국소비자원(2019), 2018년 어린이 안전사고 동향 분석.

2018년 한국소비자원의 접수된 안전사고를 발달 단계별 현황을 살펴보면, 걸음마기가 11,678건으로 아동안전사고 중 48.5%로 가장 많았으며, 그다음은 유아기 5,586건 23.2%, 학령기 4,847건 20.1%, 영아기 1,986건 8.2% 순으로 나타났다. 안전사고 중 48.5%를 차지하는 걸음마기는 운동능력이 향상되고, 활동범위가 넓

어지는 시기이나 균형 감각 및 민첩성이 불완전하여 안전사고에 취약한 것으로 분석되었다. 아동안전사고가 주로 발생하는 장소는 가정이 16,343건으로 67.8%, 교육시설 1,474건 6.1%, 기타 등으로 나타났다. 가정과 교육시설에서 안전사고가 높게 나타나는 것은 가정과 교육시설에서 보내는 시간이 많기 때문에 비중이 높은 것으로 분석된다.

2. 영유아 보육 · 교육기관에서의 안전

영유아보육법 제2조에 의하면 보육이란 영유아를 건강하고 안전하게 보호 · 양육하고 영유아의 발달 특성에 맞는 교육을 제공하는 보육 · 교육기관과 가정양육 지원에 관한 서비스를 말하며, 안전하게 보호 · 양육, 교육하기 위해 가장 우선시 해야 하는 것은 보육, 교육활동 공간을 안전한 환경으로 조성하며 가정과 연계된 안전생활습관을 길러 주는 것이다. 특히, 영유아 보육 · 교육기관에서 발생하는 사고의 대부분은 보육, 교육활동 시간에 발생함으로 교직원과 영유아들이 실내 • 외 환경의 안전수칙을 익혀 일상에서 안전하게 놀이하고 생활할 수 있는 안전에 대한 인식의 중요성이 강조된다(김선야, 2015).

1) 영유아 보육 · 교육기관 실내 환경 및 안전

영유아보육법령과 조항은 영유아 보육 · 교육기관은 시설 · 설비에 관련하여 영유아의 발달 특성을 고려하여 안전하고 편리하게 사용할 수 있어야 한다. 보건복지부와 질병관리본부에서 정한 겨울철 적정 실내 온도는 18~20℃이며, 습도는 40~60%다. 여름철 실내 적정 온도는 26~28°C로, 실내의 쾌적함은 습도에 의해서도 크게 좌우되는데, 적정 습도는 온도에 따라 달라지나 40~70%가 적당하다.

(1) 현관/출입구

❶ 외부인 및 영유아의 출입을 안전하게 관리

외부인의 출입 제한과 영유아가 성인의 보호 없이 나갈 수 없도록 하기 위해 현관에 출입통제 장치(인터폰 등)를 설치하며, 방범 카메라와 적외선 센서 등을 필요에 따라 설치하므로 영유아의 안전을 위해 외부인이 침입하지 못하도록 관리해야 한다. 반드시 방문자의 신원을 확인한 후 내방할 수 있도록 해야 한다.

❷ 안전사고 시 즉각적인 개입 가능

현관문은 2/3 이상이 투명하거나 투시가 가능하여 안전사고 시 즉각적으로 알 수 있어야 한다. 자동문은 편리하지만 화재 시 작동하지 않을 수 있으므로 피하는 것이 좋다. 여닫이문은 서서히 닫히게 하는 속도조절장치가 설치되어야 하며, 영유아가 사용하는 모든 문에는 손가락이 끼이지 않도록 끼임 방지 장치를 한다. 현관 내부는 눈이나 비가 오는 날 미끄럼 방지용 매트를 깔아 넘어지는 사고가 발생하지 않도록 한다.

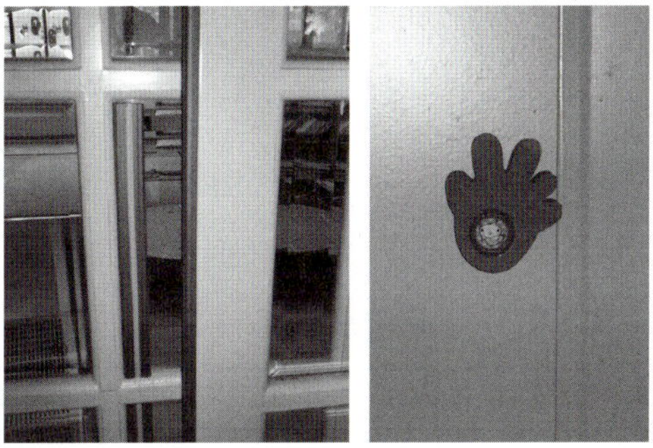

[그림 6-1] 문과 현관문 안전장치

❸ 신발장 안전

영유아가 등하원 시 한꺼번에 이용하는 곳이므로 문이 없는 개방형 신발장으로 안전하게 신발을 신고 벗을 수 있도록 한다. 신발장을 영유아들이 잡아당겨도 앞으로 넘어지는 일이 없도록 단단히 고정하며, 위에 불필요한 물건을 놓지 않는다. 성인용 신발장과 구분하여 수납하게 한다.

❹ 진입(경사)로 안전

계단 입구에 미끄럼방지용 설비를 설치하여야 한다.

❺ CCTV(Closed Circuit TeleVision)

- **설치 의무화**: 2015년 CCTV 설치가 의무화됨에 따라 어린이집을 설치 · 운영하는 자는 영유아의 안전과 어린이집의 보안을 위하여 개인정보 보호법 및 관련 법령에 따른 CCTV(폐쇄회로 텔레비전)를 설치 · 관리하여야 한다. 단 CCTV를 설치하지 않으려는 경우에는 보호자 전원으로부터 받은 미설치 동의서를 첨부하여 특별자치도지사 · 시장 · 군수 · 구청장에게 신고하여야 한다.
- **설치조건**: 모든 보육실, 공동유희실, 놀이터 및 식당, 강당에 1대 이상씩 설치하여 사각지대의 발생을 최소화 할 수 있도록 한다. 모니터를 통하여 그 영상을 구현할 수 있으며, 영상정보를 녹화 · 저장할 수 있는 기능을 갖추어야 한다. 화면 속 인물의 행동 등이 식별될 수 있도록 고해상도 HD(High Definition)급 이상의 성능을 보유하여야 하며 영상정보를 60일 이상 저장할 수 있는 용량을 갖춰야 한다. 일정한 방향을 지속적으로 촬영할 수 있어야 하며, 임의로 조작이 불가능하며 녹음기능이 탑재되어서는 안 된다(보건복지부, 2019b).
- **관리**: 설치목적, 설치장소, 촬영범위 및 시간, 관리책임자의 성명 및 연락처를 포함한 안내판을 출입구 등 잘 보이는 곳에 설치하여야 한다. CCTV 관리책임자는 영상정보 열람요청 등에 대한 내용 및 조치사항을 기록한 영상정보 관리대장을 작성하여 3년간 보관해야 한다. 관리대장 기재사항은 열람요청자의 성명 및 연락처, 열람 요청 영상정보 파일의 명칭 및 내용, 영상정보 열람의 목적 등이다. 영상정보는 그 수집 목적의 범위 내에서만 이용할 수 있으며 제3자에게 제공해서는 안 된다. 열람은 어린이집 내에서 하는 것이 원칙이며, 폐쇄회로 텔레비전을 운영하는 원장이 스마트폰 앱을 이용하여 외부에서 열람하는 것은 허용 안 된다(네트워크 카메라 설치 · 운영 어린이집은 외부 열람 가능).

안전

- **영유아 옷 입는 것과 신발 착용에 대한 가정과 연계 및 안전:** 활동하기 편하고, 리본 끈 등, 장식이 있는 옷은 피하도록 안내지도가 필요하며, 신발은 지나치게 크거나 작지 않아야 하며, 끈이 있어서 신거나 벗기에 불편한 것은 피하도록 보호자와 연계 협력하여 안전하면서도 통일된 생활습관을 형성하게 한다.
- **귀가지도 시 현관에서의 질서유지 안전:** 하원 시 현관에 많은 영유아가 한꺼번에 몰려 혼잡할 수 있으니 차례대로 나와 준비할 수 있도록 귀가지도를 한다.

(2) 복도/계단

❶ 복도

성인 두 사람이 어깨를 부딪치지 않고 지나갈 수 있을 정도의 너비를 확보하여 영유아 충돌사고가 발생하지 않도록 한다. 복도에 노출되는 벽 모서리나 기둥 모서리를 모서리보호대를 사용하여 안전을 유지한다. 복도는 어둡지 않도록 조명과 창문을 설치하고, 창문의 경우에는 추락방지기구(안전창), 벌레 침입 방지를 위한 방충망을 설치한다.

안전

- 오른쪽으로 통행하게 한다.
- 뛰지 않고 걸어 다니도록 한다.

❷ 계단

계단의 바닥재는 미끄럽지 않은 재질을 사용하며, 계단의 끝부분에 미끄럼 방지대를 설치한다. 또한, 계단 중간의 꺾임 공간에는 유리 재질이나 철제 등 영유아에게 위험한 재질은 지양한다. 계단의 난간 사이 간격을 8cm 이하로 설치하며, 추락 방지를 위해 난간과 난간 사이 공간을 막아 주며 난간보호대를 반드시 한다.

계단 옆 벽면에 그림이나 사진이 게시된 경우 영유아가 시선을 빼앗겨 신체의 균형을 잃을 수 있으므로 게시하지 않는다.

안전

- 한 번에 한 계단씩 오르고 내려가도록 한다.
- 계단을 올라갈 때 뒤에서 잡아당기지 않도록 한다.
- 계단을 내려갈 때 한 사람씩 차례로 난간보호대를 잡고 내려가도록 한다.
- 뛰어 올라가거나 내려가지 않는다.

점검하기

- 분전반 내·외부에 불필요한 물건이 적재 또는 방치되어 있지 않도록 주의해야 하며, 벽지, 적재물 등으로 분전반을 가리지 않아야 한다.
- 분전반 내부에는 차단기, 전선이 충전부와 연결되어 있어 감전 우려가 있으니 영유아들이 접촉할 수 없도록 하고 전면에 전기위험 표시판을 부착한다.
- 영유아의 머리 높이에 분전반 손잡이가 위치하고 있어 돌출될 경우 사고 우려가 있으니 임의 조작에 의해 돌출되지 않도록 적절한 안전장치 설치를 한다.
- 영유아가 쉽게 눌러 분전반 손잡이가 튀어나오지 않도록 안전장치를 한다.
- 제조 또는 가공 공정에서 방염처리를 한 물품(합판·목재류의 경우 설치 현장에서 방염처리를 한 것 포함)을 사용한다.
- 복도 내 피난유도등/비상대피도를 관리한다.
  - 도보거리 20m마다 복도통로유도등(바닥에서 1m 이하 높이로 설치) 추가 설치
  - 유도등은 상시 전원이 연결되어 항시 점등 및 충전
  - 꺾임 공간 등으로 복도(거실)에서 비상출입구가 보이지 않을 시 방향지시 유도등을 천장에 추가 설치
- 비상대피도를 구성할 때 다음과 같은 내용을 포함해야 한다.
  - 각 보육실과 출입구 위치를 쉽게 알아볼 수 있도록 표시

- 화재 시 대피할 수 있는 비상구 위치 표시
- 소화기, 옥내 소화전 등 소방 시설의 위치 표시
- 구획된 실에서 비상구 및 출입구까지의 피난동선 표시

※ 비상대피도는 보육실뿐 아니라 눈에 잘 띄는 곳(현관, 복도 등)에도 비치

(3) 유희실

유희실 구성 시 대근육 활동 기구는 서로 충분한 공간이 확보되어 부딪치는 사례가 발생하지 않도록 해야 하며, 넓은 공간 확보가 어려운 경우에는 소그룹으로 나누어 활동함으로 안전사고에 유의해야 한다. 영유아가 마음껏 활동할 수 있도록 넘어질 경우 충격을 줄여줄 수 있는 탄력 있고 미끄럽지 않은 매트 설치를 해야 한다. 창문 없는 벽면에 놀이기구를 배치하여 영유아의 안전을 우선시 해야 하며, 영유아 키 높이의 벽면, 바닥, 기둥, 모서리에 충격을 완화할 수 있는 장치 설치는 필수적이다. 놀이기구는 영유아의 신장, 체중을 고려하고 표면도색에 독성이 없는 것으로 반드시 안전 인증받은 놀이기구를 선택해야 한다. 날카로운 부분(모서리 등), 돌출 부분(볼트, 너트 등), 파손 부분으로 살이 베이거나 찔릴 수 있는지 살펴야 하며, 미끄럼틀에서 내려오는 바닥에는 충격을 최소화를 위해 안전 매트를 설치하며, 놀이 활동으로 인하여 옷과 끈 등이 놀이기구에 묶이거나 걸리는 경우가 발생하지 않아야 한다.

안전

- 질서를 지키며, 다른 친구의 활동을 방해하지 않는다.
- 대근육 놀이기구에서 뛰어내리지 않는다.

(4) 조리실

영유아들의 급식과 간식을 담당하는 곳으로 위생과 청결에 주의를 기울여야 하는 곳이다. 조리실은 영유아가 출입하지 않도록 활동 공간과 분리되어 구성해야 하며, 분리가 어려운 경우 안전장치 설치로 영유아의 출입을 막아야 한다. 조리실

에서 보육실로 음식을 이동할 때는 음식을 여러 차례 손으로 들고 이동하는 것이 아닌 전용 카트에 싣고 한 번에 이동하며, 뜨거운 음식과 물은 화상 방지를 위해 미리 식혀서 제공해야 한다. 조리실을 구성할 때는 벽, 바닥, 천장은 모두 내화성, 내수성, 내구성이 있는 재질로 설비하고, 채광이 잘 되고 환기를 자주 시켜 청정한 실내 환경을 유지할 수 있어야 한다. 조리실 내에 비상용 소화기 비치는 필수이다.

안전

- 조리실 문을 습관적으로 열어 놓지 않는다.
- 보육 · 교육직원이 영유아를 업거나 안는 등 데리고 조리실에 출입하지 않는다.
- 음식물은 반드시 미리 식힌 후 배식한다.

TIP 조리실에 비치할 수 있는 소화기

- 자동 확산소화기: 화재 시 화염이나 열 감지(72℃)에 의하여 자동적으로 작동하여 소화약제를 방사하는 고정된 소화장치 / 45° 각도로 비산
- 주방용 K급 소화기 설치: 주방화재 진화에 적합한 소화기로 동식물유(식용유 등) 등에 의한 화재 발생 시 기름 위에 막을 형성시켜 식용유의 온도를 낮추고 산소 공급을 차단해 화재를 진압하는 소화기

출처: 보건복지부(2019b). 2019 어린이집 보육교직원 안전교육.

(5) 보육실

❶ 문

여닫이문은 문 뒤에서 놀고 있는데 너무 세게 열어서 영유아가 다치는 안전사고가 발생할 수 있으니 미닫이문으로 설치하는 것이 좋으며, 한 방향으로만 열고 닫도록 설치한다. 또한, 문틀 사이나 문틈 아래에 공간이 있는 경우 손 끼임 방지 장치를 설치하여야 하며, 영유아 신체에 손잡이가 닿을 경우 둥글게 처리된 손잡

이를 사용하거나 손잡이 커버를 씌워서 사용해야 안전하다. 영유아가 보육실에 들어가서 문을 잠그지 않도록 잠금 기능을 제거하며, 안과 밖이 다 보일 수 있는 안전한 투명문을 설치하고 스티커 등을 부착하여 부딪침을 방지하도록 한다.

❷ 창문

영유아가 접근할 수 있는 창문 근처에는 발판이 될 만한 가구나 놀이기구를 놓지 않고 추락방지를 위해 창문보호대, 난간 등을 설치해야 한다. 이때 방충망은 창문보호대에 포함되지 않는다. 영유아의 호기심을 자극하는 놀잇감이나 물건을 창틀 위에 올려놓지 않는다. 커튼이나 블라인드는 방염제품을 사용하며, 줄에 목이 감겨 질식할 수 있으므로 블라인드 줄은 짧게 정리하여 영유아의 손에 닿지 않게 해 준다. 창문의 높이는 영유아의 신체를 고려하여 영아반은 50~60cm, 유아반은 60~70cm가 적당하다.

❸ 벽면/ 바닥

벽에 게시판이나 게시물은 반드시 고정하며, 모서리에는 안전장치를 설치하여 안전사고가 발생하지 않도록 한다. 게시물을 고정할 때는 압정을 사용하지 않도록 한다. 영유아가 걷거나 뛰다가 넘어졌을 때 바닥에 충격흡수를 위한 매트 반드시 미끄럼방지 처리된 것을 사용하여 설치해야 한다. 영유아가 사용하는 문은 문턱을 낮추거나 제거하는 것이 바람직하다. 벽면의 콘센트는 영유아의 손이 닿지 않는 곳에 설치해야 한다. 만약, 영유아의 손이 닿은 곳에 위치할 경우 젓가락이나 쇠붙이를 가지고 전기 콘센트에 꽂거나 이물질을 넣지 않도록 전기 콘센트에는 안전덮개를 씌우고 전선은 영유아의 손에 닿지 않고 전선이 길게 늘어지지 않도록 전선 정리용 쫄대 및 전선보관함을 이용하여 깔끔하게 정리한다. 영유아 손이 닿는 위치에 있는 사용하지 않는 콘센트가 있을 경우, 안전용 콘센트 또는 안전덮개를 설치하여 감전사고가 발생하지 않도록 주의한다(이영환 외, 2016).

[그림 6-2] 전기 콘센트 안전덮개

❹ 놀잇감

영아(만 2세 이하)가 삼킬만한 크기(약 3.5cm) 이하의 놀잇감은 절대로 제공해서는 안 된다.

영유아가 놀잇감의 사용법을 알고 용도에 맞게 사용할 수 있도록 하며, 놀이한 놀잇감은 스스로 정리할 수 있도록 지도한다. 유아의 경우, 주사위, 구슬과 같은 크기가 작은 교구까지 정리할 수 있는 정리함을 설치하여 유아들이 작은 교구를 유실하지 않고 정리할 수 있도록 한다.

영유아에게 충분한 수의 교구를 마련해 주고, 영유아의 선호도가 높은 교구는 동일한 것으로 여러 개 구비하여 놀잇감으로 인한 또래와의 갈등 상황 유발을 방지하도록 한다. 교사는 바닥에 영유아가 밟아 미끄러지거나 베임 등 사고가 우려될 만한 작은 놀잇감들을 다니면서 치우도록 한다.

❺ 교구장, 가구장, 피아노 등

보육실 내의 사물함, 교구장이 넘어지지 않도록 가구들은 고정하여 설치하는 것이 안전하며, 가구장(이불장 등)이 보육실 내에 있을 경우 영유아가 열지 못하도록 잠금장치를 설치한다. 피아노의 밑 부분, 건반과 뚜껑 사이에 푹신한 천이나 부직포를 부착하고, 피아노를 사용할 때를 제외하고 항상 뚜껑을 닫아 놓아 피아노 뚜껑이 위에서 아래로 떨어지면서 영유아의 손가락이나 팔이 부러지는 사고가 발생하지 않도록 해야 하며, 반드시 잠금장치를 해둔다.

❻ 가전제품(공기청정기, 칫솔 살균기, 선풍기, 가습기 등)

선풍기나 히터는 벽걸이용으로 사용하는 것이 좋으며, 단단하게 고정하여 움직이지 않도록 해야 한다. 가습기 등은 영유아의 손이 닿지 않는 곳에 두고 사용 시 떨어지지 않도록 단단하게 고정한다. 가전제품 전선에 영유아가 활동 시 걸려 부상을 입을 수 있으니 영유아의 손에 닿지 않도록 전선을 정리해야 하며, 가전제품에 문어발식 배선으로 하나의 콘센트에 집중적으로 사용할 경우 과열에 의한 화재 발생 우려가 있으니 끄고 켜는 장치가 부착된 콘센트를 나누어서 사용하고, 전기 사용량이 많은 전열기제품은 전용 콘센트에서 하나만 사용할 수 있도록 한다.

❼ 보육교직원 물건

보육교직원의 개인 물품은 영유아의 손이 닿지 않는 곳이나 별도의 공간에 보관해야 하며, 잠금장치를 설치하여 안전사고를 예방해야 한다. 특히, 화상의 위험이 있는 비품인 글루건, 전기주전자, 텀블러 등은 보육실에서 사용을 금지한다.

[그림 6-3] 선생님의 물건은 위험해요(사례)

출처: 보건복지부(2019). 어린이집 보육교직원 안전교육.

❽ 기타 비품(약품 등)

약품은 영유아 손이 닿지 않도록 교구장이나 수납장 안에 보관해야 하며, 영유아가 접근할 수 없는 안전한 장소에 비상약품 및 간이 의료가구를 비치한다.

(6) 교사실

영유아 출입 제한을 위해 성인 키 높이에 잠금장치를 설치함으로 위험한 물건(칼, 성인용 가위, 글루건, 스테이플러 등)을 차단해야 한다.

(7) 화장실

화장실 바닥재는 표면이 미끄럽지 않은 것을 사용하며, 미끄럼 방지대 또는 물기 제거판을 설치한다. 바닥은 하수구를 향해 경사가 이루어져 배수가 잘되는 구

[그림 6-4] 영유아 화장실

조여야 하며, 수시로 체크하고 마른걸레로 물기를 제거하여 항상 물기가 없고 건조한 상태를 유지해야 한다. 세면대는 영유아의 신체 크기에 맞도록 설치해야 한다. 세면대를 벽과 단단하게 고정시키고, 뾰족한 부분이 없도록 모서리에 안전장치를 설치한다. 화장실용 신발을 신었을 때 미끄럽지 않아야 한다. 영유아용 화장실 문은 쉽게 열고 닫을 수 있도록 설치하고, 문고리는 없게 하여 영유아가 화장실에 갇히는 일이 발생하지 않도록 사전에 예방한다.

화장실에 설치된 휴지걸이, 수건걸이 등은 영유아의 눈높이에 맞게 설치하며, 위험요소인 날카로운 부분 등이 없는지 수시로 점검한다. 성인용 화장실을 별도 설치하는 것이 바람직하며, 성인 눈높이에 잠금장치를 설치해야 한다. 화장실 안에서 샤워기, 수도꼭지, 라디에이터 등에 의해 화상을 입는 경우가 발생하는데 주의 깊게 살펴야 한다. 특히, 샤워기는 영유아의 손이 닿지 않는 높이에 설치하며, 샤워기 줄은 짧게 정리하는 것이 좋다.

화상예방을 위해 수도꼭지 및 세면대의 물이 고온으로 나오지 않도록 온수조절 장치 혹은 중간 밸브를 통해 수압이 조절될 수 있도록 하고, 사용 후에는 반드시 차가운 물 쪽으로 돌려놓아야 한다. 영유아에게 위험한 물건인 세제, 표백제, 살충제 등은 손에 닿지 않는 수납장 또는 선반에 보관해야 하며, 반드시 잠금장치를 해야 한다.

TIP 화장실에서 위험한 물건 살펴보기

- 각종 세제류, 샴푸, 린스, 세척제, 표백제, 나프탈렌, 세척용 소독 스프레이, 락스 등
- 고무장갑, 일회용 장갑, 변기청소용 솔, 변기 압축기 등
- 빗자루, 대걸레, 물이 담긴 욕조 등 영유아가 다칠 위험이 있는 물건

사고 사례와 예방법

※ 신발장 모서리는 무서워요!

사고: 만 3세 남아가 등원 시 다른 유아에 의해 밀려 눈두덩이가 현관 신발장 모서리에 부딪혀 찢어짐

예방법

①모서리가 뾰족하거나 표면이 날카로운 부분에 모서리보호대 설치
② 출입 공간이 협소한 경우 반별로 등·하원 시간을 분산하여 운영
③ 출입 공간에서 심한 장난을 치지 않도록 영유아 지도

※ 창문 모서리는 위험해요!

사고: 유희실에서 놀이하던 만 4세반 아이들은 서로 먼저 미끄럼틀에서 내려가겠다고 다툼이 생겼고, 한 아이가 다른 유아를 미끄럼틀 옆에 열려있던 창문 모서리로 밀치면서 머리에 상처가 생김

예방법

① 유희실에 열려있는 창문이 없도록 확인하고 반드시 잠금장치 설치
② 유희실의 모든 모서리 부분에 안전장치 설치
③ 영유아들이 질서 있게 놀이기구를 이용하도록 지도
④ 영유아들끼리 다툼이 생기기 전에 사전 개입을 통하여 더 큰 위험이 발생하지 않도록 함

※ 앗! 화장실 물이 뜨거워요!

사고: 만 0세 여아를 세수시키려는 중 울먹거리며 발버둥 치면서 수도꼭지를 발로 찼고 뜨거운 물이 순간적으로 아이의 발에 쏟아져 화상을 입음

예방법

① 수도꼭지에서 뜨거운 물이 나오지 않도록 수온을 조절하거나 온수조절장치 등을 설치
② 우는 상태에서 씻기지 않고 울음이 멈춘 뒤 진정된 상태에서 세수시킴

출처: 어린이집안전공제회(2016a).

〈표 6-3〉 시설 · 설비 안전점검표(월별 체크리스트)

구분	점검항목	점검결과	조치시항
		월	
안전관리	안전관리의 책임 및 위기관리 체계가 적합한가?		
	일별 안전점검 체크리스트에 의해 관리되고 있는가?		
실외환경	어린이집 주변에 감전 위험은 없는가?		
	위험한 적치물, 축대 붕괴, 맨홀 등에 대한 위험은 없는가?		
실내 환경	모든 설비는 움직이거나 떨어지지 않도록 바닥과 벽면에 단단히 고정되어 있는가?		
	창문, 방충망의 상태는 안전한가?		
	어린이집 내 비품 및 보육용품에 풀린 나사나 못은 없는가?		
현관 · 통로 · 계단 · 비상구	출입문, 현관문 등의 안전장치는 정상 작동하는가?		
	계단, 통로 부분에 미끄럼 방지처리가 되어있는가?		
	계단의 안전 상태는 양호한가?		
화장실 · 세면대	화장실 내 전기 콘센트 등 전기용품은 안전한가?		
	세면대의 고정 상태는 안전한가?		
조리실 · 식당	환기가 잘되고 있는가?		
	조리용 칼이나 기타 위험한 주방기구는 지정된 안전한 장소에 보관하고 있는가?		
	영유아의 출입이 잘 통제되고 있는가?		
	급식담당직원의 위생 상태는 양호한가?		
	배수가 잘되고 배수구에는 덮개가 설치되어 있는가?		
실외놀이 기구 및 공간	모든 놀이기구가 바닥에 안전하게 고정되어 있는가?		
	놀이 시설물의 상태(틈새나 간격)가 영유아의 몸에 끼이지 않는 넓이인가?		
	기초대, 지지대 등 매설 부분이 노출되지 않았는가?		
	모든 놀이기구 아래와 주위(안전지대)의 충격흡수재 성능은 양호한가?		

구분	점검항목	점검결과	조치사항
		월	
실외놀이 기구 및 공간	보수가 필요한 놀잇감 및 놀이 기구가 방치되어 있는가?		
	놀이기구의 높이가 영유아에게 적합한가?		
	품질경영 및 공산품 안전관리법에 의한 안전검사를 필한 제품인가?		
전기 · 가스 · 위험물 안전관리	전선, 콘센트, 플러그 등 손상된 부분은 없는가?		
	한 개의 콘센트에 용량을 초과해 사용하고 있지 않은가?		
	전기기구는 규격 전선을 사용하고 있는가?		
	각종 전기기구의 접속 상태가 노후, 파손된 곳은 없는가?		
	분배전반 및 각종 전기기구의 노후 및 파손된 것은 없는가?		
	가스경보기의 설치상태가 양호한가?		
소방시설 관리	대피를 위한 대피도가 잘 관리되어 있는가?		
	소화기, 스프링클러 등 소화장비의 작동 및 관리상태는 양호한가?		
	자동화재 탐지설비의 설치상태가 양호한가?		
	옥내소화전의 관리 및 작동이 양호한가?		
비상대피시설 관리	비상계단 및 미끄럼대 등이 화재 등 유사시 사용이 가능한가?		
	피난유도등 유도표지 등이 잘 갖추어져 있고 정상 작동하는가?		
	건물 내 대피경로에 장애가 되는 요소는 없는가?		
차량 안전관리	차량은 점검기준에 의해 정기적으로 안전점검을 실시하고 있는가?		

출처: 보건복지부(2019a). 2019 보육사업안내.

〈표 6-4〉 시설 · 설비 안점점검표(일별 체크리스트)

구분	점검항목	점검결과						조치 사항
		/	/	/	/	/	/	
		월	화	수	목	금	토	
실외 환경	어린이집 보호벽 및 주변의 관리 상태는 양호한가?							
	실외놀이 공간 주변의 돌, 유리조각, 요철, 녹이 슨 부분, 벗겨진 페인트, 돌출된 모서리가 방치되어 있지는 않은가?							
	확인되지 않는 식물이나 잡초는 모두 제거하였는가?							
	놀이터 바닥에 오물, 방치된 물웅덩이가 없는가?							
실내 환경	문과 창문 등의 추락 위험은 없는가?							
	바닥에는 다칠 수 있거나 미끄러운 곳이 없는가?							
	복도, 계단, 비상계단, 미끄럼대 등에 방치된 물건이 없어 피난계단, 미끄럼대 등을 사용하기에 양호한가?							
	모든 보육용품과 비품이 제자리에 있는가?							
	보육용품이나 비품 유리창 등에 날카로운 모서리 등이 없는가?							
놀잇감 및 놀이기구	망가져 날카롭고 위험한 것은 없는가?							
	유해 색소가 칠해진 놀잇감은 없는가?							
	영유아가 삼킬만한 작은 놀잇감이나 부품은 없는가?							
	부품이 빠지거나 작은 볼트 등이 빠진 것은 없는가?							
	놀잇감 및 놀이기구의 수납 상태가 양호한가?							
화장실 · 세면대	화장실 내 세제나 락스 등 위험한 물건이 영유아들의 손이 닿는 곳에 방치되어 있지 않는가?							

구분	점검항목	점검결과						조치사항
		/	/	/	/	/	/	
		월	화	수	목	금	토	
전기 · 화기 · 위험물	콘센트는 안전덮개로 보호되어 있는가?							
	전선이 늘어져 있지 않는가?							
	화기에 의한 안전사고 위험은 없는가?							
	위험물에 의한 안전사고 위험은 없는가?							
	가스밸브와 가스중간밸브 잠금은 양호한가?							
차량안전	차량 내 소화기 · 비상약품 비치 여부 및 비치상태가 양호한가?							
	차량 내 안전벨트 등 안전장비의 상태는 양호하며 영유아와 보호자는 차량 내 안전벨트를 착용하는가?							
	차량에 영유아를 보호할 수 있는 사람(교사 등)이 탑승하는가?							
기타	응급전화번호 및 비상연락망 등이 잘 관리되고 있는가?							

출처: 보건복지부(2019a). 2019 보육사업안내.

2) 영유아 보육 · 교육기관 실외 환경 및 안전

보육 · 교육기관 실외 환경은 영유아, 학부모, 보육교직원이 수시로 출입하는 곳이므로 안전한 환경을 조성해야 한다. 햇빛이 잘 들고 폭설, 폭우, 태풍이나 돌풍 등으로 인한 자연재해의 위험성이 적은 곳이어야 한다. 도로와 근접해 있는 경우 울타리나 담장 등을 설치해야 한다. 울타리나 담장 설치 시 애완동물이 출입할 수 없도록 해야 하며, 영유아들이 딛고 올라설 수 없도록 설치한다. 위험요소 가능성이 있는 에어컨 실외기, LPG 가스통 등은 영유아의 접근이 가능하지 않은 곳에 설치하거나, 환경이 노출될 경우 자물쇠로 잠가 놓는다. 실외에서 동물 및 식물 관리는 영유아의 안전을 위하여 철저한 관리가 필요하다.

(1) 동식물 관리

보육 · 교육기관에서는 원칙적으로 전염성이 있는 닭, 오리 등의 동물을 두어서는 안 된다. 동물을 둘 경우, 사전에 부모에게 고지하여 동의를 구해야 하며, 반드시 전염병 예방접종을 하고 정기적으로 건강검진을 받게 한다. 또한, 동물의 배설물이 영유아의 손에 닿지 않도록 곧바로 치우고 정기적으로 사육장을 소독해야 한다.

식물을 기르는 화단이나 화분에 신체 자극, 호흡곤란, 중독 등으로 신체에 해를 끼치거나 가시가 있는 식물 옻나무, 담쟁이덩굴, 엔젤트럼펫, 장미, 탱자나무 등은 키우지 않으며, 화단에는 울타리나 안전바 등을 설치하여 영유아가 직접적으로 접근하지 않도록 해야 한다.

또한 모든 식물에 대해서는 유독성 여부를 점검하고, 유독성 식물일 경우 바로 없애거나 영유아의 손에 닿지 않는 곳으로 옮겨 심는다. 보육 · 교육기관의 마당이나 구석진 곳에 위험요소인 깨진 화분, 적재물, 삽, 목재더미, 파손된 가구, 웅덩이, 요철, 녹슨 부분, 감전 위험물 등이 있는지 반드시 수시로 점검한다.

〈표 6-5〉 식물의 독성

명칭	내용	사진
옻나무	약간의 독성이 있어 사람에 따라 스치기만 해도 심한 알레르기를 일으키고 습진을 악화시킨다.	
담쟁이덩굴	잎의 가장자리 끝이 바늘처럼 뾰족하고 큰 톱니가 불규칙하게 있다. 만졌을 경우 상처를 입는다.	
철쭉	독성이 강해서 벌이 오지 않을 정도이다. 먹었을 경우 입안이 따끔거리고 침 분비 증가, 구토, 설사, 두통, 근육에 힘이 빠지고 시력이 흐릿해진다.	

명칭	내용	사진
등나무	전체가 독성이 있고, 메스꺼움, 구토, 경련, 설사 등의 증상이 일어난다.	
장미	줄기에 가시가 있어 만졌을 경우 찔려 상처를 입는다.	
엔젤트럼펫	전체에 독성이 있으며, 특히 씨와 잎에 많이 들어 있다. 만지지 않아야 하고, 향기를 맡으면 환각을 일으킬 수 있다.	
잉글리쉬 아이비	스치는 것만으로도 알러지를 일으키고, 먹을 경우 호흡곤란, 혼수상태까지 일으킬 수 있다.	

출처: 어린이집안전공제회(2016a).

(2) 실외놀이기구

실외놀이기구는 영유아의 성장과 발달에 적합하도록 영아용과 유아용 놀이터를 따로 구분하여 놀이 구조물을 설치해야 한다. 고정식 놀이 기구는 바닥에 단단하게 고정해야 하며, 놀이기구 주변 바닥은 20~30cm 깊이의 충격흡수자재나 고무판을 깔아주어 영유아가 놀이 시 충격을 받지 않도록 해야 한다. 놀이시설물의 볼트, 너트 등 돌출된 부분은 부식이나 영유아의 안전을 위해 덮개를 씌우고 풀리지 않도록 단단히 조여져 있는지 관리하여 안전사고를 사전에 예방해야 한다(보건복지부, 2019b).

❶ 오르기 시설

하강에 대한 난간, 울타리, 하강높이 등 보호 적정성 여부, 공간 영역 결정의 적정성, 충격흡수 표면의 적정성, 얽매임에 대한 보호, 기구의 마감처리 후 부식 및 마모에 강한지 적정성, 기초물에 대한 안정성 등 어린이 놀이 시설 정기검사로 영유아가 수직대 사이로 떨어지거나 머리가 끼이는 사고를 미연에 방지한다. 또한, 바닥은 통판으로 되었는지 살펴 갈라진 틈으로 영유아가 빠지지 않도록 하며, 아래에서 놀고 있는 영유아들에게 해로운 이물질이 떨어지지 않는지 살펴야 한다.

안전

- 양손으로 정확하게 잡고 올라가고, 내려간다.
- 올라갈 때는 내려오는 사람을 살피고 내려오는 방향으로 올라가지 않는다.
- 내려올 때는 아래를 잘 살피고 다른 사람이 올라오는 방향으로 내려가지 않는다.
- 꼭대기에서 앉거나 눕지 않는다.
- 꼭대기에서 거꾸로 매달리거나 걸어 다니지 않고 뛰어내리지 않는다.
- 밑에서 위에 있는 사람의 발을 잡아당기거나 흔들지 않는다.

❷ 시소

시소는 양쪽의 무게 균형이 정확하게 잡혀 흔들리지 않게 안전하게 설치한다. 시소를 탈 때 영유아의 뇌나 척추에 충격이 가해지지 않도록 땅에 닿는 부분에는 충격 방지 장치를 반드시 해야 한다. 나무 재질의 시소일 경우 갈라진 부분이 없어야 하며, 썩은 부분이 있을 경우 즉시 교체한다. 쇠 재질의 시소는 녹슬지 않도록 주의하고 페인트가 벗겨지면 무독성으로 다시 칠해 준다.

안전

- 양쪽 손잡이를 꼭 잡고 상대방을 마주 보고 앉는다.
- 시소에 반듯이 앉아서 타며 위에 서 있거나 뛰지 않는다.
- 내릴 때는 상대방에게 미리 알리고 정지한 후 양발이 바닥에 닫은 다음에 일

어서서 한쪽으로 천천히 돌아서 내린다.

- 내리면서 손잡이를 꼭 잡아 천천히 올라가게 하여 상대방의 발이 땅에 닿도록 해 준다.

❸ 미끄럼틀

미끄럼틀은 폭이 너무 좁지 않아야 하며, 경사가 31~33°인 것으로 내려오는 속도를 줄여 낙상을 예방할 수 있는지 확인하고, 그늘에 설치한다. 꼭대기에는 기다리는 영유아들을 위해 충분한 공간과 추락을 방지하기 위한 보호벽이 있어야 한다. 올라가는 계단에는 손잡이가 있는 난간, 계단은 미끄럼방지가 있어야 한다. 미끄러지는 면의 양옆에는 8~15cm 높이의 난간을 만들어 영유아가 옆으로 떨어지지 않게 해 주고 내려오는 속도를 줄이기 위해 끝부분의 밑판은 40cm 정도 평평하게 만들어준다. 착지지점 밑에 25cm 이상 깊이로 충격을 흡수할 수 있는 재료를 깔아 준다. 미끄럼틀 판이 스테인리스인 경우 복사열로 인해 뜨거워져 화상의 위험이 있으므로 햇볕이 뜨거운 시간에는 미끄럼틀을 타지 않게 지도해야 하며, 미끄럼틀을 타기 전에 온도를 확인하여 물을 뿌려 온도를 조절 후 영유아들이 탈 수 있도록 한다.

안전

- 가방이나 놀잇감을 들고 타지 않고 앉아서 양손으로 미끄럼틀의 옆을 잡고 탄다.
- 한 사람씩 앉아서 내려오고 서서 타거나 엎드려 또는 누워서 타지 않는다.
- 앞 사람이 올라간 다음 올라가고 다음 사람을 밀거나 잡아당기지 않는다.
- 미끄럼판으로 거꾸로 올라가지 않고 계단을 이용해서 올라간다.
- 미끄럼틀을 올라갈 때에는 줄을 서서 차례대로 손잡이를 잡고 한 계단씩 천천히 올라간다.
- 내려오기 전에 앞 사람이 있는지 없는지 확인하고 내려올 때는 발이 먼저 내려와야 한다.
- 내려온 후에는 뒤에 내려오는 사람과 부딪히지 않도록 빨리 비켜 준다.

❹ 그네

그네의 앉은 부분은 가죽이나 고무 타이어 등의 부드러운 재료로 만든다. 그넷줄은 위쪽 받침대에 단단히 매어 있는지 수시로 점검하고 S자 후크는 빠질 위험이 있으므로 절대로 사용하지 않는다. 그넷줄의 고리는 영유아의 손가락이 끼지 않게 8mm 이하로 작게 하고, 구멍이 클 경우 밑에서 120cm 높이까지는 튜브로 싸서 손가락이 끼는 것을 방지한다. 타이어 그네일 경우에는 타이어 밑쪽에 15cm 간격으로 구멍을 뚫어 물이 빠지도록 하고 2개의 줄로 균형을 잡아 안전하게 맨다. 그네의 주변은 그네를 타고 내리는데 필요한 2개의 출입구를 제외하고 보호벽을 만들어 영유아가 그네를 타고 있는 사이로 지나가면서 충돌하지 않는지 주의해서 살핌으로 사고를 사전에 예방한다.

안전

- 한 번에 한 사람씩 줄을 서서 기다렸다가 순서대로 탄다.
- 서서 타거나 배를 깔고 엎드려서 타지 않는다.
- 사람이 타지 않는 빈 그네를 흔들지 않는다.
- 그네가 완전히 정지된 상태에서 타고 내리도록 지도한다. 그네가 움직이는 도중에 손을 놓고 뛰어내리거나 친구와 장난치지 않도록 한다.
- 그넷줄을 꼬지 않고 그네의 한 가운데 앉아서 두 손으로 그넷줄을 꼭 잡고 탄다.
- 그네 가까이에서 놀거나 그네를 타고 있는 장소의 앞으로 지나가지 않는다.

❺ 모래놀이 시설

모래는 영유아의 촉감을 자극하는 특성이 있으나, 개, 고양이 쥐 등의 배설물로 인한 세균의 번식을 방지하기 위해 뚜껑이나 덮개를 만들어 덮어주어야 한다. 모래놀이 도구는 수시로 점검하여 깨지거나 망가진 놀잇감은 즉시 교체하고 모래놀이시설은 햇빛이 잘 들고 통풍이 잘되는 곳에 설치하고, 지붕, 차양막 등을 설치하여 자외선에 장시간 노출되지 않도록 그늘을 만들어 둔다. 모래는 곱고 이물질이 섞여 있지 않게 수시로 점검하여 유리조각이나 돌멩이 등 위험한 물질을 제거하며 관리해 주고 적당히 물을 뿌려 모래가 날리지 않도록 한다(이영환 외, 2016).

안전

- 모래를 공중에나 친구에게 뿌리지 않는다.
- 모래놀이 도구를 안전하게 사용한다.

TIP 이럴 때 안전사고가 일어난다.

- 도전이나 재미를 유발하는 놀이기구들이 한곳에 모여 있을 때
- 기둥이나 바닥에 충격 완화 장치가 없을 때
- 교사가 이탈행동이 빈번하거나 산만한 영유아를 지켜보지 않을 때
- 영유아가 혼자 돌아다닐 때

〈표 6-6〉 연령별 안전하게 놀이하기 지도지침

	연령	지도지침
안전하게 놀잇감과 도구 사용하기	만 0~1세	영유아가 삼킬 수 있는 놀잇감(3.5cm 이하)은 배치하지 않아야 하며, 놀잇감 수가 적으면 분쟁이 있으므로 놀잇감 수를 늘려야 한다.
	만 2세	놀이실내에 너무 뾰족한 모서리가 있는 놀잇감은 비치하지 않도록 한다. 바닥에 놓여있는 놀잇감이 없도록 수시로 확인한다.
	만 3세	교사가 놀이기구나 놀잇감, 도구의 안전한 사용법을 미리 알려 주어 익히게 한다.
	만 4세	교사는 유아들에게 왜 놀이기구나 놀잇감, 도구를 안전하게 사용해야 하는지 물어보고, 유아들의 반응을 보면서 알려 준다.
	만 5세	실내외에서 놀이기구나 놀잇감 사용 시 지켜야 할 규칙에는 무엇이 있는지 친구들과 의논하고 약속을 정하여 실천한다.
안전한 장소에서 놀이하기	만 0~1세	기어 다니기에 안전한 공간을 마련해 주고 주변 환경을 정리해 준다. 예측하지 못한 상황이 안전을 위협할 수 있으니 수시로 언어로 안전상황을 읽어 준다. “미끄러우니 조심하세요”
	만 2세	영유아들이 올라가서 놀 수 있는 주변의 바닥에 쿠션이 있는 깔개를 깔아놓도록 한다. 영유아가 활동할 수 있는 공간을 넓혀준다.

	연령	지도지침
안전한 장소에서 놀이하기	만 3세	유아들에게 안전한 놀이장소를 알려 주고 안전한 장소에서 놀이할 수 있도록 한다.
	만 4세	실내외 위험한 장소 및 그 이유를 찾아보고 안전한 놀이방법에 대해 알아본다.
	만 5세	실내외에서 위험한 장소가 어디에 있는지 찾아보고, 위험장소에 '위험표시'를 만들어 붙인 후 주의하며 놀이를 하도록 한다.
안전하게 컴퓨터 사용하기	만 3세	유아들에게 올바른 컴퓨터 사용법을 알려 주고 교사의 도움을 받아 사용하도록 한다.
	만 4세	생활 속에서 컴퓨터 사용과 관련된 문제 상황이 발생했을 때 유아들과 함께 해결방법에 대해 알아보고 이를 실천해 보게 한다.
	만 5세	컴퓨터의 편리한 점과 이로운 점에 대해 알아보고, 해로운 점에 대한 적절한 대안을 찾아 다른 사람들에게 알려 주는 활동으로 확장해 본다.

3) 일과 중 안전

영유아 보육 · 교육기관에서는 하루 일과를 계획하여 운영할 때 영유아의 안전이 최우선적으로 고려되어야 하며, 안전하게 생활할 수 있도록 안전사고를 유발하는 위험요인들은 미리 제거해 안전한 환경을 제공해줘야 한다(윤선화, 정윤경, 이경선, 2010a).

(1) 등원 및 맞이하기

교사는 일과계획에 따라 영유아가 등원하기 전에 미리 실내외 환경을 준비하고 점검해야 한다. 영유아들을 맞이할 때는 항상 웃는 얼굴로 인사를 나누면서 건강상태, 기분, 변화된 모습을 관찰하고 이상 발견 시 보호자와의 상담을 통해 영유아의 현재 상태를 파악해 두며 수시로 살핀다. 투약의뢰서와 투약할 약을 전달받아 영유아의 손이 닿지 않는 보관함에 넣어둔다. 투약의뢰나 처방 없이 임의로 투약하지 않아야 하며, 처방내용에 따라 정확하게 투약하고 투약내용을 기록하여 가정으로 보낸다.

(2) 자유선택활동

자유선택활동 시간은 교사는 모든 영유아를 볼 수 있는 자리에 있어야 한다. 영역을 구성할 때 구석지거나 비품으로 가려지는 곳을 만들지 않아야 하고 부득이하게 건물 구조상 구석진 곳이 있는 경우 활동이 많은 영역을 구성하지 않도록 한다. 교사는 일부 영유아와 활동을 하면서도 전체 영유아들을 수시로 확인하며 전반적인 상황을 주시해야 한다. 놀잇감을 충분히 제공하고 여유 있게 공간을 배치하여 자유놀이 중 충돌이나 다툼이 일어나지 않도록 한다.

(3) 실외놀이

교사는 가능한 많은 영유아가 보일 수 있는 자리에 위치하고, 기둥 뒤나 계단 밑과 같이 구석진 곳으로 영유아가 접근하지 못하도록 차단한다. 실외 활동 시 소집단의 영유아라 할지라도 반드시 2명 이상의 교사가 함께 있도록 해 위급한 상황이 발생했을 때, 한 교사는 다친 영유아를 돌보고, 다른 교사는 나머지 영유아들을 돌볼 수 있도록 한다. 실외활동을 하기 전에 영유아들의 복장을 점검해 끈이 달린 옷이나 긴 치마를 입었을 때는 가능하다면 간편한 옷으로 갈아입혀 데리고 나간다. 계절에 따라 너무 뜨거운 시간에는 실외활동을 제한하며 자외선 차단크림을 발라 주고, 모자, 햇빛가리개, 긴 팔 셔츠, 긴 바지 등을 활용하여 피부에 화상을 입는 것을 방지한다. 일기예보를 확인하고 황사나 대기오염의 문제가 예상되는 날에는 실외 활동을 자제하도록 한다.

(4) 귀가지도

하루 일과 중 부모에게 필요한 내용을 전하고 협의하여 영유아 보육 · 교육기관과 집에서의 경험이 자연스럽게 연계되도록 하고, 혼잡한 틈에 미아 발생, 유괴사고 등 안전사고가 발생할 가능성이 많으므로 귀가 시 반드시 보호자를 확인하고 영유아를 인계하여야 한다. 보호자가 영유아를 직접 데리고 보육 · 교육기관을 오가는 경우와 차량을 이용하여 영유아를 등하원 시키는 경우에 따라 영유아의 인계과정을 문서화하여 구체적인 절차와 방법을 체계적으로 명시해야 한다.

인계과정을 위한 준비

- 영유아의 보호자에게 사전에 영유아의 이름, 귀가 시 인계받을 보호자의 이름과 관계 및 연락처, 보호자의 서명 등이 포함되어 있는 귀가동의서를 받아야 한다.
- 귀가동의서는 응급처치 동의서와 통합적으로 작성하여 부모의 확인을 받아 관리할 수도 있다.
- 모든 영유아(차량 이용 영유아 포함)는 지정된 보호자에게 인계하되 다른 성인에게 인계할 때는 반드시 보호자와 전화나 서면 확인을 해야 한다.

(5) 영유아 통합버스 탑승안전

36개월 미만 영아는 안전인증(KC)을 받고 영아에게 적합한 안전인증검사기준(W1: 10kg 미만, W2: 9~18kg 이하)을 충족하는 자동차용 어린이 보호장구(카시트)를 착용하는 것을 원칙으로 한다. 차량 내부에 안전수칙을 부착하고, 차량용 소화기 및 구급상자를 비치해야 하며, 차량 안전 점검표에 의한 안전점검을 실시한다.

■ **영유아 차량지도 시 교사의 역할**

- 운전기사와 이야기할 것이 있으면 차량이 출발하기 전에 하도록 한다.
- 영유아들을 차에 태울 때에는 반드시 내려서 영유아들의 손을 잡고 차에 오르는 것을 도와준다.
- 차량에 동승한 교사는 영유아가 좌석에 앉아 개별 안전벨트를 매어주거나 맨 것을 확인한다.
- 운행 중 영유아가 자리에서 일어나는 일이 없도록 알려 준다.
- 차 안에서 문이나 창문을 열면 위험하다는 것을 알려 준다.
- 창밖으로 물건을 던지거나 손을 내밀면 위험하다는 것을 알려 준다.
- 영유아가 내릴 때는 차량에서 안전하게 내린 것을 확인한 후 출발하도록 한

다. 내린 영유아가 안전하도록 서행한다.

- 차량이 보육 · 교육기관에 도착했을 때에는 먼저 차에서 내려 영유아들이 내리는 것을 도와서 안전하게 내리게 한다.
- 등원 시와 마찬가지로 귀가지도 시에도 운전자 외에 교사가 반드시 동승한다. 교사도 차량 출발 전 개별 안전띠를 착용한다.
- 차량 내에는 안전수칙 및 구급장비 등을 비치한다.
- 출결상황이 확인 종료될 때까지 통학차량은 다른 장소로 이동하지 아니하고 대기한다.
- 영유아의 하차 여부를 확인할 때에는 행정안전부령으로 정하는 '어린이하차 확인 장치'를 작동하여야 한다.

  ※ 차량에 남아 있는 영유아가 없는지 차량 맨 뒷좌석까지 확인

TIP

- **버클업 클래스:** 우리나라의 안전띠 및 카시트 착용률을 높이기 위해 보육 · 교육기관 영유아를 대상으로 진행하는 탑승안전교육
- **엔젤아이스 캠페인:** 통합버스로 인한 사고를 예방하고, 안전한 통학버스 문화 정착을 위해 캠페인 진행

[그림 6-5] 통학버스 안전벨트

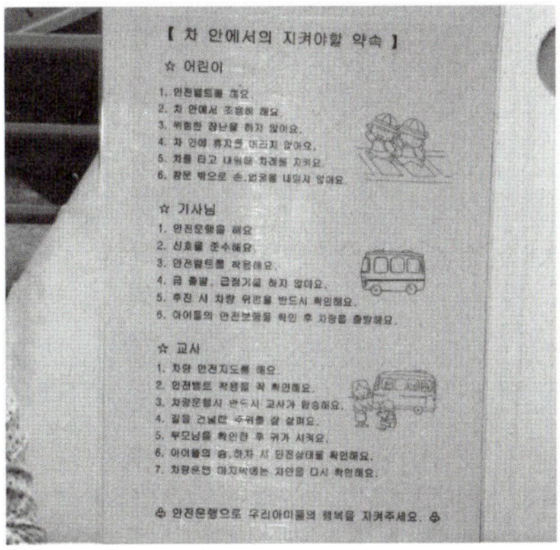

[그림 6-6] 통학버스 안전규칙

3. 미디어안전

스마트폰 사용이 일상화되면서 원하는 정보나 대상의 접근성이 높아지는 등 편리한 점도 있지만, 스마트폰 과의존과 같은 부작용도 나타나고 있다. 최근의 영유아들은 아주 어린 시기부터 동화나 영어 등 자연스럽게 접하게 되는 전자 미디어를 필수적인 도구로 일상생활의 많은 부분에서 친숙하게 활용하고 있다. 미디어는 영유아의 일상생활과 교육 현장 속에서 지대한 영향을 미치고 있지만, 여러 가지 부작용도 나타나고 있는데 그중 하나가 온라인 게임에 지나치게 몰입하는 영유아의 수가 급증하면서 미디어중독이 심각한 사회 문제로 대두되고 있다.

1) TV 안전

텔레비전은 우리의 생활에 많은 유익함을 주지만 반대로 이에 따른 역기능의 폐해도 크기 때문에 어린 시기부터 비판적으로 텔레비전을 보는 눈을 기르는 것이 중요하다. 그리고 텔레비전에 예민하게 반응하는 영유아를 위해 올바른 텔레비전 시청 방법을 익힐 필요가 있다(교육인적자원부, 2007).

안전

- TV를 항상 켜 놓지 않는다.
- 바른 자세로 앉아서 본다.
- TV 시청 내용에 적절한 연령인지 확인한다.
- 어두운 곳에서 시청하지 않는다.

2) 컴퓨터 및 인터넷 안전

인터넷 중독(Internet Addiction)이란 '정보이용자가 지나치게 컴퓨터에 접속하여 일상생활에 심각한 사회적 · 정신적 · 육체적 및 금전적 '지장'을 받고 있는 상태'라고 정의된다. 즉, 지나친 인터넷 접속으로 인하여 의존성과 금단 증상 등이 나타나 일상생활에 사회적 · 정신적 · 육체적 및 금전적 지장을 받고 있는 상태를 말한다. 인터넷 중독은 사이버 중독, 인터넷 중독 질환(IAD: Internet Addiction Disorder), 병적 인터넷 사용(PIU: Pathological Internet Use)이라고 불리며, 인터넷 증후군(Internet Syndrom), 웨버홀리즘(Webaholism)이라 불리기도 한다. 영유아들은 인터넷 게임을 통해 컴퓨터에 흥미를 갖게 된다. 인터넷 게임은 분명 영유아들에게 컴퓨터와 친숙해지는 매개체의 역할을 하기도 하지만 부정적인 영향을 주기도 한다.

영유아에게 인터넷 게임이 미치는 부정적인 영향은 다음과 같다(정아란, 2013).

- 놀이의 변화로 또래와 놀던 놀이에서 혼자 놀기를 즐기게 되었다.
- 공격적이고 폭력적인 게임을 통해 폭력 행동을 모방할 수 있다.
- 충동조절 장애가 올 수 있다.
- 성장발육 부진과 비만, 시력 저하와 근육통, 손목통증 등 건강이 악화될 수 있다.
- 게임이 신경계의 균형을 깨뜨려 학습상의 기능장애
- 유아의 사회성 발달에도 부정적인 영향을 끼쳐 대인관계에서 불안요소가 발생할 수 있다.
- 가족관계 약화 및 범죄로의 노출 가능성이 있다.

(1) 인터넷 중독의 단계

① **초기단계**: 인터넷에 점점 몰입하기 시작하며 수업시간에 졸다가 꾸중을 듣거나 가끔 멍하니 앉아있기도 하고 아침에 일어나기가 힘들어 지각하기도 한다.

② **중기단계**: 서서히 일상생활 부적응이 발생되고 지각, 조퇴, 결석을 자주 하게 되며 성적이 하락하기 시작하고, 거짓말이나 부모님 지갑에 손을 대기 시작한다.

③ **후기단계**: 금단, 내성 및 일상생활 장애 등 증상이 심각해지고 인터넷 사용

조절이 안 되고, 충동적이며 행동통제에 어려움을 느끼며 가족이나 주변 친구들과 고립되어 있을 가능성이 크다.

(2) 인터넷 중독의 유형

❶ 게임중독

- 게임에 접속하여 자기 통제력을 잃고 병적으로 집착하여 사용하는 상태를 말한다.
- 게임중독의 특징은 쉽게 헤어 나오지 못할 정도로 스토리 구성 및 전개가 되고 전략을 세워 레벨을 높이는 과정에서 과도하게 공격적이 되기 쉬우며, 게임 안의 공격성 · 폭력성이 현실에서도 나타날 가능성이 크고 현실에서 불만스러운 자신의 모습에 대한 대리 만족을 느껴 현실 생활을 등한시할 우려가 있으며, 익명성을 전제로 게임 내 유저들과 자유로운 의사소통이 가능하여 새로운 대인관계를 형성한다.

❷ 채팅중독

- 문자 혹은 영상대화에 과도하게 집착하여 심각한 사회적 · 정신적 · 육체적 및 금전적 지장을 받고 있는 상태를 말한다.
- 채팅중독의 특징은 채팅을 통해 일회성 만남을 즐기고 인신매매 및 성폭력 관련 범죄로 연결될 가능성이 크다. 신분을 조작하거나 은폐함으로써 자신의 정체성을 상실할 우려가 있다.

❸ 음란물중독

- 인터넷에서 음란물을 보거나 음란한 채팅을 하는 데 강박적으로 몰입하는 현상을 말한다.
- 음란물중독의 특징으로는 집이나 학교에서 컴퓨터를 몰래 사용하고, 가족이나 친구에게 은폐하며, 음란물에 탐닉하는 자신의 행동으로 인해 우울감, 죄책감을 느끼고, 왜곡된 성의식과 성비행의 원인이 될 수 있다.

❹ 검색중독

- 특정한 지식과 정보를 설정하지 않고, 검색 자체에 병적으로 몰두하는 상태를 말한다.
- 검색중독의 특징은 대부분 정보를 모은다는 생각으로 시작하지만 특정한 목적 없이 즉흥적으로 정보를 검색하느라 시간 통제가 안 된다. 일상의 지루함을 견디기 힘들어하며, 흥미로운 정보를 검색하려는 집착이 생길 수 있다.

(3) 인터넷 중독 예방법

❶ 건강한 부모-자녀 관계가 중요하다

건강한 부모–자녀 관계에서는 인터넷 중독이 발생하기 힘들다고 말한다. 영유아들은 스스로 통제하기 힘들기 때문에 부모가 보다 구체적으로 컴퓨터 사용 기준을 제시해 주는 것이 꼭 필요하다. 예를 들어, 하루에 40분, 혹은 주말에만 1시간 사용 등으로 제한하는 것이다(조금 더 엄격한 부모들은 이것마저도 영유아들이 할 일을 다 했을 때만 허용하기도 한다).

- 컴퓨터는 가족이 공유하는 장소에 설치한다.
- 하루에 사용하는 컴퓨터 시간을 미리 정해둔다.
- 오락과 휴식의 도구로서 컴퓨터 사용을 줄인다.
- 특별한 목적 없이 인터넷에 1시간 이상 머무르지 않도록 한다.
- 학습이나 과제 수행을 위한 컴퓨터 활용을 늘린다.
- 사이버 공간이 아닌 현실 공간에서의 대인 관계를 늘린다.
- 인터넷 대신 관심을 가질 수 있는 대안 활동은 찾는다.

❷ 가정에서 인터넷 休(휴)요일 지키는 방법

첫째, 자녀에게 인터넷 휴요일의 취지를 알려 준다.

둘째, 가족이 함께 의논하여 1주일 중 하루를 인터넷 휴요일로 정한다.

셋째, 자녀에게 인터넷 휴요일을 지키기 위한 실천 의지를 꾸준히 일기로 써 보게 한다.

넷째, 자녀에게 인터넷 휴요일 수첩을 활용하여, 자신의 실천 내역을 기록하게 한다. 한 주간 인터넷 이용 계획을 세우고, 그것을 잘 실천했는지 가족이 함께 검토한다.

다섯째, 인터넷 휴요일 실천서약서를 부모님과 영유아가 함께 작성하여 서명한다.

3) 스마트 폰

맞벌이 가정의 증가로 인해 혼자 있는 시간이 많아진 영유아들의 스마트폰 중독이 문제화되고 있다. 영유아들은 자기통제력이 약하기 때문에 시각적 · 청각적으로 자극적인 스마트폰에 빠지기 쉽다. 최초 이용시기가 빠를수록 스마트폰 이용 시간도 많은 것으로 나타났다. 특히, 주 양육자가 스마트폰을 이용하는 시간이 많을수록 영유아 자녀가 스마트폰을 사용하는 시간이 많았고 스마트폰에 처음 노출 시기도 이른 편이었다고 조사되었다.

(1) 스마트폰 과의존 개념

'스마트폰 과의존'이란 과도한 스마트폰 이용으로 스마트폰에 대한 현저성이 증가하고, 이용 조절력이 감소해 문제적 결과를 경험하는 상태를 의미한다. 즉, 스마트폰 과의존의 요인은 세 가지로, '현저성', '이용 조절력', '문제적 결과'가 있다. 영유아 과의존 위험군은 스마트폰 과의존 요인 중에서 '현저성'을 가장 많이 경험하는 것으로 나타났다. '현저성'은 다른 어떤 것보다 스마트폰을 갖고 놀기 좋아하고, 하루에도 수시로 스마트폰을 이용하려 하며, 항상 스마트폰을 가지고 놀고 싶어 하는 상태를 의미한다.

(2) 영아용(0~만만 2세) 스마트폰 과의존 예방 가이드라인

❶ 1단계 스마트폰 과의존 문제 인식(problem recognition)

- 영아에게 무심코 보여 주는 10분의 모바일 콘텐츠(영상, 음암, 게임 등)로 인해 영아는 스마트폰에 과의존 할 수 있다.
- 영아는 보호자(부모, 교사 등 주 돌봄자)의 스마트폰 이용습관을 닮아간다.
- 스마트폰을 육아 또는 교육 도구로 이용하는 것도 방임일 수 있다.

❷ 2단계 사용 상태 점검(state check)

- 보호자가 스마트폰 과의존일 경우, 영아도 과의존 위험이 크다.
- 성인과 영아 모두 스마트폰 과의존으로 인해 신체 · 심리 · 관계 · 행동 문제를 경험할 수 있다.
- '스마트폰 과의존 척도'를 활용해 사용습관을 확인할 수 있다.
- 보호자용 스마트폰 과의존 점검방법: 스마트쉼센터 홈페이지(www.iapc.or.kr) →「과의존 진단」 또는 →「성인용 스마트폰 과의존 척도」 이용

❸ 3단계 바른 사용 실천 방안 및 대안 제시(suggest alternatives)

- 영아가 보호자와 함께하는 영상 통화 외에는 스마트폰을 이용하지 않도록 한다.
- 가정(기관) 내 스마트폰 활용 규칙을 정해 일관되게 지킨다.

❹ 4단계 주변 사람과의 관계 형성 강화(connect)

- 스마트폰으로 보고 듣는 동요 · 동화보다 보호자와의 친밀한 시간이 영아의 발달에 도움이 된다. 영아와 눈을 맞추고 웃으며 노래와 이야기를 들려준다.
- 영아기(만 0~2세)는 오감과 정서 접촉을 통해 사물과 상황, 나아가 세상을 이해하는 시기이다. 스마트폰으로 인해 영아의 발달이 지체될 수 있다. 영아가 오감 중심의 다양한 경험을 할 수 있도록 지도해 준다.

(3) 만 3~5세 스마트폰과의존 예방가이드라인

❶ 1단계 스마트폰 과의존 문제 인식(problem recognition)

- 유아가 스마트폰 작동에 능숙하다고 해서 Smart한(똑똑한) 것은 아니다.
- 보호자의 스마트폰 이용습관과 과의존도 유아에게 대물림될 수 있다.
- 규칙 없는 스마트폰 이용은 방임일 수 있다.

❷ 2단계 사용 상태 점검(state check)

- 보호자가 스마트폰 과의존일 경우, 유아도 과의존 위험이 크다.
- 성인과 유아 모두 스마트폰 과의존으로 인해 신체 · 심리 · 관계 · 행동 문제를 경험할 수 있다.
- '스마트폰 과의존 척도'를 활용해 사용습관을 확인한다.
- 스마트폰 과의존 점검방법은 스마트쉼센터 홈페이지(www.iapc.or.kr) → 「과의존 진단」 또는 과의존이란? → 「유아 및 성인용 스마트폰 과의존 척도」 이용한다.

❸ 3단계 바른 사용 실천 방안 및 대안 제시(suggest alternatives)

- 유아의 발달 단계와 기질을 고려해 스마트폰 사용규칙을 '구체적'으로 정한다. 가정(기관) 내 스마트폰 활용 규칙을 정해 일관되게 지킨다.
- 학습용 앱보다 '책'을 읽어 준다. 보호자가 일할 때나 식당, 차 안에서도 스마트폰 대신 놀잇감(장난감, 종이, 그림책, 퍼즐, 블록 등)을 주도록 한다.

❹ 4단계 주변 사람과의 관계 형성 강화(connect)

- 유아가 규칙을 지키면 충분히 칭찬하고 격려해 준다. 유아와의 상호작용을 위해 다양한 놀이를 함께해 준다.
- 유아기(만 3~5세)까지의 발달 특성과 보호자와의 유대관계는 유아의 평생 발달에 영향을 미친다. 보호자와의 긍정적인 상호작용과 놀이는 유아의 건강한 발달을 위한 가장 효과적인 방법이다(스마트쉼센터 홈페이지, www.iapc.or.kr)

- 국가정보화기본법('18.2.21) 및 시행령 개정('18.2.28)에 따라 의무 교육 대상으로 지정된 보육 · 교육기관의 예방교육실시 제30조의8 제2항: 영유아보육법 제2조제3호에 따른 연 1회 이상 교육을 실시한다(스마트쉼센터: 스마트폰 과의존 예방 가이드라인).

4. 교통안전

현대화 · 도시화로 교통이 발달하고 있어 영유아들의 안전한 생활을 위협하는 원인이 되고 있다. 이에 안전한 보행, 도로횡단, 교통기관의 안전한 이용 등 교통안전 규칙을 정확히 알고 실천할 수 있도록 하여 영유아들에게 안전한 교통 교육을 해야 한다.

1) 영유아 교통사고의 원인

영유아들의 보행중사고 70%의 대부분은 갑자기 도로로 뛰어들어 발생하는 것으로 영유아 보육 · 교육기관과 가정에서의 교통안전교육의 중요성을 말해 주고 있다(어린이 교통사고 유형과 예방법 안전생활실천시민연합: www.safelife.or.kr).

(1) 환경적 원인

보육 · 교육기관에서 연령별, 영유아 교통안전교육 프로그램이 미흡하고 교사들이 전문지식이 부족하여 어릴 때부터 보육 · 교육기관에서의 교통안전교육이 제대로 이루어지지 않고 있다. 또한, 가정에서 부모가 교통안전교육의 중요성과 구체적 교육방법을 알지 못해 영유아들에게 교통안전교육을 제대로 실시하지 못하고 있다. 실제 영유아들에게 빈번하게 발생하는 교통사고 사례 중심의 체험교육을 체계적으로 실시할 어린이 교통공원 등 체험교육 장소가 부족하다. 보육 · 교육기관, 통학로 등 어린이 보호구역에 과속방지턱, 보도 차도 도로 경계턱 등 안전시설이 부족하며, 제대로 관리되지 못하고 있다.

(2) 영유아 원인

도로로 뛰어드는 경우로 이면도로나 보도가 없는 도로에서, 길 건너편에 있는 부모나 친구 등을 급히 쫓아가는 경우, 공이나 애완동물을 잡으려고 도로로 뛰어드는 경우이다. 횡단 중 부주의로 차에 가려져서 다른 차 운전자에게 잘 보이지 않거나, 자신이 타고 온 차에서 먼저 내려 버스 앞으로 또는 뒤로 건너는 경우, 횡단보도에서 다른 사람보다 앞서가거나 뒤쳐져 건너는 경우이다. 도로에 주차한 자동차 근처에서 놀거나 빈 트럭 밑이나 앞뒤에서 놀고 있는데 운전자가 확인하지 않고 움직인 경우, 골목길에서 놀이를 하다가 다가오는 차를 보지 못하는 경우 등 도로에서 놀이를 하는 경우이다. 승차 중 사고로 자동차를 타거나 내릴 때, 차가 완전히 멈추기도 전에 급히 오르내리는 경우이다.

영유아의 3대 행동 특성

① 조급성: 영유아는 조급성을 가지고 있다. 항상 뛰려는 특성을 가지고 있으며 찻길이 위험하다는 생각에 무조건 급하게 뛰어 횡단시간을 최소화시키려 하고 있다. 실제로 뛰는 경우 천천히 걷는 경우보다 사고위험이 7배나 높으며 주 · 정차된 차량 사이를 뛰어 횡단할 경우 사고위험은 18배나 높다.

② 모방성: 영유아는 어른에 비해 판단능력, 행동능력, 위기대응능력 등 모든 능력이 부족하지만 어른들을 따라 하는 모방능력만은 뛰어나다. 그래서 어른들이 무단횡단을 하면 영유아는 당연히 올바른 행동으로 생각하고 무단횡단을 따라 하는데 위기대응능력이 없어 종종 사고로 연결된다.

③ 단순성(자기중심성): 영유아는 생각이 미숙하고 단순하여 자기중심적으로만 판단한다. 즉, 초록 불로 바뀌고 손을 들면 모든 차가 멈추어 줄 것으로 생각하며, 한번 차가 멈추어 있으면 그 차는 계속해서 멈추어 있는 것으로 생각한다. 또한, 길 건너편에서 친구나 엄마가 부르면 차가 오는 것은 생각 못 하고 부르는 것만 생각하여 갑자기 차도로 뛰어들기 쉽다. 물론 찻길로 뛰어들면 당연히 모든 차는 멈추어 줄 것으로 영유아는 생각한다.

출처: 안전생활실천시민연합(www.safelife.or.kr). 어린이 교통사고 유형과 예방법.

(3) 부모(성인) 원인

보호자와 동반 시 발생하는 사고로 길거리에서 다른 사람과 이야기하면서 잠시 영유아를 방치할 때, 횡단보도에서 영유아가 너무 앞에 가거나 뒤에 떨어져 걸을 때, 부모가 반대편에서 길 건너는 영유아를 부를 때, 사고의 위험이 커진다. 자동차 안에서 안전벨트를 매지 않은 채로 급브레이크를 밟는 경우도 있다. 등원 시 부모가 보육 · 교육기관 앞에 남겨두고 길을 건너 돌아올 때 등이다.

신호등이 있는 횡단보도 신호등이 없는 횡단보도 무단횡단

[그림 6-7] 교통사고의 예(그림 저자)

2) 교통안전교육의 중요성

교통규칙에 대한 이해와 교통사고의 위험성에 대한 이해, 교통수단에 대한 이해 등으로 교통수단을 안전하게 이용하는 방법과 안전한 보행 그리고 도로횡단 방법 등에 대한 안전교육을 실시함으로 영유아에게 다양한 활동을 통해 교통안전 지식을 습득하고 스스로 위험 상황을 인식하고 적절하게 대처하는 능력을 체험을 통한 학습과 반복 훈련으로 안전한 행동이 습관화되도록 지도해야 한다. 우리나라 「아동복지법」은 2개월에 1회 이상 총 10시간 이상 올바른 교통안전지식, 차량탑승 시 안전장비의 올바른 착용 생활화, 교통 관련 법규 준수, 기타 교통안전 관련 내용을 교육하도록 명시하고 있다(아동안전관리–동덕여자대학교/KOCW공개강의–Internet Explorer http://www.riss.kr.proxy.jbnu.ac.kr.).

(1) 교통안전의 개념

교통안전이란 도로보행, 다양한 교통수단 이용 시 지켜야 할 안전지식 및 태도, 기술을 습관화하여 교통사고 예방에 적극적으로 대처하며, 영유아들이 교통이 무엇인지 이해하고 교통안전을 위해 여러 가지 약속이 있음을 알도록 한다(한국산업안전공단, 2003).

❶ 안전하게 횡단하는 법 알기

첫째, 길을 건널 때에는 인도경계석에 서서 우선 멈춘 후 신호를 기다리며 좌우를 살핀다. 도로와 너무 가까이에 서 있으면 차도를 빨리 지나가는 것에만 신경을 쓰는 운전자가 오른쪽에 서 있는 영유아를 발견하지 못해 사고가 날 수도 있다.

둘째, 신호등이 초록불로 바뀌면 바로 건너가지 않고 잠깐 기다린다. 초록불로 바뀌어도 건너기 전에 먼저 왼쪽 오른쪽을 살펴 차가 완전히 멈추었는지 확인한 후 횡단보도를 건너도록 한다.

셋째, 초록불이 깜박거리면 서두르지 않고 다음 신호를 기다린다. 초록불이 깜박거릴 때 건너면 건너가는 도중에 신호가 바뀔 위험이 있다. 신호시간에 쫓기어 급히 서두르게 될 경우 영유아는 주위 상황을 둘러볼 시간적 · 심적 여유가 없어 마음이 조급해져 빠르게 걷거나 뛰다 보면 몸의 균형을 잃어 자신의 발에 걸려 넘어질 수 있어 위험하다.

넷째, 신호가 바뀌면서 정지한 자동차 가까이로는 건너지 않는다. 자동차와 가까운 곳에서 건너는 경우, 급출발을 하거나 브레이크가 밀리는 차량으로 인해 사고가 발생할 수 있기 때문에 횡단보도 안에서 오른쪽으로 건너야 한다. 또한, 모퉁이 쪽에 위치한 횡단보도에서는 급히 우회전하려는 차량으로 사고 위험이 커지므로 횡단보도 안에서 오른쪽으로 다니는 습관을 길러 줘야 한다.

운전자와 눈을 맞추고 안전하게 건너기

[그림 6-8] 안전한 길 건너기의 예(그림 저자)

다섯째, 길을 건널 때 이리저리 뛰어다니며 장난치지 않는다. 횡단보도에서 장난을 치며 이리저리 뛰어다니면, 보행하는 사람과 부딪히는 등 다른 사람의 안전한 보행을 방해하거나 신호가 끝나기 전에 길을 건너지 못할 수 있다. 따라서 횡단보도를 건널 때는 장난치지 않고 걸어서 길을 건너도록 지도한다.

여섯째, 무단횡단을 하지 않는다. 차가 많이 통행하지 않는 곳이라 하더라도 방심하면 안 된다. 무단횡단은 법을 무시하는 행위이며 횡단보도가 아닌 곳에서 무단 횡단을 하여 사고가 발생하는 경우에는 피해보상을 전혀 받을 수 없다.

❷ 교통사고 예방 실제 지침

- 신호등이 있는 횡단보도 경우: 초록불로 바뀌어도 서두르지 말고 좌우 살핀 후 차가 멈추었는지 확인한다. 안전 횡단의 3원칙 '멈춘다, 살핀다, 건넌다'를 반드시 지킨다. 손을 들고 천천히 건넌다.
- 신호등이 없는 횡단보도 경우: 좌우 살핀 후 차가 멈추었는지 확인하고 운전자의 얼굴을 보면서 차와 가까운 쪽의 손을 들고 천천히 건넌다.
- 무단횡단 경우: 횡단보도가 아닌 길은 절대 건너지 않도록 한다. 만약, 횡단보도가 없는 길을 건너야 할 경우 반드시 손을 들고 주위를 살피며 천천히 건너야 한다.
- 갑자기 도로로 뛰어나오는 경우: 영유아 교통사고 80~90% 해당, 길을 건널 때는 항상 우선 멈춘다. 그리고 좌우를 살핀 후 손을 들고 건넌다.
- 버스 앞 또는 뒤로 가는 경우: 영유아는 작아서 운전자가 볼 수 없는 경우가 발생하므로 운전자와 눈을 마주치고, 버스와 조금 떨어져(버스에서 보일 수 있는 거리 3m) 좌우를 살핀 후 앞으로 지나가게 한다.
- 주정차 된 차 뒤에서 노는 경우: 멈춰 있던 차는 대부분 뒤로 움직인 다음 앞으로 나가기 때문에 차 뒤나 밑에서 놀면 절대로 안 된다. 차 밑으로 장난감 등이 들어갔을 때는 어른에게 도움을 요청한다.
- 차를 타고 창밖으로 신체 일부를 내민 경우: 차는 영유아가 생각하는 것보다 가까이에서 빠르게 지나간다. 얼굴이나 손을 창밖으로 절대 내밀지 않는다.
- 차를 타고 내릴 때의 경우: 가방이나 옷이 손잡이에 걸리거나 문에 끼이지

않도록 한다.

- 눈이나 비가 오는 날, 어두운 밤일 경우: 우산을 앞으로 내려 시야를 가리지 않도록 하며, 밝은 색 옷을 입는다.
- 좁은 골목에서 차 다니는 길로 다닐 경우: 앞, 뒤, 좌, 우를 살피며 뛰어가지 않고 천천히 걸어간다.
- 자전거 인라인스케이트를 탄 경우: 자전거와 인라인스케이트는 충분히 연습한 후 무릎보호대, 헬멧 등 안전장비를 착용해야 하며, 찻길이나 길모퉁이를 돌 때는 차 또는 자전거, 사람이 오는지 꼭 확인해야 한다. 자전거는 반드시 체격에 맞게 탄다(안장에 앉아 발끝이 땅에 닿는 것이 적당).

출처: 행정안전부(2012). 어린이 안전사고 예방을 위한 가이드북.

영유아가 알아야 할 자동차의 특성

1. 자동차의 정지거리 알기

자동차는 브레이크를 밟아도 일정거리 동안 주행하는데 이때 주행한 거리를 정지거리라고 한다. 정지거리는 공주거리와 제동거리를 합한 거리이다.

- 공주거리: 브레이크를 밟아야지 라고 생각하며 브레이크를 밟기 전까지 간 거리
- 제동거리: 브레이크를 밟은 후 일정시간 동안 간 거리

2. 빗길과 눈길에서는 자동차 정지거리가 보다 길어진다.

운전자가 운전석에 앉아서 보이지 않는 부분을 사각지대라고 한다. 영유아가 자동차 뒷부분과 바로 옆 부분에 있으면 운전자는 이 영유아를 볼 수가 없다.

3. 내륜차와 외륜차

자동차가 회전할 경우 앞바퀴가 지나가는 곳과 뒷바퀴가 지나가는 곳이 일치하지 않는데, 이 차이를 내륜차라 한다. 차가 후진할 때도 이와 같은 현상이 발생하는데, 이를 외륜차라고 한다. 큰 차일수록 내륜차와 외륜차가 커지므로 큰 차가 지나갈 때 멀리 떨어져 있는 것이 보다 안전하다.

4. 과속의 위험성

- 시속 40km로 달리다 충돌 시 3층 높이에서 떨어지는 것과 동일한 충격을 받는다.
- 시속 60km에서는 7층 높이에서, 시속 80km에서는 9층 높이에서 떨어지는 충격과 동일하다.

출처: 안전생활실천시민연합(www.safelife.or.kr).

(2) 교통안전 표지판 알기

교통표지판은 안전을 위해 모든 사람이 교통신호를 지키기 위한 약속된 신호체계임을 알게 한다. 교통표지판을 제시하면 <표 6-7>과 같다.

<표 6-7> 교통안전 표지판 삽입

표지의 종류	표지의 뜻
규제표지판	• 굵은 빨간색 테두리와 흰색 바탕 위에 검은 무늬의 표지판 • 도로 사용자에게 위험하니 다니지 말라고 알려 줌 자전거통행금지 통행금지 
주의표지판	• 굵은 빨간색 테두리의 노란색 바탕에 검은 무늬의 표지판 • 도로 상태가 위험하거나 도로 또는 그 부근에 위험물이 있는 경우에 필요한 안전조치를 할 수 있도록 알려 줌 어린이보호 도로공사중 
지시표지판	• 파란색 바탕에 흰 무늬의 표지판 • 도로교통의 안전을 위해 필요한 지시 보행자 전용도로 횡단보도 자전거전용도로 

TIP

교통안전 캠페인: 엄마손 캠페인, Happy School

5. 안전사고, 화재안전, 재난안전, 대인안전

일상생활에서 발생하는 안전사고, 약물중독, 등 갑자기 발생하는 여러 재난 사고에 대비하여 사고의 피해를 최소화하기 위한 방법이다.

1) 안전사고

(1) 현장학습(관람, 체험, 견학 등)안전

- 현장학습 전 계획 수립, 부모 공지, 사전 답사로 영유아의 이동 동선, 화장실, 의무실과 함께 인근 병원도 미리 파악하여 위험요소를 최소화한다.
- 영유아 및 보육교사 응급처치 요령 숙지 등 안전교육을 현장학습 사전에 연습한다.
- 교사는 응급상황 시 연락할 영유아 보호자 전화번호 목록을 지참하고, 영유아에게 어린이집 명, 어린이집 연락처 등이 기재되어 있는 이름표를 착용시킨다.

안전

- 도보로 이동 시 전체 무리에서 벗어나지 않도록 주의시키면서 빨리 걷도록 재촉하지 않으며, 수시로 인원을 체크한다.
- 차량으로 이동 시 안전벨트 착용시키고, 차량 내부 안전사항 점검한다,
- 현장학습 마무리는 인원 체크를 다시 확인하고 영유아의 소지품을 챙긴 뒤 보육 · 교육기관으로 돌아온다.
- 보육 · 교육기관으로 돌아온 후에는 손 씻기 및 건강상태를 살핀다.

(2) 약물오남용안전

약물오용이란 치료를 목적으로 하나 의사의 처방에 따르지 않고 약물을 임으로 사용하는 행위를 말한다. 즉, 질병을 치료하기 위해 처방된 약을 그 용법이나 용

량을 지키지 않고 과용하거나 적게 복용하는 행위로 약의 효과가 없는 것 같아서 복용량이나 사용 횟수를 임으로 늘려 먹이거나 의사와 상의 없이 다른 감기약, 해열 진통제와 같은 약들을 함께 먹이는 것을 들 수 있다.

약물남용이란 치료를 목적으로 하지 않고 감정이나 행동에 변화를 일으키기 위해 약물을 부적절하고 불법적으로 사용하는 상태를 말한다. 즉, 약물을 사용함으로써 근심 걱정이 일시적으로 멈추거나 바람직하지 않은 행동을 하게 될 경우 이는 약물 남용에 해당하고, 즐거움을 경험하기 위해 약물을 사용하거나 약물의 사용을 조절할 수 없을 경우도 남용에 해당한다(신태용, 2004).

지식 정보화 사회로 의학에 대한 정보를 쉽게 찾을 수 있게 되면서 약물에 대한 잘못된 상식으로 인하여 부작용을 유발하거나 시간적, 경제적, 정신적, 신체적 손상을 입고 자신과 가정, 사회에 해를 입히는 경우도 있다. 약물오남용안전사고는 만 6세 이하 영유아에게 흔히 발생하는 사고로 의약품, 화장품, 부동액, 살충제 등 많은 물질이 원인이 되고 있다. 그러나 이들 원인 물질들이 영유아에게 위험하다는 것을 알고 있으면서도 일상생활 속에서 방치되어 있는 경우가 대부분이다. 특히, 영유아기는 발달 특성상 무엇이든지 입으로 탐색하려 하고 모방하고 탐색하려는 욕구 등으로 약물이나 화학제품 등을 잘못 먹는 중독사고가 종종 발생하고 있다. 한국소비자원 소비자위해 감시시스템에 의하면 1만 4세 이하 아동 사고를 분석한 결과 일상생활 중 영유아가 유독성 물질에 의해 다치는 사고가 매년 증가하고 있다. 사고 장소의 경우 전체의 86.6%가 가정에서 발생하였고, 그 외 영유아 보육·교육기관 등에서 많이 발생한 것으로 나타났다. 영유아 약물오남용 사고 원인은 주로 성인들이 사용하는 물품에 의한 사고가 전체의 76.4%로 대부분을 차지하고 있고 영유아에게 치명적인 사고로 이어질 가능성이 매우 크다(이영환 외, 2016).

❶ 약물오남용 예방 안전교육

약물오남용 교육은 영유아가 스스로 자신의 안전을 보호할 수 있는 능력과 기술을 가지는 것이 중요하고 영유아를 보살피는 보호자가 주변 환경을 효율적으로 관리할 수 있도록 하는 교육이 필요하다. 실제로 영유아에게 일어나는 약물오남용 사고는 보호자가 잠시 방심하는 동안 일어나는 우발사고가 대부분으로 보호자들의 경각심을 고취 시키고 사고 발생 시 응급조치를 실시할 수 있는 약물오남용 사고 예방을 위한 안전교육이 필요하다.

약물 오남용 안전사고는 영유아의 생활 주변에 산재한 위험 약물을 인식하고 그러한 약물을 제대로 관리하는 것만으로도 사고 발생률을 크게 감소시킬 수 있어 이에 대한 실질적인 안전교육은 반드시 필요하다.

〈표 6-8〉 약물의 오용 및 남용 예방교육

구분	교육기준(「아동복지법」 제28조 제1항 관련)
실시주기(총 시간)	3개월에 1회 이상(연간 10시간 이상)
교육내용 (초등학교 취학 전)	1. 몸에 해로운 약물 위험성 알기 2. 생활 주변의 해로운 약물 화학제품 그림으로 구별하기 3. 모르면 먼저 어른에게 물어보기 4. 가정용 화학제품 만지거나 먹지 않기 5. 어린이약도 함부로 많이 먹지 않기
교육방법	1. 전문가 또는 담당자 강의 2. 시청각 교육 3. 사례분석

「아동복지법」[일부개정 2005. 7. 13 법률 7591호] 제9조 3항에는 아동의 건강 및 안전을 위하여 약물오남용 예방 안전교육을 실시하여야 함을 명시하고 있다. 보건복지부는 2009년 1월 1일 어린이들이 의약품을 잘못 복용하여 발생할 수 있는 안전사고를 예방하기 위하여 의약품 안전용기 · 포장 대상품목을 확대하고, 한약재에 대한 품목신고 절차를 간소화하는 등 규제 합리화를 위한 약사법시행규칙 개정령(안)을 마련, 입법예고 하는 등 약물안전에 만전을 기하고 있다.

주변에서 쉽게 접할 수 있는 약물의 종류와 이런 약물 사고를 예방할 수 있는 방법을 살펴보면 다음과 같다(문혁준 외, 2009; 이기숙 외, 2004; 김영실 외, 2011, 재인용).

가. 세제

세제는 영유아에게 위험한 물건이지만 쉽게 눈에 띄는 곳에 그대로 방치되어 있다. 영유아 약물오남용 사고의 대부분이 세제로 인한 발생으로 성인의 부주의에 따른 사고라 볼 수 있다. 그러므로 철저한 예방 안전교육이 필요하다.

안전

- 세제는 사용하기 편리한 곳에 보관하는 경우가 많은데, 싱크대 안이나 영유아의 손이 쉽게 닿을 수 없는 장소에 보관하여야 한다. 잠금장치를 한다.
- 식품용기로 사용했던 병이나 용기 속에 세제를 담아 놓지 않는다. 또한, 세제를 사용한 후에는 즉시 용기를 치워야 한다.

나. 내복약

각 가정에는 소화제, 진통제, 감기약, 해열제, 비타민 등 다양한 비상약품을 구비하고 있다. 그러나 약을 함부로 복용했을 때 발생할 수 있는 부작용을 인지하지 못한 채 사용하고 있으며, 약을 보관하는 데도 위험성에 대해 신경을 쓰지 않는다. 영유아가 먹었을 경우 치명적인 해가 될 수 있음을 인지하고 약품의 올바른 복용과 보관에 주의를 기울여야 한다.

안전

- 처방약은 날짜와 먹는 사람의 이름을 표시하여 보관하고 유효기간이 지났거나 용도가 분명하지 않은 약은 반드시 폐기한다.
- 영유아에게 의약품을 사용할 때는 어린이용 확인이 필수이며, 반드시 영유아의 손이 닿지 않는 곳에 보관한다.
- 약을 사탕이라고 하면서 먹이지 않는다.
- 어두운 곳에서 의약품을 투여하지 않는다.
- 알약이나 시럽은 본래의 용기나 포장 속에 넣어 두며, 설명서를 보관해야 한다. 다른 용기에 바꾸어 넣을 경우 사고의 원인이 될 수 있으며, 약이 변형될 우려가 있다.

- 약을 먹이기 전 약의 이름과 용량을 확인한 후 동봉된 계량스푼이나 컵을 사용하여 복용시킨다.
- 교사는 부모로부터 투약의뢰서를 받아 투약의뢰서에 명시된 것만 영유아에게 투여해야 한다.
- 올바른 사용법을 모르거나 의문 사항이 있는 경우에는 반드시 의사, 약사와 상담 후 복용을 하여야 한다(이영환 외, 2016).

다. 에어로졸용품이나 살충제

에어로졸용품이나 살충제는 파리나 모기를 없앨 뿐 아니라 농작물의 병충해를 막아주기 때문에 각 가정이나 농가에서 쉽게 사용하고 있다. 따라서 식품 속에 포함된 살충제에도 주의를 기울여야 한다. 에어로졸용품의 무분별한 사용은 현기증이나 구토, 피부자극, 두통, 시각장애, 호흡곤란 등과 같은 문제를 일으킬 수 있으므로 이런 용품을 사용한 후에는 반드시 환기를 시키도록 한다.

안전

- 영유아가 에어로졸용품을 자신의 얼굴에 뿌렸을 때는 위험하므로 영유아의 손이 닿지 않는 곳에 보관한다.
- 영유아가 생활하는 공간의 잔디밭이나 나무에는 살충제를 뿌리지 않는 것이 좋다. 살충제가 영유아의 호흡기나 피부를 통해 흡수될 수 있기 때문이다.

라. 납 중독

혈중 납 농도가 낮더라도 영유아에게는 해로울 수 있다. 또 장기적인 합병증으로 인해 지능저하를 가져올 수도 있고 체내에 납이 축적된 영유아들의 경우 최고치에 이를 때까지 아무런 증상이 없는 경우가 대부분이다. 납 중독 여부를 알아보는 유일한 방법은 혈액검사를 해 보는 것이다. 영아들의 경우 손에 닿는 것은 무엇이든 입으로 탐색하고자 하는 특성 때문에 납에 오염될 위험성이 가장 높다(윤선화, 정윤경, 이경선, 2010b).

안전

- 영유아들의 손을 자주 씻긴다. 특히, 음식을 먹기 전에는 꼭 손을 씻긴다.
- 소화기관으로 흡수된 납을 감소시켜 주는 철분과 칼슘이 풍부한 음식을 먹인다.
- 유리, 스테인리스, 철, 또는 플라스틱과 같은 납을 방출하지 않는 재질의 용기에 음식을 준비하거나 보관한다.
- 납이 함유되지 않은 무독성 놀잇감과 미술재료만을 사용한다.

마. 술

술도 약물이다. 술(알코올)이 인체에서 대사되는 과정 중 아세트알데히드는 유해, 독성 물질이 발생한다. 술은 우리 몸에 여러 가지 영향을 미친다. 중추신경을 억제시켜 마취 효과를 내고, 사고, 판단 기능을 떨어뜨리며 지방이 간에 축적되는 지방간을 일으킨다. 또한, 임산부가 마시면 기형아가 될 수 있다. 만약, 영유아가 마시면 뇌 발달이 제대로 이루어지지 않는다. 술은 여러 가지 사회문제를 발생하고 있다. 술 취한 상태에서 여러 종류의 범죄가 증가하고, 음주운전으로 교통사고를 발생시키며, 알코올 중독자의 증가로 치료비, 요양비 등 사회적 비용이 또한 증가하고 있다.

바. 담배

담배는 마약과 같은 해로움을 준다. 담배에 들어 있는 해로운 성분 니코틴은 아편과 거의 같은 수준의 습관성 중독을 일으키기 때문에 약학적으로는 마약으로 분류되고 있다. 많은 양의 니코틴은 신경을 마비시켜 환각상태 또는 죽음에까지 이르게 한다. 담배로 인해 암이 발생하고, 기억력 감퇴 등 다양한 합병증이 온다. 담배를 직접 피우지 않아도 피우는 사람이 옆에 있으면 해롭다.

안전

- 영유아 손에 닿지 않는 곳에 보관한다.
- 영유아 시설 근처는 금연구역 표시를 한다.

❷ 어린이보호포장

'어린이보호포장용기'란 만 5세 미만의 어린이가 내용물을 꺼내기 어렵게 설계 · 고안된 포장(용기를 포함)을 말하는 것으로 어린이보호포장 대상이 되는 공산품은 소비자가 마시거나 흡입하는 경우에 중독 등의 위해가 우려되어 산업통상자원부령으로 정하는 것을 말한다. 어린이보호포장대상 공산품으로는 광택제, 방향제, 부동액, 세정제, 얼룩제거제, 자동차용 앞면 차유리 세정액, 접착제 등이 있다. 우리나라에서는 2005년에 가정용 화약제품에 어린이보호포장을, 2006년에 의약품에 대한 아동보호포장에 안전규정을 신설해 제도화하고 있다.

(3) 스포츠 안전

❶ 자전거

영유아들이 자전거를 안전하게 즐기기 위해서는 자전거 역시 차라는 것을 이해시켜야 한다. 따라서 자전거를 타기 전에 자전거 안전수칙을 익힐 수 있도록 도와줘야 한다.

안전

- 밤에는 자전거를 타지 않는다.
- 속도를 내지 말고 천천히 타고 차도나 사람의 통행이 많은 장소를 피한다.
- 횡단보도와 비탈길에서는 자전거에서 내려 끌고 간다.
- 핸들을 좌우로 흔들어 비틀비틀 타거나 손을 놓고 타지 않는다.
- 운동화를 신고 바지를 입으며 머리에는 헬멧을 쓰고 무릎보호대를 한다.
- 내릴 때에는 주위를 잘 살피고, 지나가는 사람이나 차와 부딪치지 않도록 한다.

❷ 킥보드 안전

- 브레이크가 제대로 작용하는지 점검한다.
- 항상 양손으로 잡고 보호장구를 착용한다(헬멧, 무릎보호대, 팔꿈치 보호대, 손목 보호대)
- 킥보드를 탄 채 묘기를 부리지 않는다.
- 킥보드를 타고 계단을 오르내리지 않는다.
- 내리막길은 가속이 되어 위험하므로 내리막길로 달리지 않는다.
- 횡단보도로 건널 때에는 반드시 킥보드에서 내려서 걷는다.
- 여럿이 손을 잡고 타거나 앞사람을 잡고 타지 않는다.
- 트럭이나 자전거 등을 따라가며 타지 않는다.
- 사람이 많이 모인 곳에서는 킥보드를 타지 않는다.
- 차들이 다니지 않는 장소나 포장이 잘 된 평지에서 탄다.

❸ 인라인 스케이트 안전

- 타기 전에 바퀴가 고장 나지 않았는지 확인한다.
- 활동성이 편한 옷차림을 하고 반드시 헬멧과 무릎, 팔꿈치 보호대를 착용한다.
- 자전거 등을 잡고 타지 않고 손에 무엇을 든 채로 타지 않는다.
- 주정차 된 자동차 주변에서 타지 않는다.
- 차가 다니는 자동차도로나 골목길에서는 타지 않고 모퉁이에서는 속도를 줄인다.
- 인라인스케이트 이용자를 위한 안전시설이 있는 곳에서 타고 인라인스케이트를 신고 묘기를 부리거나 장난하지 않는다.
- 내리막길은 가속이 되어 위험하므로 내리막길로 달리지 않는다.
- 인도에서는 다른 사람을 다치지 않게 하도록 주의한다(이영환 외, 2016).

(4) 물놀이 안전

보건복지부와 생활안전연합(2009)에서 발행한 어린이 익사사고 예방을 위한 안전교육에서 물놀이 안전에 대해 다음과 정리하고 있다.

❶ 수영장에서의 물놀이 안전

- 물에 들어가기 전에는 반드시 준비 운동을 하고 꼭 몸을 씻도록 한다.
- 바닥이 물기로 미끄러워 넘어질 수 있으므로 뛰지 않고 걸어서 다닌다.
- 물속에서 심한 장난을 하지 않는다.
- 물놀이 도중 물속에서 소변을 보거나 침을 뱉지 않도록 한다.
- 수영모자와 물안경을 쓴다.
- 눈병이나 귓병이 난 어린이는 물놀이를 하지 않는다.

❷ 강·계곡에서의 물놀이 안전

- 물이 맑고 깨끗한지 살펴본다.
- 물살이 센 곳에서는 물에 휩쓸려 떠내려갈 수 있으므로 물놀이를 하지 않는다.
- 깊은 곳은 가지 않는다.
- 비가 오거나 바람이 부는 날에는 물놀이를 하지 않는다. 계곡과 강은 비가 올 경우 물이 갑자기 불어나서 위험하다

❸ 바닷가에서의 물놀이 안전

- 모래를 다른 사람에게 뿌리면 눈에 모래가 들어갈 수 있으므로 주의한다.
- 모래 속에 조개껍데기, 뾰족한 돌과 같이 날카로운 물질이 묻혀 있을 수 있으므로 항상 신발을 신고 다니도록 한다.
- 파도가 높은 곳에서는 물놀이를 하지 않는다.
- 어른이 없는 곳에서는 놀지 않는다.

준비운동을 한다. / 손, 발을 물에 적신다. / 보호자와 함께 물놀이를 한다. / 구명조끼를 입는다.

[그림 6-9] 물놀이, 여름철 안전

출처: 행정안전부 어린이 안전배움터(https://www.mois.go.kr)

(5) 비 오는 날 안전

- 투명우산을 사용하며 눈보다 약 30° 정도 높이 들어 주는 것이 앞을 볼 수 있어 안전하다.
- 비옷, 모자, 장화 등은 밝은색으로 노란색 계통이 운전자의 눈에 잘 띄며, 신호를 기다릴 때에는 달리는 차에서 두 걸음 더 뒤쪽으로 물러나 있어야 안전하다.
- 양손에 물건이 들려 있는 경우 위험한 상황에 대응하는 능력이 현저히 떨어지므로 가방을 들지 않으며 등이나 어깨에 메는 것이 좋다.
- 바람에 우산이나 모자가 차도로 날아갔을 때 잡으려고 무조건 뛰어들지 않아야 하며 우산을 접었을 때에는 우산 끝이 밑으로 향하도록 한다.

(6) 눈 오는 날 안전

- 장갑을 낀다. 손이 주머니 속에 있는 경우 몸이 움츠러들어 행동이 느려지며 미끄러져 넘어지거나 차가 오는 경우 곧바로 대응할 수 없기 때문에 양손을 주머니에 넣지 않고 꼭 장갑을 낀다.
- 길이 미끄러워 찻길로 넘어지는 일이 없도록 하기 위하여 가능한 한 차도로부터 멀리 떨어져 걷는 것이 좋다.
- 귀마개는 너무 두꺼우면 자동차 경적을 들을 수가 없기 때문에 다소 얇은 것

으로 한다.

- 두꺼운 목도리를 두르고 털모자를 쓰는 것은 넘어져도 머리에 충격이 덜해 안전하다.
- 신발은 바닥이 미끄러운 구두보다는 홈이 파여 있는 운동화가 좋으며, 눈이 오면 하늘이 어두워져 운전자가 앞을 잘 볼 수 없으므로 밝은색 옷을 입는 것이 눈에 잘 띈다.

(7) 가정안전

영유아 안전은 가정 내 안전사고 예방으로부터 출발해야 한다. 그러나 가구에 부딪히거나 가구에서 떨어지는 낙상사고, 뜨거운 물, 증기, 전기 등에 의한 화상사고, 질식사고, 음독사고 등 우리가 흔히 안전하다고 생각하는 가정에도 위험요소가 도사리고 있다. 그리고 이 모든 안전사고의 책임은 전적으로 부모님의 무지 때문이다. 이에 가정 내 안전사고를 부추기는 요인을 살펴본다.

❶ 추락사고

창문이나 베란다 옆에 침대, 의자 등의 가구를 두거나 장난감 등 아이들의 호기심을 유발하는 물건을 두었음에도 안전창살을 설치하지 않은 경우 발생한다.

안전

- 가정 내 안전사고 중 가장 많이 발생한다. 창문이나 베란다 옆에 아이들이 딛고 올라갈 수 있는 가구, 장난감 등을 두지 않는다.
- 방충망으로는 지지가 안 되기 때문에 영유아가 있는 가정의 창문에는 낙상 방지용 안전창살을 설치한다.

❷ 넘어짐, 미끄러짐 사고

바닥에 물기가 있거나 걸려 넘어지기 쉬운 물건, 바퀴 달린 장난감, 전선 등을 치우지 않는 경우 발생한다.

안전

- 가정 내 안전사고 중 미끄러짐 사고는 잠깐 영유아에게서 눈을 뗀 사이 순식간에 발생하며, 대부분 부모가 옆에 있는 상태에서 발생하기 때문에 평상시에 위험요소를 제거해 두어야 한다.
- 바닥의 물기나 걸려 넘어지기 쉬운 물건이나 장난감, 전선 등에 의해 넘어질 경우 머리를 다치기 쉬우므로 바닥에 불필요한 물건이 없도록 항상 정리정돈을 해 두어야 한다.

❸ 날카로운 물체에 베임, 찢어짐 사고

부딪히는 사고는 주로 가구와 관련해서 발생하며 가구 모서리가 날카로운 경우 발생한다.

안전

- 주위가 산만하고 걸음이 익숙하지 못한 영유아가 부딪혔을 때 부상을 최소화하기 위해 가구 모서리가 둥글어야 하며, 날카로운 경우 모서리 보호대를 설치해야 한다.

❹ 화상사고

밥솥이 뜸을 들일 때 분출되는 증기로 인해 화상사고를 당할 경우 뜨거운 물로 인해 화상을 입을 경우보다 훨씬 심하게 다친다. 밥솥이나 다리미를 영유아 손이 닿기 쉬운 곳에 두는 경우 발생한다.

안전

- 밥솥은 어른이 허리 높이에서 사용한다. 고데기, 다리미를 코드를 반드시 빼 둔다.
- 난로와 같은 전열 기구에는 보호막이 있어야 한다.

❺ 전기안전사고

영유아들은 움푹 패인 곳에 손가락이나 젓가락을 집어넣는 것을 좋아한다. 전기 콘센트에 안전 커버가 없는 경우에 발생한다.

안전

- 안전 커버를 반드시 덮어 감전사고를 예방한다.

❻ 질식 및 중독사고

영유아들은 보이는 것은 무엇이나 입에 가져가므로 알록달록한 색깔의 알약이나 사용하다 남은 의약품, 락스, 제초제 등 유독 물질을 영유아들의 손이 닿기 쉬운 곳에 두는 경우 발생한다.

안전

- 남은 제초제, 농약 등을 음료수병, 박카스 병 등에 담아 놓거나 영유아들의 손이 닿기 쉬운 곳에 절대 두지 않는다.

❼ 익사 및 기타사고

아장아장 걷기 시작하는 영아의 경우 화장실 변기 속에 빠져 익사하거나 싱크대나 서랍을 열어 칼이나 가위 등 위험한 물질을 끄집어내 다치는 사고가 빈번히 발생한다. 화장실 변기, 싱크대, 가위나 칼이 들어 있는 서랍에 잠금장치가 되어 있지 않은 경우 발생한다.

안전

- 화장실의 문은 꼭 닫고 다닌다.
- 싱크대나 서랍에는 수동 개폐 안전잠금장치는 필수로 한다.

TIP 예방대책

1. 주방

- 주방의 가전 기구인 커피포트, 그릴, 주전자, 팝콘제조기, 토스터, 믹서기 등의 코드는 짧게 위로 올려두고 각 기구의 플러그를 높은 곳에 꽂아 둔다.
- 가전 기구 주변에 영유아들이 올라설 수 있는 의자나 물품은 두지 않는다.
- 영유아들의 손이 닿을 수 있는 캐비넷과 서랍에는 안전잠금장치를 설치한다.
- 포일과 플라스틱 랩은 영유아들의 손이 닿지 않는 곳에 보관한다. 이들의 날카로운 가장자리로 인해 베일 위험이 있기 때문이다.
- 각종 세제와 살충제, 가구 광택제 등은 안전한 곳에 보관하고 문을 잠근다.
- 칼이나 다른 날카로운 주방기구를 사용할 때, 영유아들에게 일어날 사고를 염두에 두고 다루거나 여기저기에 두지 않아야 한다.
- 말을 알아들을 정도가 되었다면, 전자레인지의 외부와 내부의 온도가 달라서 데일 위험이 있다는 것을 알려 준다.
- 오븐이나 스토브를 구입할 때에는 영유아들이 열기 힘든 것을 고른다.
- 식탁보는 영유아가 끌어당길 수 있으므로 될 수 있으면 사용하지 않는다.

2. 욕실

- 욕실에서 사용하는 전기기구(헤어드라이어, 고데기 등)는 사용하지 않을 때 반드시 플러그를 뽑는다. 물에 들어가게 되면 영유아들이 감전사고를 당할 수 있다. 전기쇼크를 방지하기 위하여 콘센트에는 누전방지 장치를 부착한다.
- 영유아들은 욕조나 세면대에 빠져 익사할 수 있음을 인식하고 항상 함께한다.
- 뜨거운 물로 인한 화상을 예방하기 위해서 물의 온도를 조절한 후 욕조에 들어가게 한다.
- 화상 방지용 수도꼭지를 설치하는 것도 좋은 예방법이다.
- 욕실에서 넘어져 머리를 부딪치는 사고를 방지하기 위해서 미끄럼 방지용 바닥재를 깐다.
- 욕실에 있는 화장품이나 비누, 샴푸 등을 영유아들이 먹을 위험이 있으므로 주의하고 욕실 캐비넷 손잡이에 안전장치를 한다.
- 좌변기의 뚜껑은 항상 내려놓고 화장실 문은 닫아 놓는다.

3. 거실

- 카펫, 가구 밑에는 영유아에게 위험한 작은 물건들이 있을 수 있음을 잊어서는 안 된다.
- 바닥에는 플러그나 전선 등 걸리는 것들을 치운다.
- 전선은 벽 쪽에 테이프나 테이플러 등으로 고정시키고 떨어졌는지 확인한다.
- 가구의 날카로운 모서리에 안전장치를 부착한다.
- 사용하지 않는 콘센트는 막아둔다.
- 화분은 영유아들이 만질 수 없는 곳에 두고 독성이 있는 화초는 기르지 않는다.
- 테이블 위의 유리판은 치우고, 깨지거나 무거운 것도 올려놓지 않는다.
- 가구, 선반, 그리고 TV 장식장 등을 안정되게 놓고, 넘어지지 않는지 확인한다.
- 벽난로 앞에는 영유아들이 열기 힘든 유리스크린을 설치한다. 난로에 불이 없는 경우에도 영유아들이 가까이 가지 못하도록 가르친다.
- 영유아가 열고 나갈 수 있는 미닫이문이 있다면 마음대로 열지 못하게 하는 잠금장치를 한다.
- 카펫은 영유아들에게 질병을 유발할 수 있으므로 청결을 유지한다.

4. 영유아 침실

- 영유아의 방 벽지나 침대보, 잠옷 등은 방염처리(flame-resistant)가 된 것을 사용한다.
- 창에 안전잠금장치를 하고 5cm 이상 열리지 않도록 조절한다.
- 낮고 날카로운 가구 모서리에는 안전캡을 씌운다.
- 장난감 보관 상자는 손가락이 끼어 다칠 위험 있음으로 뚜껑을 분리할 수 있는 것을 사용하거나 뚜껑이 세게 닫히지 않는 것을 사용한다.
- 요람은 창에서 떨어진 곳에 놓아야 한다.
- 요람 위의 모빌이나 매달려 있는 것들은 최소 20cm 이상 떨어진 곳에 둔다.
- 영아가 자라면 매트리스를 더 낮춘다.
- 플라스틱 블라인드 중에는 납을 함유하고 있는 것도 있으므로 블라인드는 금속이나 나무로 된 것을 사용한다.
- 블라인드 줄은 반드시 영유아의 손에 닿지 않도록 묶어 놓는다.

출처: 어린이집안전공제회(2016b)

2) 화재안전

화재 발생의 원인은 다양하며, 대처방안에 따라 그 피해 정도가 달라질 수 있다. 영유아는 성인에 비해 신체조절 능력과 기본 운동 능력이 부족하고 정신적으로 미숙하여 화재 발생 시 스스로 대피할 능력이 없어서 치명적인 피해를 입을 수 있다. 그러므로 영유아를 대상으로 화재의 위험성과 화재 발생 시 대처요령, 화재 대피훈련 등 적극적인 화재안전교육이 필요하다.

(1) 화재예방

■ **화재예방을 위한 보육 · 교육기관 교사의 역할**

- 영유아에게 불의 편리함과 위험성을 알게 설명해 준다.
- 성냥, 촛불, 라이터는 화재의 원인이 되므로 영유아 가까이 두지 않는다.
- 전기시설, 가스시설을 정기적으로 점검한다.
- 화재경보기, 소화기, 스프링클러, 가스누출 탐지기를 수시로 점검한다.
- 화재 시 대피기구, 유도 등, 비상 조명을 확인하고 건물 각 부분에 대피 안내도를 붙여 둔다.
- 대피경로(계단 등)에 물건을 적재하지 않는다.
- 비상대피훈련은 정기적으로 충실히 이행한다.

■ **화재대피훈련**

- 화재 발생 시 인명 안전을 확보하는 것이 무엇보다 중요하다. 따라서 건물에서 발생 가능한 화재 시나리오에 따른 비상대응 계획을 작성하고 화재대피 훈련을 하는 것이 필요하다.
- 화재 발생 시 안전한 장소로 대피하기 위한 훈련은 인솔자(교사 등)의 피난 유도 능력을 향상시키는 기회가 된다.

❶ 소화기

소화기는 유류, 전기, 가스 화재 등 물로 끌 수 없는 화재 진화의 필수품으로 가장 일반적인 소방기구로 초기 진화를 위해서는 필수적이다. 소화기의 종류를 살펴보면 <표 6-9>와 같다.

〈표 6-9〉 소화기 종류 삽입

소화기		특징
일반 소화기	분말소화기	냉각효과가 있어 쉽게 불이 꺼진다.
	이산화탄소소화기	모든 화재에 사용될 수 있으나 특히 물을 뿌리면 안 되는 화재에 사용하면 더욱 효과적
	하론소화기	사용 후 흔적이 없고 방출할 때 물체에 전혀 손상이 없는 소화기
투척식 소화기	투척식 소화기	포말(거품)을 형성하여 진화하기 때문에 유류성 화재진압에 용이하게 사용될 수 있으며, 투척 전 별도의 사전 작업이 요구되지 않으므로 사용이 간편

소화기 비치 및 관리방법

- 소화기는 수시로 점검하며, 습기나 직사광선을 피해 눈에 잘 띄는 곳에 부식방지를 위해 받침대 위에 올리거나 벽에 걸어놓는다.
- 문 가까운 곳에 비치한다.
- 분말소화기는 분말이 굳지 않도록 6개월에 한 번 이상 흔들어 주고 확인한다.
- 축압식 분말소화기는 바늘이 녹색 정상 위에 있는지를 확인한다.

출처: 소방방재청 홈페이지(www.nema.go.kr).

[그림 6-10] 투척용 소화기 사용법

소화기 사용법

- 불이 난 장소로 소화기를 가져가 바람을 등지도록 자리를 잡고 안전핀을 뽑는다.
- 한 손으로 소화기 손잡이를 잡고 다른 한 손으로 호스를 잡는다.
- 호스를 불꽃으로 향하고 손잡이를 잡은 손으로 손잡이 위를 누른다.
- 불꽃의 아래를 향해 빗자루로 청소하듯이 앞에서부터 좌우로 뿌린 후 점차 멀리 뿌린다.

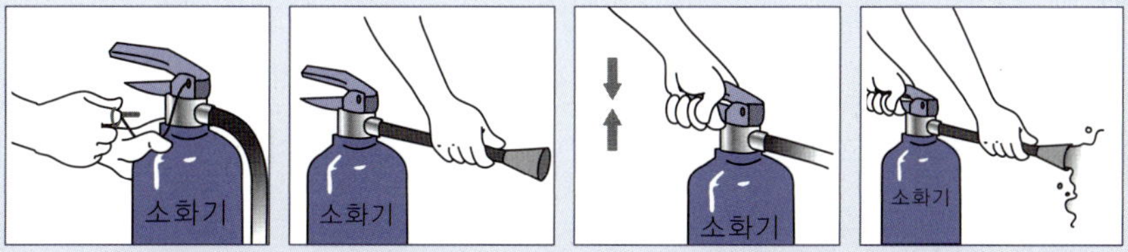

안전핀을 뽑는다. 호스를 뺀다. 손잡이를 움켜쥔다. 골고루 방사한다.

출처: 소방방재청 홈페이지(www.nema.go.kr).

❷ 화재 발생

■ 화재 발생 시 보육 · 교육기관 교사의 역할

- 공포감을 극복하고 주변 상황을 정확히 판단해야만 한다.
- 비상벨을 누르거나 크게 소리쳐서 주위 사람들에게 불이 났음을 알림으로 영유아의 안전을 최우선시한다.
- 소화기, 모래, 물, 옥내 소화전으로 진화를 실시한다.
- 진화가 불가능하다는 판단이 생기면 119에 즉시 신고한다.
- 전기 및 가스를 차단한다.
- 평상시 비상 대피 훈련을 받은 대로 즉시 실시한다.

가. 화재 신고하기(119)

비상연락망을 전화기 옆에 붙여 놓는다.

- 신고자 이름 말하기
- 화재가 발생한 곳의 정확한 주소와 보육 · 교육기관의 명칭을 말하고 주변의

큰 건물도 알려 준다.

- 화재의 원인을 알고 있다면 말해 준다.
- 받을 수 있는 전화번호를 말해 준다.
- 전화를 받은 소방관이 끊을 때까지 전화를 끊지 않는다.

나. 화재 대피하기

화재가 발생했을 때 연기에 의한 질식이 화재로 인한 사망사고의 주요 원인이 되고 있다. 화재 시 발생하는 연기는 유독성이 있고 뜨거워 이를 마시면 기도나 폐에 손상을 줄 수 있고 사망에 이르기도 한다. 연기나 열기 속에서 움직일 때는 모포나 수건을 물에 적셔 얼굴을 가리고 몸을 보호하면서 자세를 최대한 낮추고 행동을 최소한으로 줄이고 숨을 적게 쉬도록 노력하여 산소 소모를 줄이도록 한다. 연기가 위에서 아래로 내려오고, 깨끗한 공기는 바닥면으로부터 30~60cm 사이에 있기 때문에 연기가 보이면 유도등을 따라 손과 무릎으로 기어서 밖으로 재빨리 나가야 한다. 만약, 실내에 갇혀 있을 때에는 갑자기 문을 열지 않아야 한다. 문을 열기 전에 먼저 손으로 만져봐서 문이나 손잡이가 뜨거울 때는 문 반대편에 강한 화염이 있다는 뜻이므로 문을 열지 말고 다른 비상 출구를 찾아야 한다. 불이 난 곳의 반대 방향 비상구를 이용하는 것이 안전하다. 이때 화장실이나 통로의 막다른 곳은 위험하다. 엘리베이터는 정전으로 갇힐 위험이 있으므로 반드시 계단을 이용한다.

■ 화재 대피 시 교사의 역할

- 화재 시 교사는 영유아의 혼란을 방지하고, 안전한 장소로 피난을 유도해야 한다.
- 영유아와 같이 뛰거나 소리 지르지 않고 침착하게 행동하며 영유아를 통제한다.
- 안전대피 요령을 숙지하고 평소 대피경로의 동선대로 충분히 훈련한 것을 활용하여 영유아를 안전하게 탈출시킨다.

〈표 6-10〉 연령별 화재대피훈련하기 지도지침

	지도지침
만 0~1세	화재사고가 발생했을 때 대피행동이 습관화될 수 있도록 반복적으로 활동한다.
만 2세	불이 났을 때 하지 말아야 할 행동에 대한 교육을 실시하고 대피훈련을 반복적으로 연습한다.
만 3세	화재사고가 발생할 수 있는 위험한 상황을 알려 주고 교사의 안내에 따라 대피훈련을 연습해 본다.
만 4세	화재대피 사이렌 소리에 맞추어 유아 스스로 대피훈련에 참여해 본다.
만 5세	유아들과 함께 화재 발생의 원인 및 예방방법 그리고 상황에 따른 여러 가지 대피 경로를 알아보고, 의논한 방법대로 대피해 본다.

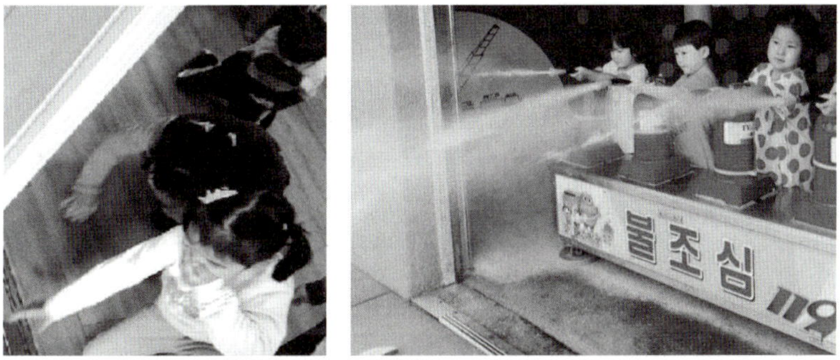

[그림 6-11] 화재 대피

3) 재난안전

재난 발생은 예측하기 어렵기 때문에 사전에 미리 정보와 지식을 가지고 대처해야 하며, 재난은 사고가 나면 치명적인 상해를 가져오기 때문에 적극적인 대처와 예방교육이 필요하다(교육과학기술부, 2013b). 2004년 동남아시아를 강타한 쓰나미와 최근 일본 대지진 등 세계적으로 강도 높은 지진이 발생하고 있으며, 지진 후에 방사능 오염 등 피해가 증가하고 있다. 2003년 재난 및 안전관리 기본법 제정 이후 인적재난, 자연재해로 이분화되었던 것을 재난으로 용어가 통일되었다. 최근 들어 자연재난의 횟수가 증가하고 있는데, 자연재난에 의한 피해를 줄이기 위해서는 태풍, 호우 등 발생 시 국민행동 요령 등이 사전교육을 통한 대처 능력을 갖추는 것이 무엇보다 중요하다.

전 세계적으로 발생한 대형 지진 사례

일본 고베 지진

1995년 1월 17일에 일본에서 일어난 규모 7.2의 지진으로, 6,432명이 사망했고 40,000여 명이 부상당하였으며 1,400억 달러가 넘는 재산 피해가 발생했다.

인도 구라자트 지진

2001년 1월 26일에 인도에서 일어난 규모 7.7의 지진으로 20,085명이 사망하였다.

파키스탄 북부 지역의 지진

2005년 10월 8일에 파키스탄에서 일어난 규모 7.6의 지진으로, 86,000여 명이 사망하고 69,000여 명이 부상당하였다.

인도네시아 자바섬 지진

2006년 7월 17일 인도네시아 자바섬 남쪽 약 235km 해역에서 일어난 규모 7.7의 지진으로, 해일로 말미암아 바닷가 해변 호텔과 가옥, 선박 등이 파괴되고 많은 인명 피해와 재산 피해를 발생시켰다.

중국 쓰촨성 대지진

2008년 5월 12일 오후 2시 28분 중국 쓰촨성 일대에 일어난 규모 7.8의 강진으로 많은 사람들이 사망하고, 건물과 도로 파괴 등의 재산 피해가 발생했다.

아이티 지진

2010년 1월 12일 아이티에서 일어난 규모 7.0의 강진으로, 아이티 대통령궁을 비롯한 많은 건물이 무너지고, 큰 인명 피해가 발생했다.

칠레 서부 태평양 연안 지진

2010년 2월 27일 칠레 서부 태평양 연안에서 규모 8.8의 강진으로, 여파로 인한 쓰나미가 동반되어 칠레 탈카우를 비롯한 11개 도시 및 태평양 연안국에 많은 사람들이 사망하고 도로 및 건물들이 파괴되어 피해를 입었다.

화산 폭발 사례

화산 폭발 사례 서기 79년 이탈리아 나폴리 만 근처에 있던 베수비오 화산이 대규모 폭발을 일으켜 이 산 주변에 있던 로마인의 별장지대인 폼페이를 비롯해 헤라클라네움, 스타비아 등의 소도시가 화산재에 묻혀 수만 명의 주민이 생으로 매장됐다. 폼페이의 존재는 지난 1748년 이탈리아의 한 농부가 땅을 개간하다가 우연히 땅에서 유물을 발견하고 이를 바탕으로 대대적인 발굴 탐사 작업 결과 수천 년 동안 지하에 매몰돼 있던 수만 점에 달하는 유물과 당시의 도시 모습이 드러나 고고학사의 획기적인 사건으로 기록되고 있다. 특히, 주요 유적지 중의 하나가 된 폼페이는 멸망 당시 로마 제정 시대의 최전성기 시절 로마 귀족들의 별장지대였기 때문에 로마 시대 귀족들의 생활상을 살펴볼 수 있는 귀중한 자료가 되었다(출처: 어린이안전학교, www.go119.org).

최근 화산 폭발사례를 살펴보면, 2019년 12월 9일 오후 2시 10분쯤 관광지로 유명한 뉴질랜드 화이트섬 와카아리 화산이 폭발했다. 사고 당시 분화구 바로 주변에 관광객들이 있어서 인명 피해가 났다. 바닷속 화산 활동을 가까이서 볼 수 있는 와카아리 섬은 관광객이 많이 찾는 명소로 유명하다.

(1) 지진

지진이란 지구 내부의 다양한 변화에 의해 일어나는 두꺼운 암석판의 운동이나 지구 내부가 역학적으로 균형을 잡기 위해 돌발적으로 일어나는 지구 내부 물질의 요동현상으로 우리나라는 지진대에 속하는 다른 나라에 비하여 지진 발생이 낮은 편이나 최근에 지진 발생 횟수가 연 20~30회에 이르는 등 증가 추세를 보이고 있다. 지진은 모든 피해의 발생 원인이 되는 것으로 물건이 떨어지고 집이 흔들리며 건물, 도로 및 교량이 부분적으로 또는 완전히 붕괴되며 산사태를 유발하기도 한다. 지하 암석 내 축적된 변형 에너지가 암석의 탄성 한계를 초과할 때 암석이 파괴되면서 방출되는 자연현상으로 지구 내부의 암석 판이 운동하거나 지구가 균형을 잡기 위하여 일어나는 요동현상이다.

한국은 지진의 안전지대인가?

비교적 안전지대로 평가되어 왔으나 최근 들어 지진 발생 빈도가 높아졌다. 기상청 지진 발생 분석 자료를 보면 총횟수가 갑자기 늘어난 때는 2016년이었다. 연도별 지진 총횟수를 보면 2013년 93건, 2014년 49건, 2015년 44건 등에 머물렀다. 100건에 미치지 못했던 지진 총횟수는 2016년이 되면서 252건으로 급증했다. 2017년 223건, 2018년 115건을 기록했다. 총횟수는 국내에서 발생한 규모 2.0 이상의 지진 발생 횟수를 말한다. 규모 3 이상의 지진도 2016년에 갑자기 늘어났다. 2015년 5건, 2016년 34건, 2017년 19건, 2018년 5건이다. 가장 규모가 컸던 지진은 2016년 9월 경주 지진이다. 2016년 9월 12일 오후 8시 32분, 경북 경주시 남남서쪽 8.7km 지역에서 규모 5.8의 지진이 발생했다. 기상청은 "1978년 기상청이 지진 통보 업무를 시작한 이후 규모 5.8의 경주 본진은 최대 지진"이라고 설명했다. 경주 지진 당시 행정안전부(당시 국민안전처)가 집계한 피해 상황을 보면 인명과 재산 피해가 9,319건에 이르는 것으로 파악됐다. 두 번째로 큰 지진은 2017년 포항 지진이다. 2017년 11월 15일 오후 2시 29분, 경북 포항시 북구 북쪽 8km 지역에서 규모 5.4의 강진이 발생했다. 기상청은 "1978년 기상청이 지진 통보 업무를 시작한 이후 2016년 경주 지진에 이어 두 번째로 큰 규모"라고 분석했다. 피해 규모도 컸다. 이 같은 지진 흐름으로 봤을 때 우리나라도 지진으로부터 안전하지 않다는 공감대가 형성됐다.

출처: 지속가능경제를 위한 녹색경제신문(2019.7.21.14:3 홈페이지).

안전

피해가 광범위하게 발생되는 지진의 특성상 언제 발생할지 모르는 지진에 대비하여 행동 요령을 항상 익히고 있어야 한다.

- 평상시 무겁고 깨지기 쉬운 물건은 낮은 곳에서 비치한다.
- 소방 기구를 설치하고 위험물(가스레인지, 난로, 가스통 등) 보관 및 관리에 주의한다.
- 두꺼비집, 가스 및 수도의 차단장치 위치와 조작 방법을 익혀둔다.
- 크게 흔들리는 시간은 1~2분 정도이므로 중심이 낮고 튼튼한 책상 밑에 들어가 다리를 붙들고 대피한다.
- 피할 곳이 없을 때는 가방, 방석 등으로 머리를 보호한다.

지진 후의 행동 요령

- 여진에 대비해야 한다.
- 정전이 되었다면 손전등을 이용한다. 양초, 성냥 등의 연소물질을 사용하는 것은 누출된 가스에 의한 폭발 위험이 있으므로 사용하면 안 된다.
- 깨진 유리에 대비하여 실내에서도 신발을 신고 행동한다.
- 가스 냄새나 가스 새는 소리가 나는 경우에는 창문을 연 후 밖으로 신속하게 빠져나가고 가능하면 밸브를 잠근다.

출처: 한국 산업안전공단(2003).

〈표 6-11〉 지진 발생 시 대처 방법

상황	대처방법
집 안에 있을 경우	테이블 밑으로 몸을 보호, 사용 중인 불을 끔, 문을 열어 출구를 확보
집 밖에 있을 경우	낙하물 주의
엘리베이터에 있을 경우	가장 가까운 층에서 내려 대피
운전을 하고 있을 경우	도로 우측에 정차
산이나 바다에 있을 경우	산사태 등 위험지역 신속 대피
피난은 마지막 수단	대피는 도보로 짐은 최소로 함

(2) 지진 해일

바다 속에서 발생하는 해저 지진, 해저 화산 분화나 빙하의 붕괴로 인해 해저면이 급격히 내려가거나 올라가 해수면이 변화하면서 발생하는 지진 해일은 일반 파도와는 달리 빠른 속도로 광범위한 해역을 이동, 막대한 피해를 주는 매우 위험한 물결이다. 태풍 또는 저기압에 의해서 생기는 해일은 폭풍해일 또는 저기압 해일이라고 한다.

❶ 지진 해일 시 대처 방법

- 해안가에서 즉시 작업을 중단하고, 위험물(부유 가능한 물건, 충돌 때 충격이 큰 물건, 유류 등)을 이동시키며, 신속히 고지대로 대피하도록 해야 한다. 항구 내 선박은 움직이지 않도록 고정하거나 가능한 한 항구 외로 이동시키고, 안전한 장소에서 기상특보를 경청하며 지시에 따르도록 해야 한다.
- 한편 기상특보를 듣지 못했으나 해안가에서 강한 지진동을 느꼈을 경우 국지적인 지진 해일의 발생 가능성이 있다. 지진 해일 특보가 발효되지 않았더라도 신속히 고지대로 이동한다. 해안가 주민들은 항시 지진해일에 대한 관심을 갖고, 평소에 지진 해일 현상에 대해 잘 이해하는 것이 바람직하다.

❷ 지진, 해일 시 나타나는 조짐, 증후군은?

- 해안가의 물이 후라이팬에 물이 끓듯이 부글부글 끓어오르는 현상이 발생됨
- 해저 지진 발생 시 해안가의 물이 일시적으로 바다 쪽으로 빨려 나가는 현상이 발생해 수영객들이 물고기와 어패류를 줍다가 대형 지진 · 해일을 만남(실제 칠레 지진 · 해일과 인도네시아 수마트라 지진 · 해일 시 이런 현상이 나타남)
- 고래 수십 마리가 떼를 지어 해안가로 몰려드는 현상도 대지진의 전조로 불림(실제 2011년 일본지진, 뉴질랜드 지진 시 고래가 해안가로 몰려 왔음)

(3) 황사

미세한 모래와 황토 먼지가 대기 중에 퍼져서 하늘을 덮었다가 서서히 내려오는 현상 또는 내려오는 흙먼지를 말한다. 3~5월에 많이 발생하며 때로는 상공의 강한 서풍을 타고 우리나라를 거쳐 일본 태평양 북아메리카까지 날아간다. 황사는 아시아 대륙의 중심부에 위치한 중국의 서북부와 몽골의 사막화 지역, 황하 중류 대완곡의 황토고원 일대, 그리고 내몽고 고원에서 강한 바람이나 지형에 의해 만들어진 난류 등의 기상조건으로 인해 다량의 모래와 먼지가 공중으로 강풍을 타고 이동하면서, 부유하거나 낙하하는 현상을 말한다. 중국의 중부 및 서북부 내륙 내의 사막화가 진행되어 우리나라의 황사 발생 횟수는 매년 증가하는 추세이며 황사농도도 강해졌다. 기상청 황사 관측 지침에 따르면 우리나라 황사 강도 분류는 강도를 3등급으로 구분하여 기록하고 있으며, 미세먼지(PM10) 농도를 기준으로 황사 강도를 분류하여 예보하고 있고 2002년부터 미세먼지 농도를 기준으로 황사 예특보제를 운영하고 있다. 황사가 발생하면 대기 중에 미세먼지 농도가 급격하게 증가하게 된다. 이 먼지가 호흡기를 통해 몸속으로 들어가면 입자가 너무 작아 가래나 기침으로 걸러지지 않기 때문에 기관지염, 천식 등 호흡기 질환을 초래한다. 미세먼지는 호흡기 계통은 물론 눈에 들어갈 경우 자극성 결막염 등 안질환을 일으킬 수 있다. 특히, 황사 발원지의 토양 성분으로 인해 황사 중 철, 망간 등의 중금속 농도는 평상시의 약 2~10배 높으며, 우리나라에 날아오는 황사에도 납, 카드뮴, 알루미늄, 구리 같은 중금속과 발암물질이 섞여 있어 인체에 해롭다.

안전

보육 · 교육기관에서 황사로부터 원아를 보호하기 위해서는 수시로 황사 발생 기상정보를 확인하여 국민행동 요령에 따라 신속하게 대처해야 한다.

- 황사가 실내로 들어오지 못하도록 창문 등을 점검한다.
- 실내에서는 공기 정화기, 가습기 등을 준비한다.
- 외출 시에 필요한 보호안경, 마스크, 긴 소매 의복 등을 준비한다.

❶ 황사 피해 예방법

- 외출할 때는 반드시 이중마스크나 황사 방지용 특수마스크를 착용해 황사먼지가 호흡기로 유입되는 것을 최소화한다.
- 집에 돌아와서는 즉시 세수와 양치를 한다.
- 평소보다 물이나 차를 자주 마신다.
- 실내습도를 40~50% 정도로 유지한다.

❷ 황사가 올 때 대처방법

- 황사 자체는 입자가 커 대부분 폐에 깊이 들어가지 못하지만 기도를 자극하거나 코의 점막을 건조하게 하여 감기 등 호흡기 질환을 유발한다. 황사와 함께 날아온 미세 먼지나 중금속 성분이 천식 같은 질환을 악화시킨다.

(4) 태풍

태풍은 북태평양 서부에서 연중 또는 주로 7~8월에 발생하는 열대성 저기압 중에서 중심부 최대 풍속 1초당 17m 이상의 폭풍우를 동반하고 있는 기상현상을 말한다. 태풍은 중심 최대 풍속의 강도에 따라 약/중/강/매우 강으로 분류되며, 풍속 15m/sec 이상의 풍속이 미치는 영역의 크기에 따라 소형/중형/대형/초대형으로 분류된다. 기상특보는 특별히 발표하는 기상정보로 주의보와 경보로 구분하며, 주의보는 다소간의 재해가 예상될 때 발표하며, 막대한 피해가 예상될 때는 경보를 발표한다.

안전

■ **태풍 전 행동요령**

- 집 안의 수도 · 가스 · 전기 밸브를 잠그고 라디오, TV를 통해 기상 상황을 계속 청취한다.
- 축대나 담장이 무너질 염려가 없는지 바람에 날아갈 물건은 없는지 다시 한 번 확인한다.

- 긴급사태 시 대피할 수 있도록 준비하고 행정기관 연락망을 수시로 확인하며 외출을 삼간다.
- 보행자는 천둥이나 번개가 칠 때 우산을 쓰지 말고 전신주나 큰 나무 밑을 피하여 큰 건물 안으로 대피한다.
- 물에 잠긴 도로는 가급적 피하고 안전한 도로를 이용한다.
- 방풍용 덧창문을 닫고, 바깥에 있는 물품을 집안으로 들여놓는다.
- 가족 모두가 며칠간 지낼 수 있는 음식과 식수를 준비한다.

■ 태풍 시 행동 요령

① 태풍이 왔을 때 행동요령

- 노약자나 영유아는 가급적 외출을 피하고 생활 주변에 상습 범람, 침수 지역, 산사태 위험 지역 등을 사전에 알아 두고 주변에 접근하지 않는다. 또 물에 잠긴 도로나 다리를 걸어 다니지 말고 산간계곡에 있는 사람들은 즉시 안전한 곳으로 대피해야 한다.

② 태풍의 영향권에 있을 때 행동요령

- 집 하수구나 집 주변의 배수구를 미리 점검하고 막힌 곳은 뚫어준다. 침수나 산사태가 일어날 위험이 있는 지역에 거주할 경우 응급약품, 손전등, 식수, 비상식량 등의 생필품을 미리 챙기고 대피를 준비한다. 그리고 유사시 옮겨야 할 물품들의 우선순위를 정해서 가족 각자의 행동책임을 정한다. 출입문과 창문을 꼭 닫고 날아갈 위험이 있는 지붕이나 간판, 놀이기구, 자전거 등은 단단히 고정시켜 둔다.
- 공사장 근처는 가까이 가지 말고 감전될 염려가 있으니 전신주, 가로등, 신호등 등을 손으로 만지거나 가까이 가지 않는다. 천둥이나 번개가 칠 경우에는 건물 안이나 낮은 곳으로 대피하고 이웃이나 가족 간 연락 방법도 미리 공유한다.

③ 태풍권에 있을 때 행동요령

- 도시지역: 대피할 때에는 반드시 수도 · 가스 · 전기를 먼저 차단해야 한다. 고층 아파트와 같은 대형 · 고층 건물에 거주하는 경우 유리창에 젖은 신문지나 테이프를 X자 형태로 붙여 놓으면 파손으로 인한 피해를 막을 수 있다. 건물의 간판, 위험시설물에는 접근하지 말아야 한다.
- 농촌지역: 경작지 주변의 용 · 배수로를 점검해서 미리 물길을 정비해 두고 버팀목을 보강한다. 하천물이 넘쳐흘러서 농경지가 침수될 우려가 발생하지 않도록 모래주머니 등을 이용해 막아 준다. 또 농기계나 가축을 안전한 곳으로 옮기고 비닐하우스나 인삼재배 시설은 단단하게 묶어 바람에 날아가지 않게 한다.
- 일우량이 100mm가 넘거나 시우량이 20mm를 초과하면, 소하천 범람, 저지대 침수, 축대 붕괴, 산사태 발생 가능성이 한층 높아짐으로 대피를 서둘러야 한다. 특히, 한때 바람이 잔잔하다고 해서 방심해서는 안 된다. 태풍의 눈이 통과하고 있는 것으로, 30분~1시간 후 다시 비바람이 강해지니 경계를 해야 한다.

④ 태풍이 지나간 후 행동요령

- 도로나 재방에 지반침식이나 붕괴 우려가 있으므로 차량 운행이나 물 구경을 하러 나가는 행위는 절대로 해서는 안된다. 부상자와 사망자가 발생했을 경우에는 119구조대에 구조 지원을 요청해야 한다.
- 머무른 곳이 안전한 곳이라면 태풍이 완전히 소멸되어 안전해질 때까지 그곳에 머물러야 한다.
- 의료지원과 재정적 지원에 대해 라디오와 TV를 계속 청취해야 한다.
- 담당 공무원의 지원 요청이 있기 전까지 재해 발생 현장에서 떨어져 있어야 한다.
- 가스, 하수관, 상수관의 손상을 신고해야 한다.

(5) 대설

대설은 눈이 아주 많이 내리는 것으로 24시간 신적설이 5cm 이상이 예상될 때 대설 주의보를, 20cm 이상(산지는 30cm 이상) 예상될 때 경보를 발령하게 된다.

안전

■ 대설 시 행동 요령

① 보행 중일 경우

- 외출 시에는 미끄러지지 않도록 바닥면이 넓은 운동화나 등산화를 착용한다.
- 미끄러운 눈길을 걸을 때에는 주머니에 손을 넣지 말고 보온 장갑을 착용한다.
- 걸어가는 중에는 휴대전화 통화를 삼간다.
- 계단을 오르내릴 때에는 난간을 잡고 다니는 것이 안전하다.
- 야간 보행은 매우 위험하므로 조속히 귀가한다.

② 가정에 있을 경우

- 될 수 있는 대로 외출을 자제한다.
- 내 집 앞 눈은 내가 치운다.
- 내 집 주변 빙판길에는 염화칼슘이나 모래 등을 뿌려서 미끄럼 사고를 예방한다.
- 어린이와 노약자는 외출을 삼간다.
- 적설 시 차량, 대문, 지붕 및 옥상 위의 눈을 치운다.
- 고립지역은 비상연락체계를 유지할 수 있도록 한다.

(6) 낙뢰 시 대처방법

비가 오면서 천둥과 번개가 동반하지만 맑은 날 낙뢰가 발생하기도 한다.

❶ 가정

- 외출을 자제한다.
- 전화기나 전기제품의 플러그를 빼 두고, 전등이나 전기 제품에서 1m 이상의

거리를 유지한다.

- 창문은 닫고, 감전 우려가 있으므로 잠시 샤워나 설거지 등 물을 사용하지 않는다.

❷ 야외

- 평지에서는 몸을 낮게 하고 물이 없는 움푹 파인 곳으로 대피한다.
- 키 큰 나무나 전봇대에는 낙뢰가 칠 가능성이 크므로 그곳을 피난처로 택하지 않는다.
- 골프, 들일, 낚시 중일 때는 골프채, 농기구, 낚싯대 등을 몸에서 떨어뜨리고 몸을 낮추어 건물이나 낮은 장소로 대피한다.
- 대피할 때에는 다른 사람들과는 5~10m 이상 떨어지되, 무릎을 굽혀 자세를 낮추고 손을 무릎에 놓은 상태에서 앞으로 구부리고 발을 모은다.
- 하천 주변에서의 야외활동을 삼간다.
- 자동차에서는 차를 세우고 라디오 안테나를 내린 채 차 안에 그대로 머문다.

(7) 폭염

폭염이란 햇볕이 몹시 뜨겁게 내리쬘 때의 더위를 말한다. 최근 지구 온난화로 인해 여름철의 폭염과 같은 기상재해가 증가하고 있어 2008년 6월부터 기상법 시행령 개정에 따라 폭염 특보제가 본격적으로 시행되고 있다.

- 폭염주의보: 6~9월에 일 최고 기온이 33도 이상, 일 최고 열지수가 32도 이상인 상태가 2일 이상 지속될 것으로 예상될 때
- 폭염경보: 6~9월에 일 최고 기온이 35도 이상, 일 최고 열지수가 41도 이상인 상태가 2일 이상 지속될 것으로 예상될 때

2008년부터 시행하고 있는 폭염 특보는 6월부터 9월까지 4개월간 운영되고 있으며, 폭염 특보가 내려진 경우 보육·교육시설에서 실외활동을 자제하고 실내활동으로 대체되어야 한다.

안전

■ 폭염 발생 시 대비요령(보건복지부, 대한소아과학회, 2011)

① 한낮의 뜨거운 햇볕을 피하기

- 온도가 높은 한낮에는 되도록 천천히 걷고 격렬한 운동은 하지 않는다.
- 야외 활동을 삼가고 시원한 장소를 찾아 더위를 피한다.
- 피부가 장시간 햇빛에 노출될 때는 자외선 차단제를 발라 피부를 보호한다.
- 시원한 장소에서 평소보다 자주 휴식을 취한다.
- 외출 시에는 가볍고 밝은색 계통의 얇은 옷을 헐렁하게 입고 챙이 넓은 모자나 양산을 써서 햇볕을 가린다.

② 식사는 균형 있게, 물은 많이 섭취하기

- 육류, 생선, 통잡곡, 신선한 야채, 과일 등을 골고루 충분히 섭취한다.
- 탄산, 알코올, 카페인이 들어 있는 음료는 피한다.
- 물은 갈증이 나지 않더라도 규칙적으로 자주 마신다.

③ 위생적인 생활습관을 갖도록 하기

- 물을 끓여 먹고, 날 음식은 먹지 않는다.
- 음식은 오래 보관하지 말고 조금이라도 상한 음식은 버린다.
- 조리 기구는 청결히 사용한다.

④ 편안한 잠자리를 갖도록 하기

- 찬물보다는 미지근한 물로 샤워한다.
- 자고 일어나는 시간을 일정하게 하고, 낮잠을 오래 자지 않는다.
- 잠들기 전의 심한 운동은 피하고, 규칙적으로 가볍게 운동을 한다.
- 잠들기 전에는 수분을 많이 섭취하지 말고, 허기질 때는 우유 한 잔 정도를 마신다.

(8) 호우

호우는 일반적으로 짧은 시간에 많은 양의 비가 내리는 것을 말하며, 12시간 강우량이 80mm 이상일 것이라고 예측될 때는 호우 주의보를, 150mm 이상으로 예측될 때는 호우 경보를 발령한다.

안전

■ 호우 전 대비요령

- 건물의 출입문이나 창문을 닫아둔다.
- 주택의 하수구와 집 주변의 배수구를 점검한다.
- 공사장 근처에는 가까이 가지 않는다.
- 물에 떠내려갈 수 있는 물건은 안전한 장소로 옮긴다.
- 천둥, 번개가 칠 경우 건물 안이나 낮은 지역으로 대피한다.
- 대피할 때 수도와 가스 밸브를 잠그고, 전기 차단기를 내려 둔다.

■ 호우 시 대처요령

- 파손된 상하수도나 축대, 도로가 있으면 시군구청이나 읍면동사무소에 연락한다.
- 물에 잠긴 건물 안은 가스가 차 있을 수 있으니 환기한 후 들어가고 전기, 가스, 수도관 시설은 손대지 말고 전문 업체에 수리를 의뢰한다.

재난 사고 사례

2004년 12월 26일 인도네시아 수마트라섬의 규모 9.1 지진 발생 시 9세 영국인 소녀 틸리스미스가 조그만 섬에서 100여 명의 목숨을 구한 사례가 해외 토픽에 보도되었다. 엄마와 해안가에서 산책을 즐기던 소녀가 바닷물이 프라이팬에서 물이 끓듯이 곳곳에서 이상 조짐이 나타나는 것을 발견하였다. 또한, 파도가 완만히 왔다 갔다 하는 것이 아니라 곳곳에서 물방울이 솟아오르며 급기야는 물살이 바닷가 쪽으로 급격히 빠지는 것이다. 물고기가 바닷물 빠지는 속도를 따라가지 못하는 신기한 현상이 발생하여, 수영객이 물고기를 잡고자 뛰어들 때 소녀가 "엄마, 내가 학교에서 선생님에게 배웠는데 이

> 런 현상이 지진 해일이 발생할 때 나타나는 현상이야", "빨리 피해야 해. 조금 있으면 엄청난 해일이 몰려 와."라고 엄마에게 이야기했다. 엄마가 관리인에게 이야기하여 수영객을 모두 건물 안으로 대피시켰고, 건물로 대피한 지 채 5분도 안 되어 엄청난 해일이 몰려와 무려 23만 명이 사망, 실종된 쓰나미이다. 그런데 이 섬에서는 한 명도 다치지 않았다고 한다.

출처: 어린이안전학교(www.go119.org).

(9) 보육 · 교육기관, 가정에서의 안전사고 응급조치

갑자기 발생하는 질환이나 외상에 대해 전문적 치료를 받기 전까지 행해지는 즉각적이고 임시적인 처치를 의미한다. 응급처치 시에는 침착성과 냉정함을 잃어서는 안 되며, 응급처치 요령에 대한 정확한 지식을 숙지하여 신속하게 행동함으로 영유아의 부가적인 상해와 장애를 지연시킬 수 있는 효과적인 대처가 필요하다.

❶ 응급처치의 기본

① 침착하고 신속하게 사고 상황을 파악한다.

상황을 신속하게 파악한 다음 다른 위험 요소를 살핀다. 2차 사고 위험이 있다면 사고현장에서 안전한 장소로 이동시키고 위험요소가 없다면 움직이지 않는 것이 더 안전하다.

② 응급처치와 동시에 구조 요청하는 것을 기억해야 한다.

응급처치를 하면서 구조대에 응급상황을 정확하게 전달하면서 도움을 받는다. 만약, 의식이 없는 경우 실시해야 하는 심폐소생술 응급조치, 출혈이 심각한 경우 지혈하는 방법 등을 구조대의 도움을 받으면서 진행한다. 영유아가 불안해하지 않도록 안정시킨다.

③ 영유아의 의식, 맥박, 호흡 상태를 파악한다.

의식 여부를 파악하기 위해 영유아의 이름을 부른다. 이때 흔들거나 끌어당겨서는 안 되며, 가슴의 움직임과 숨소리를 파악하고 코앞에 손가락을 대어 숨이 나오는지 확인하고 맥박을 확인한다.

④ 영유아의 출혈 정도를 파악한다.

출혈이 심한 경우에는 호흡과 맥박이 있는 의식 상태라 할지라도 악화될 수 있으므로 상처를 눌러 지혈을 하고, 다른 사람은 즉시 119에 연락을 취한다. 상처 부위를 심장보다 높게 해 주면 출혈이 쉽게 멈추기도 한다. 작은 상처라 할지라도 감염 예방을 위해 흐르는 물에 씻고 소독한 후에 외상연고와 반창고를 붙인다. 쇠붙이에 찔린 경우에는 반드시 파상풍주사를 접종해야 한다.

⑤ 다른 부위에 상처가 있는지 파악한다.

상처를 파악하기 위해 영유아의 몸 구석구석을 만지거나 옷을 벗겨야 하는 경우에 영유아에게 무엇을 하려는지 말을 하고 협조를 구한다.

⑥ 병원 이송 시

보육 · 교육기관의 경우 병원 이송 시 교사가 반드시 동행하며, 병원의료진에게 사고경위와 응급처치 내용을 간결하면서 정확하게 설명한다. 사고 상황 시 응급처치에 대한 부모 동의서, 상해보험 및 의료보험 관련 서류를 제출한다. 부모의 경우에도 당황하지 말고 병원의료진에게 사고경위와 응급처치 내용을 간결하면서 정확하게 설명한다.

⑦ 보육 · 교육기관의 절차

사고 직후 바로 부모에게 사고 정황 및 영유아의 상태를 정확하게 알려 주고 부모가 도착할 때까지 병원에 머무른다. 부모에게 사고를 말할 때는 미안한 마음이 전달되도록 진심을 담아야 한다. 영유아 보육 · 교육기관에서 발생하는 사고는 24시간 안에 사고보고서를 작성하도록 되어 있다.

TIP 구조를 요청하는 응급

- 의식이 혼미하거나 없을 때
- 경련이나 마비 증세를 보일 때
- 머리나 척추를 다쳐 구토 증상을 나타내며 의식이 희미해질 때
- 호흡곤란, 심정지, 급성 흉통, 심장박동 이상 징후 때
- 독성물질 흡입 때
- 부위가 큰 화상 때
- 개방성, 다발성 골절, 다발성 외상 때
- 출혈이 멈추지 않을 때
- 교통사고로 위중한 상황 때
- 알레르기 반응 때
- 전기로 인한 감전일 때

출처: 교육과학기술부(2013b). 유아 재난대비-생활안전교육프로그램.

❷ 상황별 응급처치

가. 찢어졌을 때(찰과상, 베임)

- 조금 찢어졌거나 약간 다친 상처의 경우 다친 부위를 식염수나 깨끗한 수돗물로 세척 후 물기를 깨끗한 거즈로 닦은 다음 상처에 소독된 거즈나 밴드를 붙인다.
- 상처의 깊이와 크기, 부위 등에 따라 의료적 처치가 필요한 경우에는 소독된 거즈를 덮고 탄력붕대로 상처를 누른 후 상처 부위를 높이고 병원에 가서 치료를 받는다.

나. 치아손상일 때

- 영구치가 부러져 땅에 떨어졌다면, 부러진 치아의 씹는 면을 잡고 생리식염수를 부어 씻어 낸 후 생리식염수에 담가 치과로 가져간다. 만약, 생리식염수가 없다면 차가운 흰 우유를 사용해도 무관하다(보건복지부, 2016).
- 통증과 출혈이 있는 경우에 거즈나 솜을 물고 있게 하여 지혈하고 차가운 물수건이나 얼음주머니를 수건으로 싸서 대주어 통증을 감소시키고, 병원진료

를 받는다.

응급처치 Tip

> 영구치가 빠졌는데 영구치와 유치 구별을 하지 못하여 방치하는 경우가 있으니 확인(부모와의 통화) 후 뿌리 부분은 만지지 않고 우유나 식염수에 담가서 치과에 간다.
> ※ 유치는 앞니부터 좌우로 각 5개씩, 위아래 10개씩 총 20개임

다. 골절이나 삐었을 때

- 다리를 다친 경우 다친 부위를 무리하게 움직이지 말고 가장 편안한 상태로 딱딱한 것으로 무릎과 발목 아래에 넣어 받쳐 주어 고정하고 탄력붕대로 감아 준 다음 병원에 방문하여 치료한다.
- 팔의 경우에는 다친 부위의 위아래 관절까지 부목을 단단하게 대어 움직이지 않도록 고정하는 것이 좋다.

라. 화상일 때

영유아들은 일상생활 중 크고 작은 화상에 노출되기 쉽다. 영유아는 성인에 비해 피부가 매우 얇아서, 낮은 온도에서도 심한 화상을 입을 수 있어 화상의 정도나 부위가 치명적인 경우가 많다. 특히, 화상 후 피부 흉터는 복구가 불가능하며 영유아기 때 입은 화상 흉터는 오랜 시간의 치료과정과 심리적인 스트레스를 줄 수 있어 신체적 고통과 함께 성장발달 장애뿐만 아니라 정신적 고통을 동반하기도 한다. 영유아 화상사고는 심각한 예후를 남기는 사고이다. 그런데 이들 화상의 대부분은 성인의 감독 소홀로 인해 발생되므로 성인들의 지속적인 관심은 영유아들을 화상사고로부터 충분히 예방할 수 있다.

ㄱ. 화상원인 및 대처방법

① 열상 화상

원인 화재나 뜨거운 증기, 물, 기름, 주방기구 등이 의해서 생김 영유아에게 많이 발생

대처방법

- 화상이 더 이상 진행되지 않도록 환자를 안전한 곳으로 옮김
- 옷이 타고 있거나 그을린 것은 먼저 제거
- 환부를 흐르는 찬물로 10분 이내로 식힘(찬물에 장시간 담글 경우 저체온증에 빠질 수 있음)
- 수포가 발생하였거나 영유아의 경우에는 반드시 병원에 방문
- 물집을 세균감염의 염려가 있으므로 벗기거나 터뜨리지 말 것

② 흡입 화상

원인 연기를 마셨을 때

대처방법

- 환자를 안전한 곳으로 옮김
- 의복을 느슨하게 열고, 신선한 공기를 마실 수 있도록 함
- 호흡 또는 심장 정지가 발생한 경우에는 심폐소생술 시작

③ 화학 화상

원인 화학반응을 일으키는 물질이 피부에 닿았을 때

대처방법

- 즉시 흐르는 물이나 생리식염수로 화학물질 제거
- 화학화상은 3도 이상의 화상으로 간주하여 응급실 방문
- 눈에 들어갔을 때는 비비거나 만지지 않고 최소한 15분 이상 씻어낸 다음 즉시 병원으로 이송

④ 전기 화상

원인 전기 콘센트에 쇠붙이를 넣었을 경우, 고데기 등 전기 제품

대처방법

- 상처 부위가 크고 작은 것과 달리 모든 전기 화상은 3도 화상임
- 전기로 인한 화상은 외견상 보이는 화상보다 심한 내상을 흔히 동반
- 전기 감전 발생 시 함부로 환자를 직접 떼어내지 말고 일단 전기 스위치를

내려 전기 공급 중단

- 화상이 더 이상 진행되지 않도록 환자를 안전한 곳으로 옮김
- 좌측 팔의 전기화상은 심장에 위험을 줄 수 있으므로 필히 응급실 방문

TIP 응급처치 및 생활가이드

- 화상 부위를 물(수돗물 등) 또는 생리식염수 등으로 흘려보내며 상처를 식혀주는 것은 통증을 줄이는 데 도움(10~20분)
- 화상 부위가 손이나 발일 경우 손가락이나 발가락 사이에 천이나 거즈를 끼워서 서로 떨어뜨려 놓은 다음 깨끗한 붕대로 손과 발을 느슨하게 함
- 초기 대응 후 젖은 거즈나 수건으로 상처 부위를 감싼 뒤 신속히 병원 방문 물집을 제거하는 것은 세균에 의한 감염을 일으킬 수 있으므로 절대 벗기거나 터트리지 않음
- 크림, 연고, 로션, 된장, 간장, 소주 등은 감염을 일으킬 수 있으므로 바르지 않음
- 화상은 육안으로는 중증도를 판단하기 어려운 경우가 많기 때문에 병원으로 이송하여 치료를 하는 것이 원칙

출처 : 서울대학교병원 의학정보(http://www.snuh.org)

ㄴ. 주요 화상사고 원인

- 뜨거운 음식: 간식 및 배식 시 뜨거운 죽이나 국물에 의한 화상
- 글루건: 미술활동 등에 사용하는 글루건으로 인한 화상사고 다수 발생
- 교사의 커피: 교사가 마시던 커피나 차에 의한 화상 또는 커피포트의 뜨거운 물에 의한 화상
- 화장실 온수: 영유아를 씻기는 과정에서 세면대 및 샤워기의 온수에 의한 화상
- 기타: 분유 물, 정수기, 스팀청소기, 요리활동 시, 여름 물놀이 시 뜨거워진 바닥 등

마. 물림을 당했을 때

ㄱ. 동물

- 흐르는 물로 깨끗이 씻도록 하며, 개방성 상처인 경우 상처를 너무 벌리거나 문지르지 않도록 한다.
- 병원에 방문하여 물린 동물과 정황에 대해 의사에게 자세히 설명한다.
- 동물의 주인이 있는 경우에는 동물의 병력 및 예방접종을 확인하여 의사에게 설명하고, 야생 동물인 경우에는 물린 장소, 시간, 동물의 특징 등 사고 상황을 자세히 이야기하여야 한다.

응급처치 Tip

- 주인이 있는 동물의 경우 사후 사건 처리를 위하여 동물 주인의 전화번호를 받아 놓는다.
- 동물에게 물린 상처는 육안으로 보는 것보다 상처가 깊을 가능성이 크고 타액에 세균이 많기 때문에 일반 상처에 비해 감염률이 약 8~9배로 매우 높은 수준이다. 반드시 병원에 내원하여 치료를 받아야 한다.

사고사례

현장 학습을 마치고 원으로 복귀하던 중 개 한 마리가 나타나 갑자기 원아들을 공격하며 한 유아에게 달려들어 목덜미를 물어 버림

출처: 보건복지부(2016).

ㄴ. 벌

- 침이 박혀 있을 경우에는 침 끝에 남아 있는 독이 몸 안으로 더 들어갈 수 있기 때문에 손으로는 잡아당기지 말고 신용 카드 같은 것의 모서리로 살살 긁어주면 침을 제거할 수 있다.
- 벌에게 쏘인 부위를 심장보다 높게 한 후에 냉찜질을 하면 부종을 감소시킨다.

응급처치 Tip

> 아주 드문 경우이지만 심한 알레르기 반응으로 얼굴과 몸, 기도가 부어올라 호흡곤란으로 사망에 이르는 경우가 있으니 만약 벌에 쏘였다면 영유아의 증상 변화를 유심히 살펴보아야 한다.

ㄷ. 뱀

- 뱀에 물린 경우는 모두 응급 상황으로 판단하고 즉시 119에 연락하거나 병원으로 이동해야 한다.
- 뱀에게 물린 부위를 입으로 빨아내거나 칼을 사용하여 절개를 하는 등은 감염은 물론 빨아내는 사람과 물린 영유아 모두에게 2차 손상이 있을 수 있기 때문에 절대로 하지 않도록 해야 한다.
- 독이 심장 쪽으로 퍼지는 것을 지연시키기 위해 물린 부위의 위쪽 상부를 가볍게 묶고 너무 세게 묶을 경우 피가 통하지 않아 세포가 죽을 수 있다. 심장보다 아래에 위치하도록 해야 한다.

사고사례

> • 견학 중 독이 없는 작은 뱀을 관찰하다 뱀의 머리를 만져 손바닥을 물림
> • 독이 없는 뱀이었으나 부모님께 연락하고 병원 진료를 받음

출처: 보건복지부(2016).

바. 발작(경련)이 일어난 경우

- 영유아를 움직이지 못하게 억제하거나, 강하게 잡지 않고 목과 허리 부분의 옷을 느슨하게 풀어준다.
- 구토를 하거나 입안에 구토물이 보이는 경우 질식을 막기 위해 고개를 옆으로 돌리고 입안에 손가락을 집어넣거나 억지로 입을 벌리지 않는다.
- 살균된 수건을 말아서 입안에 넣어 주어 혀가 말려 기도를 막지 않게 해준다.

- 발작(경련)이 지속되는 경우 119에 전화하고 병원에 진료를 받도록 한다.

사. 이물질이 들어간 경우

ㄱ. 코

- 반대편 콧구멍을 막고 세차게 코를 풀도록 하면 빠지기도 한다.
- 면봉이나 핀셋으로 제거하려고 시도하다가 더 깊이 밀어 넣거나 코점막 손상으로 코피를 유발할 수 있다. 풀어도 나오지 않는다면 병원에서 제거하는 것이 안전하다.

사고사례

- 만 0세 남아가 실외활동을 위해 이동하던 중 길가에 열매를 따 콧구멍에 넣었고 열매가 빠지지 않아 외래 진료를 통해 빼냄
- 만 1세 여아가 집에서 가지고 온 구슬을 낮잠시간에 바지 주머니에서 꺼내 콧구멍에 넣어 빠지지 않아 외래 진료를 통해 빼냄

출처: 보건복지부(2016).

ㄴ. 눈

- 눈의 표면에 먼지가 붙어 있을 경우 눈꺼풀을 벌려 눈의 안쪽에서 바깥쪽으로 물을 흘려 씻어 내도록 한다.
- 영유아가 눈을 비비면 각막이 손상될 수 있으니 눈을 비비지 않게 하며, 깨끗한 손수건 등으로 띠를 만들어 눈을 가리고 병원으로 간다.

아. 기도가 이물질로 막힌 경우

사탕, 장난감, 음식물 등의 이물질이 기도로 넘어가 호흡을 못 하고 목을 감싸쥐고 괴로워할 때, 즉시 119에 연락하고 다음과 같이 응급처치를 실시해야 한다.

ㄱ. 의식이 있는 경우

유아의 뒤쪽에서 양 겨드랑이 사이로 팔을 넣어 배를 감싼다. 유아의 키가 작은 경우 시행자가 무릎을 꿇거나 유아를 의자에 앉혀 시행자의 가슴이 유아의 등에

닿도록 하여, 배꼽과 명치 사이에 주먹을 대고 다른 손으로 주먹을 감싸 쥔 다음 유아의 머리를 숙인 상태에서 위쪽, 안쪽으로 힘차게 밀친다. 5회 시행 후 기도를 막았던 이물이 빠져나왔는지 확인한다.

이물이 제거되지 않았으면 의식을 잃을 때까지 계속한다.

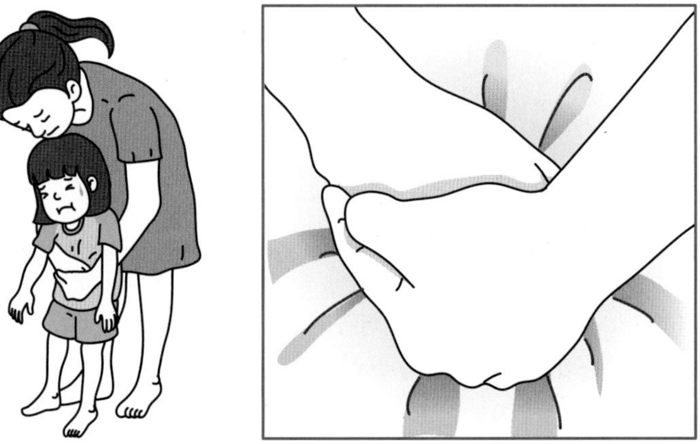

[그림 6-12] 의식이 있는 경우 응급처치법

출처: 보건복지부(2016).

ㄴ. 의식이 없는 경우

- 의식이 없는 경우에는 심폐소생술을 시행해야 하는데 인공호흡 전에 입을 열어 이물질이 있는지 확인한다.
- 이물질을 제거하기 위하여 우선 영유아의 입을 수지교차법으로 열어야 함을 기억해야 한다.
- 이물질이 눈으로 확인되는 경우에만 영유아의 입속을 훑어 내듯이 이물질을 제거한다.

자. 영아(만 1세 미만)의 기도가 막힌 경우 흉부 압박법

- 영아의 턱과 얼굴을 손으로 받치고 시행자의 팔에 영아의 등이 보이도록 하여 영아의 양쪽 어깨 사이의 중앙을 손바닥을 이용하여 5회 힘차게 두드린다.

- 한 손으로 영아의 머리를 받치고 손을 허벅지에 고정한 뒤 다른 손으로 영아의 양쪽 젖꼭지를 이은 선 바로 아래를 두 손가락으로 5회 힘차게 누른다.
- 입안의 이물질이 확인되면 엄지와 검지를 이용하여 제거해 주고, 이물질이 나오지 않았다면 위 과정을 반복해 준다. 흉부압박 후에도 의식이 없으면 심폐소생술을 실시해야 한다(흉부의 1/3~1/2 깊이, 흉부압박과 인공호흡 30:2).

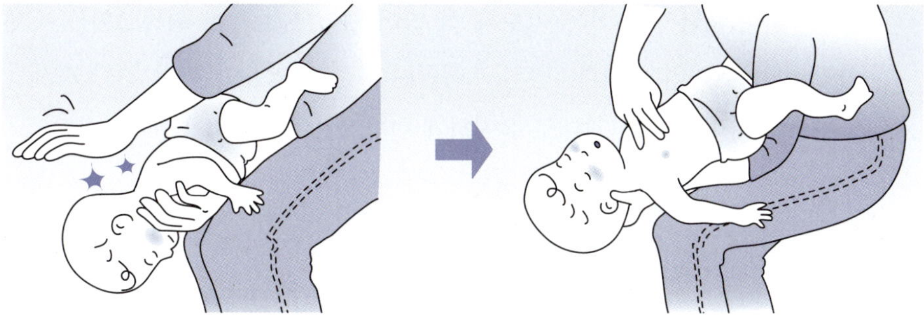

[그림 6-13] 영아 기도 폐쇄 시 흉부압박법(하임리히법)

출처: 보건복지부(2016).

차. 영유아 심폐소생술

영아는 만 1세 미만, 만 1세부터 8세까지를 구분하여 심폐소생술을 실시한다. 영유아의 심정지는 손상이나 호흡성 심장정지가 많다. 성인과 다르게 해야 한다.

ㄱ. 구조자와 환자의 안전

심폐소생술을 해야 할 때는 구조자와 환자가 있는 곳의 안전을 확인해야 하며 심폐소생술이 이론적으로는 감염성 질환의 전파 위험을 가지고 있지만 실제 구조자의 위험은 매우 낮다.

ㄴ. 반응의 확인

의식이 없는데 영유아가 숨을 헐떡이고 있거나 호흡이 없다면 구조자는 현재 심정지 상태이며 심폐소생술이 필요하다고 판단해야 한다.

- 영유아를 가볍게 두드리고 "얘야 괜찮니?"와 같이 소리를 하거나 이름을 불러 영유아가 손상을 입은 상태는 아닌지, 어떤 의학적 처치가 필요하지는 않은지 등을 신속하게 파악해야 한다.
- 영유아가 반응이 없으면 소리를 쳐서 도움을 요청해야 한다.
- 주위에 아무도 없고 영유아가 스스로 숨을 쉬고 있다면 영유아를 그 자리에 두고 119에 신고를 하러 갈 수 있지만, 이때는 빨리 돌아와서 영유아의 상태를 수시로 재확인해야 한다.
- 호흡곤란이 있는 영유아는 기도가 더 많이 열리고 호흡이 최적화되는 자세를 스스로 취하려고 한다. 만일 호흡곤란이 있는 영유아가 더 편한 자세를 스스로 취하려고 하면 그대로 유지하게 한다.

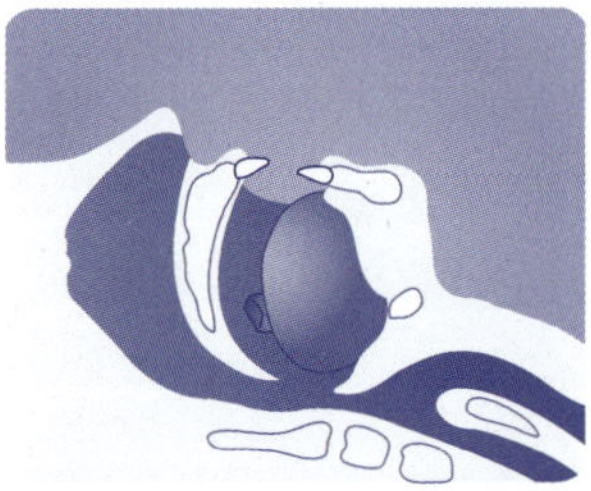

❶ 기도열기(입안의 이물질 제거)
(입안의 이물질을 확인 후 보이면 손으로 빼냄)

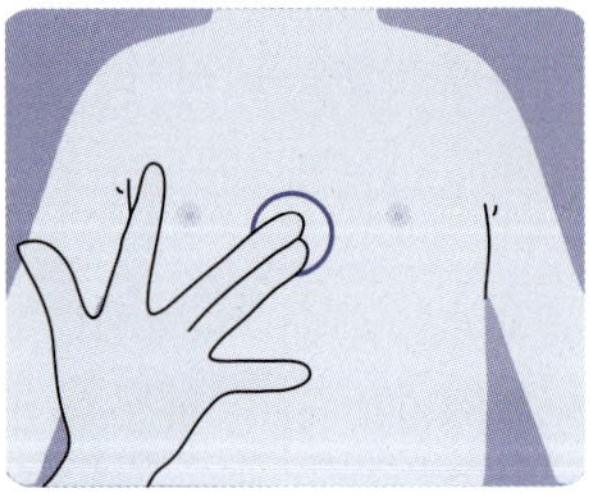

❷ 압박위치(영아),(유아)
(영아: 흉골 중앙 아래를 두 손가락으로 눌러 줌, 명치 누르지 않도록 주의)

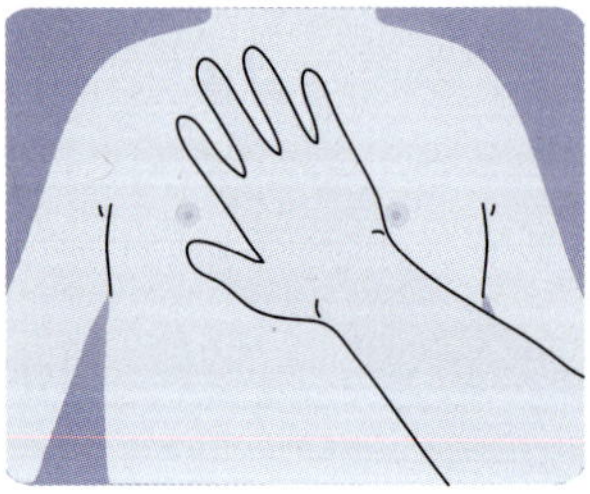

(유아: 대부분의 유아는 한손으로 압박함)

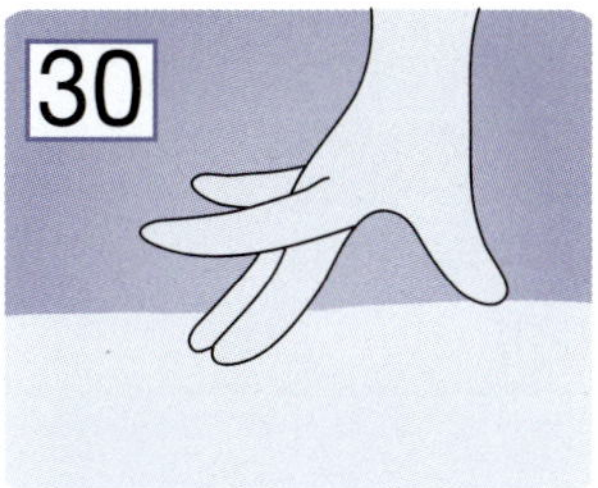

❸ 흉부압박
(흉부압박의 위치는 유두선과 앞가슴뼈의 교차지점의 바로 아래로 흉골 중앙의 아래를 흉곽의 1/3 깊이로 분당 최소100회 속도로 30회를 함 흉부압박 시에는 환자인 영유아의 가슴에서 손을 떼지 않음. 하나, 둘, 서른까지 숫자를 세면서 함)

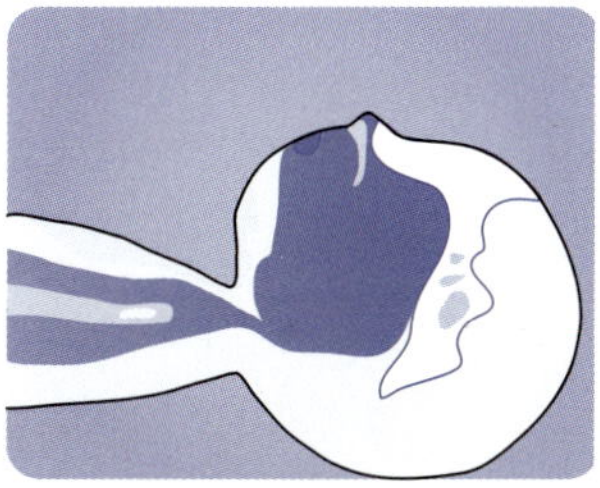

❹ 기도유지
(한손은 이마, 다른 손은 턱을 들어 주되, 중립이 되도록 함)

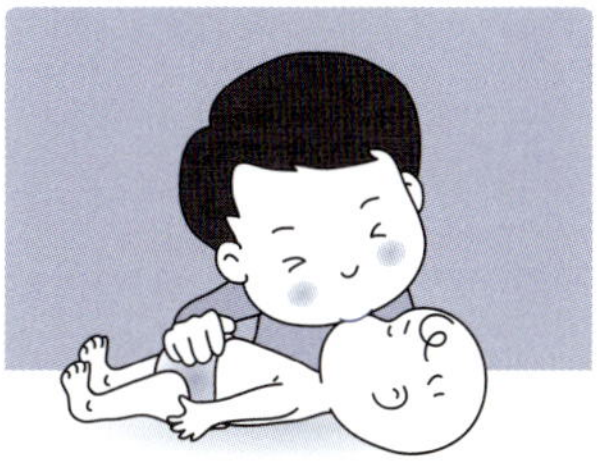

❺ 인공호흡 2회실시
(처치자의 입으로 영유아의 코와 입을 동시에 막고 인공호흡 2회)

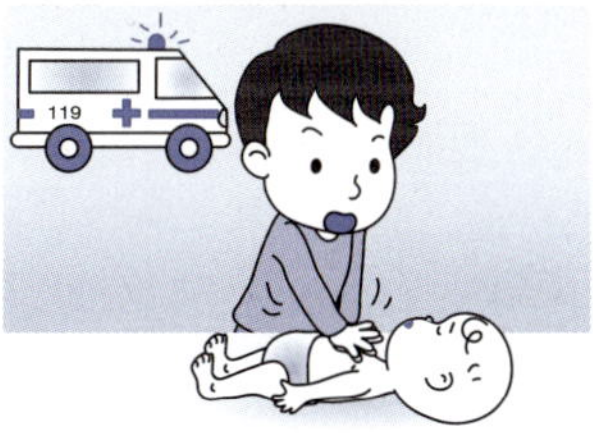

❻ 2분마다 심장리듬 확인 후 반복시행
(119구급대가 올 때까지 2분마다 반복시행)

[그림 6-14] 영유아 심폐소생술

TIP

건물이 무너져 갇혔을 때

- 주변에 쇠파이프나 금속도구를 주기적으로 두드려 자신의 위치를 알린다.
- 체온을 유지할 수 있도록 주변에서 덮을 수 있는 것을 찾는다.
- 국제적으로 통일된 구조 요청 신호
- 1분에 6회 짧게 신호 → 1분 쉬고 → 1분에 6회 짧게 신호(반복)
- 국제적으로 통일된 구조 응답 신호
- 1분에 3회 길게 신호 → 1분 쉬고 → 1분에 3회 길게 신호(반복)

비상구 관리요령

- 비상구는 항상 열려 있어야 한다.
- 비상구 유도등은 항상 점등되어 있어야 만일의 경우 비상구 위치를 쉽게 확인하고 안전하게 대피할 수 있다.
- 비상통로에는 물건 등을 쌓아 놓으면 안 된다.
- 언제, 어디서나 비상구의 위치를 알아 두도록 한다.

보육 · 교육기관, 집에 꼭 두어야 할 약품

- 약사와 상의하여 비상시 필요한 약품들을 구비해야 한다. (거즈, 탈지면, 붕대, 가위, 핀셋, 진통제, 완화제, 암모니아수, 연고, 소독액, 옥도정제, 설퍼제, 파우더 등)

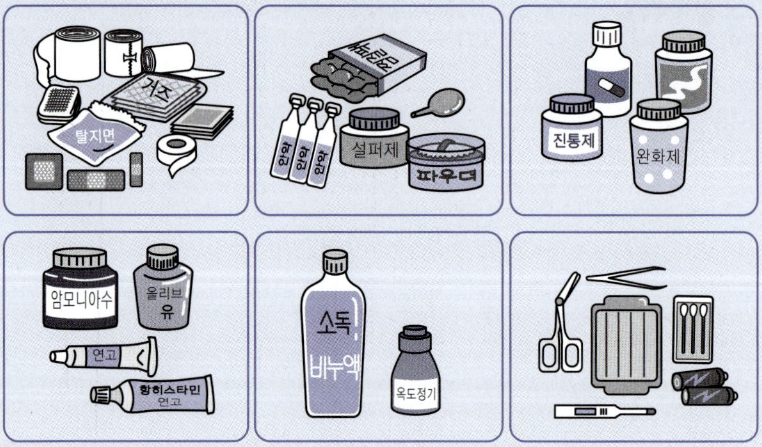

출처: 행정안전부 어린이 안전배움터(https://www.mois.go.kr).

4) 대인안전

영유아들이 여러 사람들과의 관계 속에서 발생할 수 있는 다양한 학대에 대처할 수 있는 방법을 살펴보고자 한다.

(1) 아동학대

「아동복지법」 제3조 "아동학대란 보호자를 포함한 성인이 아동의 건강 또는 복지를 해치거나 정상적 발달을 저해할 수 있는 신체적 · 정신적 · 성적 폭력이나 가혹행위를 하는 것과 아동의 보호자가 유기 · 방임하는 것을 말한다."라고 규정하여 단순 체벌 및 훈육까지 아동학대의 정의에 명확히 포함하고 있다. 신체적 학대뿐만 아니라 정서적 학대나 방임, 아동의 발달을 저해하는 행위나 환경, 더 나아가 아동의 권리보호에 이르는 매우 포괄적인 경우를 규정하고 있다.

(2) 아동학대의 종류 및 행위(「아동복지법」 제3조 제7호)

❶ 신체학대(Physical Abuse)

성인(보호자 포함)이 의도적으로 아동의 건강 또는 복지를 해치거나 정상적 발달을 저해 할 수 있는 신체적 폭력이나 가혹행위를 하는 것이다.

가. 학대행위

- 도구를 사용하여 신체를 가해하는 행위로 도구로 때리거나 흉기 및 뾰족한 도구로 찌른 행위
- 완력을 사용하여 신체를 위협하는 행위로 강하게 흔들기, 신체 부위 묶음, 벽에 밀어붙임, 떠밀고 잡음, 던짐, 거꾸로 매달기, 물에 빠트리는 행위 등
- 직접적으로 신체에 가해지는 행위로 손, 발 등으로 때림, 꼬집고 물어뜯는 행위, 조르고 비트는 행위, 할퀴는 행위 등
- 유해한 물질로 신체에 가해지는 행위로 화학물질 혹은 약물 등으로 신체에 상해를 입히는 행위, 화상을 입히는 행위 등

나. 신체학대의 징후

설명하기 어려운 상처나 화상 골절, 절상 발생 및 도구의 모양이 그대로 나타난 상처, 멍 또는 타박상 흔적이 색깔별로 다르게 보일 경우 신체학대라 할 수 있다.

〈표 6-12〉 멍 또는 타박상의 변화

일	1	2	3	4	5	6	7	8	9	10	13	21	28
색깔 변화	적색	청색	보라		녹색		황색			갈색	색이 점점 없어짐		

출처: 중앙아동보호전문기관(2013). 아동학대 예방 교육자료.

❷ 성 학대(Sexual Abuse)

성인(보호자 포함)이 아동의 건강 또는 복지를 해치거나 정상적 발달을 저해할 수 있는 성적 폭력이나 가혹행위를 하는 것으로 아동을 대상으로 하는 모든 성적 행위를 말한다.

가. 학대행위

- 자신의 성적만족을 위해 아동을 관찰하거나 아동에게 성적인 노출을 하는 행위로 옷을 벗기거나 벗겨서 관찰하는 등의 관음적 행위, 성관계 장면 노출, 나체 및 성기 노출, 자위행위 노출 및 강요, 음란물을 노출하는 행위 등
- 아동을 성적으로 추행하는 행위로 구강추행, 성기추행, 항문추행, 기타 신체부위를 성적으로 추행하는 행위 등
- 아동에게 유사성행위를 하는 행위로 드라이성교 등
- 성교를 하는 행위로 성기삽입, 구강성교, 항문성교 등
- 성매매를 시키거나 성매매를 매개하는 행위

나. 성 학대의 신체적 증후

- 생식기 증후로는 아동의 질에 정액이 남아있거나, 찢기거나 손실된 처녀막, 질에 생긴 상처나 긁힌 자국, 질의 홍진을 볼 수 있다.

- 항문에 나타나는 증후로는 괄약근의 손상, 항문 주변의 멍이나 찰과상, 항문 내장이 짧아지나 뒤집힘, 항문 입구에 생긴 열창, 항문이 좁아짐, 회음부의 동통과 가려움을 호소한다.
- 구강 증후는 입천장의 손상, 인두임질(pharyngeal gonorrhea) 등이 나타날 수 있다.

다. 성 학대의 행동 및 심리적 징후

- 나이에 맞지 않는 성적행동을 하고, 해박하고 조숙한 성지식을 가지고 있다.
- 명백하게 성적으로 그림을 묘사한다.
- 동물이나 장난감을 대상으로 하는 타인과의 성적인 상호관계를 가진다.
- 수면장애를 나타내며, 유뇨증/유분증 등 퇴행행동 등을 보인다.
- 자기 파괴적 또는 위험 무릅쓴 모험적인 행동, 충동성, 산만함 및 주의집중 장애를 나타낸다.

❸ 정서학대(Emotional Abuse)

성인(보호자 포함)이 아동의 건강 또는 복지를 해치거나 정상적 발달을 저해할 수 있는 정신적 폭력이나 가혹행위, 언어적 폭력, 정서적 위협, 아동에 대한 비현실적인 기대나 강요, 보호자의 종교 행위 강요까지 포함하여 말한다.

가. 학대행위

- 벌을 준다고 벌거벗겨 내쫓거나, 잠을 재우지 않는 행위
- 형제나 친구 등과 비교, 차별, 편애하거나, 가족 내에서 왕따 시키는 행위
- 아동이 가정폭력을 목격하도록 하는 행위
- 아동을 시설 등에 버리겠다고 위협하거나 짐을 싸서 쫓아내는 행위
- 미성년자 출입금지 업소에 아동을 데리고 다니는 행위
- 아동의 정서 발달 및 연령상 감당하기 어려운 것을 강요하는 행위(감금, 약취 및 유인, 아동 노동 착취)
- 원망적 · 거부적 · 적대적 또는 경멸적인 언어폭력

- 다른 아동을 학대하도록 강요하는 행위
- 만 1세 미만인 아동의 양 콧구멍에 볼펜을 한 자루씩 끼워 인상을 찌푸리게 한 행위 등

나. 정서 학대의 징후

- 신체적 증상으로 성장장애, 신체발달 저하, 언어장애 등의 증세가 나타난다.
- 행동적 증상으로는 특정 물건을 계속 빨고 있거나 물어뜯고, 반사회적 · 파괴적 행동장애, 수면장애, 놀이장애 등 신경성 기질, 히스테리, 강박, 공포 등 정신신경성반응, 극단행동, 과잉행동, 발달지연 등이 나타난다.

❹ 유기, 방임(Neglect)

아동의 보호자가 아동을 돌보지 않고 버리는 행위를 하거나 양육 및 보호를 소홀히 함으로써 아동의 정상적인 발달을 저해할 수 있는 모든 행위를 말한다.

방임(Neglect)은 물리적 방임과 교육적 방임, 의료적 방임으로 나눌 수 있다.

물리적 방임은 기본적인 의식주를 제공하지 않는 행위, 불결한 환경이나 위험한 상태에 아동을 방치하는 행위, 아동의 출생신고를 하지 않는 행위, 보호자가 아동들을 가정 내 두고 가출한 행위, 보호자가 친족에게 연락하지 않고 무작정 아동을 친족 집 근처에 두고 사라진 행위 등을 말한다.

교육적 방임은 보호자가 아동을 특별한 사유 없이 학교(의무교육)에 보내지 않거나 아동의 무단결석을 방치한 행위, 입학 · 재취학 · 전학 또는 편입학 기일 이후 2일 이내에 입학 · 재취학 · 전학 또는 편입학하지 아니한 행위, 정당한 사유 없이 계속하여 2일 이상 결석하는 경우, 학생의 고용자에 의하여 의무교육을 받는 것이 방해당하는 때 지체 없이 그 보호자 또는 고용자에게 해당 아동이나 학생의 취학 또는 출석을 독촉하거나 의무교육을 받는 것을 방해하지 아니하도록 경고하여야(「초 · 중등교육법 시행령」 제25조) 함이다.

의료적 방임은 아동에게 필요한 의료적 처치 및 개입을 하지 않는 행위를 말한다. 유기는 아동을 보호하지 않고 버리는 행위, 병원에 입원시키고 사라지는 행위, 시설 근처에 버리고 가는 행위 등을 말한다.

(3) 아동학대 발생 요인

아동학대는 한 가지 요인에 의해 발생하는 것이 아니라 다양한 요인이 함께 작용하여 발생한다고 한다(중앙아동보호전문기관, 2016). 학대를 받는 아동 요인, 행위자인 부모 요인, 가정 및 사회 요인을 살펴보면 다음과 같다.

❶ 아동 요인

Faller는 아동이 자신의 문제로 인하여 부모로부터 학대를 받게 된다고 하면서, 아동이 사회적, 신체적, 교육적 발달의 지체와 신체적인 조건에서 만성질병 이 존재할 때, 학대를 받게 된다고 하였다. 아래의 특성을 보이는 아동들은 부모나 양육자의 신체적, 심리적 부담감을 가중시켜 부모들이 쉽게 지치게 되며, 애착을 형성하는 데 어려움이 많아 아동에게 지속적인 관심과 애정을 주는 것에 어려움을 호소하며, 또한 장애아에 대한 사회적 편견은 부모에게 스트레스로 작용하여 아동을 학대할 가능성이 훨씬 커진다.

- 신체적 · 정신적 · 기질적으로 특이하거나 장애가 있는 경우
- 심하게 보채거나 밤에 잘 자지 않는 경우
- 음식을 먹는 데 어려움을 나타내는 경우
- 사회적 반응이 결핍된 경우
- 고집스럽게 우는 경우
- 자신감 결여, 지나친 경계, 무반응, 겁이 많은 경우
- 적대적 행위, 충동적 특성, 폭력적 행동, 고집 센 경우

❷ 부모 요인

학대자의 심리적 특성과 성격구조의 결함이나 나이가 어리고 안정되지 못한 부모들은 아동의 행동이나 욕구를 이해하지 못하여 아동학대를 쉽게 행하고 건전한 가족관계의 형성에도 어려움을 겪게 된다. 아동을 학대하는 부모 중 30~60% 정도는 자신이 어릴 때 부모로부터 학대받은 경험이 있다.

- 미성숙한 부모
- 아동에게 지나친 기대를 갖는 부모
- 잦은 가정위기, 정서적 욕구불만을 가진 부모
- 원치 않는 아동을 가진 부모
- 어릴 적 학대받은 경험이 있는 부모
- 약물 및 알콜 중독 부모
- 성격이 불안정한 부모
- 아동보호에 무지한 부모

❸ 가정적·사회적 요인

가정적 · 사회적 요인은 가족관계 및 구조의 문제, 사회 전반적인 분위기가 복합적으로 작용하여 가족구조의 특성이 아동학대의 원인이 될 수도 있다.

- 가족 구조적 요인(빈곤, 실직, 사회적 고립 등)
- 자녀를 부모의 소유물로 여기는 소유의식이 강한 사회
- 아동을 존중하지 않는 사회
- 체벌이 수용되는 사회
- 피해아동에 대한 법적인 보호 부재 및 미비 등

(4) 아동학대의 결과

학대는 비극적인 결과를 가져오며, 처음에는 가벼운 학대에서 점차 심각한 학대로 진행되어 아동을 죽음에 이르게 할 수 있다. 또한, 아동에게 신체적, 심리적으로 깊은 상처를 주어 학대받은 아동은 자신에 대해 무가치하게 느낌으로 자존감이 결여되고, 신뢰를 파괴하여 다른 사람을 믿지 못하게(신뢰성 결여) 된다. 학대행동은 그다음 세대로 전수, 다세대 전수되는 경우가 종종 있다.

(5) 아동학대의 예방

아동학대는 성인(부모, 교사)이 아동의 발달을 이해하지 못하거나, 훈육방법을 잘 모르기 때문 또는 부모나 성인이 아동을 기르는 과정에서 스트레스를 받기 때문에 나타날 수 있다. 아동학대 예방교육의 목적은 학대의 위험에 노출되어 있는 아동을 보호하고, 모든 아동이 학대받지 않도록 예방함으로써, 아동의 권익 및 안전을 추구하고, 아동이 건강하게 성장할 수 있도록 지원한다. 그러므로 가족 전체의 기능을 강화하고 가족지원 서비스를 제공하여 가정 내 아동학대 예방이나 재학대 발생을 억제함으로써, 아동의 권익을 최우선으로 하는 사회적 인식 문화를 조성하여 가족과 아동이 모두 행복한 사회를 이루고자 하는 데 있다(선음률 놀이교육심리 연구원, 2018; 여성가족부, 한국건강가정진흥원, 2013; 한국 미래교육센터, 2017).

(6) 아동학대 신고방법

- **언제:** 아동의 울음소리, 비명, 신음소리가 계속되는 경우, 아동의 상처에 대한 보호자의 설명이 모순되는 경우, 계절에 맞지 않거나 깨끗하지 않은 옷을 계속 입고 다니는 경우, 뚜렷한 이유 없이 지각이나 결석이 잦은 경우, 나이에 맞지 않는 성적 행동을 보이는 경우
- **무엇을:** 신고자의 이름, 연락처, 아동의 이름, 성별, 나이, 주소, 학대행위자로 의심되는 사람의 이름, 성별, 나이, 주소, 아동이 위험에 처해 있거나 학대를 받고 있다고 믿는 이유 등을 자세하게 설명한다.
  ※ 아동이나 학대행위자의 정보를 파악하지 못해도 신고는 가능하며, 가능한 많은 정보를 제공하도록 한다.
- **어떻게:** 전화로 국번 없이 112에 하면 아동보호전문기관으로 연계된다.

5) 유괴 및 실종

낯선 사람의 차를 타거나 따라가지 않도록 교육시키고 다른 곳에 갈 때는 어디

를, 누구와 함께 가는지 꼭 알리고 가도록 가르쳐 준다. 공중화장실에 혼자 가지 말고, 엘리베이터를 탈 때도 주의해야 한다는 것을 일러 주고 위급한 상황이 생겼을 때 연락할 수 있는 전화번호를 알려 준다(보건복지부, 실종아동전문기관 아동실종예방교육 워크북, 아동 · 여성 · 장애인 경찰지원센터 실종 · 유괴 예방지식).

(1) 모르는 사람이 말을 걸 때

① 선물을 주겠다면서 같이 가자고 할 때

- 먼저 부모(교사)에게 말씀드리고, 허락을 받아야 한다고 거절하게 한다.

② 부모님 친구, 친척 등 아는 사람이라면서 같이 가자고 할 때

- "싫어요."라고 말하고 절대로 따라가서는 안 된다고 교육한다.
- 만약 차를 탄 사람이 같이 가자고 하는 경우, 차에 탄 사람이 붙잡지 못하게 차로부터 충분히 떨어져야 한다고 교육한다.

③ 길을 가르쳐 달라는 등 도와달라면서 같이 가자고 할 때

- "같이 갈 수 없어요."라고 말하고, 절대로 따라가서는 안 된다고 교육한다.
- "다른 어른에게 물어 보세요."라고 말하고 그 자리를 떠나도록 교육한다.
- 불쌍해 보이는 사람도 따라가서는 안 된다.

④ 강제로 끌고 가려고 할 때

- "안 돼요!", "도와주세요!" 큰소리로 외치도록 교육한다.
- 근처에 사람이 없다면 사람들이 많은 쪽으로 뛰어가서 큰소리로 도와 달라고 외치게 교육한다.

(2) 혼자 집을 지킬 때

① 누가 집에 찾아왔을 때

- "쉿!" 하고 없는 척하도록 교육한다. 택배, 가스점검 등 누가 찾아와도 대꾸하지 않도록 교육한다.

② 전화벨이 울릴 때

- 부모님이 건 전화가 아니면 받지 않으며, 누군지 모르고 받은 경우 "잠시 후에 다시 걸어 주세요."라고 말하고 끊도록 교육한다. 어떤 경우에도 이름, 주소를 가르쳐 주면 안 된다는 것을 교육해야 한다.

(3) 실종예방을 위한 지침

❶ 1단계: 멈추기

왜 멈추어야 하는지 설명한다. 아동이 일단 길을 잃거나 부모(교사)와 헤어지면 제자리에 서서 부모(교사)를 기다리게 한다. 부모(교사) 역시 아동이 사라지면 왔던 길을 되짚어간다. 아동이 당황하지 않고 자리에 잘 있어 준다면 아동을 쉽게 찾을 수 있을 것이다.

❷ 2단계: 생각하기

무엇을 생각해야 하는지 설명한다. 아동이 혼자 부모(교사)를 기다리며 서 있기란 쉬운 일이 아니지만, 자신의 이름과 연락처 등을 생각하고 기다리게 한다. 평소 자신의 이름과 부모님 이름, 부모님 연락처, 주소 등을 잘 외우고 있는 아동이라 할지라도 일이 발생되면 쉽게 기억하지 못할 수도 있다. 2단계는 자신이 신상명세를 기억하도록 노력하는 단계다. 10번씩 외우며 기다리도록 하고 부모(교사)는 빠른 시간 내에 아동을 찾아가야 한다. 평소에 아동들과 함께 연습해서 익숙해져야 하는 부분이다.

❸ 3단계: 도와주세요

어떻게 도움을 요청해야 하는지 설명한다. 부모(교사)가 찾으러 갈 수 없을 때나 아동이 길을 잃었을 경우 주위에 있는 아주머니(아이와 함께 있는)에게 도움을 요청하도록 교육한다. 또한, 가까운 곳에 공중전화를 찾아 '112'(긴급통화)를 눌러 경찰에게 도움을 요청하게 한다. 공중전화는 위치 추적이 가능하며, 더불어 노점을 하는 어른보다는 신분이 확인될 수 있는 건물 안 가게에 들어가 도움을 구하도록 교육하는 것이 좋다.

〈표 6-13〉 연령별 유괴에 대처하기 지도지침

연령	지도지침
만 0~1세	바깥놀이 시 혼자서 멀리 가지 않고, 선생님, 친구들과 가까이 있어야 함을 인식할 수 있도록 반복해서 상호작용한다.
만 2세	모르는 사람의 자동차를 타면 안 된다는 것과 "싫어요, 안 돼요!"라고 말하는 대처방법에 익숙해질 수 있도록 반복적으로 연습한다.
만 3세	여러 가지 유괴발생 상황에서 성인에게 도움을 요청하는 방법을 알려 주고 상황극을 통해 연습한다.
만 4세	실제 유괴발생 상황에 대한 영상물을 시청한 후 대처하는 방법에 대해 의논하여 실천해 보도록 한다.
만 5세	영유아들과 함께 여러 가지 유형의 유괴발생 상황과 그에 따른 대처방법을 알아보는 활동으로 확장한다.

〈표 6-14〉 안전교육기준(「아동복지법」 제9조 제3항 및 동법 시행령 제4조 제1항)

구분	실시주기(총시간)	교육내용
교통안전교육	2개월 1회 이상 (연간 10시간 이상)	1. 올바른 교통안전지식 2. 교통 관련 법 준수정신 3. 안전장구 착용이 생활화 4. 기타 교통안전 관련 내용
약물오남용교육	3개월 1회 이상 (연간 10시간 이상)	1. 약물의 종류 중독성 및 오남용의 피해 2. 법적 처벌기준 3. 기타 4. 약물오남용 예방을 위하여 필요한 내용
재난대비교육	6개월 1회 이상 (연간 6시간 이상)	1. 화재 · 붕괴 · 폭발 화생방 사고 등 각종 재난 예방 및 안전관리 요령 2. 위험물 취급요령 3. 재난 시 안전행동 및 대피요령
성폭력예방교육	6개월 1회 이상 (연간 8시간 이상)	1. 아동 및 청소년 성범죄 발생현황 2. 성폭력 예방지침 3. 성폭력 예방실습 4. 성폭력 범죄 발생 시 대처방법 5. 법적 처벌 및 취업제한 규정 6. 성폭력 범죄의 신고요령 및 절차
실종 · 유괴의 예방방지교육	3개월 1회 이상 (연간 10시간 이상)	1. 아동실종 발생 현황 2. 장소 · 상황별 실종 · 유괴 예방지침 3. 유괴 · 유인 시 대처방법 4. 유괴 · 유인 목격 시 신고요령 및 절차

TIP 이것만은 꼭 지켜요!!

- 모르는 사람이 주는 돈, 과자, 음료수 등은 받지도 먹지도 않는다.
- 모르는 사람이 길을 물으면 그 자리에서 알려만 주고 따라가지 않는다.
- 저녁 늦게까지 밖에서 놀지 않고 귀가시간을 꼭 지킨다.
- 학교에 갈 때에는 친구들과 여럿이 안전한 큰길로 다니도록 하며, 혼자서는 놀지 않는다.
- 친구가 모르는 사람에게 끌려갈 때에는 빨리 어른들에게 알린다.
- 자신의 이름과 나이, 주소, 전화번호, 부모님 이름 등을 기억하도록 한다.
- 밖에 나갈 때에는 부모님께 꼭 누구와 어디에서 무엇을 할지 말한다.
- 위급하면 큰 소리로 "살려주세요! 경찰아저씨를 불러 주세요."라고 외친다.
- 놀이터에서 혼자 놀지 않는다.
- 모르는 사람이 전화를 걸면 "집에 혼자 있다."고 말하면 안 된다.
- 집에 혼자 있을 때에는 반드시 가족에게만 문을 열어 준다.
- 낯선 사람과 단둘이 엘리베이터를 타지 않는다.

납치 · 유괴 예방을 위한 안전수칙

※ 낯선 사람이 아이에게 다가와서 길을 물어볼 경우에는

- "저는 잘 몰라요. 저기 지나가는 어른에게 물어보세요.", "저기 슈퍼에 가서 물어보세요."

※ 부모가 병원에 입원했다고 거짓말을 하거나 차에 강제로 태워 가려는 경우에는

- 낯선 사람이 이렇게 물을 때

– "엄마께서 병원에 입원하셨어. 아저씨 차로 데려다줄게!"
– "아빠가 바쁘셔서 아저씨가 널 데리러 왔단다."
– "엄마가 아줌마한테 학원에서 데려다주라고 전화하셨어."

- 대처법

– "안 돼요! 싫어요!"라고 빨리 그 사람에게서 멀어져야 한다.
– 엄마, 아빠는 모르는 사람에게 아이들을 데려와 달라고 절대로 부탁하지 않는다.

※ 집 안에 혼자 있을 때 택배 아저씨가 문을 열어달라고 할 경우에는

- "지금 집 안에 어른이 안 계셔서 다음에 오세요."
- "경비실에 맡겨 주세요." 그리고 주변의 이웃이나 경비아저씨 등에게 전화를 걸어 도움을 요청한다.

※ 엘리베이터에서 낯선 사람과 혼자 타고 갈 경우

- 잠시 내려서 다른 사람과 함께 타고 간다.
- 낯선 사람이 만지거나 강제로 같이 가자고 할 때 "도와주세요", "살려주세요." 라고 도움을 요청한다.

※ 차에 타고 있는 사람이 "이리 와 보라."고 부를 때

- 그 사람이 팔을 뻗어도 닿지 않을 만큼 떨어져서 얘기해야 한다.

출처: 행정안전부 어린이 안전배움터(https://www.mois.go.kr).

chapter

07

영유아 안전활동

1. 영유아 안전활동의 계획
2. 영유아 안전활동의 운영
3. 영유아 안전활동의 평가
4. 영유아 안전활동의 실제

영유아 보육 · 교육기관에서는 예기치 못한 사고로부터 정신적 · 신체적 상해의 위험성이 없는 편안하고 안전한 상태를 유지하며, 모든 위험 가능성을 최소화하기 위해 물리적 환경을 변화시켜 사고를 예방한다. 본 장에서는 영유아 보육 · 교육기관에서의 영유아 안전활동의 계획, 영유아 안전활동의 운영, 영유아 안전활동의 평가와 영유아 안전활동의 실제를 살펴본다.

1. 영유아 안전활동의 계획

안전활동이란 일상생활에서 일어날 수 있는 사고를 방지하고, 교통, 화재, 풍수해 따위의 재해가 발생했을 때 자신을 안전하게 지킬 수 있는 준비를 위한 교육과정이다. 영유아 보육 · 교육기관에서의 안전활동의 목표는 영유아의 안전을 유지하기 위해 안전한 환경 및 안전한 습관에 관한 지식을 습득하게 하고 바람직한 생활습관, 안전하게 행동할 수 있는 태도를 길러 이를 바탕으로 안전문화의식을 배양하는 데 있다. 교사는 영유아에게 안전한 환경을 위한 바람직한 프로그램을 제공하기 위해 기본적인 안전지식과 기술을 체계적으로 가르치기 위한 안전활동을 계획해야 한다.

영유아의 안전활동을 계획할 때에는 다음의 사항들을 고려해야 한다. 첫째, 교사는 전체 또는 개별 영유아가 진행하고 있는 안전 관련 활동에 초점을 두되 영유아가 생활 속에서 경험하고 있는 안전 관련 내용과 일상생활에서의 필요한 경험, 계절이나 날씨와 같은 자연현상, 기관의 특별한 행사 등을 반영하여 계획할 수 있다. 일상생활의 안전사고에 관련된 지식, 기술, 태도를 통합적으로 학습하도록 계획하며 일상생활 속에서 발견되는 안전과 관련된 상황이나 사건을 활용하여 교육을 계획하면 더욱 효과적이다. 둘째, 연령별로 자주 발생하는 안전사고 유형 및 영유아의 발달 특성을 고려하여 안전활동 내용을 계획할 수 있다. 안전활동 내용은 영유아의 일상생활에서 발생 빈도가 높은 사고를 중심으로 실천적 활동내용을 선정한다. 셋째, 영유아의 전인적 발달을 위해 표준보육과정의 6영역인 기본생활, 신체운동, 의사소통, 사회관계, 예술경험, 자연탐구 영역과 누리과정의 5영역인 신체운동 · 건강, 의사소통, 사회관계, 예술경험, 자연탐구 영역을 통합하여 영유아의 경험과 연계하여 운영할 수 있도록 교육활동을 계획할 수 있다. 넷째, 안전활동의 내용이 연간, 월간, 주간계획안에 균형 있게 배분되게 구성하되 영유아의 놀이진행에 따라 바뀔 수 있다. 다섯째, 다양한 안전영역에 대한 활동이 포함되도록 계획되어야 한다. 즉, 놀이안전, 교통안전, 약물오남용, 재난대비교육, 성폭력예방교육, 실종 · 유괴의 예방방지교육 등 다양한 교육이 포함되어야 한다. 여섯째, 영유아가 영유아 보육 · 교육기관에 등원하여 하원하기까지 하루 일과 중 다양한 종류의 경험을 할 수 있도록 활동을 계획할 수 있다. 일곱째, 영유아 보육 · 교육기관의 지역적 특성을 고려하여 계획할 수 있으며, 직접적인 경험을 통해 가장 효과적으로 학습하므로 실제적 내용을 통해 직접적인 경험을 할 수 있도록 계획할 수 있다. 여덟째, 영유아 보육 · 교육기관과 가정에서의 안전활동이 유기적으로 연계되도록 계획할 수 있다. 영유아 보육 · 교육기관은 가정과의 협력을 통해 영유아의 안전 관련 정보를 공유하고 이를 통해 각 영유아에게 가장 적합한 안전활동을 할 수 있도록 계획할 수 있다.

교사는 유아가 다양한 안전활동에 참여하여 경험할 수 있도록 실내외 환경을 구성하고 유아와 유아, 유아와 교사, 유아와 환경 간에 능동적인 상호작용이 이루어지도록 한다. 또한, 안전 활동에 있어서 유아는 누리과정 5개 영역의 내용을 통합하여 유아의 경험과 연계되도록 계획하며, 사전계획을 최소화하고 놀이가 먼저 실행되도록 안전 활동을 구성하여 유아가 주도하는 놀이를 통해서 안전 활동의 내용을 배울 수 있도록 놀이를 지원한다. 영아의 경우는 일상생활에서 놀이를 통해 반복적으로 안전 활동을 제공하여 습관화될 수 있도록 지원한다.

교사는 영유아의 안전 관련 활동을 지원하기 위해 매일 진행되는 안전 관련 활동에 대해 기록하고 다음에 지원할 내용을 간단히 계획할 수 있다.

2. 영유아 안전활동의 운영

교사는 안전활동을 통해 영유아가 구체적이고 직접적인 경험을 할 수 있도록 지도한다. 실제로 경험할 수 있도록 체험을 통해 학습하고 다양한 영역별 활동을 통해 안전활동 내용을 효과적으로 다룰 수 있도록 한다. 또한, 안전활동을 연중 지속적으로 실시하도록 하여 반복된 경험을 통해 안전한 생활습관을 형성하도록 한다. 영유아에게 안전한 환경을 우선적으로 제공하며 일상생활에서 위험한 상황에 노출되었을 때 가까이 가지 않는 습관을 들이도록 한다. 영유아가 안전지식을 지니고 안전습관을 형성하고 안전기술을 습득할 수 있도록 안전교육을 정기적으로 실시한다. 질식, 영유아 돌연사를 예방하기 위해 수유나 이유, 낮잠 등의 일상활동 지도 외에 교사가 영유아의 안전을 위해 반드시 기억해야 하는 교사의 행동이 있다. 교사는 이를 숙지하여 실행하도록 하며 영유아의 안전교육을 위한 교사교육을 정기적으로 반복하여 받을 수 있어야 한다.

특히 영유아의 안전교육을 실시할 때는 다음의 사항을 고려해야 한다(보건복지부, 2013a). 첫째, 영유아의 연령과 발달 특성을 고려하여 개별 또는 소집단으로 한다. 둘째, 일상적인 경험과 교사의 행동을 모방함으로 시작되어야 한다. 셋째, 어떤 사례나 상황이 일어났을 때 자연스러운 학습의 기회로 활용하는 것이 가장 효과적이다. 넷째, 영유아는 위험상황을 잘 모르므로 교사가 자주 반복하여 이해시키고 사실대로 알려 준다. 다섯째, 영유아가 위험상황을 알고 스스로가 자신의 안전을 보호할 수 있는 능력과 기술을 가지도록 지도한다.

이를 위해 교사는 영유아 보육 · 교육기관에서 하루 일과 중에 지속적으로 안전활동을 실시하여 영유아들이 바람직한 생활습관을 형성할 수 있도록 한다. 또한, 의도적으로 안전활동을 계획하여 실내외 활동을 통해 영유아에게 안전활동을 실시할 수도 있다. 영유아 보육 · 교육기관에서의 안전활동의 운영은 일상생활에서의 안전활동, 연간계획에 의한 안전활동으로 나누어볼 수 있다.

1) 일상생활에서의 안전활동

안전활동은 모든 일과 활동에 항상 반영하고 일상적인 생활 속에서 안전한 생활을 경험하고 실천할 수 있도록 하는 것이 더 효과적이다. 안전지도는 영유아 보육 · 교육기관의 하루 일과 중에 실시할 수 있는데 영유아의 경험 및 일상생활과 관련된 내용으로 일상생활 속에서 발견되는 안전과 관련되는 상황이나 사건을 활용하여 지도한다.

일상생활에서의 안전활동은 보육환경안전, 놀이안전, 교통안전, 재난안전, 대인안전, 약물안전 등으로 나누어 볼 수 있으며, 이러한 활동은 영유아의 개별적 욕구와 발달 특성에 맞게 경험할 수 있도록 하고, 하루 일과를 통해 안전한 생활습관 형성을 돕는 활동으로 자연스럽게 제시해 준다.

특히 하루 일과 중 놀이활동에서 교사는 안전한 놀이를 보장하기 위하여 물리적 환경의 안전성을 점검하고 위해를 가할 수 있는 사물이나 물질을 사전에 차단한다. 물리적 안정성이 확보되었다면 유아 스스로 놀이 가운데서 자신의 몸을 조절하고 통제할 수 있는 방법을 학습할 수 있도록 유아와 함께 어떻게 안전하게 놀이할 것인가에 대해서 토의하고 놀이를 제한하지 않는 범위에서 규칙을 정해 본다(교육부, 보건복지부, 2019).

교사는 영유아들이 안전한 장소에서 놀잇감을 안전하게 사용할 수 있도록 하고, 일상생활, 놀이상황 등에서 안전사고를 예방하기 위해 지속적으로 영유아를 관찰하고 영유아가 위험한 상황에 놓이지 않게 한다. 또한, 영유아는 위험하다는 말에 반응할 수 있으므로 위험하다고 그때그때 알려줌으로써 위험상황에 주의할 수 있도록 지도한다.

2) 연간계획에 의한 안전활동

영유아가 생활하는 환경에는 언제나 위험요인이 산재해 있어 영유아가 환경적 위험요인을 파악하고, 안전하게 대처하며 놀이하는 것은 중요한 일이다. 한편, 학대, 납치 및 유괴와 성폭력 등 사회적 범죄 역시 영유아의 안전을 위협하고 있다.

영유아가 이러한 환경에서 안전하게 살아가기 위해서는 안전한 물리적 환경을 제공해 주어야 할 뿐 아니라 다양한 상황에 안전하게 대처하는 능력을 기르도록 도와주어야 한다(보건복지부, 2012a). 이에 정기적으로 소방훈련, 교통안전교육, 실종 · 유괴의 예방교육, 약물오남용 예방교육, 재난대비 안전교육, 성폭력 예방교육 등을 실시해야 한다.

안전활동은 하루 일과 중 안전상황이 발생할 때마다 수시로 이루어지지만 교사가 의도적으로 교육활동을 계획하여 연간계획에 의해 교육활동시간에 구조화된 놀이나 학습활동으로 안전활동이 이루어질 수 있다. 연간계획에 의한 안전활동은 연령별로 자주 발생하는 안전사고 유형을 고려하고 「아동복지법」에서 제시한 안전교육기준을 고려한다. 이러한 안전활동을 연간으로 지속적으로 실시하고 반복된 경험을 통해 안전생활이 습관화될 수 있도록 한다. 안전활동을 계획하기 위해서는 「아동복지법」에 제시된 안전교육기준을 이해해야 한다. 또한, 어린이집의 경우 소방훈련은 매월 1회 이상 실시하도록 하며 「아동복지법」에 따라 교통안전교육, 약물남용교육, 재난대비교육을 의무적으로 실시한다.

❶ 영아반의 연간계획에 의한 안전교육

영아반의 연간계획에 의한 안전교육은 표준보육과정 중 안전하게 생활하기와 아동복지법에서 제시한 안전교육기준 등을 기초로 영아반 연간안전교육 활동들을 구성한다. 영아의 안전교육 활동들(보건복지부, 2013d, 2013e)을 재구성하여 제시하면 다음 〈표 7-1〉과 같다.

〈표 7-1〉 영아반의 연간 안전교육활동들

월	안전영역						안전교육내용
	교통	실종유괴	약물	재난	성폭력	생활	
3	●						· 선생님과 자전거 타기
						●	· 화장실에서 조심해서 걷기

4			●				· 선생님이 주는 약만 먹기
		●					· 선생님과 손을 잡고 다녀요.
5	●						· 안전한 길을 찾아 주세요.
					●		· 속옷을 입어요.
6						●	· 계단에서 뛰지 않고 걷기
		●					· 엄마, 아빠 손을 잡고 다녀요.
7	●						· 선생님이 밀어주는 자동차를 타요.
						●	· 비오는 날에는 앞을 잘 보고 걷기
8				●			· 홍수 · 태풍시 안전행동 및 대피요령(그대로 숙여라)
			●				· 함부로 먹지 않아요(위험물).
9	●						· 자동차 안전벨트를 해요.
		●					· 길을 잃었을 때는 제자리에서 기다려요.
10						●	· 위험하다고 알려주면 조심해요.
			●				· 먹을 수 있는 것만 먹어요.
11	●						· 안전하게 길을 건너요.
						●	· 조심조심 닫아요.
12					●		· 어떻게 해야 할까요?
		●					· 낯선 사람을 따라가면 위험해요.
1				●			· 지진시 안전행동 및 대피요령(땅이 흔들흔들)
	●						· 움직이는 것들이 있을 때는 조심해요.
2			●				· 선생님과 가족이 주는 약만 먹어요.
						●	· 뜨거운 것 조심하기

❷ 유아반의 연간계획에 의한 안전교육

유아반의 연간계획에 의한 안전교육은 누리과정의 안전하게 생활하기와 아동복지법에서 제시한 안전교육기준을 기초로 유아반 연간 안전교육활동들을 구성한다. 다양한 안전교육활동인 교통안전, 실종유괴, 약물남용, 재난대비, 성폭력 예방, 생활안전 등의 영역을 중심으로 영유아의 연간 안전교육을 실시할 수 있다. 유아를 대상으로 활동할 수 있는 재난대비와 생활안전교육 활동들(교육과학기술부, 2013b)을 기술하면 다음 <표 7-2>와 같다.

〈표 7-2〉 재난대비와 생활안전교육 활동

	주제	교육내용
재난 대비	화재대비	불이 나는 원인 알기 불이 났을 때의 대피방법, 대처요령 알기 옷에 불이 붙었을 때 대처요령 알기 화재신고 요령 알기 화상 입었을 때의 응급처치방법 알기 화재 예방 도구와 기계 알기 소방서와 소방관의 역할 알기
	자연재난 대비	자연재난의 종류와 위험성 이해하기 – 지진, 홍수, 태풍, 폭염, 낙뢰, 폭설 및 한파 , 지진해일(쓰나미), 황사 자연재난의 종류에 따른 대처방법 알기 재난 예방법 알고 실천하기
	환경오염 대비	환경오염의 위험성 및 대처방법 알기 화생방 및 방사능 위험성 및 대처방법 알기 환경오염 발생에 대비한 훈련하기
생활 안전	유치원 · 어린이집 안전	유치원 · 어린이집의 시설 · 설비의 안전한 이용방법 알기 유치원 · 어린이집에서 안전하게 활동하는 방법 알기
	놀이 안전	안전한 놀잇감과 바르게 이용하는 방법 알기 안전한 놀이 장소 알기
	가정 안전	집에서의 위험한 장소, 위험한 물건 알기 집에서 사용하는 도구와 물건의 안전한 사용법 알기 집안에서 안전하게 지내는 방법 알기
	승강기 · 자동 계단안전	승강기와 자동계단 등의 역할과 기능 이해하기 승강기와 자동계단 등의 올바른 사용방법 알기
	약물 안전	먹을 수 없는 약물 구별하기 약의 이로움과 해로움 알기 약을 먹을 때의 안전수칙 알기 독성이 있는 가정용 제품에 대한 안전수칙 알기
	식품 안전	몸에 필요한 식품, 해로운 식품 알기 식중독 예방과 위험 알기
	물놀이 안전	물놀이의 위험성 이해하기 안전한 물놀이 방법 알기 물놀이 중 위험 상황에 대처하기
	미디어 안전	컴퓨터 사용의 이로움과 해로움 알기 인터넷을 올바르게 이용하는 방법 알기

생활 안전	성폭력 안전	성폭력의 개념 알기 몸의 정확한 명칭 알기 내 몸과 타인의 권리 알기 좋은 접촉, 나쁜 접촉, 혼돈스런 접촉 알기 – 성폭력 상황 이해하기 "안돼요, 싫어요" 라고 큰소리로 말하기 등 3단계 대처기술 익히기 일어난 일에 대해 부모님께 말하기 좋은 비밀과 나쁜 비밀 알기
	유괴 안전	낯선 사람의 개념 알기 다양한 유인상황 알기 집에 혼자 있을 때의 위험한 상황 알기 위급한 상황에서 주변의 도움 요청하는 방법 알기 일어난 일에 대해 부모님께 말하기
	미아 · 실종 안전	길을 잃을 수 있는 장소 알기 길을 잃지 않는 방법 알기 길을 잃었을 때 안전한 행동 요령 알기 믿을 수 있는 사람 이해하기 길을 잃었을 때 도움 요청하는 방법 알기

안전교육 활동들을 기초로 작성한 유아의 연간 안전교육 활동들을 제시하면 다음 〈표 7-3〉과 같다.

〈표 7-3〉 만 5세 유아의 연간 안전교육 활동들

월	안전영역						안전교육내용
	교통	실종유괴	약물	재난	성폭력	생활	
3	●						· 차에 타고 내릴 때 주변을 잘 살피기
						●	· 실내에서 걸어다니기
4			●				· 약 함부로 먹지 않기
		●					· 낯선 사람 따라가지 않기
5	●						· 보행길 찻길을 구별하기
					●		· 남의 몸 함부로 만지지 않기

6						●	· 안전하게 계단 오르기
		●					· 혼자서 등원하지 않기
7	●						· 교통규칙을 지키며 안전하게 걷기
						●	· 안전한 장소에서 물놀이하기
8				●			· 홍수 · 태풍시 안전행동 및 대피요령(그대로 숙여라)
			●				· 약의 이로움과 해로움 알기
9	●						· 차에서 안전벨트하기
		●					· 혼자서 밖으로 나가지 않기
10						●	· 놀이기구 안전하게 사용하기
			●				· 먹을 수 없는 약물 구별하기
11	●						· 오른쪽으로 걷기
						●	· 게임 및 컴퓨터하는 시간 지키기
12					●		· 기분나쁜 신체접촉에 "싫어요"라고 말하기
		●					· 집주소와 전화번호 알고 말하기
1				●			· 소방훈련시 코와 입을 막고 대피하기
	●						· 빙판길 차 조심하기
2			●				· 약을 먹을 때의 안전수칙 알기
						●	· 장난감 안전하게 가지고 놀기

연간계획에 의한 안전활동은 교사가 영유아에게 교육이 필요하다고 생각되는 주제를 선정하여 실내외 놀이활동시간에 영유아들이 자유롭게 안전활동을 진행할 수 있도록 자료를 준비하여 놀이를 진행하도록 하는 것이다. 교사는 주제와 밀접한 내용을 사전에 준비하여 영유아들의 흥미를 유발시키고 편리하게 자료를 사용할 수 있도록 안전 자료와 교구를 효과적으로 배치해 준다. 또한, 영유아의 활동에 긍정적인 반응 및 피드백을 제공하여 영유아가 안전 활동을 통해 안전생활습관을 익힐 수 있도록 지원한다.

영유아들에게 안전에 대한 새로운 정보를 설명할 때 교사가 직접 시범을 보이거나 자료를 보여 주어 개입하기도 하지만 주로 영유아의 흥미와 관심사, 사고와 생각 등을 반영하여 영유아들이 일상생활에서 융통적으로 안전활동에 참여하고 영유아 주도로 활동을 이끌 수 있도록 자료를 다양하게 배치해 줄 수도 있다.

실외활동시간의 안전활동은 실외에서 실질적으로 체험이 이루어지기 위해 견학 및 체험활동으로 이루어질 수 있다. 실내와 실외의 균형 있는 활동은 영유아들에게 풍부한 경험을 제공해 줄 수 있고 놀이의 발달수준을 높여 나갈 수 있다.

교사는 영유아의 안전활동을 관찰하고 놀이가 활발하게 이루어질 수 있도록 지원하는 과정에서 필요한 경우 이야기 나누기, 동화, 동시, 동극, 음악, 신체, 게임, 실외활동, 현장체험 등 적절한 활동을 연결하여 운영한다.

3. 영유아 안전활동의 평가

영유아 안전활동의 평가란 영유아 안전활동의 결과뿐만 아니라 안전활동과정 전반의 가치나 중요성에 대해 판단하는 과정으로 이러한 평가의 결과가 안전교육과정의 구성 및 운영에 적극적으로 반영될 때 안전교육과정의 효율성을 보장하게 되며 나아가 영유아의 전인적인 발달을 도모하게 된다.

영유아 안전활동 평가의 목적은 영유아가 스스로 위험상황을 정확히 인식하고 대처할 수 있도록 지속적인 교육과 훈련을 통해 안전지식과 개념을 발달시키고, 안전습관을 증진시켰는지를 알아보기 위한 것이다. 영유아를 평가하는 일은 교사의 보육과 교육계획이 설정된 목표에 도달하였는지를 알아볼 수 있으므로 교사에게는 필수적인 과정이며, 부모들에게 자녀의 발달과 성취에 대한 정보를 제공해 주어 자녀의 성장을 지원하기 위한 구체적인 노력을 할 수 있게 해 주기 때문에 부모에게도 필요한 과정이다.

안전활동 평가의 의의를 제시하면 다음과 같다. 첫째, 교사에게 영유아 개별적인 안전 행동의 발달상황에 대한 이해의 기회를 주고, 영유아에게는 자신의 안전 생활습관을 개선하고 지속시키는 데 도움을 준다. 둘째, 영유아의 안전활동에서 설정했던 목표를 어느 정도 달성했는가를 알게 해 준다. 셋째, 안전활동의 목표를 달성하였는지 여부를 확인하여 교사 자신의 교육계획 수행을 점검할 수 있다.

1) 영유아 평가

교사는 하루 일과를 통해 영유아들을 관찰하고 이를 바탕으로 영유아를 평가하는 역할을 한다. 교사는 영유아의 일상생활과 놀이활동 속에서 영유아의 행동을 관찰하고 평가하므로 영유아의 안전행동 발달상황을 파악할 수 있고 그것을 기초로 영유아에게 안전습관을 형성할 수 있는 적절한 지원을 제공할 수 있다. 안전활동 평가는 영유아 보육 · 교육기관의 일과 속에서 이루어지며, 영유아의 안전습관 형성 및 태도변화 정도를 알기 위해 일화기록법, 평정척도법, 행동목록법 등을 활용하여 평가한다.

(1) 일화기록

일화기록은 한 가지 행동이나 상황에 초점을 맞추어 기록하기 때문에 관찰자는 영유아 행동의 패턴이나 변화, 발전, 특기할 만한 사건 혹은 미리 정해진 범주에 따라 영유아들의 행동을 관찰할 수 있다(전남련, 권경미, 김덕일, 2005). 영유아의 놀이안전, 대인안전, 재난안전, 교통안전 관련 행동에 초점을 맞추고, 영유아 개인의 발달 특성을 이해하기 위해 구체적인 행동사례나 어떤 사건에 관련된 상황들을 상세히 기록할 수 있다. 영아의 놀이안전에 대한 일화기록을 제시하면 <표 7-4>과 같다.

〈표 7-4〉 영아의 놀이안전 일화기록

영유아명	김○○	관찰일	2014. 4. 28	성별	남
관찰자	정라희(보조교사)	생년월일	2011. 5. 8. (만 2세)	관찰장소	교실 내
장면	역할영역에서의 놀이안전			행동시간	오전 10시 20분
기록	성철이와 친구들이 개구리 가족 역할 놀이를 한다. 민수는 친구들이 놀이하는 것을 지켜본다. 성철이가 개구리 모자를 쓰고 "개굴개굴" 하며 폴짝 뛴다. 민수는 성철이를 지켜보다가 "나도 할래. 개구리"라고 한다. 성철이는 "싫어. 민수는 개구리 하지 마!" 하며 쌓기영역 쪽으로 걸어간다. 민수는 성철이를 따라가며 "나도 개구리 할 거야."라며 성철이의 개구리 모자를 벗겨 낸다. 성철이가 "안 된다고.." 하며 민수를 따라가자 민수는 벽돌블록을 성철이에게 던진다. 성철이는 민수가 던진 블록에 맞고 울며 "김민수 미워!"라고 한다. 교사는 민수와 성철이 곁으로 가서 "민수와 성철이에게 무슨 일이 생겼을까?"라고 한다. 민수는 "어. 김성철이 나만 개구리 못하게 해요."한다. 성철이는 "김민수가 나한테 저거를 던졌어요." 한다. 교사는 "그랬구나. 그래서 민수가 화가 난 거구나. 그리고 성철이는 아프지."라고 한다. 민수와 성철이는 고개를 끄덕이며 "네."라고 대답한다. 교사는 "그런데 민수야. 아무리 화가 난다고 해서 종이벽돌을 친구에게 던지면 아주 위험하단다. 성철이가 벽돌블록에 맞아서 아파하잖니. 민수가 화가 났을 때는 어떻게 하면 좋을까?"라고 한다. 민수는 "벽돌블록을 던지면 안 돼요."라고 한다. 교사는 "그래. 벽돌블록을 던지면 친구가 맞아서 아파한단다. 다음부터는 화가 나더라도 놀잇감을 던지지 않고 친구에게 화났다는 것을 말해 주었으면 좋겠어. 우리 민수 그럴 수 있지?"라고 한다. 민수는 고개를 끄덕인다. 교사는 "우리 민수와 성철이가 서로 이야기해 보도록 하자."라고 한다. 민수는 "벽돌블록 던져서 미안해." 하고 성철이는 "개구리 놀이 같이할래?"라고 한다.				
발달요약	• 민수는 화가 날 때 블록을 던진다. • 민수는 벽돌블록을 던지면 안 된다는 것을 알게 되었다. • 민수는 친구에게 사과할 줄 안다.				

(2) 평정

영유아의 안전활동에서의 습관화 및 발달 정보를 종합적으로 평가하기 위해서는 평가목록표가 필요하다. 평가목록표를 통하여 영유아의 안전행동 발달상황을 파악할 수 있을 뿐 아니라 영유아의 안전활동의 목표가 어느 정도 달성되었나를 확인할 수 있다. 안전행동 발달상황들로 구성된 문항을 작성하고, 1년 동안 3회 이상 기록하여 안전행동에 대한 발달능력의 진보를 확인할 수 있다. 이러한 유아의 안전생활 발달진보에 대한 행동관찰표는 <표 7-5>와 같다.

〈표 7-5〉 유아의 안전하게 생활하기 평가를 위한 행동관찰표

이　　름:
성　　별:
생년월일:

구분	행동내용	1 전혀 그렇지 않다 2 그렇지 않다 3 보통이다 4 그렇다 5 매우 그렇다		
		1회 (월 일)	2회 (월 일)	3회 (월 일)
		1 2 3 4 5	1 2 3 4 5	1 2 3 4 5
안전하게 놀이하기	• 놀이기구를 안전하게 사용한다.	• • • • •	• • • • •	• • • • •
	• 놀잇감을 안전하게 사용한다.	• • • • •	• • • • •	• • • • •
	• 놀이기구의 바른 사용법을 안다.	• • • • •	• • • • •	• • • • •
	• 놀잇감의 바른 사용법을 안다.	• • • • •	• • • • •	• • • • •
	• 안전한 놀이장소를 안다.	• • • • •	• • • • •	• • • • •
	• TV, 인터넷, 스마트폰을 바르게 사용한다.	• • • • •	• • • • •	• • • • •
	• TV, 인터넷, 스마트폰의 위해성을 안다.	• • • • •	• • • • •	• • • • •
교통안전규칙 지키기	• 교통안전규칙을 안다.	• • • • •	• • • • •	• • • • •
	• 교통안전교육을 지킨다.	• • • • •	• • • • •	• • • • •
	• 교통수단을 안전하게 이용한다.	• • • • •	• • • • •	• • • • •
비상시 적절히 대처하기	• 학대 시 대처방법을 안다.	• • • • •	• • • • •	• • • • •
	• 성폭력 상황 시 대처방법을 안다.	• • • • •	• • • • •	• • • • •
	• 실종 시 대처방법을 안다.	• • • • •	• • • • •	• • • • •
	• 유괴상황 시 대처방법을 안다.	• • • • •	• • • • •	• • • • •
	• 재난 시 적절하게 대처하는 방법을 안다.	• • • • •	• • • • •	• • • • •
	• 사고 시 적절하게 대처하는 방법을 안다.	• • • • •	• • • • •	• • • • •
	• 화재 시 적절하게 대처하는 방법을 안다.	• • • • •	• • • • •	• • • • •
	• 안전교육에 적극적으로 참여한다.	• • • • •	• • • • •	• • • • •
해석				

(3) 행동목록

행동목록법(체크리스트)은 어느 한 시점에서 특정한 기술이나 행동의 출현 여부 자체에 관심이 있을 때 사용한다. 체크리스트는 교사가 영유아의 발달 단계와 수준에 맞는 행동목록을 사전에 준비하여 각 행동의 출연 여부를 관찰한 뒤 '예/아니오' 혹은 '그렇다/아니다'로 표기하는 방법이다. 영유아의 교통안전행동을 알아보기 위한 교통안전행동 검사지(정선아, 2009)를 제시하면 〈표 7-6〉과 같다.

〈표 7-6〉 영유아의 교통안전행동 관찰평가표

	관찰내용	예	아니오
보행안전	• 보도로 걸어가는가?	____	____
	• 횡단보도를 바르게 건너가는가?	____	____
	• 신호를 바르게 보고 건너는가?	____	____
	• 신호가 없는 길에서 안전한 방법으로 걷는가?	____	____
	• 육교나 지하도를 올바른 방법으로 이용하는가?	____	____
차량안전	• 질서 있게 차에 오르는가?	____	____
	• 차 안에서 위험한 행동을 하지 않는가?	____	____
	• 안전밸트를 착용하는가?	____	____
	• 버스에서 내릴 때 안전한 방법으로 하차하는가?	____	____
	• 버스에서 내려 길을 건너갈 때 안전한 방법으로 건너는가?	____	____
차량으로 된 놀이기구안전	• 보호장구를 착용하고 노는가?	____	____
	• 자신의 신체 크기에 맞는 놀이기구를 사용하는가?	____	____
	• 안전한 장소에서 놀이하는가?	____	____
	• 놀이기구를 안전하게 이용할 수 있는 복장으로 놀이하는가?	____	____
	• 안전한 방법으로 놀이기구를 이용하는가?	____	____

포트폴리오 평가

위의 관찰방법들을 종합하여 포트폴리오를 구성해 볼 수 있다.

[안전활동 관련 포트폴리오 평가양식지]

유아명	전○○	생년월일	년 월 일(만 3세)
생활주제	안전	소주제	안전한 놀이와 생활
활동명	멈추고 살펴요	관찰일시	년 월 일
활동목표	– 보행안전규칙을 안다. – 상황에서 일어나는 일들을 문장으로 말한다. – 신호등의 의미를 안다.		
평가내용	보행안전규칙알기, 상황을 알고 말하기-낱말과 문장말하기, 신호등의 의미를 알기		
평가방법	사진, 일화기록, 체크리스트		
사진붙이기			
일화기록(횡단보도와 길에서 걷는 행동과 상황기록)			

구분		내용	예	아니오
의사소통	말하기	길건너는 상황을 낱말과 문장으로 말한다.		
		길건널 때 어떻게 해야 하는지를 낱말과 문장으로 말한다.		
신호등의 의미		신호등의 개념을 안다.		
		신호등이 있는 장소를 안다.		
		신호등의 색깔의 의미를 안다.		
		신호등 색깔에 따라 어떻게 행동해야 하는지를 안다.		
해석				

2) 놀이 평가

교사는 유아의 안전활동과정을 관찰하여 평가에 필요한 자료를 모을 수 있다. 유아의 안전 관련 놀이에 대한 기록(예: 계획안 또는 일지에 기록한 유아들의 실제 놀이 모습, 유아의 놀이 결과물, 작품, 사진이나 동영상 등)을 통해 유아의 흥미와 관심, 선호 놀이, 또래와의 상호작용 등 유아의 특성과 변화 정도를 평가할 수 있다.

교사는 학급 내 놀이의 내용, 놀이를 통해 학급에서 일어나고 있는 유아들의 배움과 참여 등에 대한 기록을 바탕으로 교육과정을 평가하고 교육과정 개선 계획에 이를 반영할 수 있다(교육부, 보건복지부, 2019). 즉, 안전활동에서의 유아 놀이관찰을 토대로 누리과정 운영평가를 실시하고 추후 교육과정 운영지원에 반영할 수 있다.

교사는 유아가 안전 관련 놀이를 하고 있을 때 이 놀이에서 누리과정 5개 영역을 경험하였는지를 확인하고 기록하여 누리과정 5개 영역의 내용이 놀이에서 어떻게 경험되고 어떤 배움이 일어났는지 살펴본 후 이를 추후 놀이지원에 반영할 수 있도록 한다.

영유아의 안전활동 사진, 영유아가 쓴 글, 영유아의 안전활동에 대한 기록, 친구들과 활동한 것들이 자료가 될 수 있다. 자료를 수집하는 과정에서 사진이나 비디오로 촬영하여 보관할 수 있다. 사진과 비디오를 촬영한 장면에 대해서는 사건의 전후 상황, 목적, 장소, 참여 유아의 이름, 각 장면의 의미 등을 기록해 두는 것이 유용하다. 사진을 기록하기 위해 양식지를 이용할 수도 있고 간략하게 사진의 뒷면에 기록하거나 포스트잇 같은 접착식 메모지를 이용할 수도 있다(황해익 외, 2001). 누리과정 운영평가를 포함시킨 개정 누리과정에서 소개된 안전활동에 대한 간략한 일지를 소개하면 <표 7-7>와 같다(보건복지부, 중앙육아종합지원센터, 2019).

〈표 7-7〉 안전활동에 대한 간략한 일지

<table>
<tr><td colspan="2">놀이주제</td><td></td><td>반</td><td></td></tr>
<tr><td colspan="2">대상</td><td></td><td>날짜</td><td></td></tr>
<tr><td rowspan="2">교사의 생각</td><td>기대</td><td colspan="3"></td></tr>
<tr><td>내용</td><td colspan="3"></td></tr>
<tr><td colspan="2" rowspan="2">유아의
놀이내용과 배움</td><td>사진자료</td><td colspan="2">놀이관찰의 내용</td></tr>
<tr><td colspan="3">배움</td></tr>
<tr><td colspan="2">누리과정
운영평가</td><td colspan="3"></td></tr>
<tr><td colspan="2">내일 필요한 지원</td><td colspan="3"></td></tr>
<tr><td colspan="2">안전</td><td colspan="3"></td></tr>
</table>

3) 기관 평가

영유아 보육 · 교육기관에서 영유아의 안전을 유지하는 일은 강조되어야 하며, 이후 정상적인 성장 · 발달을 위해 특히 중요하다. 이를 위해 영유아 보육 · 교육기관에서는 영유아의 안전관리가 적절하게 이루어지고 있는지를 점검한다. 영유아 안전과 관련된 영역의 어린이집 평가제 지표(보건복지부, 한국보육진흥원, 2019)를 정리하고, 유아 안전과 관련된 영역의 유치원 평가지표(교육부, 2017)를 정리하여 기술하면 다음과 같다.

(1) 어린이집 평가

어린이집에서는 어린이집 평가제로 객관적이고 전문적인 일정한 지표 및 지침에 근거하여 보육의 질을 점검하고 이를 바탕으로 어린이집 및 프로그램을 체계적으로 개선, 발전시키고자 포괄적인 과정을 점검한다. 어린이집 평가제 지표 중 안전에 해당되는 내용은 3영역의 건강 · 안전이며, 이 영역에서는 실내외 공간의 안전, 등 · 하원의 안전, 안전교육과 사고예방 등을 평가한다. 어린이집 평가제 안전 지표는 〈표 7-8〉와 같다.

〈표 7-8〉 안전 어린이집 평가제 지표(3 건강 · 안전)

평가지표	평가항목	평가내용
3-1 실내외 공간의 안전	3-1-2 실내외 공간과 설비를 위험요인 없이 안전하게 관리한다.	① 현관문, 출입문, 창문, 천장, 바닥, 벽면을 위험요인 없이 안전하게 관리함 ② 실내외 공간의 고정식 및 이동식 시설 · 설비, 전기설비 등을 위험요인 없이 안전하게 관리함 ③ 세면대, 정수기의 온수 사용을 위험요인 없이 안전하게 관리함. ④ 영유아가 성인이 주로 사용하는 실내외 공간에 출입하지 않도록 관리함
	3-1-3 실내외 공간의 놀잇감 및 활동자료와 위험한 물건을 안전하게 관리한다.	① 보육실 내 놀잇감 및 활동자료를 안전하게 관리함 ② 실내외 공간에 비치된 놀잇감 및 활동자료를 안전하게 관리함 ③ 보육실 내의 위험한 물건을 안전하게 보관 · 관리함 ④ 실내외 공간의 위험한 물건을 안전하게 보관 · 관리함
3-4 등 · 하원의 안전	3-4-1 교사는 영유아의 출석을 확인하며 인계규정에 따라 귀가지도를 한다.	① 영유아의 인계과정에 대한 체계적인 규정이 수립되어 있음 ② 영유아의 보호자에게 받은 귀가동의서를 구비하고 있음 ③ 교사는 매일 일과를 시작할 때 영유아의 등원 여부를 확인함 ④ 영유아의 인계과정이 규정에 따라 안전하게 이루어짐
	3-4-2 영유아는 등원부터 하원까지 성인의 보호하에 있다.	① 교사는 영유아의 안전을 위해 항상 전체 상황을 주시함 ② 교사는 일과나 장소가 바뀔 때마다 전체 영유아를 확인함 ③ 통합보육 시 담당교사는 담당 영유아의 인원과 특이사항을 파악함 ④ 영유아를 두고 자리를 비울 때에는 책임 있는 성인에게 인계함

평가지표	평가항목	평가내용
3-4 등 · 하원의 안전	3-4-3 등 · 하원용 차량을 운행할 경우 안전 요건을 갖추어 관리한다.	① 차량에 안전수칙, 영아용 보호장구, 개별 안전띠, 차량용 소화기, 잠자는 아이 확인 장치, 비상약품을 구비함 ② 운전자는 매일 차량 안전점검을 실시함 ③ 운전자와 차량에 동승하는 모든 성인은 어린이 통합버스 안전교육을 받음 ④ 운전자와 함께 차량에 동승한 성인은 영유아를 안전하게 보호함
3-5 안전교육과 안전사고예방	3-5-1 영유아를 대상으로 안전교육을 지속적으로 실시하고 있다.	① 영유아를 대상으로 발달에 적합한 안전교육을 정기적으로 실시함 ② 영유아가 정기 소방대피훈련에 참여함 ③ 영유아가 놀잇감 및 활동자료, 놀이기구를 안전하게 사용하도록 지도함 ④ 계절 및 날씨 관련 놀이 안전수칙을 준수함
	3-5-2 보육교직원은 안전교육을 받고 영유아 학대 예방 지침을 준수한다.	① 보육교직원을 대상으로 기본적인 안전교육을 정기적으로 실시함(영유아 학대 예방교육 포함) ② 비상시 보육교직원의 대처방안과 업무분장이 체계적으로 수립되어 있고 보육교직원은 자신의 역할을 숙지하고 있음 ③ 응급처치(심폐소생술) 관련 교육에 참여한 보육교직원이 있음 ④ 영유아 학대 예방 지침(체벌금지 포함)을 준수함
	3-5-3 안전설비를 비상시 효율적으로 사용할 수 있도록 관리하고 있다.	① 비상사태를 대비한 피난설비(비상구, 비상계단 또는 영유아용 미끄럼대, 피난구 유도등 등)를 비상시 원활하게 대피할 수 있도록 관리하고 있음 ② 비상사태를 대비한 소화설비(소화기 등)를 비상시 제대로 작동되도록 관리하고 있음 ③ 비상사태를 대비한 경보설비(단독경보형 감지기, 가스누설경보기 등)를 비상시 제대로 작동되도록 관리하고 있음 ④ 보육교직원은 안전시설 및 설비(소화기 등)의 사용법을 숙지하고 있음

출처: 보건복지부, 한국보육진흥원(2019). 2019 어린이집 평가매뉴얼.

(2) 유치원 평가

제4주기 유치원 평가 통합지표 중 안전에 해당되는 내용은 3영역의 건강 · 안전이며, 이 영역에서는 실내외 공간의 안전, 등하원의 안전, 안전교육과 사고대책 등을 평가한다. 유치원 평가 안전지표는 〈표 7-9〉과 같다.

〈표 7-9〉 안전 유치원 평가지표(3 건강 · 안전)

평가지표	평가항목	평가내용
3-1 실내외 공간의 안전	3-1-2 실내외 공간을 유아의 안전을 위해 위험요인 없이 관리하고 있다.	① 출입문, 창문, 천장, 바닥, 벽면 등이 안전하여 위험요인이 없다. ② 전기설비 및 전선줄 등이 안전하여 위험요인이 없다. ③ 고정식 및 이동식 시설 및 설비가 안전하여 위험요인이 없다. ④ 세면대, 정수기 등에 온수 조절 장치가 적절하여 위험 요인이 없다. ⑤ 성인이 주로 사용하는 실내외 공간에 유아가 출입하지 않는다.
	3-1-3 실내외 놀잇감이 안전하고, 위험한 물건을 안전하게 보관 · 관리하고 있다.	① 교실 내 놀잇감에 파손된 부분이 없다. ② 실내외 공간에 비치된 놀잇감에 파손된 부분이 없다. ③ 교실 내의 위험한 물건을 안전하게 보관 · 관리한다. ④ 실내외 공간의 위험한 물건을 안전하게 보관 · 관리한다.
	3-1-4 안전시설 및 설비를 비상시 효율적으로 사용할 수 있도록 관리하고 있다.	① 비상사태를 대비한 안전시설(비상계단, 유아용 미끄럼대, 비상구, 비상대피로 등)은 비상시 원활히 대피할 수 있게 관리되고 있다. ② 비상사태를 대비한 설비(피난구 유도등, 소화기, 가스 누설 경보기 등)는 비상시 제대로 작동하도록 관리되고 있다. ※ 유도등, 소화기, 가수 누설 경보기 등이 한 개라도 없거나 관리되지 않으면 인정하지 않음.
3-4 등하원의 안전	3-4-1 유아는 등하원 시 성인의 보호하에 있다.	① 유아의 인계과정에 대한 규정이 있고, 규정에 따라 안전하게 이루어진다. ② 유아의 보호자에게 받은 귀가동의서를 구비하고 있다. ③ 교직원은 유아의 안전을 위해 항상 전체 상황을 주시한다. ④ 유아를 두고 자리를 비울 때에는 책임 있는 성인에게 인계한다.
	3-4-2 통학차량을 운행할 경우 안전요건을 갖추어 관리한다.	① 차량 내부에 안전수칙을 게시하고, 영아용 보호장구, 차량용 소화기, 구급상자를 구비하고 있다. ② 매일 차량 안전점검을 실시한다. ③ 차량 운행 시 성인이 동승한다. ④ 차량기사와 차량에 동승한 성인은 유아를 안전하게 보호한다.

평가지표	평가항목	평가내용
3–5 안전교육 및 사고대책	3–5–1 유아를 대상으로 안전교육을 지속적으로 실시하고 있다.	① 유아를 대상으로 발달에 적합한 안전교육을 정기적으로 실시한다. ② 유아가 정기 소방대피 훈련에 참여한다. ③ 유아가 놀이기구와 놀잇감을 안전하게 사용하도록 지도한다. ④ 계절 및 날씨 관련 놀이 안전수칙을 준수한다.
	3–5–2 교직원은 안전교육을 받고 유아학대예방 비침을 준수한다.	① 교직원을 대상으로 기본적인 안전교육을 정기적으로 실시한다(유아 학대 예방교육 포함). ② 교직원은 안전관리 시설 및 설비(소화기 등)의 사용법을 숙지하고 있다. ③ 비상 시 교직원의 대처방안과 업무분장이 체계적으로 수립되어 있고, 교직원은 자신의 역할을 숙지하고 있다. ④ 교직원 중에 응급처치(심폐소생술) 관련 교육에 참여한 직원이 있다. ⑤ 유아 학대 예방 지침(체벌 금지 포함)을 준수한다.
	3–5–3 영유아, 교직원 및 시설보험에 모두 적합하게 가입하고 있다.	ㅇ 학교안전공제회, 교육시설재난공제회, 교육기관종합보험, 상해보험, 화재보험, 배상책임보험, 가스배상책임보험, 통학버스 책임보험, 통학버스 종합보험 관련 기록을 확인한다.

출처: 교육부(2017). 제4주기 유치원 평가 중앙연수.

4. 영유아 안전활동의 실제

안전 활동 1

안전하게 놀아요

연 령 영아(만 2세)

활동목표

- 위험한 행동과 안전한 행동에 대해 안다.
  (기본생활 〉 안전하게 생활하기 〉 일상에서 안전하게 놀이하고 생활한다.)
- 그림책 읽기를 즐긴다.
  (의사소통 〉 책과 이야기 즐기기 〉 책에 관심을 가지고 상상한다.)

활동자료

위험한 놀이행동 그림 3장(모래놀이장에서 친구에게 모래를 뿌리는 그림, 시소에서 서서 타는 그림, 미끄럼틀에서 거꾸로 올라가는 그림)과 안전한 놀이행동 그림 3장(모래놀이장에서 사이좋게 놀이하는 그림, 안전하게 시소를 타는 그림, 안전하게 미끄럼틀 타는 그림)이 붙여져 제작된 책

활동방법

1) 위험한 놀이행동에 대한 그림책을 보여 주고 영아와 함께 이야기 나눈다.
   - 이 그림은 어떤 그림일까요?
   - 이 친구처럼 미끄럼틀을 거꾸로 올라가면 어떻게 될까요?
   - 어떤 친구가 약속을 잘 지키는 걸까요?

2) 다른 그림에 대해서도 이야기 나눈다.

- 시소를 안전하게 타려면 어떻게 해야 할까요?
- 안전하게 놀이하려면 어떻게 해야 할까요?

3) 자신의 경험을 말하고 안전한 놀이에 대해 이야기 나눈다.

- 친구들 중에 미끄럼틀이나 시소 타다가 다친 적이 있나요?
- 미끄럼틀이나 시소에서 다치지 않으려면 어떻게 타야 할까요?

유 의 점

- 영아들이 평소에 잘 지키지 않는 위험한 행동을 중심으로 구성하면 더 효과적이다.
- 그림책은 영아의 수에 맞게 제작하는 것이 좋다.
- 영아들의 행동을 사진으로 찍어서 활용할 수도 있다.

안전 활동 2

자동차 탈 때 안전벨트를 매요

연 령 영아(만 2세)

활동목표

- 카시트 안전벨트를 탐색한다.
  (자연탐구 〉 탐구과정 즐기기 〉 사물과 자연을 반복하여 탐색하기를 즐긴다.)
- 안전벨트를 착용해 본다.
  (기본생활 〉 안전하게 생활하기 〉 교통수단을 안전하게 이용해 본다.)

활동자료

영아용 카시트 1개, 영아용 안전벨트 모형(영아 수 만큼), 종이블록 등

활동방법

1) 영아용 카시트를 교실에 비치하고 탐색한다.
   - 여기 있는 의자는 무엇일까요?
   - 이 의자에 있는 벨트의 이름이 무엇일까요?

2) 한 명씩 의자에 앉혀 보고 카시트에 앉았던 경험에 대해 이야기 나눈다.
   - ㅇㅇ이는 여기에 앉아 보니 기분이 어때요?
   - 차를 타면 가장 먼저 의자에 앉아 안전벨트를 꼭 매어야 해요.

3) 종이블록으로 영아들이 각자의 의자를 만들고 안전벨트 모형을 올려 앉아 본다.
   - ㅇㅇ이가 만든 의자 위에 안전벨트도 올려 볼까요? 올리니 진짜 카시트 같다.
   - 자, 이제 ㅇㅇ이가 앉아서 안전하게 안전벨트를 매 볼까요?

4) 영아들 모두 자동차 타고 가는 놀이를 하며 안전벨트를 해 본다.
   - 자동차에 타면 제일 먼저 자리에 앉아서 안전벨트를 매야 해요.
   - 자 이에 출발 어디로 갈까요? 붕~~붕~~

5) 영아가 안전벨트를 조작해 보며 자동차 탈 때의 안전교육에 대해 이야기 나눈다.
   - 안전벨트를 하지 않고 가다가 자동차가 꽝 사고 나면 어떻게 될까요?
   - 안전벨트를 해야 사고가 났을 때 우리의 몸을 안전하게 지킬 수 있어요.

유 의 점

- 대근육 놀이 영역에서 자동차를 타는 놀이로 연결하여 놀이할 수 있다.
- 안전벨트를 하는 놀이를 반복하여 차를 탈 때 자연스럽게 안전벨트를 하는 습관을 들이도록 한다.
- 카시트가 뒤로 넘어져 다치지 않도록 벽면에 단단하게 고정하고 활동하도록 한다.

안전 활동 3

놀이규칙을 지킬 수 있어요

연 령 유아

활동목표

- 영유아 보육 · 교육기관에서 안전하게 놀이하는 방법을 안다.
  (신체운동 · 건강 〉 안전하게 생활하기 〉 일상에서 안전하게 놀이하고 생활한다.)
- 규칙을 지키며 게임에 참여해 본다.
  (사회관계 〉 더불어 생활하기 〉 친구와 서로 도우며 사이좋게 지낸다.)

활동자료

게임판, 삼각주사위 1개, 말 2개, 게임 규칙판, 안전하게 놀이하는 그림 3장(언어영역에서 바르게 앉아 책을 보는 그림, 수 · 조작 영역에서 친구와 사이좋게 게임하는 그림, 쌓기놀이 영역에서 정리를 잘하고 있는 그림), 위험하게 놀이하는 그림 3장 등(미술영역에서 물로 장난치는 그림, 역할놀이 영역에서 친구를 밀치고 장난감을 차지하는 그림, 역할놀이 영역의 테이블 위에 올라가서 노는 그림 등(안전활동에 필요한 자료를 예측하여 준비한다.)

활동방법

1) 안전하게 놀이하는 그림과 위험하게 놀이하는 그림자료를 보며 이야기 나눈다.
   - 이 그림(안전하게 놀이하는 그림)에서 아이는 어떻게 놀이하고 있나요?
   - 안전하게 놀이를 하려면 어떻게 해야 할까요?
   - 이 그림(위험하게 놀이하는 그림)에서 아이는 어떻게 놀이하고 있나요?
   - 이렇게 놀이를 하면 어떤 일이 일어나게 될까요?
   - 이 그림 속 친구처럼 위험하게 놀이기구를 타다가 다친 경험이 있나요?
   - 안전하게 놀이를 하는 방법에는 어떤 것이 있을까요?

2) 놀이판을 보면서 놀이판에 제시되어 있는 그림에 대해 이야기 나눈다.
   - 그림 중에서 안전하게(위험하게) 놀이하는 그림을 찾아볼까요?
   - 위험하게 놀이하는 그림에서 어떻게 놀이하고 있나요?

3) 게임판에 놀이를 자유롭게 붙이며, 놀이활동 방법에 대해 이야기 나눈다.

- 그림을 게임판에 붙여 보아요.

〈게임방법〉

① 유아가 원하는 말을 선택해서 놀이판 출발점에 올려 놓는다.

② 주사위를 굴려 게임의 순서를 정한다. 번갈아 가면서 주사위를 던진다.

③ 말이 안전하게 놀이하는 그림 칸에 도착했을 때에는 앞으로 1칸 가고, 말이 위험하게 놀이하는 그림 칸에 도착했을 때에는 뒤로 2칸 움직인다.

④ 순서대로 주사위를 던져서 나온 수만큼 말을 앞뒤로 이동한다.

⑤ 도착 지점에 먼저 말이 도착하면 게임에서 이기게 된다.

4) 게임이 끝난 후, 느낌에 대해 이야기 나눈다.

- 게임하면서 어떤 느낌이 들었나요?

(교사는 유아들이 규칙을 지키면서 게임을 하고 승부에 너무 집착하지 않도록 지원해 준다.)

〈유아가 경험할 수 있는 영역별 활동 전개 예시〉

의사소통	• 듣기와 말하기〉상대방이 하는 이야기를 듣고 관련해서 말한다. • 듣기와 말하기〉자신의 경험, 느낌, 생각을 말한다.

- 안전하게 놀이하는 그림자료와 위험하게 놀이하는 그림자료를 보며 이야기 나눈다.
- 약속을 지키지 않고 놀이하는 친구를 발견했을 때 어떻게 놀이약속을 알려줬는지 자신의 경험을 말한다.

자연탐구	• 생활 속에서 탐구하기〉물체를 세어 수량을 알아본다. • 생활 속에서 탐구하기〉주변에서 반복되는 규칙을 찾는다.

- 게임판 사용 시 주사위 숫자만큼 말을 이동해 본다.
- 영유아 보육·교육기관의 흥미영역에서 지켜야 할 반복되는 규칙을 찾아본다.

사회관계	• 더불어 생활하기〉약속과 규칙의 필요성을 알고 지킨다.

- 우리 반 놀이약속을 정해 본 후 우리 반에서 약속을 제일 잘 지키는 〈약속 바르미〉를 알아본다.
  - 교사는 유아들이 규칙을 지키면서 게임하고 승부에 너무 집착하지 않도록 지도한다.

예술경험	• 창의적으로 표현하기〉다양한 미술재료와 도구로 자신의 생각과 느낌을 표현한다.

- 게임판을 만들어 본다.
- 다양한 그림자료 중 안전하게 놀이하는 그림자료를 찾아 '안전하게 놀아요'

책을 만들어 본다.

- 우리 반 놀이약속을 함께 정해 보고 우리 반 놀이 약속판을 만들어 본다.
- 교사는 교실이 여러 영역으로 구성되어 있을 경우(예: 역할놀이영역, 쌓기놀이영역 등) 각 영역별로 약속판을 구체적으로 만들어 보도록 지원해 준다.

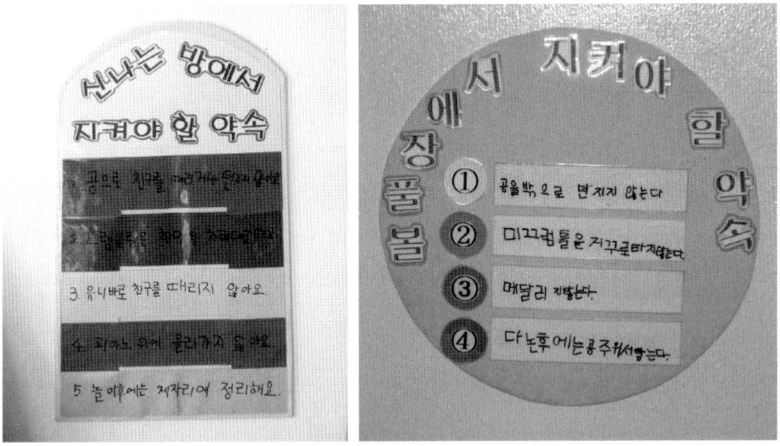

[그림 7-1] 놀이안전규칙판

신체 운동 · 건강	• 신체활동 즐기기〉실내외 신체활동에 자발적으로 참여한다. • 신체활동 즐기기〉기초적인 이동운동, 제자리운동, 도구를 이용한 운동을 한다.

- 게임에 즐겁게 참여한다.
- 게임판과 주사위를 크게 만들고 말 대신 친구들이 서서 이동해 본다.

안 전
활동 4

좋은 느낌과 싫은 느낌을 알아요

연 령 유아

활동목표

- 다른 사람이 나의 몸을 만졌을 때 좋은 느낌과 싫은 느낌을 구분해 본다. (신체운동 · 건강 〉 안전하게 생활하기 〉 안전사고, 화재, 재난, 학대, 유괴 등에 대처하는 방법을 경험한다.)
- 우리 몸에서 다른 사람이 만지면 안 되는 부분이 있음을 안다. (사회관계 〉 나를 알고 존중하기 〉 나를 알고 소중히 여긴다.)

활동자료

남자아이, 여자아이가 그려진 게임판 각 1개(몸의 소중한 부분이 있는 곳은 빨간색으로 표시), 손 모양 말 2개, 좋은 느낌 그림 5장(엄마가 안아 주는 그림, 반가운 친구와 악수하는 그림, 선생님이 머리를 쓰다듬는 그림, 아빠 무릎에 앉아 책을 보는 그림, 엄마나 아빠가 씻겨 주는 그림), 싫은 느낌 그림 5장(친구가 화장실을 엿보는 그림, 친구가 치마를 들치는 그림, 너무 세게 꽉 안는 그림, 다른 사람이 중요한 부분을 만지는 그림, 싫은데 친구가 뽀뽀하는 그림, 『이럴 때 싫다고 말해요』 동화책[마리프랑스 보트지음, 홍은주 역/문학동네/2010] 등 (안전활동에 필요한 자료를 예측하여 준비한다.)

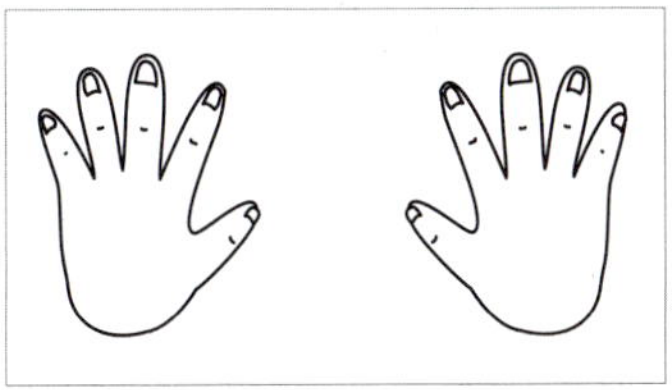

〈좋은 느낌〉

〈싫은 느낌〉

활동방법

1) 남자아이와 여자아이의 그림을 보며 이야기 나눈다.
   - 남자아이와 여자아이 그림에서 다른 것이 무엇인지 찾아볼까요?
   - 우리 몸에서 다른 사람이 만지면 안 되는 부분은 어디일까요?
   - (빨간색으로 표시된 부분을 가리키며) 중요한 부분을 다른 사람이 만지면 어떨까요?
   - 왜 다른 사람이 만지면 안 될까요?
   - 만약에 우리 몸에서 아주 중요한 부분을 다른 사람이 만지려고 하면 어떻게 해야 할까요?
   - "싫어요, 안 돼요, 하지 마세요." 이렇게 말하고 다른 곳으로 피하고 어른들께 도움을 요청해야 해요.

2) 좋은 느낌 그림카드의 상황을 보면서 이야기 나눈다.

- 이 그림은 어떤 그림일까요?, 이 그림 속 친구의 기분은 어떨까요?

3) 싫은 느낌 그림카드의 상황을 보면서 이야기 나눈다.

- 이 그림은 어떤 그림일까요? 이 그림 속 친구의 기분은 어떨까요?
- 친구가 치마를 들친 적이 있는 친구 있나요?, 그때 기분이 어땠나요?
- 싫은 느낌이 들 때는 또 언제 있을까요?

4) 놀이 활동방법을 소개한다.

〈게임방법〉

① 그림 카드의 그림이 보이도록 바닥에 펼쳐 놓는다.
② 게임판(남자아이와 여자아이)을 한 개씩 나누어 가진 후 출발점에 손 모양 말을 올려놓는다.
③ 가위, 바위, 보로 순서를 정한다.
④ 출발점에서 손 모양 말을 튕긴다.
⑤ 손 모양 말이 빨간색이 칠해진 부분에 닿으면 "싫어요, 안 돼요, 하지 마세요."라고 크게 말한 후 싫은 느낌 그림카드를 한 장 가져간다.
⑥ 빨간 선 밖에 멈추면 좋은 느낌의 그림 카드를 한 장 가져간다.
⑦ 카드를 다 가져가면 활동을 멈추고, 자신이 가진 카드 중 좋은 느낌의 카드가 몇 장인지 함께 세어본다.

5) 게임이 끝난 후, 느낌에 대해 이야기 나눈다.

- 게임하면서 어떤 느낌이 들었나요?

〈유아가 경험할 수 있는 영역별 활동 전개 예시〉

의사소통	• 듣기와 말하기〉상대방이 하는 이야기를 듣고 관련해서 말한다. • 듣기와 말하기〉자신의 경험, 느낌, 생각을 말한다. • 책과 이야기 즐기기〉책에 관심을 가지고 상상하기를 즐긴다.

- 다양한 감각을 느낄 수 있는 물건을 준비하여 감각을 표현하는 다양한 말을 알아본다(예: 부드럽다, 거칠다, 까끌까끌하다, 미끌미끌하다, 울퉁불퉁하다 등).
- 다른 사람이 내 몸을 만지려고 할 때 어떻게 해야 하는지 자신의 생각을 말한다.
  - "싫어요, 안 돼요, 하지 마세요." 이렇게 말하고 다른 곳으로 피하고 어른들께 도움을 요청해야 한다는 것을 알게 한다.
- 성교육 동화(이럴 때 싫다고 말해요)를 들려주며 이야기 나눈다.
  - 교사는 유아가 일상생활 속에서도 자신이 좋아하는 것과 싫어하는 것을 말해 보는 등 자신의 생각을 분명하게 언어적으로 표현해 볼 수 있도록 돕는다.

자연탐구	• 생활 속에서 탐구하기〉물체의 특성과 변화를 여러 가지 방법으로 탐색한다. • 생활 속에서 탐구하기〉일상에서 모은 자료를 기준에 따라 분류한다.

- 다양한 감각을 느낄 수 있는 물건을 준비하여 신체로 느껴본다(예: 부드럽다, 거칠다, 까끌까끌하다, 미끌미끌하다, 울퉁불퉁하다 등).
- 교실에서 여러 물건을 찾은 후에 비슷한 촉감끼리 분류해 본다.
- O, X카드로 분류해 보는 게임을 해 본다(두 팀으로 나누어 앉아 O, X가 그려진 주사위를 굴려 O가 나오면 좋은 느낌 그림카드를, X가 나오면 싫은 느낌 그림 카드를 가지고 오는 게임을 해 본다).

사회관계	• 나를 알고 존중하기〉나를 알고 소중히 여긴다. • 나를 알고 존중하기〉나의 감정을 알고 상황에 맞게 표현한다. • 더불어 생활하기〉약속과 규칙의 필요성을 알고 지킨다.

- 나는 소중하고 내 몸을 잘 지켜야 한다는 것을 안다.
- 친구의 상호작용 행동(예: 안아 주기, 안마하기, 핸드크림 발라 주기, 하이파이브하기, 발바닥 맞대기, 볼 맞대기 등)에 느껴지는 감정을 얼굴 표정이나 말로 표현해 본다.
- 게임의 규칙을 알고 규칙을 잘 지킨다.

예술경험	• 창의적으로 표현하기〉다양한 미술재료와 도구로 자신의 생각과 느낌을 표현한다.

- 솜, 털실, 모루, 콩, 사포, 아크릴, 플라스틱, 천, 솜 등 여러 감각을 느낄 수 있는 재료를 준비하여 촉감카드를 만들어 보거나 '내가 좋아하는 느낌' 책을 만들어 본다.

신체 운동 · 건강	• 신체활동 즐기기〉실내외 신체활동에 자발적으로 참여한다.

- 게임에 즐겁게 참여한다.
- 훌라후프 게임으로 신체표현을 해 본다(훌라후프 안에 좋은 느낌 그림자료를 하나씩 붙여놓고 노래가 나오면 자유롭게 춤을 추다가 노래가 끝나면 훌라후프에 2명씩 들어가 자신이 들어간 훌라후프에 있는 그림 카드를 친구와 신체로 똑같이 따라 표현해 봄).

안전 활동 5

나도 볼 수 있어요

연 령 유아

활동목표

- TV 프로그램에 시청 가능한 연령이 있음을 안다.
  (자연탐구 〉 생활 속에서 탐구하기 〉 주변에서 반복되는 규칙을 찾는다.)
- TV를 바르게 시청하는 태도를 가진다.
  (신체운동 · 건강 〉 안전하게 생활하기 〉 TV, 컴퓨터, 스마트폰 등을 바르게 사용한다.)

활동자료

TV 프로그램이 나와 있는 신문 확대복사본, 방송시청 가능 연령이 나와 있는 TV 프로그램 화면 캡처 사진, 숫자스티커, 4절 도화지, 매직펜, 우드락, 한지, 상자 등(안전활동에 필요한 자료를 예측하여 준비한다.)

활동방법

1) (TV 시청연령 고지화면 캡처 사진을 보여 주며) 유아들과 TV에 나오는 숫자의 규칙을 알아본다.
   - 이 숫자는 무엇을 알려 주는 숫자일까요?
   - 숫자(7, 12, 15, 19)가 적혀 있는 화면은 몇 살이 되어야 볼 수 있는 화면일까요?
   - 왜 TV 프로그램을 볼 수 있는 나이를 정해 두었을까요?

2) 친구들이 볼 수 있는 TV 프로그램에 대해 이야기 나눈다.
   - 친구들이 볼 수 있는 TV 프로그램에는 무엇이 있을까요?
   - 우리는 어떤 것으로 우리가 볼 수 있는 프로그램이라는 것을 알 수 있나요?
   - 우리가 볼 수 있는 TV 프로그램은 다른 TV 프로그램과 어떤 점이 다를까요?
   - TV 프로그램 편성표에서 우리가 시청할 수 있는 프로그램 찾아 스티커를 붙여볼까요?

3) 시청 가능한 TV 프로그램 목록을 만들어 벽면에 게시하고, 이야기 나눈다.
   - TV는 하루에 얼마나 보는 것이 좋을까요?

4) TV 보는 바른 자세에 대해 이야기 나눈다.
   - TV를 볼 때 어떤 자세로 시청해야 할까요?

<유아가 경험할 수 있는 영역별 활동 전개 예시>

의사소통	• 듣기와 말하기〉자신의 경험, 느낌, 생각을 말한다. • 듣기와 말하기〉상대방이 하는 이야기를 듣고 관련해서 말한다.

- TV 보는 바른 자세에 대해 이야기 나눈다.
- 유아들이 즐겨 보는 TV 프로그램에 대해 이야기 나눈다.

자연탐구	• 생활 속에서 탐구하기〉물체를 세어 수량을 알아본다. • 생활 속에서 탐구하기〉일상에서 모은 자료를 기준에 따라 분류한다.

- 유아들이 볼 수 있는 TV 프로그램 시청 시간을 알아본다.
- 유아들이 즐겨 보는 프로그램에 대해 알아보고 볼 수 있는 TV 프로그램인지 아닌지를 구분해 본다.

사회관계	• 더불어 생활하기〉가족의 의미를 알고 화목하게 지낸다. • 더불어 생활하기〉약속과 규칙의 필요성을 알고 지킨다.

- 가족과 함께 시청할 TV 프로그램을 정해 본다.
- 집에서 TV를 보지 않을 때 혼자서 혹은 가족과 함께 어떻게 즐겁게 시간을 보낼 수 있을지 생각해 보고 이를 직접 실천해 본다.
- 가정에서 TV 프로그램 시청목록과 시청시간에 관련된 규칙을 지킨다.
  - 교사는 우리가 볼 수 있는 여러 종류의 TV 프로그램이 있더라도 정해진 시간에만 TV를 볼 수 있도록 이야기해 준다.

예술경험	• 창의적으로 표현하기〉다양한 미술재료와 도구로 자신의 생각과 느낌을 표현한다. • 창의적으로 표현하기〉극놀이로 경험이나 이야기를 표현한다.

- 우드락과 한지 또는 상자로 TV를 만들어 본다.
- 유아들에게 도움이 되는 TV 프로그램이나 뉴스 원고를 만들어 본다.
- 역할(아나운서, 연기자, 가수, 개그맨 등)을 정하여 상자 TV에 출연해 본다.

신체 운동 · 건강	• 신체활동 즐기기〉신체 움직임을 조절한다. • 안전하게 생활하기〉일상에서 안전하게 놀이하고 생활한다. • 신체활동 즐기기〉실내외 신체활동에 자발적으로 참여한다.

- 연령을 나타내는 숫자를 자신의 몸으로 표현해 본다(두 자리 숫자는 친구와 함께해 본다).
- 장시간 TV를 시청할 경우 우리 몸에 해로운 점을 알아보고 눈 운동, 스트레칭 등을 함께 해 본다.
- 유아들과 함께 우리 반만의 스트레칭 동작을 만들어 본다.

안 전 활동 6

안전하게 길을 건너요

연 령 유아

활동목표

- 횡단보도를 안전하게 건넌다.
  (신체운동 · 건강 〉 안전하게 생활하기 〉 교통안전 규칙을 지킨다.)
- 음악을 듣고 신체로 다양하게 표현해 본다.
  (예술경험 〉 창의적으로 표현하기 〉 신체나 도구를 활용하여 움직임과 춤으로 자유롭게 표현한다.)

활동자료

신호등이 있는 횡단보도를 건너는 유아 사진, 빨간색 · 초록색 동그라미 카드와 숫자 동그라미 카드(5, 4, 3, 2, 1), 횡단보도(색테이프로 바닥에 그림), 「그대로 멈춰라」 악보와 음원, 『거꾸리가 길을 건널 때』(이현정 글 · 이민조 그림/한국차일드아카데미/2013) 동화책, 「건너가는 길」 음원과 가사자료, 신호등 자료 등 (안전활동에 필요한 자료를 예측하여 준비한다.)

활동방법

1) 신호등 앞에서 횡단보도를 건너는 유아 사진을 보여 주며 이야기를 나눈다.
   – (신호등 앞에 서 있는 사진을 보며) 이 친구는 무엇을 하고 있을까요?
   – 횡단보도를 안전하게 건너려면 어떻게 해야 할까요?

2) '그대로 멈춰라'의 음원을 들려주고 음악에 맞추어 창의적으로 신체를 표현해 본다.
   - 음악을 들으면서 몸을 마음대로 움직여 볼까요?

3) 춤을 추다가 교사의 신호(빨간 카드, 초록 카드)가 보일 때 움직임을 조절하도록 한다.
   - 춤을 추다가 '그대로 멈춰라' 부분에서 선생님이 빨간 카드를 보이면 어떻게 해야 할까요?

4) 음악을 듣고 활동한 후 느낀 점에 대해 이야기 나눈다.
   - 음악에 맞추어 활동을 해 보니 기분이 어떠한가요?

〈유아가 경험할 수 있는 영역별 활동 전개 예시〉

의사소통	• 듣기와 말하기〉상대방이 하는 이야기를 듣고 관련해서 말한다. • 듣기와 말하기〉자신의 경험, 느낌, 생각을 말한다.

- 동화『거꾸리가 길을 건널 때』를 읽어 주고 이야기 나눈다.
- 길을 건너 본 경험에 대해 말한다(예: 신호등이 없는 길에서 어떻게 길을 건넜는지, 횡단보도를 건널 때 손은 왜 들어야 하는지, 초록불로 바뀌었을 때도 바로 건너지 않고 오른쪽 왼쪽을 살폈는지 등).

자연탐구	• 탐구과정 즐기기〉궁금한 것을 탐구하는 과정에 즐겁게 참여한다. • 생활 속에서 탐구하기〉일상에서 모은 자료를 기준에 따라 분류한다. • 자연과 더불어 살기〉주변의 동식물에 관심을 가진다.

- 횡단보도와 신호등을 관찰하고 색깔에 따른 규칙을 알아본다(빨간색은 멈추고, 초록색은 건너고, 노란색은 기다리라는 신호).
  - 교사는 횡단보도와 신호등 사진(그림)을 준비하여 유아들의 탐구활동을 지원해 준다.
- 신호등에 있는 색깔들을 알아보고 주변의 있는 색깔에서 빨간색, 초록색, 노란색을 찾아 분류해 본다.
- 도로에서 동물들이 길을 건너다 죽은 모습을 본 경험에 대해 이야기 나눈다.

사회관계	• 더불어 생활하기〉약속과 규칙의 필요성을 알고 지킨다.

- 교통안전 규칙에 대해 이야기 나눈다(예: 신호등이 빨간불일 때 길을 건너면 어떻게 되는지, 초록불일 때는 어떻게 해야 하는지, 신호등이 깜박이거나 숫자가 낮아질 때는 어떻게 해야 하는지, 신호등 앞에 있는 흰색선(대기선)을 넘지 않아야 하는 것, 횡단보도로 건널 때는 손을 들고 건너야 하는 것 등).
  - 교사는 교통안전에 관련된 동영상자료를 준비하여 유아들이 규칙의 필요

성을 인식하도록 돕는다.

- 주방같이 위험한 우리 반 신호등(잠깐 멈추고 생각해야 하는 장소)을 찾아보고 빨간불 스티커를 붙여 우리가 지켜야 할 약속과 규칙의 필요성에 대해 알아본다.
- 신호등처럼 색깔로 약속을 정하는 경우를 알아보며(예: 축구에서 옐로카드, 레드카드/달력에서 빨간 날은 쉬는 날 등) 우리 반 색깔 약속을 정해 본다(예: 놀이시간이 끝나고 빨간색 카드를 보여 주면 정리시간, 간식시간은 노란색 카드 등).

예술경험	• 창의적으로 표현하기〉노래를 즐겨 부른다. • 창의적으로 표현하기〉다양한 미술재료와 도구로 자신의 생각과 느낌을 표현한다. • 창의적으로 표현하기〉극놀이로 경험이나 이야기를 표현한다.

- 「건너가는 길」(김성균 요)의 음원을 들려주고 노래를 함께 부른다.
- 셀로판지와 마분지를 이용하여 신호등을 만들어 본다.
- 색 테이프로 횡단보도를 그려 본다.
- 신호등에 있는 색깔(빨강, 노랑, 초록)을 활용하여 패턴을 만들어 본다.
- 운전자가 보는 신호등과 보행자가 보는 신호등 색깔의 의미가 다름을 안다.
- 횡단보도와 도로를 만들어서 자동차 운전자가, 또는 보행자가 되어 각 신호등 색깔에 맞게 운전하거나 길을 건너는 역할 놀이를 해 본다.

신체 운동 · 건강	• 신체활동 즐기기〉신체 움직임을 조절한다.

- 유아들이 만든 신호등과 횡단보도에서 횡단보도 5원칙(멈추기, 살피기, 손들기, 확인하기, 건너기)을 직접 실행해 본다.

안전 활동 7

소화기를 만들어요

연 령 유아

활동목표

- 소화기의 모양과 사용법에 관심을 가진다.
  (자연탐구 〉 생활 속에서 탐구하기 〉 도구와 기계에 대해 관심을 가진다.)
- 다양한 재료를 활용하여 소화기를 창의적으로 만들어 본다.
  (예술경험 〉 창의적으로 표현하기 〉 다양한 미술재료와 도구로 자신의 생각과 느낌을 표현한다.)

활동자료

백업, 빨래집게, 빨간색 시트지, 투명한 병, 꾸밀 재료 (빨대, 수수깡, 색솜볼 등), 매직, 모래, 순서도, 다양한 소화기 그림 또는 사진, 그리기 도구 등 (안전활동에 필요한 자료를 예측하여 준비한다.)

활동방법

1) 불을 끌 때 사용하는 도구에 대해 알아본다.
   - 불이 났을 때 불을 끌 수 있는 도구는 어떤 것이 있을까요?

2) 소화기를 탐색하며 이야기 나눈다.
   - 친구들 소화기 본 적 있나요?
   - 사진을 보며 소화기의 종류를 알아볼까요?
   - 조리실에는 어떤 소화기가 있을까요?

- 소화기의 색깔은 무슨 색깔인가요?, 소화기는 왜 빨간색일까요?

3) 소화기 사용법에 대하여 이야기 나눈다.
   - 불을 끄려면 소화기를 어떻게 해야 할까요?
   - 소화기를 사용할 때 주의해야 점은 무엇일까요?
   - 불이 나지 않았는데 소화기로 장난을 하거나 안전핀을 뽑으면 어떻게 될까요?

4) 다양한 재료를 이용해서 소화기를 만들어 본다.
   - 각자 원하는 재료를 선택하여 나만의 소화기를 만들어 볼까요?

5) 자신이 만든 소화기에 이름을 붙이고 친구들에게 소개해 본다.

<유아가 경험할 수 있는 영역별 활동 전개 예시>

자연탐구	• 생활 속에서 탐구하기>일상에서 모은 자료를 기준에 따라 분류한다. • 탐구과정 즐기기>주변 세계와 자연에 대해 지속적으로 호기심을 가진다. • 생활 속에서 탐구하기>물체의 특성과 변화를 여러 가지 방법으로 탐색한다. • 자연과 더불어 살기>주변의 동식물에 관심을 가진다.

- 용도에 따라 소화기를 분류해 본다.
  - 교사는 여러 종류의 소화기를 실물을 보여 주거나 사진으로 보여 주어 소화기의 종류와 용도에 대한 탐색을 돕는다.
- 우리 유치원에서 소화기가 있는 곳을 찾아본다.
- 소방관이 입는 옷이나 소방차에 대해 자세히 알아본다.
- 산에 불이 났을 때 산에 살고 있는 동물과 식물들에게 미치는 피해에 대해 알아보고 산불 조심과 자연을 아끼고 돌보는 방법을 함께 찾아본다.

의사소통	• 듣기와 말하기>자신의 경험, 느낌, 생각을 말한다. • 듣기와 말하기>말이나 이야기를 관심 있게 듣는다. • 듣기와 말하기>상황에 적절한 단어를 사용하여 말한다.

- (소화기 체험 현장학습) 소화기를 사용해 본 자신의 경험을 말한다.
- 우리가 일상에서 불이 주는 이로움을 알아보고 불을 잘못 사용했을 때 어떤 일이 일어날 수 있는지에 대해 이야기 나눈다.
- 불조심 포스터로 영유아 보육 · 교육기관 주변을 다니며 캠페인 활동을 해 본다.

사회관계	• 나를 알고 존중하기>나의 감정을 알고 상황에 맞게 표현한다. • 나를 알고 존중하기>내가 할 수 있는 것을 스스로 한다.

- 불을 꺼주는 소방관에 대한 고마운 마음을 표현해 본다(예: 감사편지 쓰기,

소방관 찾아가 안아 주기 등)

• 불조심을 하기 위해 내가 스스로 할 수 있는 일에 대해 알아본다.

예술경험	• 창의적으로 표현하기〉다양한 미술재료와 도구로 자신의 생각과 느낌을 표현한다. • 창의적으로 표현하기〉극놀이로 경험이나 이야기를 표현한다.

• 다양한 재료 또는 색을 이용하여 소화기를 만들어 본다.
  - 교사는 자신이 만든 소화기를 역할놀이영역(소방관 되어 보기)이나 바깥놀이시간(불 끄는 활동하기)에 가지고 놀 수 있도록 전시해 준다.
• 불조심 포스터를 함께 만들어 본다.
• 자신이 만든 소화기로 역할놀이(예: 소방관 되어 보기 등)를 해 본다.

신체 운동 · 건강	• 안전하게 생활하기〉안전사고, 화재, 재난, 학대, 유괴 등에 대처하는 방법을 경험한다.

• 화재가 났을 때 안전하게 대피하는 방법에 대해 알아보고 실천해 본다.
  - 교사는 유아들과 상황에 따른 여러 가지 대피 경로를 알아보고, 의논한 방법대로 대피해 본다.

[그림 7-2] 소화기사용법

[그림 7-3] 소화기 사용법 교육

안전 활동 8

안전한 생활을 해요

연 령 유아

활동목표

- 영유아 보육 · 교육기관의 각 시설을 안전하게 이용하는 방법에 대해 안다.
  (신체운동 · 건강 〉 안전하게 생활하기 〉 일상에서 안전하게 놀이하고 생활한다.)
- 그림을 보고 안전사고와 관련된 상황을 예측해 본다.
  (의사소통 〉 듣기와 말하기 〉 자신의 경험, 느낌, 생각을 말한다.)

활동자료

상황그림 2장(실내에서 유아가 울고 있는 그림, 바깥놀이에서 유아가 울고 있는 그림), 안전이 필요한 곳 영유아 보육 · 교육기관 사진(복도, 계단, 교실, 실외놀이터 등), 안전한 상황 그림 3장(복도에서 한쪽으로 걸어가는 그림, 계단에서 난간을 잡고 걸어가는 그림, 교실 문을 두 손으로 받는 그림)과 안전하지 않은 상황 그림 3장(복도에서 뛰는 그림, 계단에서 난간으로 타고 내려오는 그림, 교실 문을 잡고 친구와 장난하는 그림), 그리기 도구 등 (안전활동에 필요한 자료를 예측하여 준비한다.)

활동방법

1) 울고 있는 친구의 그림을 보며 그림 속 상황에 대해 이야기 나눈다.
   - 이 친구는 왜 울고 있을까요? 다쳐서 울고 있다면 이 친구는 무엇 때문에 다치게 되었을까요?
   - 이 그림 속 아이의 기분은 어떨까요? 왜 그렇게 생각했어요?
2) 기관의 안전과 관련 있는 실내, 실외 사진을 보며 이야기 나눈다.
   - 이곳에서는 어떤 위험이 있을지 이야기해 볼까요?
   - 이곳에서 안전하게 생활하려면 어떻게 해야 할까요?
3) 안전한 상황과 안전하지 않은 상황그림들을 보여 주며 이야기 나눈다.
   - (안전한 상황에 대한 사진을 보여 주며) 무엇을 하고 있는 사진일까요?
   - 계단에서 난간을 잡고 내려오면 어떻게 될까요?
   - (안전하지 않은 상황에 대한 사진을 보여 주며) 무엇을 하고 있는 사진일까요?
   - 계단에서 난간을 타고 내려오면 어떻게 될까요?
4) 다양한 상황에서 시설을 안전하게 사용하는 방법에 관해 이야기 나눈다.
   - 실외에서 미끄럼틀 탈 때는 어떻게 타야 할까요?
   - 화장실에 여러 명의 친구들이 들어가고 있어요. 어떻게 해야 할까요?
5) 안전한 생활을 위해 유아들이 지킬 수 있는 약속에 대해 이야기 나누며 지켜야 할 규칙을 정해 본다(교실에서 의자, 교실에서의 문, 계단사용 방법, 실외에서 미끄럼틀 타기, 시소, 그네 사용 방법 등).
   - 우리가 안전하게 생활하기 위해 어떤 약속을 정해 볼까요?
6) 안전에 대한 약속을 기억하고 지키는 방법에 대해 이야기 나눈다(예: 그림으로 표현하기, 보이는 곳에 약속 붙이기 등).
   - 우리가 안전한 생활을 위해서 한 약속을 잘 기억할 수 있나요?
   - 우리가 약속을 오랫동안 기억하려면 어떻게 할 수 있을까요?

<유아가 경험할 수 있는 영역별 활동 전개 예시>

의사소통	• 듣기와 말하기〉상황에 적절한 단어를 사용하여 말한다. • 듣기와 말하기〉자신의 경험, 느낌, 생각을 말한다.

- 그림을 보면서 상황을 짐작하여 이야기 나눈다(예: 아이의 기분, 상황 등).
- 위험한 곳에서 놀다가 다친 경험에 대해 말한다.

자연탐구	• 생활 속에서 탐구하기〉일상에서 모은 자료를 기준에 따라 분류한다.

- 유아 보육 · 교육기관에서의 안전한 상황과 안전하지 못한 상황을 구별해 본다.

사회관계	• 더불어 생활하기〉약속과 규칙의 필요성을 알고 지킨다. • 더불어 생활하기〉친구와 서로 도우며 사이좋게 지낸다.

- 안전한 생활을 위해 지켜야 할 규칙이 있음을 안다.
- 위험에 처한 친구의 상황을 알아보고 도울 수 있는 방법에 대해 이야기 나눈다.

예술경험	• 창의적으로 표현하기〉다양한 미술재료와 도구로 자신의 생각과 느낌을 표현한다.

- 안전 스티커를 만들어 본다.
  - 교사는 유아 보육 · 교육기관에서 위험한 곳과 조심해야 할 곳에 스티커를 붙이도록 한다.
  - (글씨를 잘 모르는 친구들을 위해) 그림으로 안전 규칙판을 그려본다.

신체 운동 · 건강	• 안전하게 생활하기〉일상에서 안전하게 놀이하고 생활한다.

- 유아 보육 · 교육기관의 각 시설을 둘러보고 안전하게 이용하는 방법에 대해 알아본다.

안전 활동 9

더운 계절, 여름이예요

연 령 유아

활동목표

- 폭염 시 대처방법에 대해 안다.
  (신체운동 · 건강 〉 안전하게 생활하기 〉 안전사고, 화재, 재난, 학대, 유괴 등에 대처하는 방법을 경험한다.)
- 여름의 계절적 특징에 대해 이야기 나눈다.
  (자연탐구 〉 자연과 더불어 살기 〉 날씨와 계절의 변화를 생활과 관련짓는다.)

활동자료

여름철에 도움을 주는 물건(부채, 모시옷, 선풍기, 모자, 양산, 선글라스, 에어컨, 얼음 등), 여름 관련 사진자료 3장, 그리기 도구 등 (안전활동에 필요한 자료를 예측하여 준비한다.)

활동방법

1) 여름에 관련된 사진을 보며 여름의 날씨에 대하여 이야기 나눈다.
   - 이 사진들은 어떤 계절과 관련 있는 사진일까요?
   - 여름의 날씨는 어떤가요?
   - 날씨가 덥고 땀을 흘리면 친구들은 어떤 기분이 들어요?

2) 시원한 여름을 보낼 수 있는 방법에 대해 알아본다.
   - 더운 여름을 시원하게 보내는 방법에는 어떤 것이 있을까요?

3) 폭염과 폭염이 생기는 원인에 대해 이야기 나눈다.
   - 친구들은 폭염이 무엇인지 알고 있나요? 폭염이란 매우 더운 날씨인데, 폭염이 심하면 농작물들이 마르고, 사람들이 병에 걸리기도 한데요.
   - 폭염은 왜 생기는 걸까요? 여름에는 날씨가 덥지만 최근 자동차 배기가스, 매연 등에 의해 여름 날씨가 더욱 무더워지고 있어요.

4) 폭염에 대처하는 방법에 대하여 이야기 나눈다.
   - 폭염에 건강하게 지낼 수 있는 방법은 무엇이 있을까요?
   - 너무 더울 때에는 어떻게 해야 할까요?

<유아가 경험할 수 있는 영역별 활동 전개 예시>

의사소통	• 듣기와 말하기〉상황에 적절한 단어를 사용하여 말한다. • 듣기와 말하기〉자신의 경험, 느낌, 생각을 말한다.

- 여름에 관련된 사진을 보며 여름의 날씨에 대하여 이야기 나눈다.
- 시원한 여름을 보낼 수 있는 방법에 대해 자신의 생각을 말한다.

자연탐구	• 탐구과정 즐기기〉주변 세계와 자연에 대해 지속적으로 호기심을 가진다.

- 폭염과 폭염이 생기는 원인에 대해 알아본다.
- 지구 온난화 현상에 대해 궁금한 것을 알아본다.
  - 교사는 지구 온난화로 인해 자신의 터전을 잃어가고 있는 북극곰의 상황에 관련된 자료를 찾아서 제시해 준다.

사회관계	• 더불어 생활하기〉친구와 서로 도우며 사이좋게 지낸다. • 나를 알고 존중하기〉내가 할 수 있는 것을 스스로 한다.

- 여름을 시원하게 보내는 방법 중 친구와 가장 해 보고 싶은 방법을 그래프에 투표한 후 친구들과 함께해 본다(예: 빙수 만들기, 물총놀이, 수박 나눠 먹기 등).
- 북극곰과 환경을 보호하기 위해 내가 할 수 있는 일을 찾아 실천해 본다(예: 일회용품 안 쓰기, 전기 아껴 쓰기 등).

예술경험	• 창의적으로 표현하기〉다양한 미술재료와 도구로 자신의 생각과 느낌을 표현한다.

- 여름철 과도한 전기 사용의 문제점을 알아보고, 지구를 보호하기 위해 에너지를 절약하는 방법을 찾아서 이를 알리고 실천하기 위한 포스터를 만들어 본다.

신체 운동 · 건강	• 안전하게 생활하기〉안전사고, 화재, 재난, 학대, 유괴 등에 대처하는 방법을 경험한다. • 건강하게 생활하기〉질병을 예방하는 방법을 알고 실천한다. • 신체활동 즐기기〉실내외 신체활동에 자발적으로 참여한다.

- 폭염(재난) 시 생활수칙에 대해 알아본다.
- 얼음을 많이 먹거나 에어컨을 많이 틀면 몸에 해롭다는 것을 알게 한다.
- 여름 관련 노래를 들려주고 신체로 자유롭게 표현해 본다.

안전 활동 10

약을 올바르게 먹어요

연 령 유아

활동목표

- 약을 복용하는 올바른 방법을 안다.
  (신체운동 · 건강 〉 건강하게 생활하기 〉 질병을 예방하는 방법을 알고 실천한다.)
- 약사의 역할을 알아보고 약국놀이를 해 본다.
  (예술경험 〉 창의적으로 표현하기 〉 극놀이로 경험이나 이야기를 표현한다.)

활동자료

4절 도화지, 매직펜, 약국놀이용품, 병원놀이 용품, 그리기 도구 등 (안전활동에 필요한 자료를 예측하여 준비한다.)

활동방법

1) 약 먹었던 경험이나 약을 잘못 먹었던 경험에 대해 이야기 나눈다.
   - 친구들은 언제 약을 먹었나요?
   - 친구들은 약을 잘못 먹었던 적이 있어요?
   - 잘 모르는 약이나 음식이 있을 때에는 어떻게 해야 할까요?
2) 올바르게 약 먹는 방법에 대해 알아본다.
   - 약을 먹을 때 지켜야 할 약속은 무엇이 있을까요?
   - 약을 음료수나 우유와 함께 먹어도 될까요?

- 우리 몸이 아프다고 해서 아무 약이나 먹으면 어떻게 될까요?
- 어른들의 허락 없이 또는 어른들 몰래 약을 먹는다면 어떻게 될까요?
- 약을 먹을 때 이러한 약속을 지키지 않는다면 어떻게 될까요?

3) 올바르게 약 먹는 방법을 이야기하며 올바르게 약 먹는 방법을 익힌다.
- 약을 먹을 때 지켜야 할 약속을 잘 기억할 수 있나요?

4) 친구들과 약사와 환자 역할을 정해 약국놀이를 해 본다.
- 약사가 되어 보니 어떤가요?
- 환자가 되어 보니 어떤가요?

[그림 7-4] 역할영역에서의 약물안전활동

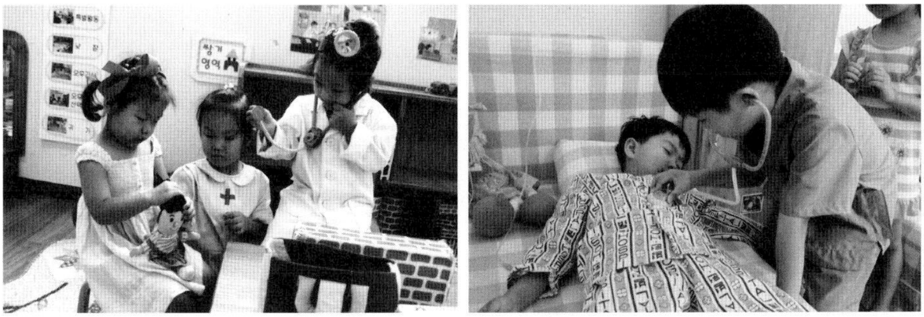

[그림 7-5] 자유선택활동시간의 역할영역에서의 병원놀이활동

〈유아가 경험할 수 있는 영역별 활동 전개 예시〉

의사소통	• 듣기와 말하기〉자신의 경험, 느낌, 생각을 말한다.

- 약 먹었던 경험이나 약을 잘못 먹었던 경험에 대해 이야기 나눈다.
- 몸이 아플 때는 부모님이나 선생님, 주위의 어른께 말하도록 한다.
  - 교사는 유아가 아플 때 말이나 행동으로 표현하는 방법에 대해 가르쳐준다(예: 부모님, 선생님이나 주위의 어른을 부른다 등).

자연탐구	• 탐구과정 즐기기〉궁금한 것을 탐구하는 과정에 즐겁게 참여한다.

- 다양한 종류의 약(예: 알약, 가루약, 물약, 연고 등)과 약의 효능에 대해 알아본다.
- 약을 먹을 때 탄산음료나 우유로 먹지 말아야 하는 이유를 알아본다.

사회관계	• 나를 알고 존중하기〉나를 알고 소중히 여긴다. • 나를 알고 존중하기〉내가 할 수 있는 것을 스스로 한다.

- 아플 때 무조건 약을 먹어야만 낫는 것이 아님을 알려 주고 내 몸을 소중히 여길 수 있는 방법에 대해 알아본다(예: 찬 것 안 먹기, 추울 때는 옷을 따뜻하게 입기 등).
- (투약 필요 시) 점심 후 약 먹는 시간과 용량을 스스로 알게 한다.

예술경험	• 창의적으로 표현하기〉다양한 미술재료와 도구로 자신의 생각과 느낌을 표현한다. • 창의적으로 표현하기〉극놀이로 경험이나 이야기를 표현한다.

- 약 병, 약 봉투, 청진기, 차트 등을 만들어 본다.
- 의사, 간호사, 환자 역할을 정해 병원놀이를 해 본다.

신체 운동 · 건강	• 건강하게 생활하기〉질병을 예방하는 방법을 알고 실천한다. • 안전하게 생활하기〉안전사고, 화재, 재난, 학대, 유괴 등에 대처하는 방법을 경험한다.

- 평소에 일상생활에서 아프지 않고 건강하게 생활하는 방법을 알고 실천한다(예: 일찍 자고 일찍 일어나기, 손 씻기, 골고루 먹기, 충분히 휴식하기, 물 많이 마시기 등).
- 약을 보관하고 관리하는 방법을 알아본다.
  - 교사는 약마다 다른 보관하는 방법(예: 마개가 있는 것은 마개를 닫기, 붕대나 면봉은 더러워지지 않게 관리 등)을 알려 주고 영유아가 제대로 관리되지 않은 약물이나 의약품에 노출되지 않도록 환경에 대한 철저한 약물안전지도(약물오남용 예방)를 해 준다.

안 전
활동 11

아무나 따라가지 않아요

연 령 유아

활동목표

- 유괴상황에 대처하는 방법을 안다.
  (신체운동 · 건강 〉 안전하게 생활하기 〉 안전사고, 화재, 재난, 학대, 유괴 등에 대처하는 방법을 경험한다.)
- 동화의 내용을 재미있게 즐긴다.
  (의사소통 〉 책과 이야기 즐기기 〉 책에 관심을 가지고 상상하기를 즐긴다.)

활동자료

『빨간 모자』 동화책, 활동지, 필기구, 그리기 도구, 만들기 도구 등 (안전활동에 필요한 자료를 예측하여 준비한다.)

활동방법

1) 『빨간 모자』 동화책을 보면서 이야기 나눈다.
   - 책의 표지를 보면 어떤 동화일 것 같나요?
   - 동화의 제목을 보니 어떤 내용이 동화일 것 같나요?

2) 『빨간 모자』 동화책을 함께 읽어보고 이야기 나눈다.
   - 빨간 모자가 어디에 가는 중이었지요?
   - 길을 가다가 누구를 만났나요?
   - 늑대가 빨간 모자를 데려가려고 했을 때 빨간 모자의 기분은 어땠을까요?

- 친구들이 만약 빨간 모자라면 어떻게 할 거예요?

3) 만약 내가 빨간 모자라면 어떻게 행동했을 것 같은지 활동지에 글을 쓰거나 그림을 그려본다.

〈활동지〉

내가 만약 빨간 모자라면?

내가 빨간 모자라면 어떻게 행동했을까요?

생각해 보고 그림이나 글로 표현해 보세요.

4) 동화 속 내용을 되새겨 보며 낯선 사람을 만났을 때 어떻게 대처해야 하는지 이야기 나눈다.
   - 모르는 사람이 친구들을 강제로 데려가면 어떻게 해야 할까요?
   - 친구들은 유괴예방 3단계 구호를 알고 있나요?
   - 모르는 사람이 친구들에게 '살려주세요'라고 도움을 청하면 어떻게 해야 할까요?
   - 그래요. 우린 어려서 도와줄 수 없음을 이야기하고 주변 어른에게 도움을 청해야 해요.

5) 낯선 사람에 대한 개념을 인식시켜 준다.
   - 낯선 사람은 어떤 사람일까요?(모르는 사람, 동네 이웃 등)
   - 아무리 친하고 얼굴을 아는 사람이라고 해도 무작정 따라가면 될까요?

<유아가 경험할 수 있는 영역별 활동 전개 예시>

의사소통	• 듣기와 말하기>말이나 이야기를 관심 있게 듣는다. • 읽기와 쓰기에 관심 가지기>자신의 생각을 글자와 비슷한 형태로 표현한다.

- '빨간 모자' 동화를 즐겁게 듣고 동화내용에 대해 이야기 나눈다.
- 내가 '빨간 모자'라면 어떻게 행동했을 것 같은지 활동지에 글을 쓰거나 글자와 비슷한 형태로 표현해 본다.

자연탐구	• 탐구과정 즐기기>궁금한 것을 탐구하는 과정에 즐겁게 참여한다. • 생활 속에서 탐구하기>일상에서 모은 자료를 기준에 따라 분류한다.

- 112, 부모님 전화번호, 집 전화번호 등 위급한 상황에 필요한 전화번호를 알아보고, 전화기 모양의 숫자판을 바닥에 크게 붙인 후 응급상황에 필요한 전화번호를 직접 자신의 신체(예: 손, 발 등)를 활용하여 눌러본다.
- 영유아들에게 좋은 접촉, 나쁜 접촉, 혼란스러운 접촉 또는 좋은 비밀과 나쁜 비밀 등을 구분해 준다.
  - 교사는 접촉 및 비밀의 구분을 알고 영유아 자신에게 일어난 일에 대해 부모님께 꼭 말씀드리도록 지도한다.

사회관계	• 나를 알고 존중하기>내가 할 수 있는 것을 스스로 한다. • 더불어 생활하기>친구와 어른께 예의 바르게 행동한다.

- 낯선 사람이 접근했을 때 스스로 자신을 지키는 방법에 대해 알아본다.
  - 교사는 일상에서 낯선 사람 외에 동네의 이웃 사람이 친근하게 접근할 경우라도 조심해야 함을 이야기하고 대처법을 항상 숙지할 수 있도록 한다.
- 우리 동네에 있는 아동안전지킴이집을 알아보고 찾아가서 감사의 인사를 전해 본다.

예술경험	• 창의적으로 표현하기〉다양한 미술재료와 도구로 자신의 생각과 느낌을 표현한다. • 창의적으로 표현하기〉극놀이로 경험이나 이야기를 표현한다.

- 빨간색 부직포와 고무줄로 모자와 망토를 만들어 본다.
- 동화에 나오는 역할을 나누어 극 놀이를 해 본다(빨간망또 소녀, 늑대, 사냥꾼, 할머니 등)
- 동화의 내용과 더불어 일상생활에서 낯선 사람이 접근할 때 등 다양한 유괴 상황을 극으로 표현해 본다.

신체 운동 · 건강	• 안전하게 생활하기〉안전사고, 화재, 재난, 학대, 유괴 등에 대처하는 방법을 경험한다.

- 위급한 상황에 도움을 요청하는 방법을 안다.
  - 교사는 유괴예방 3단계 구호(안 돼요! 싫어요! 도와주세요!)를 유아들에게 알려 주고 크게 외쳐보게 한다.
  - 교사는 바깥놀이 시 혼자서 멀리 가지 않고 선생님과 친구들과 가까이 있어야 함을 인식할 수 있도록 반복적으로 상호작용해 준다.

참고문헌

국내문헌

강영희(2008). 생명과학대사전. 서울: 아카데미서적.
교육과학기술부(2013a). 3~5세 연령별 누리과정 해설서.
교육과학기술부(2013b). 유치원 교육과정 운영지원을 위한 유아재난대비 · 생활안전교육 프로그램.
교육과학기술부(2013c). 총론 유치원/어린이집과 친구 -만 3세 누리과정 교사용 지도서-.
교육부(2017). 제4주기 유치원 평가 중앙연수.
교육부, 보건복지부(2019). 2019 개정 누리과정 해설서.
교육인적자원부(2007). 부모와 함께 하는 전자미디어 교육.
김경화, 신혜경, 이임복(2011). 아동건강 및 안전. 서울: 공동체.
김선야(2015). 안전동화와 동요를 활용한 안전교육이 유아의 안전지식과 안전문제해결사고에 미치는 효과. 숭실대학교 교육대학원 석사학위논문.
김영실, 윤진주, 김정주(2011). 영유아 안전관리. 고양: 공동체.
김일옥, 김경애, 김영애, 김종석, 김호년, 손현숙(2013). 아동건강교육. 파주: 양서원.
김혜경, 김홍은, 문혁준, 박은혜, 유애열, 임혜영, 장영희, 조혜진(2002). 효과적인 영아보육을 위한 지침서 제2권: 영아반 운영의 실제. 서울: 다음세대.
류경화, 정명순, 지주영(2008). 영유아 건강교육의 이론 및 실제. 서울: 동문사
문혁준, 권희경, 김명애, 김정희, 김혜금, 김혜연, 서소정, 안효진, 이윤경, 정지나, 조혜정, 천희영(2009). 아동안전관리. 서울: 창지사.
문혁준, 권희경, 김영애, 김상희, 김정희, 김혜금, 김혜연, 안효진, 이경옥, 이윤경, 이희선(2013). 아동건강교육. 서울: 창지사.
박은숙, 안채순, 김은경, 성경순, 오원목(2011). 아동간호학 임상가이드. 서울: 현문사.
보건복지가족부(2008a). 만 1세 보육프로그램. 육아정책개발센터.
보건복지가족부(2008b). 만 2세 보육프로그램. 육아정책개발센터.
보건복지가족부(2008c). 연령별 보육프로그램.
보건복지부(2012a). 만 5세 누리과정 교사용 지침서.
보건복지부(2012b). 만 5세 누리과정에 기초한 어린이집 프로그램 ①.
보건복지부(2013a). 어린이집 표준보육과정에 기초한 영아보육프로그램 운영의 이해.
보건복지부(2013b). 제3차 어린이집 표준보육과정 고시.
보건복지부(2013c). 2013어린이집 평가인증 안내(40인 이상 어린이집).
보건복지부(2013d). 어린이집 표준보육과정에 기초한 영아보육프로그램 만 2세 ②.
보건복지부(2013e). 어린이집 표준보육과정에 기초한 영아보육프로그램 만 2세 ①.
보건복지부(2016). 2016년 보육교직원 안전교재.
보건복지부(2019a). 2019년 보육사업안내.

보건복지부(2019b). 2019년 어린이집보육교직원 안전교육.

보건복지부(2020). 제4차어린이집 표준보육과정 해설서.

보건복지부, 대한소아과학회(2011). 어린이집 건강관리 관리 매뉴얼.

보건복지부, 생활안전연합(2009). 어린이 익사사고 예방을 위한 안전교육.

보건복지부, 중앙육아종합지원센터(2019). 2019 개정 누리과정 어린이집 관리자교육.

보건복지부, 질병관리본부(2007). 소아 · 청소년 표준성장도표.

보건복지부 · 대한소아과학회(2011). 보육시설 관리자용 폭염대응 건강관리 업무 가이드북.

보건복지부 · 한국보육진흥원(2019). 2019 어린이집 평가 매뉴얼.

보건복지부 · 한국영양학회(2015). 2015한국인 영양소 섭취기준.

서봉연, 이순형(1983). 발달심리학. 서울: 학지사.

서울대산학협력단(2009). 아동 · 청소년 종합 실태 조사. 서울: 보건복지가족부.

선음률 놀이교육심리 연구원(2018). 어린이집 보수교육 자료집 보육교사 일반직무교육.

신태용(2004). 약물오남용. 서울: 신일상사.

어린이집안전공제회(2016a). 어린이집 안전관리 백과. 소방 · 재난 · 자연재해.

어린이집안전공제회(2016b). 영유아 안전을 위한 보호자용 길라잡이.

어린이집안전공제회(2019). 그림책을 활용한 영아안전교육(부모용)교수자료 개발 결과 보고.

여성가족부, 한국건강가정진흥원(2013) 영유아돌보미 양성교육

여성부(2002). 영아보육모형.

윤선화(2000). 보육교사의 영아 안전에 관한 인식과 실천 및 지식. 숙명여자대학교 석사학위논문.

윤선화, 정윤경, 이경선(2010a). 영유아를 위한 안전교육과 안전교육 프로그램. 서울: 한국생활안전연합.

윤선화, 정윤경, 이경선(2010b). 영유아를 위한 안전관리. 서울: 한국생활안전연합.

이기숙 장영희, 정미라, 배소연, 박희숙(2004). 영유아를 위한 안전교육 및 응급처치. 파주: 양서원.

이명희, 정은정, 황혜신, 김정현, 성미영, 권기남(2013). 아동건강영양교육. 서울: 수학사.

이순형, 장영은, 이성옥, 최나야, 민하영, 김지현, 이영미, 김진경, 한유진, 정현심(2010). 영유아 건강교육. 서울: 학지사.

이연숙 · 임현숙 · 안홍석 · 장남수 · 김창임(2017). 생애주기영양학. 서울:교문사.

이영환, 김연주, 김현지, 양연숙, 이수재(2016). 영유아 건강 · 영양과 안전. 서울: 창지사.

임미혜, 채혜선(2011). 영유아건강교육. 파주: 양서원.

장소영(2002). 영양교육 프로그램이 유아의 영양지식 및 식습관에 미치는 영향. 서울여자대학교 교육대학원 석사학위논문.

전남련, 권경미, 김덕일(2005). 유아관찰평가의 이론과 실제. 파주: 양서원.

정미라, 배소연, 이영미(2012). 영유아를 위한 건강 및 영양교육. 파주: 양서원.

정선아(2009). 극놀이를 통한 교통안전교육 프로그램이 유아의 교통안전지식 및 교통안전행동에

미치는 영향. 전남대학교 교육대학원 석사학위논문.

정아란(2007). 유아의 컴퓨터 게임 과몰입 예방교육 프로그램 개발 및 적용연구. 공주대학교 박사학위논문.

정아란(2013. 아동안전관리. 고양: 공동체.

정효정, 이기영, 강기숙, 김미옥, 오경숙, 이주희, 장문규, 채소희(2010). 아동건강교육. 서울: 파워북.

조경자, 이현숙(2010). 유아건강교육. 서울: 학지사.

조복희(2008). 아동발달. 파주: 교육과학사.

중앙보육정보센터(2008). 보육시설 안전관리 매뉴얼.

중앙아동보호전문기관(2013). 아동학대 예방 교육자료.

중앙아동보호전문기관(2016). 아동학대 신고의무자용 교육자료.

채영란, 남규, 박유영, 박혜정, 이순자, 좌승화, 주은희(2011). 아동건강 · 안전교육. 파주: 문예미디어.

채혜선, 임미혜(2011) 영유아 안전교육. 파주: 양서원.

최경미(2005). 부모의 안전의식과 유아기 자녀의 안전지각과의 관련성에 관한 연구. 군산대학교 교육대학원 석사학위논문.

통계청(2018). 2018 사망원인 통계.

한국 미래교육센터(2017). 아동성폭력 예방교육.

한국교육개발원(1995). 어린이 안전교육 지침서. 서울: 한국산업안전공단.

한국산업안전공단(2003). 안전교육 교사연수.

한국소비자원(2012). 어린이 안전사고 실태조사.

한국소비자원(2019). 2018년 어린이집 안전사고 동향분석.

한국소비자원(2021). 2020년 어린이 안전사고 동향분석.

한국아동학회, 한솔교육문화연구원(2002). 아동발달백서 2001.

한국영양학회(2020). 한국인 영양섭취기준.

행정안전부(2012) 안전생활 길잡이-어린이안전사고 예방을 위한 가이드북.

황해익, 송연숙, 최혜진, 정혜영, 이경철, 민순영, 박순호, 손원경(2001). 유아교육기관에서의 포트폴리오 평가. 서울: 창지사.

국외문헌

Cornacchia, H. J., Olsen, L. & Nickerson, C. J. (1991). *Health in elementary school*. St. Los: Mosby-Year Book.

Hildebrand, Vern a(1985). *Guiding young children*(3rd ed.). New York : Macmillan Publishing Company.

Kendricks, A. S., Kaufmann. R, & Messenger, K. P. (1988). *Healthy young children: A manual for pro-*

grams. NAEYC.

Marotz, L., Cross, M. Z., & Rush, J. M. (2005). *Health, safety, and nutrition for the young child*(6th ed.). New York: Delmar Thomson Learning.

Robertson, C. (2002). *Safety, nutrition and health in child care*. New York: Delmar Thomson Learning.

Robertson, C. (2012). *Safety, Nutrition and Health in Early Education*(5th ed.). Wadsworth Publishing.

Seefeldt, C. & Barbouy, N. (1997). *Early childhood education: An introduction*. PrenticeHall.

Shaklee, A. D., Barbour, N. C., Ambrose, R., & Hansford, S. J. (1997). *Designing and using portfolios*. Boston, New York: Allyn and Bacon.

The US Department of Health and Human Services (2000). Healthy People 2000.

World Health Organization (1969). International health regulations.

웹사이트

국립국어원 http://www.korean.go.kr (2013. 12. 인출)

두산백과사전 http://www.doopedia.co.kr (2013. 12. 인출)

서울대학교병원 의학정보 http://www.snuh.org (2019. 1 . 인출)

서울특별시 육아종합지원센터 http://seoul.childcare.go.kr (2019. 1 . 인출)

소방방재청 http://www.nema.go.kr (2014. 1 인출)

스마트쉼센터 홈페이지 http://www.iapc.or.kr (2019. 1 . 인출)

실종아동전문기관 홈페이지 http://www.missingchild.or.kr (2019. 1 . 인출)

아동안전관리-동덕여자대학교/KOCW공개강의-Internet Explorer http://www.riss.kr.proxy.jbnu.ac.kr.). (2019. 1 . 인출)

안전생활실천시민연합 http://www.safelife.or.kr (2019. 1 . 인출)

어린이 교통사고 유형과 예방법 안전생활실천시민연합: http:www.safelife.or.kr (2019. 1 . 인출)

어린이안전학교 http://www.go119.org (2019. 1 . 인출)

질병관리본부 예방접종도우미 웹사이트 http://nip.cdc.go.kr (2019. 1 . 인출)

질별관리본부 http://www.cdc.go.kr (2013. 12. 인출)

질병관리청 http://ncov.mohw.go.kr (2019. 1 . 인출)

질병백과 서울아산병원 http://www.amc.seoul.kr/asan/healthinfo/main/healthInfoMain.do (2019. 1 . 인출)

충치예방연구회 홈페이지 http://www.dentia.org/main.html (2013. 12. 인출)

통계청 국가통계포털 http://kosis.kr (2019. 1 . 인출)

행정안전부 어린이 안전배움터 https://www.mois.go.kr (2019. 1 . 인출)

저자소개

김연주
경희대학교 대학원 아동학과 박사
현) 군장대학교 유아교육과 교수

김현지
경희대학교 대학원 아동학과 박사
현) 전북과학대학교 아동복지보육전공 교수

유현숙
Cohen University & Theological Seminary 철학박사
현) 전주시건강가정지원센터 센터장

제2판
아동 건강교육
– 개정 누리과정과 제4차 표준보육과정에 기초한 건강 · 영양 · 안전 –

초 판 1쇄 발행 2020년 2월 28일
제2판 1쇄 발행 2022년 1월 14일

지 은 이 | 김연주 · 김현지 · 유현숙
펴 낸 이 | 김기섭
편 집 인 | 이혜란 · 이현남
펴 낸 곳 | 창지사 www.changjisa.com
08589 서울시 금천구 가산디지털 1로 83 파트너스타워 1차 9층
전화 (02)719–2211~3
팩스 (02)701–9386
등 록 | 1977년 4월 28일 · 제1–421호

ISBN 978–89–426–1501–8 (93370)

값 25,000원